国际石油公司发展战略丛书

Lessons from Shell's Rise to Prominence

壳牌发展启示录

"石油公司业务发展战略与勘探投资策略"课题组　编著

石油工业出版社

图书在版编目(CIP)数据

壳牌发展启示录 / "石油公司业务发展战略与勘探投资策略"课题组编著. —北京：石油工业出版社，2024.2
ISBN 978-7-5183-6064-2

Ⅰ. ①壳… Ⅱ. ①石… Ⅲ. ①英荷壳牌石油公司-工业企业管理-研究 Ⅳ. ①F456.162 ②F456.362

中国国家版本馆 CIP 数据核字(2023)第 121058 号

出版发行：石油工业出版社
（北京安定门外安华里2区1号　100011）
网　　址：www.petropub.com
编辑部：(010)64523596　图书营销中心：(010)64523633
经　　销：全国新华书店
印　　刷：北京九州迅驰传媒文化有限公司

2024年2月第1版　2024年2月第1次印刷
787×1092毫米　开本：1/16　印张：19.25
字数：500千字

定价：128.00元
（如发现印装质量问题，我社图书营销中心负责调换）
版权所有，翻印必究

编委会

顾　问：高瑞祺　梁狄刚　查全衡
主　任：廖群山
副主任：李　丰
编　委：黄金亮　王世洪　李光辉　刘炳玉
　　　　孙　平　胡晓春　吴素娟

前言
Preface

2017年，中国石油咨询中心勘探部承担了国家油气重大专项01项目"岩性地层油气藏成藏规律、关键技术及目标评价"下05课题"陆上油气勘探技术发展战略研究"的第4研究专题"石油公司业务发展战略与勘探策略"的研究任务，旨在通过对国际石油公司战略演变和不同环境下的投资策略进行研究，为我国石油公司的发展提供借鉴。在中国石油咨询中心领导深切关怀和勘探部领导的指导下，专题于2020年顺利完结，本书即为该专题研究成果之一。

20世纪90年代后期，为充分利用国内外两种资源、两个市场，我国油气行业开始实施"走出去"战略。"走出去"战略不仅为国家经济发展做出了重要贡献，也把我国油气企业推到了国际舞台上，与不同类型的国际石油公司同台竞争。

30多年来，我国石油公司在国际舞台上实现了一系列突破和超越，国际影响力日益增长。随着国际环境变化，尤其是近几年美国实施逆全球化政策，大国博弈日趋激烈，国家干预主义不断强化，我国石油公司也面临着更严峻的挑战。2017年，中国石油咨询中心承担了国家重大专项"大型油气田及煤层气开发"下设的子课题"石油公司业务发展战略与勘探投资策略"的研究任务。这项研究的目的是分析国外石油公司发展战略和演变特征，为我国石油企业的国际化发展提供借鉴。

壳牌作为最老牌的国际石油公司，是我国石油公司重点研究和对标的对象之一。本书从1833年犹太人马库斯·塞缪尔（Marcus Samuel）在英国伦敦泰晤士河码头上开设的一家以贝壳为标志的小店写起，一直到2020年壳牌提出"赋能创新"，追溯了这家国际石油公司近200年的历史，并尝试解剖壳牌的成功之处。

壳牌是五大国际石油公司中除bp外没有被拆解、并购的公司，发展主线清晰，发展特色鲜明。这家以贸易起家的能源公司无论产业链如何向上下游拓展，其灵魂始终流淌着"贸易"的影子——整合资源、谋取利益。所以直至今日，壳牌也骄傲地宣称自己是"最大的能源贸易商"。其次，早期的海运贸易给了壳牌全球化视野，公司的发展壮大过程也是其"全球化"的过程。在海洋石油资源开发之前，无论是英国本土还是荷兰本土，资源都相对匮乏，但壳牌的全球化视野让公司迅速在全球开展业务，从第二章中我们能看到，壳牌的资源地遍及当时全球主要资源盆地。这固然和英国、荷兰当时的国力密不可分，但也和公司本身的全球化视野息息相关。第三，壳牌是一个勇于突破自我并不断创新的公司。在第三章中，我们尽可能详细地写出了壳牌是如何一步步从滩海走向深海的以及如何快速整合资源，在LNG行业和化工行业取得突破。深水开发、LNG产业链和化工都成了壳牌的最重要支撑。除了以上3个特点，本书在每一章节都总结了壳牌的一些优秀做法，比如情景规划、柔性产业链等，这些都为壳牌的发展提供了有力的支持。

壳牌在发展过程中也有挫折，比如这家老牌皇家公司骨子里的傲慢性格导致在舆论战中的失利（第四章），错误的决策导致在俄罗斯的泥潭深陷等等。与壳牌的优点一样，这些也是值得我们深思的地方。

本书在成稿过程中，参考了大量同行的著作，我们已经把所有参考的文献都在每一章节后罗列出来，由于时间跨度长、资料繁杂，如有遗漏之处，敬请谅解。另外，由于涵盖面广，时间跨度长，项目组能收集到的资料有限，所以有很多不到之处，请读者谅解。

2023年10月10日

目录
Contents

第一章　从"贝壳"到石油（1830—1918年）　/ 1

第一节　前石油时代　/ 2

第二节　壳牌运输　/ 7

第三节　荷兰皇家　/ 12

第四节　角逐与联盟　/ 15

第五节　小结与讨论　/ 23

参考文献　/ 27

第二章　黄金时代（1910—1970年）　/ 29

第一节　石油新世界　/ 30

第二节　南征北战　/ 33

第三节　纵深突进　/ 57

第四节　占领市场　/ 67

第五节　小结与讨论　/ 71

参考文献　/ 77

第三章　前进之路（1970—1990年）　/ 79

第一节　坍塌与重构的能源世界　/ 80

第二节　走向深水　/ 89

第三节　柔性业务链　/ 99

第四节　制胜工具　/ 113

第五节　小结与讨论　/ 118

参考文献　/ 125

第四章　艰难征程(1990—2005年)　/ 127

第一节　"危"与"机"并存的时代(1990—1998年)　/ 128

第二节　低成本之道　/ 131

第三节　在争议与诅咒中跋涉　/ 140

第四节　新世纪，新困境(1999—2005年)　/ 152

第五节　小结与讨论　/ 166

参考文献　/ 174

第五章　百年壳牌(2006—2013年)　/ 177

第一节　改革，迎难而上(2005—2008年)　/ 178

第二节　复苏，稳步前行　/ 182

第三节　变与不变的博弈　/ 203

第四节　小结与讨论　/ 217

参考文献　/ 226

第六章　航向未来　/ 229

第一节　转变　/ 230

第二节　转折　/ 256

第三节　转型　/ 267

第四节　小结　/ 285

参考文献　/ 298

Lessons from **Shell's** Rise to Prominence　壳牌发展启示录

第一章

从"贝壳"到石油
（1830—1918年）

让我们将时光回溯到 18 世纪中期，此时的英国已经完成了工业革命，国内市场空前繁荣，国际贸易蓬勃发展，在强大的海军护航下，米字旗插遍全球。当时主流的动力来源仍然是煤炭，石油仅仅作为照明燃料，尚未踏上"工业之血"的征程，但美国的宾夕法尼亚州和中亚里海地区的石油产业已经初具规模，因开发和炼化工艺简单，产业利润丰厚。洛克菲勒、诺贝尔、罗斯柴尔德等已经成为商业传奇的人物或者家族都在这一时期进入了石油这一黑金领域。

英国一家主营贸易和航运事业的犹太家族企业，穿越狭窄的苏伊士运河，把里海的石油运往亚洲；荷兰一家在荷属殖民地苏门答腊岛上寻找石油的小公司，在密林和沼泽中建立起开发、运输、炼油、贸易一体化的生产线，两家公司一起在亚洲市场遭遇了当时全球最强的石油企业——美国标准石油公司，在一连串的交错对峙和合纵连横中，一个将延绵百年以上的企业——壳牌，起航了。

第一节 前石油时代

一、前石油时代

人类很早就知道石油的存在。早在公元前 10 世纪之前，古代美索不达米亚地区的一些部落用沥青和柏油铺地板、制作墙壁镶嵌画或者用作防护涂层，甚至还把较轻质的石油放在火盆里燃烧用以照明。几个世纪后，石油出现在战争中，我国北宋时期很多西北边陲城镇都配备了石油，对付随时可能围城的边疆少数民族；某些亚洲地区的罗马人仿效希腊人，也在围城战和海战中把石油当作燃烧弹使用。由于石油的用途很有限，人们并没有刻意去寻找埋在地下的黑色液体。

19 世纪，人们普遍通过点燃浸在动物油脂或植物油中的灯芯来照明，但动物油脂，尤其是富人使用的抹香鲸油稀少并且昂贵；同时，随着工业革命的发展，大机器生产对润滑油的需求越来越大，传统用作润滑油的猪油越来越不能满足需要。1855 年 4 月 16 日，美国耶鲁大学的西利曼教授通过对石油做化学分析，发表了一份划时代的试验报告，他在报告中指出："石油能够加热到各种程度，通过蒸馏分离成几个部分，其中一部分可以用来照明。"石油的商业价值得到初步肯定。

但是，从哪里得到大量的石油呢？当时出现在人们眼前的石油，是一滴一滴从石头缝里渗出来的，人们通过用勺子撇油或用毯子吸油来获取石油。但这些原始做法显然无法满足商业化应用所需的规模。此时，正式揭开现代石油工业序幕的两个人——乔治·比塞尔（George H. Bissell）和埃德温·德雷克（Edwin L. Drake）出现在了历史的舞台上。

1856 年的一天，乔治·比塞尔在纽约百老汇大道上看见了一张巨幅广告，广告上画的是几个钻井架，并附有文字："在 1500 多年以前，中国人就通过钻井来取水。现在，钻井取水的技术已经大为改进了，这座井架是当今最先进的钻井工具……"一道灵光在乔治·比塞尔的脑海中闪现——既然能够钻井取水，为什么不能通过钻井取油呢？乔治·比塞尔的好友埃德温·德雷克对钻采石油的想法非常感兴趣，并决定由自己来实施这个伟大的行动。1859 年夏天，埃德温·德雷克在宾夕法尼亚州泰特斯维尔城（Titusville）附近的油溪（Oil Creek）通过钻井获得了石油。

埃德温·德雷克的第一口井被认为是美国大规模商业开采石油的开始(图 1-1),也是世界范围内大规模商业性开采石油的开端。现代石油工业就这样轰轰烈烈地诞生了,随之而来的是围绕石油持续百年的商业厮杀和政治博弈,其影响的持久性与深刻性,恐怕没有任何一种能源能与之匹敌。

二、来自美国的大亨

随着 1859 年宾夕法尼亚州钻井采油的成功,美国掀起一轮石油开采热潮。这一时期诞生了美国历史上,也是人类近代商业史上最负盛名的石油大亨——约翰·戴维森·洛克菲勒(John Davison Rockefeller)。约翰·洛克菲勒的财富一度占到美国国内生产总值的 1.5%,在 2009 年被《福布斯》评为美国史上 15 大富豪之首。在此后数十年,他引领了石油工业的发展,而他创立的标准石油公司,也是本书即将诞生的主角——荷兰皇家壳牌石油公司(以下简称壳牌)最强大、最残酷的竞争对手(图 1-2)。

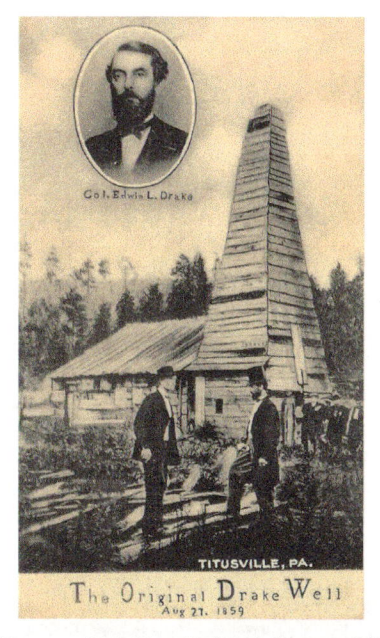

图 1-1　埃德温·德雷克和第一口油井　　　　图 1-2　约翰·洛克菲勒

约翰·洛克菲勒 1839 年出生于纽约州里奇福德镇,家境贫寒的他从记账会计起步,在有了初步积累后与人合伙开办经营农产品的贸易行。在 19 世纪 60 年代的采油热潮中,年仅 26 岁的约翰·洛克菲勒以敏锐的眼光预见到,在盲目无序的大规模开采后,原油价格必将大跌,真正能赚到钱的是炼油而非采油。历史证明了在那个石油资源看起来可以无限供应、原油获取相对容易的年代,他的想法是正确的。约翰·洛克菲勒开始投资石油炼化和煤油销售并大获成功,在 1868 年一度成为世界最大的炼油商。

1870 年,约翰·洛克菲勒把他名下所有公司进行重组,和 5 位合伙人一起创立了标准石油公司(以下简称标准石油),总部设于克利夫兰。在随后的 10 年间,约翰·洛克菲勒利用自己在炼油产业中的绝对优势地位,通过与铁路公司私下合作,采取削价竞争、兼并收购、断绝对手必要耗材(如油罐车、油桶、油管等)以及贿赂、威胁等一系列极具争议的竞争手段，打倒了几乎所有美国国内的竞争对手，建立起年收入高达数百亿美元的石油帝国。与此同时，标准石油也将目光瞄准海外，将美国市场上消化不了的煤油对外出口，近至北美的加拿大，远达遥远的欧洲和东南亚市场。由于这些地方在当时都缺乏石油资源，标准石油出口的煤油在当地的销售价格远高于在美国本土的销售价格，利润十分可观。很快标准石油70%的产量都用于出口。于是，占据了"天时、地利、人和"的标准石油迅速从美国最大的石油公司发展成为世界最大的石油公司，巅峰时期曾垄断了美国石油产量的33%，炼油量和油品销量的85%以上，管输业务的90%以上，是当时石油行业最无可争议的霸主。

三、里海的天然财富

当约翰·洛克菲勒的标准石油大放异彩的同时，在地球的另一侧，里海地区的石油资源也开始初露峥嵘。

里海是世界上最大的咸水湖泊，它沟通了高加索、中亚、西亚以及俄罗斯，战略位置非常重要。里海面积38.6万平方千米，最大水深1025米，南北长约1200千米，东西宽约320千米（图1-3）。里海及周边区域矿产资源丰富，主要矿产资源有食盐、芒硝、石油和天然气等，石油和天然气潜力尤其巨大。里海周边有俄罗斯、哈萨克斯坦、土库曼斯坦、阿塞拜疆和伊朗5个国家。

相比石油，里海地区的天然气储量更为丰富，在全球能源中占有举足轻重的地位。2019年里海天然气探明储量约为95万亿立方米（表1-1），相当于同期全球天然气探明储量的47.7%，田吉兹、阿奇久气田均是探明储量超千亿立方米的大型气田，卡沙甘气田探明储量更是达到1.35万亿立方米。

图1-3 里海地理位置示意图

说到里海，不得不提及里海西岸的阿布歇隆半岛及其中心城市巴库（Baku）。据史书记载，这里是世界上最早规模利用石油的地方之一，有记录的第一口人工挖掘的油井出现于1593年，到18世纪晚期，该地区已经有数十口浅井。当地人从这些油井中获取石油，用原始热蒸馏法提取照明用的煤油，再通过骆驼和船将其出口到其他地方。到了20世纪中期，巴库油田走向鼎盛，石油产量一度占当时苏联总产量的71.5%。

表1-1 里海周边五国石油和天然气探明储量

国　　家	哈萨克斯坦	阿塞拜疆	土库曼斯坦	伊朗	俄罗斯
石油探明储量（亿吨）	39	10	1	214	147
天然气探明储量（万亿立方米）	2.7	2.8	19.5	32	38

数据来源：bp世界能源统计年鉴2020年。

1848年，巴库打了该地区第一口近代油井，由此拉开了俄国石油工业的大幕。俄国看到了黑色石油带来的滚滚利润，决定放开石油市场，推行承包经营制度，石油企业主可以向政府承包区块，期限是4年。到1867年，巴库的原油加工厂就达到了15家。1872年巴库地区开始工业化石油开采作业。1873年，俄国废除了承包制，改为美国式的拍卖租借地的办法，拍卖租借地有效期长达几十年，企业主一旦通过拍卖获得某一区块的租借权，可以在这里从事石油勘探、开发。也正是这一年，巴库出现了史无前例的高产油井，这也是东半球第一口"万吨井"，"一个月里喷出了大约350万桶原油"。到19世纪末，巴库的石油产量已经与美国并驾齐驱，占据了当时全球石油产量的半壁江山。

1. 诺贝尔兄弟石油公司

巴库的大油田吸引了世界各地的淘金者，其中有一名叫作罗伯特·诺贝尔（Robert Nobel）的军火商人。原本去巴库采购胡桃木制作枪托的他，在见到巴库热火朝天的石油产业后，萌生了在那里建设一座炼油厂的设想。他的弟弟路德维格·诺贝尔（Ludvig Nobel）支持了这个计划，并提供了启动资金。1876年，兄弟俩来到了巴库，能力超群的兄弟二人创办的诺贝尔兄弟石油公司（Brothers Nobel，以下简称诺尔贝兄弟石油）很快就成为俄国最大的石油公司之一。

和美国一样，俄国境内的石油产量远大于消费量，但不同的是，美国的油田与城市中心接近，交通网络发达，这就为标准石油向全球输出产品提供了基础设施；而巴库位于里海西岸内陆地区，油田很偏僻，交通也远不及美国发达。石油规模化开采后，大批量的煤油被炼制出来，仅凭俄国内陆地区完全无法消化这些优质的照明燃料，诺尔贝兄弟必须为自己的产品找到出口。

从巴库开始，诺贝尔兄弟石油的煤油运输距离每增加1英里❶就增加一部分运输成本，如果通过陆路到达欧洲，昂贵的运输费用将大大提高产品成本，在欧洲市场上完全没有能力同标准石油从美国出口到欧洲的高品质、低成本煤油竞争。既然陆路不通，为什么不试试水路呢？于是诺贝尔兄弟的目光穿过伏尔加河、波罗的海，到达欧洲大陆。

路德维格充分发挥了自己作为军火商和发明家的特长，改进了轮船发动机，解决了发动机与海浪共振引起的安全隐患。诺贝尔兄弟参与制造了世界上第一艘真正意义上的现代油轮——琐罗亚斯德（Zoroaster）号。这艘以波斯先知琐罗亚斯德命名的油轮长度为184英尺❷，宽度超过35英尺，吃水深度约为10英尺，于1878年开始建造（图1-4）。

图1-4 世界上第一艘现代油轮——琐罗亚斯德号

---

❶ 1英里=1609.344米。
❷ 1英尺=0.3048米。

之后油轮的设计不断进步，到 1885 年 9 月，诺贝尔兄弟石油载满巴库煤油的轮船斯威特（Sviet）号抵达伦敦泰晤士河，这次航行标志着俄国北面水路能源通道——北线通道被打通。北线通道的建立，不仅给巴库石油工业带来了巨变，也打破了美国标准石油对欧洲煤油市场的垄断。

一场向当时全球最大的垄断公司发起的市场争夺战在欧洲打响了。

2. 巴统石油公司

诺贝尔兄弟石油用斯威特号打开了被标准石油封锁的欧洲煤油市场的大门，不久后，另外一家来自巴统（Batum）的石油公司也加入了这场市场争夺战。这家公司就是巴统石油生产贸易公司（简称 Bnito，以下简称巴统石油），也称为里海黑海石油公司（Caspian and Black Sea Oil Company）。站在巴统石油背后的是一对同样强大的兄弟组合——阿尔丰斯·罗斯柴尔德（Alphonse Rothschild）和埃蒙德·罗斯柴尔德（Edmond Rothschild）。罗斯柴尔德家族是欧洲乃至世界久负盛名的金融家族，有"金融界的影子内阁"之称。这个庞大的家族发迹于 19 世纪初，有自己的银行产业链，建立了当时世界上最大的金融王国。

巴统位于现格鲁吉亚共和国西南部，是阿扎尔自治共和国的首都。地理位置在黑海东岸，是一个海港城市。黑海从水路可以通过土耳其海峡直通地中海，并由地中海最终联通世界四大洲、五大洋。但是黑海和里海之间的高加索山脉隔断了位于里海西岸的巴库与世界的联系，所以诺贝尔兄弟石油的北线通道需要向北通过伏尔加河，绕行两千多英里，才能进入波罗的海（图 1-5）。

图 1-5 巴统地理位置示意图

巴统石油最初创立于 1883 年，这家公司以高昂的代价在高加索地区修建了一条 560 英里长的铁轨，联通了里海西岸的巴库和黑海东岸的巴统，通过铁轨，巴库的石油可以到达黑海的港口，这就意味着向全世界打开了巴库的大门。巴统石油购买车队，把巴库输送不出去的石油运到巴统的同时，也在巴统建设油罐，储存从里海地区运来的煤油，再通过黑海输送到世界各地。

然而 1884 年俄国原油价格大跌，巴库的石油商们付不起火车运费，铁路线的运输收入也同步大跌，巴统石油不得不通过发行公司债券来维持现金流。一直对巴库石油财富垂涎欲滴，却因为沙皇不准犹太人进入俄国石油工业而被迫远观的罗斯柴尔德家族，热情地购买了巴统石油的债券。大量的资金投入也未能保住这家公司，在向高加索地区运输石油两年后，巴统石油还是破产了。1885 年，罗斯柴尔德兄弟凭借手上的债券接管了巴统石油，接收的资产包括巴统规模可观的石油储备设施、连接巴库的铁路、里海地区的油井等，就此拿到了进入俄国石油行业的钥匙。这一年，也是诺贝尔兄弟石油把巴库的煤油运到欧洲的同一年。

四、巴库煤油与美国煤油的价格混战

一名叫作弗雷德·莱恩（Fred Lane）的中间人和船务代理成了诺贝尔兄弟石油在伦敦的煤油业务代理人，1885 年他又成了巴统石油在伦敦的独家代理商。

在弗雷德·莱恩的帮助下，巴库的煤油如潮水般涌入欧洲市场，与标准石油一起在欧洲竞争市场份额。哪里有竞争，标准石油就会降低当地煤油价格。由于标准石油已经建立了遍布全球的垄断地位，完全可以通过提高其他地区煤油价格，填补价格战中的市场损失。一旦对手维持不下去，标准石油就会允许对手宣布破产或者跟公司签订有利于自己的"和平"条款。这就是标准石油著名的"价格扼杀"策略，正是这一策略清除了过去所有的竞争者。

这次，标准石油对待来自巴库的新对手也一样。标准石油立刻降低欧洲地区的煤油价格，利用巨大的规模经济打击来自俄国的新威胁。在强大且残酷的价格战面前，诺贝尔兄弟石油的创新油轮、巴统石油的铁路建设以及罗斯柴尔德兄弟背后的财务支持，都很难与其匹敌，里海地区所有的煤油生产商都备受折磨。为了结束价格战，巴统石油最终选择接受标准石油在指定地区分配给他们的销售配额。

但是巴统石油从标准石油那里分配到的欧洲市场份额实在是太小了，根本无法消化巴库地区的煤油生产量。当时美洲和欧洲的煤油市场都已经是标准石油的天下，虽然标准石油也扩张了亚洲市场，但受供应能力的限制，其供应的煤油量远不能满足亚洲的市场需求。当时亚洲每年煤油的消费量为 300 万罐，但实际的需求远远大于这个数量。显然，亚洲这个巨大的市场尚未充分释放出它的能量。

罗斯柴尔德兄弟迫切需要有人能够在亚洲市场上卖掉他们过剩的煤油。于是他们给了弗雷德·莱恩一个使命：寻找一个可以在亚洲市场上卖掉过剩煤油的人。

第二节　壳牌运输

一、泰晤士河畔的贸易小店

19 世纪初，犹太人马库斯·塞缪尔（Marcus Samuel）在英国伦敦泰晤士河码头上开了一家小店。马库斯·塞缪尔是一位头脑灵活、很会做生意的商人。1833 年他开始从事贝壳生意，店里最受欢迎的商品是当时用来做纽扣、袖口螺钿和用来装饰首饰盒的贝壳（图 1-6），凭借精致的饰品及多样的品种，马库斯·塞缪尔的生意做得有声有色，很快就赚得了第一桶金。

19 世纪 50—70 年代，英国自由贸易资本主义发展进入鼎盛的维多利亚时代。在这个时期，英国钢铁产量占世界总产量的一半以上，进出口贸易占世界总额的 1/3 以上。随着英国工业革命的催化和全球殖民体系的建立，英国成了世界最大的贸易出口国，而伦敦发展成为

图 1-6 用贝壳制成的首饰盒

全世界最大的都市，商业活动空前繁荣。具有商业头脑的马库斯·塞缪尔抓住了这一不可多得的商机，把目光投向了海外，他把日本当作其外贸业务的主要突破口，很快拥有了一家进出口公司。

1870 年，马库斯·塞缪尔去世，他的两个儿子小马库斯（Marcus Samuel Junior）和萨姆（Samuel Samuel）接管了父亲的业务，小马库斯在伦敦设立了马库斯·塞缪尔公司，弟弟萨姆则长居日本，并在日本横滨成立了萨姆·塞缪尔贸易公司。

小马库斯喜欢挑战，重视商誉，擅长解决各种复杂的商业难题。他的贸易公司逐渐成为当时伦敦最灵活、最有名气的贸易公司之一。最重要的是，他的公司在亚洲贸易中成绩骄人：第一个将英国纺纱机出口到日本；拥有将中国台湾樟脑油出口到日本控制的各个港口的独家代理权；拥有日本大米出口贸易的一半、绝大部分的糖业出口以及所有外国煤炭的销售权。塞缪尔兄弟与日本当局的关系非常紧密，他们为日本政府安排了第一次联合贷款。

小马库斯和弟弟萨姆在日本建立了良好的贸易往来基础，多年的运输和贸易工作，让塞缪尔兄弟比其他欧洲商人更熟悉和了解远东地区的各种习俗、市场特点和商业机会。

当时，货轮运输是海外贸易的唯一途径，且运输成本十分高昂。精明的塞缪尔兄弟意识到了这个的问题，他们将日本作为基地，增加了港口间的短途商运业务。随着公司的不断壮大，塞缪尔兄弟的船队数量不断增长，甚至还把船出租或者包给伦敦的掮客，以此赚取利润。不断壮大的船队在为塞缪尔兄弟积累财富的同时，也为日后的石油业务打下了良好的基础。

二、与石油结缘

弗雷德·莱恩几经比较，觉得如果哪家公司有能力处理巴统石油消化不了的巨大的煤油产量，那必然是塞缪尔兄弟的公司。他们在处理亚洲和远东生意方面的经验，在当时的英国商人中首屈一指，更没有什么人可以像小马库斯一样，在如此复杂、有着诸多海关的亚洲做生意。所以弗雷德·莱恩找到了小马库斯，希望他参与巴库的煤油生意，把巴库地区多余的煤油销往亚洲。

对弗雷德·莱恩的提议，小马库斯并没有太多兴趣。诺贝尔兄弟、罗斯柴尔德兄弟与标准石油之间的灾难性对抗，早已在伦敦的商人们中流传开。在小马库斯看来，虽然他的公司以前也做过小规模的石油贸易，但弗雷德·莱恩提供的这次合作机会，实际上是罗斯柴尔德兄弟在转移大量煤油库存的困境，谁接手，谁就将面临被标准石油绞杀的风险。

即便如此，小马库斯最终还是接受了弗雷德·莱恩的游说：到巴统去看一看。

1890年底，小马库斯来到了巴统。不到10年，那条穿越高加索山脉、联结着巴库的铁路，已经将巴统从一个安静的小渔村变成世界上最繁忙的港口之一。火车把巴库的石油源源不断地送到巴统，巴统石油将原油炼制成照明所用的煤油，每天产量达到38000罐。当地炼厂消化不了的原油，被送往法国和希腊的炼油厂进行加工。巴统石油雇佣人数已经达到1400人，相当于巴统总人口的8%。整个里海地区的所有竞争对手，包括诺贝尔兄弟石油，在巴统石油如火如荼的煤油事业映衬下都黯然失色。

然而，受限于标准石油设置的销售配额，巴统石油的煤油储库存一直在增长。似乎无论卖掉多少煤油，都赶不上库存的增长。看着1890年的巴统港口，小马库斯明白了罗斯柴尔德兄弟的困境，也看到了这背后的滚滚财富。

也许是石油财富所带来的诱惑太大，也许是性格中热爱挑战、喜欢冒险的天性使然，最终在1891年，小马库斯与巴统石油签订了为期9年的包销合同，成为其俄国煤油的唯一经销商。

三、苏伊士运河通行权

把巴库的石油运到亚洲去销售，是一个吸引人的方案，但要让这个方案变为现实，小马库斯就必须克服摆在面前的两个障碍。

第一个障碍是距离。巴统的煤油不能直接运到亚洲，按照当时的航线，巴统的煤油要运出黑海，必须跨越奥斯曼土耳其帝国的博斯普鲁斯海峡（又叫伊斯坦布尔海峡），向西前行到直布罗陀，再向南沿着非洲西海岸到达好望角海峡，最后通过印度洋原路折回马六甲海峡，到达亚洲关键的十字路口——苏门答腊岛附近后，油轮还需要沿着法属印度支那的海岸继续向北前行，然后才能穿越中国南海水域。

远洋航行距离越远，开销就越高。当巴库的石油不远万里来到亚洲时，摆在塞缪尔兄弟面前的，是比标准石油更高的成本。很显然如果选择这一运输路径，小马库斯的贸易公司就没有任何竞争优势了。解决距离障碍也有办法，那就是直接穿过苏伊士运河，可大幅度缩短到亚洲市场的距离。

第二个障碍是成本。小马库斯在码头上看到的运输煤油方式，是先将煤油装进一种容量为5加仑❶的铁皮罐包装桶，再把包装桶装进油轮。为了能够经受住海上的长途旅行，煤油包装桶采用了昂贵的原料，而且这些包装桶也占据了船舶内部空间，减少了油轮的实际承载油量，增加了运输成本。在习惯精打细算的小马库斯眼里，这些运输成本和包装成本都是不可接受的，运输到市场上的煤油成本每增加一分，被标准石油公司"价格扼杀"的可能性就增长一分。

如果用油轮运载散装煤油，通过苏伊士运河抵达亚洲，再以巴库的最低价套利，那么塞缪尔兄弟在对抗标准石油公司时，获胜的把握就大多了。

---

❶ 1加仑=0.003785立方米。

1. 新油轮

苏伊士运河是当时的世界远洋交通咽喉，装载大量煤油的油轮就相当于一个巨大的炸药桶，油轮通过苏伊士运河，无疑给全球远洋运输埋下了极大安全隐患。因此，苏伊士运河国际委员会之前拒绝了诺贝尔兄弟石油的油轮通过运河的请求，1890年再次拒绝了标准石油的请求。

无论如何，让油轮通过苏伊士运河是小马库斯最有可能获胜的商业策略。

小马库斯首先找到了货运轮船设计专家詹姆斯·菲迪斯休·弗兰纳里（James Fortescue Flannery），请他设计一艘安全性能足够并且能运载散装煤油的运输轮船，并承诺一旦成功将付给弗兰纳里终身佣金。

詹姆斯·弗兰纳里接受了小马库斯的邀约，他用了整整一年时间完成了新型油轮的草图。可以说，詹姆斯·弗兰纳里完美地完成了任务，油轮不仅在各个细节上都增强了安全性能，而且经济性能也更好：新设计的油轮的装载运量达到4000吨，比诺贝尔兄弟的斯威特油轮增加了135%的承载能力。而且，詹姆斯·弗兰纳里充分考虑到了小马库斯作为贸易商的需求，为油轮设计了一套装卸货装置，让油轮可以在航行过程中的任何站点，只需要12个小时就可以完成装卸任务，无论站点的码头基础设施是否完善。除此之外，另一个创新是在油舱里设计了特别的蒸汽管道，这样油轮在亚洲卸完煤油之后，蒸汽清洗设施可以彻底清除煤油的痕迹，油轮就可以再装满来自东方的货物回程，而不必担心受到煤油的污染。詹姆斯·弗兰纳里设计的新油轮的最终委托制造商是英国威廉·格雷造船公司，这家公司不仅是当时造船业中最知名的企业之一，公司所有者威廉·格雷（William Gray）还有另外两个非常特殊的身份：他是西哈特尔浦市（West Hartlepool）的市长，以及伦敦劳合社（Lloyd's of London）执行管理委员会在西哈特尔浦市的地区代表。劳合社是英国的一家保险人组织，该组织不直接经营保险业务，只是为其会员提供交易场所和有关服务，这也是世界上唯一一个个人和团体都可以参与承保保险业务的市场组织。1871年，英国议会通过劳合社法案（Lloyd's Act），正式批准了劳合社的注册。别的公司和机构都有自己的规章制度，而劳合社则拥有一部自己的法律，在世界史上绝无仅有。劳合社以经营海上保险业务和承保世界上最复杂和最特殊的风险而著称，一直到今天，全球约有13%的海上保险业务都是由劳合社承保的。每年劳合社都会出版一份新船只注册表，以全球标准为基础对船只的安全性做出测评，这份测评结果在航运业具有很深的影响力。威廉·格雷的三重身份，为小马库斯说服苏伊士运河管理公司油轮的安全性提供很大的帮助。

2. 通行权和骨螺号

1891年夏季，在詹姆斯·弗兰纳里最终敲定新油轮设计方案时，小马库斯悄然开始与苏伊士运河管理者们的谈判。

当时的英国已经成为世界上最大的殖民帝国，随着海外殖民地的扩大，英国的造船业也水涨船高，1893年，英国造船业在全球造船市场所占份额高达80%。英国发达的造船业、威廉·格雷的好名誉、詹姆斯·弗兰纳里的精心设计和在油轮制造过程中的亲自监督，让小马库斯的新油轮达到了他所处时代里的最高安全标准，很多设计标准沿用至今。

小马库斯首先向苏伊士运河的管理者们提出了一个问题：如果有一艘足够安全的、可以被允许通过运河的石油油轮，这艘油轮应该是怎样的？运河的管理人员从未考虑过这个问题，他们对"安全"的具体指标没有明确概念。于是，小马库斯向他们汇报了一艘安全油轮应该包括的功能和达到的指标,他讲得很详细,细致到具体的部件设计尺寸。最后,小马库斯告诉运河管理人员,他的公司正在设计这样一艘油轮。

同时,小马库斯还向苏伊士运河管理公司建议,如果他们对安全的定义尚不明确,可以把这个问题交给伦敦劳合社的专家们。劳合社作为公允、权威的第三方,由他们出面来定义通行油轮的安全指标,规避了双方的利益之争,解决运河管理者对于油轮安全性两个方面的忧虑:一是如何判断油轮是否安全?二是一旦油轮出现安全问题,该由谁来承担相关的责任?

小马库斯把劳合社抛到苏伊士运河管理者面前,是一个很微妙的举动:威廉·格雷的三重身份将提供极大的保障。尽管小马库斯小心谨慎、步步为营,他的计划还是很快被标准石油知道了。让小马库斯的新油轮通过苏伊士运河,就意味着巴库的煤油将在亚洲市场与标准石油竞争,所以标准石油不遗余力地阻止这个计划的实施。一场没有硝烟的战争再次打响。

1891年,标准石油开始发难,他们把运河通行权的问题扩大化,质疑这是一场政治交易,发问一旦发生事故,谁将为运河买单?是当时的英国首相罗伯特·索尔兹伯里、英国的纳税人,还是一些私人公司?同时,针对塞缪尔兄弟的犹太人身份在媒体上掀起对他个人的攻击。

事实上,罗伯特·索尔兹伯里代表的英国政府确保苏伊士运河安全,本质上是为了保护英国在苏伊士运河航运业务中的利益,如果塞缪尔兄弟的公司作为一家英国的公司,开着插有米字旗的油轮运输石油抵达英国殖民地,对英国政府来说,完全是一件收益大于风险的事。所以,罗伯特·索尔兹伯里政府倾向于同意向塞缪尔兄弟开放运河。很快,罗斯柴尔德家族也加入了战斗。当初正是在这个家族的强大援助下,英国政府才取得了苏伊士运河股权。现在,这个金融家族再次贷款给与政府机构关系密切的银行,让他们在各种场合发声支援新油轮计划。

最终,标准石油没能在这场政治、金融和利益的博弈中取胜,塞缪尔兄弟凭借技术领先的高标准新油轮、劳合社的背书以及罗斯柴尔德家族的斡旋,在英国政府的支持下,获得了苏伊士运河的通过权。

1892年8月23日,第一艘装载大容量散装煤油的油轮,载重高达5010吨的骨螺号通过了苏伊士运河。骨螺号成为第一艘通过苏伊士运河的现代油轮,也开启了塞缪尔兄弟以贝类命名自己公司油轮的传统。到1895年,有69个航次的大容量散装煤油油轮通过苏伊士运河,其中65艘属于塞缪尔兄弟(图1-7)。

四、壳牌运输的建立

就这样,小马库斯成功缩短了航运距离,降低了成本,把价格低廉的巴库石油输送到了广阔的亚洲市场。到了1896年,煤油贸易给公司带来的利润超过了其他所有生意的总和。

但小马库斯没有把这作为公司经营的终点。作为一名出色的贸易商人,小马库斯格外注重结合用户的喜好改变自己的产品。虽然他们运来的是散装煤油,但他发现亚洲的客户对罐装煤油的蓝色小铁皮桶更加青睐,于是小马库斯投其所好,在几个大港口都建立了制桶厂,就地分装销售。为了脱颖而出,他们将罐头涂成鲜红色。这一策略十分奏效,一时间,红色煤油桶遍布各地。而红色也逐渐成为公司标准性的颜色之一。

图 1-7　骨螺号(Murex)油轮

虽然煤油销售业务有了较好的起色，但公司依然面临着严峻的考验。

一方面，塞缪尔兄弟的贸易公司与巴统石油的销售合同即将于 1900 年 10 月到期，公司必须要进行后续长远的规划；另一方面，新的竞争者出现了，现今壳牌的另一家母公司——荷兰皇家石油公司(以下简称荷兰皇家)很快成长起来，用它在荷属东印度(今印度尼西亚)生产的煤油就近打开了远东市场，与塞缪尔兄弟竞争。

要解开这一困局，塞缪尔兄弟认为只销售别人的成品不是长久之计，必须进入到上游进行勘探和开采，解决油源的问题。于是，在扩展销售和航运业务的同时，在 1895 年，塞缪尔兄弟派侄子马克·亚伯拉罕斯(Mark Abrahams)在婆罗洲(今东南亚的加里曼丹)东北部拿到一块石油租借地。马克·亚伯拉罕斯经历千辛万苦在 1897 年 2 月钻出了石油，1898 年 4 月钻成了第一口自喷井。但是，这里产出的原油品质与巴库的石油有所不同，不适合炼制照明用煤油，反而更适合作为燃料油。

尽管在婆罗洲开拓上游业务的进程不如预想，但也给公司带来了很好的影响。为了推销自家产的燃料油，塞缪尔兄弟成为最早鼓吹锅炉"煤改油"的人。另一方面，婆罗洲的油田被宣传成塞缪尔兄弟有了可靠的石油来源，这加大了同罗斯柴尔德兄弟谈判的砝码，结果表明，这一招十分灵验，罗斯柴尔德兄弟同意延长煤油销售的代理合同。

1897 年 10 月 18 日，塞缪尔兄弟将所有业务中同石油有关的油轮、码头、储油库、销售点、油田等资产组合在一起，成立了一家新的公司——英国壳牌运输贸易公司(Shell Transport and Trading Company，以下简称壳牌运输)，专门从事油品及航运业务，并采用贝壳作为公司的标志。现今壳牌的母公司之一——壳牌运输，就此诞生了。

第三节　荷兰皇家

壳牌另一家母公司荷兰皇家的创始人是荷兰人安昆·邵克(Aeilko Jans Zijlker)。荷兰的面积只相当于两个半北京，但依靠有利的地理位置和良好的商业信誉，荷兰人逐渐从中间商变成远洋航行的斗士。1602 年，他们成立了世界最早的联合股份公司——荷兰东印度公司(Dutch East India Company)。在荷兰强大的海运能力保障下，荷兰东印度公司凭借自身先进的治理体系，垄断了当时全球贸易的一半。17世纪初，荷兰人建立起世界第一个股票交易所，资本市场由此诞生；他们率先创办现代银行，发明了沿用至今的信用体系。到17世纪中叶，荷兰的全球商业霸权已经牢固地建立起来，悬挂着荷兰三色旗的16000多艘商船游弋在世界五大洋上。到了17世纪末，荷兰开始衰落，遭到了新兴殖民强国英法两国的挑战，荷兰和英法之间的长期持续战争，严重消耗了荷兰的国力，拿破仑战争时期，法国直接吞并了荷兰，荷兰从此一蹶不振。但创建了现代金融和商业制度的荷兰人，从未失去他们的商业才华，荷兰皇家的创始人和他的继承者很好地证明了这一点。

一、"皇家"公司的诞生

1880年的一天，在荷属殖民地东苏门答腊岛，一家烟草公司的种植园经理——时年40岁的荷兰人安昆·邵克无意中在苏门答腊岛北部发现了石油。这位农民的儿子很快被石油迷住了，他决心辞去种植园经理的职务去开发石油。几经波折，直到1885年6月15日，安昆·邵克在庞卡兰—勃兰丹村附近的泰拉嘎—坦戈尔1号井发现了工业油流，这不仅仅标志着安昆·邵克5年的时光没有白费，还标志着印度尼西亚石油工业的诞生。随着这口井的成功，安昆·邵克创办了苏门答腊石油公司(图1-8)。

1889年9月，为了筹措进一步开发油田需要的资金，安昆·邵克回到了荷兰。在归途中，他结识了职业生涯中的一位贵人——诺伯特·佩特鲁斯·范登伯格爵士(Norbertus Petrus van den Berg)。范登伯格即将出任荷兰银行行长，安昆·邵克给他看了自己的石油

图1-8 荷兰皇家在荷属东印度的第一个油田，位于印尼的苏门答腊

开采计划，这份计划书详细列出了成本估算、收入预测、炼油厂设计、港口规划以及铁路建设规划等细节。范登伯格被这份计划深深吸引，并最终成了安昆·邵克公司的董事长。更关键的是，范登伯格利用自己的影响力，从荷兰国王威廉三世那里获得了一个特殊的批准印章，给予安昆·邵克权力，在其公司名字里加上"皇家"二字，让东苏门答腊石油公司摇身一变成为了令人印象深刻的荷兰皇家石油公司。

王室的御用许可通常只会给最负盛名的荷兰公司，安昆·邵克的石油公司还只刚刚成型，国王却给予他如此大的荣耀，这是为什么呢？当然不是国王的一时冲动。安昆·邵克的石油开采地与马六甲海峡相邻，非常接近当时亚洲最大的城市——新加坡。这个地理优势是诺贝尔兄弟石油、巴统石油和标准石油都望尘莫及的，这让荷兰皇家的石油在未来的市场上，面对标准石油的价格绞杀时，具有了天然的成本优势。而公司一旦盈利，对荷兰政府来说，不仅可以收取不错的利润，这家公司还可以分担苏门答腊岛殖民地的管理费用，把这个一向赔钱的地方变成荷兰政府的摇钱树。安昆·邵克，或者说他的东苏门答腊石油公司在此

后的一百多年中也确实没有辜负皇室的期许。

1890年6月16日,安昆·邵克成立了一家拥有冗长且拗口名字的公司——荷属东印度群岛荷兰皇家油井作业公司(荷兰语名:Koninklijke Nederlandse Petroleum Maatschappij),后来被简称为荷兰皇家石油公司。1890年夏末,荷兰皇家在阿姆斯特丹证券交易所上市,由于有了国王、银行家的背书,荷兰皇家的首次公开募股就吸引了人们的疯狂申购,申购比例达4:1。

然而,皇家的名号虽然庇护了这个刚刚起步的石油公司,却未能庇护安昆·邵克本人。6个月后,安昆·邵克在从荷兰返回苏门答腊的途中,病死在新加坡,可谓是"壮志未酬身先死"。

二、艰难的历程

安昆·邵克去世后,37岁的让·巴普蒂斯特·奥古斯特·凯斯勒(Jean Baptiste August Kessler,以下简称奥古斯特·凯斯勒)成为荷兰皇家新一任的掌门人。奥古斯特·凯斯勒是新成立的荷兰皇家董事会中一位董事的亲戚,他曾经在远东地区经商,但并不成功。回到荷兰后,奥古斯特·凯斯勒被推荐去掌管荷兰皇家这个刚起步、尚处在困难期的公司(图1-9)。

图1-9 奥古斯特·凯斯勒

奥古斯特·凯斯勒充满信心地来到苏门答腊,但实际情形并不像安昆·邵克的商业计划中描述的那么美好。苏门答腊岛高大茂密的树林中遍布蚊虫,环境极其恶劣。油井确实存在,但公司人员、财务、物资都极其混乱,奥古斯特·凯斯勒选择先修建输油管道,把油田产出的原油输出密林。热病泛滥、资金匮乏,甚至连食物都不充足,顶着来自荷兰股东们的压力,奥古斯特·凯斯勒带领工人们历经艰难在热带雨林中修建了一条输油管道。1892年初,奥古斯特·凯斯勒又在北苏门答腊的巴拉班河边建起了印度尼西亚第一座炼油厂。输油管道连通了油井和炼厂,当年的4月,荷兰皇家的第一批皇冠牌灯用煤油进入市场。

炼厂起步后,很快就面临上游产量不足的难题,炼厂由于无法全面开工导致生产成本过高,公司无法实现当初上市时向董事会承诺的利润目标,远在阿姆斯特丹的股东们再次表现出强烈的不满。奥古斯特·凯斯勒一边奔走于荷兰和印度尼西亚之间,千方百计寻求资金;一边继续寻找油源。幸运的是,上天再次对这位吃尽苦头却依然坚忍不拔的职业经理人显露了眷顾,在工人们几乎是盲目的寻找中,再次打出了自喷井。

我们无法找到准确的资料说明荷兰皇家当时发现的这个油藏的储量,但由于当时石油在炼制润滑油和照明煤油的过程中,产出的天然气作为废弃副产品被丢弃在海岸附近的采石场点燃,在那之后的很多年里,荷兰皇家燃烧天然气的火焰成为那个时代的水手们在黑夜里导航的灯塔,这一点足以说明这个油藏蕴含的原油储量非常庞大。

1893—1895年,荷兰皇家的产量提高了6倍,实现了盈利和分红。

奥古斯特·凯斯勒很清楚,光有产量是远远不够的,要开拓市场才能实现更好的发展。他在远东许多地方陆续建立销售机构,建造储油设施,购买油轮。而此时的壳牌运输由于其在亚洲强大的储、运、销体系,在荷属东印度市场中占据了很大的份额。两家公司不可避免地互相竞争,奥古斯特·凯斯勒依靠荷兰政府的帮助和干预,把壳牌运输从东印度各港口赶走,随后3年里,荷兰皇家的产量又增长了5倍。

第四节 角逐与联盟

一、标准石油对荷兰皇家的围剿

1. 标准石油的对手

迅速成长的荷兰皇家引起了标准石油的注意。

1893年冬天,标准石油意识到自己在亚洲市场上面临着双重威胁:一边是巴统廉价煤油被壳牌运输通过苏伊士运河输送到达东亚,并锁定了低端市场;另一边,由于在苏门答腊岛找到的石油成分更有利于制成高质量煤油,因此荷兰皇家的产品价格稍高,主要针对高端市场。

除了市场份额的丢失,标准石油还面临美国油田产量下滑的问题。这一阶段俄克拉荷马州和得克萨斯州的石油还在沉睡,美国的主力产油区仍旧集中分布在宾夕法尼亚州。由于缺乏新发现,美国石油的出口份额下降到了34%,标准石油不再拥有庞大的低成本石油储备,"价格扼杀"这一策略的根基受到了挑战。而荷兰皇家和壳牌运输出售的大量俄罗斯煤油和苏门答腊岛煤油,压低了亚洲市场的煤油价格。

在标准石油看来,壳牌运输只是一家代理商,虽然公司在婆罗洲岛上也开发石油,但这个油田产量小,炼厂配置也很差,效率非常低。真正危险的敌人是奥古斯特·凯斯勒领导的荷兰皇家。他们在当地拥有自己的油源,石油品质好,销售网络也逐渐搭建起来。更可怕的是,荷兰皇家的产量还在不断上升:1896—1897年,凯斯勒的煤油产量已从500万加仑上升到1500万加仑。比产量飙升更快的是荷兰皇家的股票,市价达到其面值的900%,分红更是达到了52%。

2. 美国人和荷兰人的公司战争

1897年,标准石油派出了两名代表到东印度群岛去调查摸底,会见荷兰皇家在当地的负责人,参观炼油厂和油田,并向当地的服务商了解情况,他们对荷兰皇家的发展和奥古斯特·凯斯勒的经营管理给出了较高的评价。在这一年的夏天,标准石油正式向荷兰皇家提出收购意向,建议公司资产增加4倍,标准石油将买下所有追加股票,奥古斯特·凯斯勒依旧任公司总裁。

然而,出手必胜的标准石油这一次忽视了荷兰皇家背后的含义,这个冠以"皇家"名号的石油公司,承载了荷兰人的民族自豪感。奥古斯特·凯斯勒、公司董事会成员和大多数股东都不愿意让这个"皇家"公司,成为美国石油帝国的一部分。

既然不能在市场上"价格扼杀"以逼迫奥古斯特·凯斯勒让步,也无法以正常的方式打开荷兰皇家的大门,标准石油就开始使用不那么光明正大的商业手段。与壳牌运输这一类家族企业不同，荷兰皇家是一家上市公司，股东就是业主。只要控制了足够份额的股份，单一股东也可以控制荷兰皇家董事会，进而控制公司。

最开始出现的是流言。荷兰皇家在苏门答腊岛的石油资源即将枯竭的消息传遍阿姆斯特丹，随着流言四散，公司股价一路暴跌，从面值的900%跌至250%。然而，作为股权制度的创始地，荷兰人在公司经营方面的精明程度一点也不比约翰·洛克菲勒差，公司很快决定发行一只特殊的优先股，这只优先股有独特的权力来任命董事会成员，更重要的是，这只优先股拒绝外国公司持有。在19世纪90年代的阿姆斯特丹，这是当时最先进的公司治理策略。这一策略的实施切断了荷兰皇家在公开市场上被人恶意收购的可能性，标准石油再次被屏蔽在了它所垂涎的石油公司大门外。同时，公司还从罗斯柴尔德家族那里获得了一笔贷款，奥古斯特·凯斯勒的资金得到支撑，荷兰皇家再一次找到立足点。

3. 又一次突围

标准石油在打压荷兰皇家的股价时，向市场散布的主要消息之一就是：公司上游产量将枯竭，无法支撑持续发展。严格地说，标准石油并没有无中生有。

1897年3月，荷兰皇家的油井开始出水，没有任何油田管理经验的奥古斯特·凯斯勒忽略了这个问题。然而，在宾夕法尼亚州的大油田中成长起来的标准石油很清楚，在当时的开采方式下，油井出水就意味着油田即将枯竭。1898年5月，荷兰皇家的煤油产量达到84.8万桶之后，接下来的3个月里，产量直线下降，到当年8月，产量降到了30万桶。奥古斯特·凯斯勒需要再次寻找新的油田来支持公司的产量。

19世纪，石油勘探还是一门玄学，无论是美国的宾夕法尼亚州，还是俄罗斯的巴库，寻找石油更多地依赖幸运而不是技术。钻井工人们在有油气显示的地方钻孔，当产量下降时，再以出油的地方为圆心，向外延展钻孔。石油勘探的随机性也是石油公司面临的一大难题。按照这个惯例，当荷兰皇家原来的油田开始枯竭时，公司立即组织在原油田附近钻新井，油田周围钻出一百多口新井，但没有一口自喷井。基于"石油可能在地下更深的地方"这个假设，荷兰皇家开始加深现有油井，其中一些井深达到1200英尺，却依然没有石油出现。

现代石油地质工作者在油气田勘探工作中，非常重视"生、储、盖"组合的寻找和分析，即油藏的形成是"生油层、储层、盖层"共同作用的结果，石油的发现并不是随机的，而是有规律可循。虽然现在这些理论已经成为石油地质学的基本理论之一，也是地质家们公认的常识，但在当时却没有受到石油公司的重视。

荷兰皇家在苏门答腊岛的困境，给了地质家们证明自己理论的机会。奥古斯特·凯斯勒在一筹莫展时意识到既然传统的方法失败了，为什么不尝试一些新的技术呢？他决定聘请地质学博士切萨雷·普罗（Cesare Porro）和C. 施密特（C. Schmidt）作为特聘专家为公司寻找新的油藏，这两位地质学家曾经在罗马尼亚和高加索地区成功地在背斜地层中找到了石油。1898年，切萨雷·普罗和施密特踏上苏门答腊岛，他们把荒野丛林作为实验室，走遍整个岛屿，通过观察岩石的风化程度，辨析可能的地层关系，绘制这座岛的地层图。1899年4月30日切萨雷·普罗和施密特向荷兰皇家正式提交了他们的研究报告。在报告中，他们指出了一个新的有利成藏位置——苏门答腊岛北部的亚齐（Aceh）。地质学家们的这次发现是伟大的，直到20世纪70年代到80年代，美孚仍然认为亚齐"毫无疑问，它是皇冠上的宝石"，并在那里建立了世界上最大的液化天然气厂。

但糟糕的是，亚齐不在荷兰殖民地范围内，而是受当地部落武装控制。在印度尼西亚的历史中，亚齐曾长期存在分离主义运动，直到今天仍然作为特别行政区（Nanggroe Aceh Darussalam）拥有特别自治权。然而，奥古斯特·凯斯勒没有退路，他组织了探险队向亚齐进发，不断与亚齐邦主谈判，并承诺公司将支付石油特许使用费用，而且荷兰军队不会与地方武装发生任何军事冲突。石油开发带来的利润和奥古斯特·凯斯勒再三的保证，打动了部落首领，他们同意让凯斯勒在亚齐开采石油。

1899年12月，奥古斯特·凯斯勒的钻井队开始工作，12月28日，原油自井筒中喷涌而出。在钻了100多口干井后，凯斯勒终于在距离原先油田128千米之外的北部地区找到了新油田。在几近绝望的时刻，命运再次奖励了在绝境中仍坚持不肯放弃的奥古斯特·凯斯勒，荷兰皇家又一次迎来了转机。新的油田让公司的处境峰回路转，在之后的4年中，公司依靠新油田每年生产450万罐煤油。

发现新油田的消息在阿姆斯特丹证券交易所引起震荡，荷兰皇家的股票单日交易额飙升了100%，19世纪90年代开始的危机终于得到缓和，标准石油丧失了围剿荷兰皇家最后的机会。而地质学家们也取得了他们的胜利，背斜理论不再是"纸上的科学"。至此之后，石油地质学成为石油行业的基础学科之一。

二、荷兰皇家与壳牌运输的厮杀

1. 亨利·迪特丁

在奥古斯特·凯斯勒的努力下，荷兰皇家以良好的势头在东亚市场上大展宏图。然而，来自股东的巨大压力、恶劣的环境以及与标准石油、壳牌运输之间焦灼的市场争夺战，耗尽了奥古斯特·凯斯勒的心神和精力，1900年12月14日，在47岁生日的前一天，奥古斯特·凯斯勒在返回荷兰的途中因心脏病发逝世。

荷兰皇家不得不寻找一名新的引路人。董事会研究认为，由于奥古斯特·凯斯勒去世非常突然，为了保持公司的稳定，新任领导人必须能保持管理的一致性和的连续性。为了完成这种微妙的过渡，奥古斯特·凯斯勒的得意门生——亨利·威廉·奥古斯特·迪特丁（Henri Wilhelm August Deterding，以下简称亨利·迪特丁）被任命成为荷兰皇家的新掌门人（图1-10）。

亨利·迪特丁1866年出生于荷兰阿姆斯特丹，他身材矮小，但性格强势，有着极强的意志力。巧合的是，亨利·迪特丁的成长经历和约翰·洛克菲勒有很多相似之处——家境贫寒、少年辍学、有绝佳的商业头脑，都曾经做过记账员的工作。亨利·迪特丁16岁辍学后，就扎进了商海，滚爬摸打炼出了一副商战筋骨。在进入荷兰皇家之前，亨利·迪特丁是阿姆斯特丹的一名银行职员，银行的工作经历让他掌握了一些金融和会计方面的知识，而记账员的工作更是给了他通过数字评

图1-10 亨利·迪特丁
(Henri Deterding)

价企业经营业绩的能力。但是银行的工作并没有为亨利·迪特丁提供足够的发展空间，他决定到荷属东印度群岛去碰运气。在东印度群岛，他先是在荷兰贸易商会里谋到一份差事。19世纪90年代，荷兰皇家一度财政困难，奥古斯特·凯斯勒找到亨利·迪特丁，亨利·迪特丁凭借在银行工作的经验，想出了一个主意：用库存的煤油作为抵押，向荷兰商会借贷。这个办法十分奏效，不禁让奥古斯特·凯斯勒对其刮目相看。1895年，奥古斯特·凯斯勒需要一个有魄力的人去远东各地打开煤油销路，亨利·迪特丁毛遂自荐，从此进入荷兰皇家工作。

奥古斯特·凯斯勒去世后的第二天，董事会就任命了亨利·迪特丁作为公司日常运营工作的负责人。由此，这位有着"石油界拿破仑""欧洲的洛克菲勒"之称的传奇人物开启了属于他的时代。为了缓和管理者突然去世带来的转变，初上任时的亨利·迪特丁选择了一个谦虚的头衔——临时经理。然而，临时经理却考虑着公司的长远发展，他将通过新的、更加辽阔的渠道，从根本上改变公司的未来走向。在接下来的35年，亨利·迪特丁正式掌舵了这家崛起中的石油公司，并带领它走向了世界石油工业发展的历史舞台中央。

如果说安昆·邵克是荷兰皇家的绘图人，奥古斯特·凯斯勒则是这家公司的总工程师，他具备工程师的一切特点：兢兢业业、性格坚韧又谨慎细心，在他的带领下，公司找到了油田、建立了炼厂和管道等基础设施。在市场方面，作为标准石油的挑战者，奥古斯特·凯斯勒更加小心翼翼，他采用的战略就是：与壳牌运输和平相处、互不对抗，两家公司共享亚洲的煤油市场，共同对抗标准石油这个庞然大物。

然而与奥古斯特·凯斯勒不同，亨利·迪特丁更加野心勃勃，也更加强势、精明，最重要的是，他对市场和交易有着一般人所不具备的敏锐直觉。亨利·迪特丁走马上任后第一个目标，就是将荷兰皇家的业务延伸至整个亚洲，而这一扩张计划必然需要抢占壳牌运输目前在亚洲的市场份额。于是，在壳牌运输毫无准备的情况下，亨利·迪特丁带领荷兰皇家单方面开启了与壳牌运输的价格战。

2. 壳牌运输的多元化战略

再说回到壳牌运输，我们已经无法去还原小马库斯这位犹太商人的心里路程，但他对政治身份的追求，实实在在贯穿于他的一生，甚至也改变了壳牌运输的命运。

1891年，在荷兰皇家的安昆·邵克为自己的公司筹谋资金，并争取"皇家"冠名时，小马库斯正式成为巴统石油的代理商，开始谋划获取苏伊士运河的通行权，同一年，他成了伦敦市市议员，这意味着他以一个普通商人的身份正式进入了绅士阶层。

1898年，壳牌运输在婆罗洲钻探成功了第一口自喷井，而荷兰皇家正在为寻找新的油田痛苦焦灼。也正是那一年，英国皇家海军胜利号在苏伊士运河入口处搁浅，壳牌运输正在附近航行的元贝号在与大海和泥沙鏖战21个小时后，成功解救了胜利号。小马库斯因此获得了维多利亚女王的授勋，他获得了骑士爵位，成为伦敦市新崛起的贵族。

与此同时，小马库斯也在思考他的生意，他已经得到了煤油生意带来的巨大利润，那么该如何让壳牌运输在石油领域走得更稳，而不是仅仅作为代理商受制于罗斯柴尔德兄弟？小马库斯的结论是多元化。壳牌运输目前的石油来源有两个：一是代理巴统石油的俄国石油，二是在婆罗洲找到的石油，但前者受制于人，后者产量不尽如人意，要想发展多元化战略，就必须寻找新的资源。在亨利·迪特丁为抢占亚洲市场发起价格战的同时，小马库斯为了拥有更多的石油资源，将目光投向了标准石油的老家——美国。

1901年1月10日，美国得克萨斯州博蒙特以南4英里处，在一个名叫纺锤顶（Spindletop）的高地上，世界上第一口特高产井——卢卡斯井（Lucas）出现了。卢卡斯井吸引了大批石油淘金者涌向纺锤顶，随即在这里诞生了一批新的石油公司，包括后来曾称雄世界石油界的"石油七姊妹"中的海湾石油、德士古石油等。小马库斯觉得这是一个公司拓展资源的好机会，在纺锤顶油田第一口油井出现6个月后，壳牌运输和海湾石油签订了一份长期购销合同，根据合同，壳牌运输以每桶25美分的价格锁定了海湾石油未来21年至少15万桶的石油。这是当时世界上最大的一场石油交易，也被人称为"世纪大交易"。

到了1901年夏天，在荷兰皇家的价格战开启一年之后，壳牌运输已经可以从俄国巴库、美国得克萨斯州和东南亚3个地方获取原油，全世界海洋石油运量的70%都由壳牌运输承运，更为可喜的是，壳牌运输仍然是全世界唯一一家可以通过苏伊士运河运输石油的公司。

在小马库斯看来，他已经具备足够的能力与荷兰皇家展开谈判了。

3. 英荷销售协议

尽管拥有了多元化的原油供应，但小马库斯还是清醒地知道，无论是自己的壳牌运输，还是亨利·迪特丁掌管下的荷兰皇家，在标准石油这头巨兽面前，都还是脆弱的、不堪一击的。所以他并不打算与亨利·迪特丁继续打价格战，而是希望建立和平协议，共同防御标准石油。在小马库斯看来，两家公司共同协作，在应对标准石油时，生存下来的机会才更大。

于是，弗雷德·莱恩再次出现了，作为一个在所有生意场上都如鱼得水的中间人，他再次撮合了荷兰皇家和壳牌运输的谈判。然而，合作谈判远没有想象中那么容易，小马库斯和亨利·迪特丁在销售主管、合作产品、合作期限、合作区域等具体细节上始终无法达成一致。

合作时间方面，壳牌运输提出签订短期联合销售协议，而亨利·迪特丁更希望双方达成长期协议；产品方面，小马库斯希望合作只限于煤油，亨利·迪特丁则希望两家公司合并一切产品，包括煤油、燃油和汽油；地域方面，小马库斯坚持与荷兰皇家的任何合作安排都必须仅限制在亚洲，这样，壳牌运输就可以放开手脚在英国和欧洲的其他地方扩张。尤其是在销售业务的管理上，在原油供给不成问题的前提下，销售就成为主导公司利润的最重要的环节，小马库斯认为壳牌运输作为贸易商，拥有丰富的经验，当然要占据领导地位，但亨利·迪特丁则坚持要按照一定份额比例分配销售权。

这次谈判实际上是一场关于公司合作领导权的博弈，双方都试图最大限度地争取和解后的地位。为了打破僵局，1901年11月，小马库斯走出了关键的一步：奔赴纽约，与竞争对手——标准石油单独谈判合作事宜。从后来的资料看，标准石油和壳牌运输的这次谈判，与小马库斯实际想要追求的目标差距很大，但这一行动却成功威胁了远在东亚的亨利·迪特丁。

在亨利·迪特丁看来，如果壳牌运输转向标准石油，无论这两家公司以哪种方式联盟，对于荷兰皇家的打击都是致命的。所以1901年12月27日，亨利·迪特丁终于妥协，双方在海牙签署了《英荷销售协议》。协议条款满足了之前谈判时壳牌运输提出的要求：两家公司仍旧各自保持独立，但会集中资源在亚洲的煤油市场上合作销售，同时，壳牌运输在其他地方保有扩大燃油和汽油销售的自主权，荷兰皇家可以使用壳牌运输油轮舰队，但需要支付高额的租借费用。

对壳牌运输而言，这是一次特别有利的交易，协议进一步增强了壳牌运输在亚洲的地位和影响力。

4. 亚细亚石油公司

标准石油打击对手时，要么是直接击垮，要么是收入囊中，所以标准石油并没有考虑小马库斯提出的建立合资公司的提议，而是在1901年12月23日给了小马库斯一个收购报价，用4000万美元收购壳牌运输的实体、股票和油轮。这个收购金额是壳牌运输当时所有资产的两倍，作为交换，标准石油要完全拥有壳牌运输的控制权。

如果说在收购荷兰皇家时，标准石油低估了荷兰人的民族自尊心，那么在这次收购议案中，它低估的是小马库斯对政治身份和荣誉的渴求。壳牌运输是英国企业，"骨螺号"是第一艘通过苏伊士运河的油轮，而小马库斯在接受大英帝国的骑士授勋时，曾经向英国女王宣誓效忠。所以，小马库斯是无论如何也不可能让他的船队成为美国人的私人舰队。

也许是太过于自信，也许是强烈的民族自尊心，小马库斯立即正式拒绝了标准石油的要约，并要求停止今后的任何谈判，壳牌运输原本可以用于制约荷兰皇家的砝码就这样被他丢弃了。

与此同时，荷兰皇家与壳牌运输将签订市场分享协议的消息传到了罗斯柴尔德兄弟那里。对于罗斯柴尔德兄弟而言，这并不是一份简单的市场分享协议，这份协议将改变远东微妙的商业平衡，从而给罗斯柴尔德家族带来潜在的威胁，壳牌运输和海湾石油的协议让公司拥有了美国的石油资源，如果再与荷兰皇家签订协议，那么壳牌运输与巴统石油之间的谈判能力就将大大提升，它将不再是服务于这个家族的贸易商，而是拥有自己产业链的、真正的石油公司。

于是，壳牌运输与荷兰皇家的博弈，转变成了壳牌运输、荷兰皇家和罗斯柴尔德兄弟三方的谈判，谈判的最终结果是三方按1/3入伙，组成亚细亚石油公司(Asiatic Petroleum Company，以下简称亚细亚石油，旧时翻译成亚细亚火油公司)。该公司于1903年6月29日在伦敦注册成立。亚细亚石油坐拥罗斯柴尔德兄弟掌握的巴库石油以及荷兰皇家和壳牌运输在远东的油田和炼油厂，可以用比原先两家公司都更大的规模生产、销售石油产品。亨利·迪特丁又以东印度生产商协会主席的身份，调控东印度的石油生产。从此，这家公司垄断了亚洲，特别是19世纪上半叶中国煤油销售市场。小马库斯担任了亚细亚石油的董事长，而亨利·迪特丁则作为公司总经理，拥有了对公司的实质性管理权。

三、联盟建立

1. 小马库斯·塞缪尔的追求

成为石油大亨并掌控东南亚贸易，小马库斯所获得的石油事业上的成功，并不能抵消他对仕途的向往。1902年，小马库斯参与竞选伦敦市市长，并为这一事业投入了大量的精力，最终成功当选(图1-11)。

1902年11月10日，在举行了盛大的市长就职典礼后，小马库斯几乎把所有时间和精力都耗费在城市管理上。"那将是他一生中最重要的日子，因为他将获得任何伦敦商人所不能企及的最高荣誉。自那以后，小马库斯·塞缪尔整天忙

图1-11 伦敦市长小马库斯·塞缪尔(1902年)

于各种仪式、活动和招待会，演讲一个接着一个，几乎一个月都没顾上石油业务。他终日奔忙，深深地沉醉于繁文缛节与市长的地位。"

小马库斯在担任市长职务后，犯下一个巨大的错误：无论是壳牌运输或亚细亚石油，他都没有委派任何人去接任自己的职务。在小马库斯作为市长的任职期间，壳牌运输终于走到了不可逆转的转折点。

2. 来自海湾石油的噩耗

首先是原本计划要提供20年原油供应的纺锤顶油田出现了危机。由于缺乏合理的油田开发制度，纺锤顶油田很快就进入了快速递减期。1902年，就在油田发现的第二年，产量迅速下降。6年后，这里已经没有几口井还能产油了。油价再次对产量暴跌做出了反应，得克萨斯州的石油价格从每桶5美分涨到35美分，最后甚至达到50美分。此时海湾石油没有自己的石油可供销售，为了满足合同最低要求，海湾石油不得不从其他石油生产商那里以市场价格购买原油再交给壳牌运输。这显然会把海湾石油逼入绝境，巨大的成本负担让海湾石油在1903年8月选择了撕毁合同。壳牌运输由于当时急于签订这份合同，并没有认真审定合同条款，整份合同都没有对违约行为做出明确惩罚规定，而即便走上法庭，小马库斯面对的是得克萨斯州的法官和陪审团，他胜诉的机会并不大。最后，这份合同不了了之，而壳牌运输的多元化战略也随之化为泡影。

3. 巴库巨变

多年的停滞和管理不善，让尼古拉二世统治下的沙皇俄国成了一个极其不平等的国家，民众激昂的对抗情绪让整个俄国成为一个随时会被点燃的炸药桶。1903年3月，俄国政府枪杀兹拉托乌斯特罢工工人，酿成流血事件，激起巴库石油工人大罢工，最终罢工被俄国政府用镇压和欺诈的手段瓦解了。为了转移因经济危机所带来的各种矛盾，沙皇对内施行高压政策，凭着几十万军队和庞大的宪兵警察，压制人民的不满情绪。

1904年2月8日，日俄战争爆发。1905年1月22日，俄罗斯圣彼得堡沙皇军警野蛮枪杀前往冬宫向沙皇呈递请愿书的工人，这起事件致使1000多人被打死，几千人受伤，酿成了著名的"流血星期日"事件，又称"一月大屠杀"，这一事件也成为俄国1905年革命的导火索。1905年8月10日，俄国战败，日俄战争结束，俄国被迫于9月5日签订《朴次茅斯和约》。消息传到首都彼得堡，点燃了久积在人们心中怨愤，忍无可忍的人民再也按捺不住，许多大城市发生了示威游行。镇压激发了更大规模的抗议。整个里海沸腾了，巴库石油工人也开始罢工。随着罢工工人数量的不停增长，公众示威游行的规模也在扩大。杀戮招致杀戮，野蛮加剧野蛮，罢工人群放火点燃了油田，3000多座井架和300个石油罐被烧毁。地下浅表储层被敲开，石油四处溢流，并被点燃，大火又燃向城市中，火车站和无数人的家园在烈焰中化为灰烬。诺贝尔兄弟石油和巴统石油的资产也未能幸免，生产严重受损，壳牌运输的石油供给再次受到严重短缺的威胁。

4. 壳牌诞生

由于受到海湾石油撕毁合同和巴库巨变的影响，遭受供应重创的壳牌运输经营销售情况每况愈下，只能勉强支付5%的股息，与之相反的是荷兰皇家蒸蒸日上，股息高达50%~65%（表1-2）。在1906年的冬天，小马库斯决定与荷兰皇家进行合并，而此时亨利·迪特丁的回答是："早两年是可以的，现在不行了，合并可以，但比例应当是6∶4。"犹豫了几个月，小马库斯接受了这个条件。

表1-2 荷兰皇家和壳牌运输的原油产量　　　　　　　　　　单位：吨

年份	荷兰皇家	壳牌运输	年份	荷兰皇家	壳牌运输
1893	21204	—	1900	71176	—
1894	55097	—	1901	174141	64500
1895	70486	—	1902	230011	122600
1896	97812	—	1903	28149	147000
1897	241159	—	1904	467586	285700
1898	289481	—	1905	476500	421695
1899	96183	—	1906	593360	449210

1907年4月23日，两家公司宣布合并，新公司命名为荷兰皇家壳牌集团公司（Royal Dutch Shell Group，以下简称壳牌）。公司采取独具一格的"双董事会"管理体制，荷兰皇家和壳牌运输变成它的两家母公司，石油的勘探、生产、炼制业务由荷兰公司主管，总部设在荷兰海牙；石油的运输、储存、销售业务由英国公司主管，总部设在伦敦。两家母公司保留它们的董事会，双方的董事一起构成经营董事会。具体人事安排方面，亨利·迪特丁继续担任新公司的总经理，指挥这艘航母级巨轮继续前行，技术方面才华横溢的雨果·劳登（Hugo Loudon）和来自壳牌的罗伯特·瓦利·科恩（Robert Waley Cohen）分别担任亨利·迪特丁的副手，董事会主席虽然为小马库斯，但更多的是利用其在伦敦的影响力，他本人基本不再参与公司的管理（图1-12）。

图1-12　1907年4月23日宣布创建壳牌的电报
图片来源：壳牌官网

股权方面，两家母公司按协议合并股份，荷兰皇家占60%股份，壳牌运输占40%的股份。两家母公司有各自的决策机构，向各自的股东负责。母公司并非集团的组成部分，不直接参与经营，但有权任命集团各控股公司的董事会成员并从集团各控股公司收取利润。这一独特的双董事会治理结构，从成立之初就为人们所争论。但是，在2004年之前的近百年里，壳牌并未受此影响，实现了快速发展壮大。因此，直到2004年壳牌爆发"储量危机"，才将双董事会治理结构的弱点暴露无遗，并以此为导火索，在2005年终结了这一存在长达98年的独特制度。

第五节 小结与讨论

一、壳牌的基因

1. 能源商人

如今的五大一体化国际石油公司各有特色，埃克森美孚以超强的运营管理能力在油气生产领域独占鳌头，bp凭借资产运营能力打造出一家强大又兼备柔韧性的公司，而要说壳牌的独特之处，大概可以用公司贸易业务部门（Shell Trading）的一句话来概括："壳牌是世界上最大、最有经验的能源商人之一。"

由表1-3可以看出，对比继承了标准石油衣钵的埃克森美孚和擅长利用市场进行兼并购的bp，壳牌储量、产量指标都不占优势，但公司的经营模式却耐人寻味：2019年油品销售量是原油加工量的2.6倍、原油产量的3.5倍，形成了油品贸易和销售总量大于原油加工量、原油加工量又大于原油产量的经营模式，在五大国际石油公司中，仅埃克森美孚有相似特征。而这一特征的形成，与公司发展历程中独特的贸易基因分不开，同时也证明了，即使经过了漫长的时间洗礼之后，壳牌的贸易基因依然为公司的发展发挥着非同寻常的作用。

表1-3 2019年五大国际石油公司油气储量、生产和销售数据对比

公司名称	石油储量（百万桶）	天然气储量（10亿立方英尺）[1]	石油产量（万桶/日）	天然气产量（10亿立方英尺/日）	原油加工量（万桶/日）	油品销售量（万桶/日）
埃克森美孚	14598	47080	226.0	3693	398.1	545.2
bp	11478	45601	221.1	3509	174.9	599.5
壳牌	5264	33821	187.7	4076	256.4	656.1
道达尔	6006	36015	167.4	2688	167.1	411
雪佛龙	6521	29457	186.6	2612	156.4	257.7

对于一体化石油公司而言，仅仅把石油贸易看作为公司创造利润的一项业务，是一种狭隘的视角，毕竟贸易更多时候都表现出竞争激烈、整体薄利的特点。贸易板块在一体化石油公司中的作用至少发挥了3个方面的作用：一是效益链协同作用，尤其在油价大跌时，可以较好地平衡油价风险；二是效率链协同作用，通过发挥贸易业务的"捕获效率"可以协助石油公司更有效地平衡市场波动，实现一流的运营效率；三是安全链协同作用，贸易板块的资源池"蓄水调峰"功能有助于一体化石油公司协同内、外部资源的关系，增强资源控制能力，这是很多国家石油公司增强油气供应能力的重要手段。

观察壳牌今天的公司模式，可以看出，贸易作为壳牌上下游业务的纽带，不仅发挥了很好的协同作用，而且也放大了公司各个板块的创效能力，在公司百年发展中，壳牌通过"以产带贸、以贸促产"，展现出占领市场快、风险控制能力强、地域跨度大、对行业变化敏锐等特点。

---

[1] 1立方英尺=0.0283立方米。

从壳牌初期的运营过程中，再来分析作为成功的贸易商，壳牌有什么秘诀呢？

首先是擅长合作。贸易活动与其他生产活动不同之处在于，贸易本身并不生产产品，而是通过在为买、卖双方建立匹配关系的过程中实现产品的增值，这就要求贸易商必须与生产者、消费者等各方面建立合作关系。在和标准石油的对抗中，壳牌审时度势，先后与罗斯柴尔德兄弟、荷兰皇家建立合作关系。壳牌运输在行业内甄选合作伙伴时，选择的不是最强势的一家，而是最合适的一家，即优势可以互补的伙伴——罗斯柴尔德坐拥巴库石油而壳牌运输拥有纵横亚洲的贸易运输网络，壳牌运输在中下游强势而荷兰皇家更擅长上游勘探开发，这样的组合无论从企业自身发展的角度和社会资源优化配置的角度来看，都是促进企业间合作和共同发展的最优选项。而在合作方式上，从最初的唯一代理商，到合资兴办公司，从竞争对手到合并双赢，不拘泥于陈规也不囿于某一个特定的区域，灵活而多变。

第二，有为客户提供优质高效解决方案的能力。当壳牌运输成为俄罗斯煤油的唯一代理商时，石油贸易还只是基于传统的买和卖，因此贸易仅仅意味着中介、桥梁，壳牌运输对于其企业合作伙伴来说，核心竞争力在于其强悍的运输能力和在亚洲市场的贸易网点，这些优势足以让壳牌满足客户的核心需求。但是壳牌运输根据市场的变化、竞争对手的策略和消费群体的喜好，设计了全新的油轮，改进了油罐设计，这些举措已经超越了传统意义上的买和卖，而是开始为客户提供整个产业链上完善的增值服务。

如今的壳牌从单纯采购和营销原油和成品油，逐渐发展为拥有全球交易部门的成熟交易商、贸易商。贸易的基因给壳牌带来一系列区别于技术发展的特征，比如对于危机的处理更为圆滑、更为商业化，更具有开拓和冒险精神，更擅长选择合适的合作伙伴，更能把握机会等。这些都为壳牌之后的发展发挥了长久的导向性作用。

2. 强悍的海上运输能力

小马库斯进入石油行业的门票就来自于其拥有往来亚洲的远洋船队，而海上运输能力也是壳牌与其他公司相比，基因中另外一个突出特点。目前，壳牌航运与海事公司总部位于伦敦，在休斯敦、海牙、新加坡、珀斯和东京设有专家中心。壳牌自己拥有 6 艘石油/化学品船、40 多艘 LNG 运输船和 1 艘专门的 LNG 加油船（LNG Bunker Vessel）"Cardissa"号。此外，壳牌还手握超过 50 艘 LNG 运输船的租赁合同，这让壳牌管理的 LNG 运输船近 100 艘，约占全球 LNG 运输能力的 20%，是全球最大的 LNG 运输运营商之一。

运输在石油行业中有着非比寻常的重要用途，国际石油公司要取得发展，就必须要克服能源天然分布的不均衡和资源市场的分离，实现石油和天然气作为商品在世界范围内进行定向移动。小马库斯之所以被罗斯柴尔德兄弟选做贸易代理商，就起源于巴库石油需要销往标准石油控制力最弱的亚洲地区，对壳牌运输能力的要求是由石油贸易需求所引起的派生性需求。而运输能力隐含在公司的基因后，这就是壳牌在之后解决苏伊士运河问题、开拓 LNG 业务、探索深海等很多重大问题上表现出来的其他公司无法比拟的优势。

3. 国际化

由于两个母国资源禀赋受限，壳牌运输和荷兰皇家从一开始就将各自公司的基础建立在了远离故土的他国，并依托全球贸易和航运实现公司的发展。

从企业文化上来说，壳牌的英荷共有属性，使得企业拥有多元文化的发展理念，使其在世界范围内开拓市场占据优势。一方面，荷兰元素强调技术的力量，这种技术为上的精神，无论是内在动力的推动作用上，还是技术实现的外在保障上，都可以帮助壳牌在全世界范围内搜寻油气田；另一方面，受早期大英帝国的影响，英式文化元素在某种程度上代表着一种世界范围的通用语言，这种语言使壳牌拥有无障碍的商业交往能力，在世界范围内自如开展活动。而从公司的管理运营上来说，遍布全球的贸易网点使得壳牌从成立之初就有着不同于其他石油公司的、更为复杂的组织结构、更为广阔的全球化视野。联合国贸发会议（United Nations Conference on Trade and Development UNCTAD）每年都会根据跨国化指数（the Transnationality Index，TNI）对全球100家最大跨国公司排名，该指数反映了跨国公司卷入国际市场的程度和海外活动的强度。而多年来，壳牌一直在这个榜单上独占鳌头（表1-4）。

表1-4　2019年全球非金融企业跨国指数排名（按海外资产排名）

排名	公司	资产（百万美元）海外	占比(%)	销售额（百万美元）海外	占比(%)	雇员 海外	占比(%)	TNI指数
1	壳牌	376417	93	276518	83	59000	71	82.6
3	bp	259860	88	215203	77	58900	81	82.2
5	道达尔	249678	91	137438	78	71456	66	78.5
10	雪佛龙	172830	73	75591	54	22800	47	58.0
11	埃克森美孚	169719	47	123801	48	35058	47	47.4

* 数据据各公司财报，统计数据时间为2019年4月1日至2020年3月31日。

一家公司在发展壮大的过程中，往往要依托自身的某些特长才能在竞争激烈的市场上占据一席之地，这些特长或许是一项技术，或许是一项业务，或许是一个领域，甚至或许是某一种方式方法，将这些特长长久地、深入地、持续地发展下去，就会成为铭刻在公司基因里的烙印。壳牌的贸易、运输和国际化基因并不是孤立存在的，这3种因素互为因果，又互相促进，在一百多年的磨砺中共同创造了壳牌独特的经营模式。每个公司在发展过程中，都无法掩盖自身创建过程中独特的基因烙印，我国石油公司有着自己鲜明的风格特点，如勘探开发与工程服务的一体化协同创效模式、老油田提高采收率技术能力、铁人旗帜下锻造出的坚韧的团队精神，这些都是国外石油公司无法比拟的优势。在提升"产、贸、输"深度融合的同时，如何让这些与生俱来的特点发挥出更大的作用，在补齐短板的同时，让长板更长、优势更优，在与国际石油公司的竞技中打造一套拥有自己风格的打法，而不是盲目模仿和跟风，这是我国石油公司需要思考的问题。

二、于丛林中创立规则

壳牌通过苏伊士运河走到了世界石油行业的舞台中央。

苏伊士运河是壳牌运输的一个重大转折点，甚至可以毫不夸张地说，苏伊士运河的通航问题成就了壳牌运输在石油领域的地位。当时想通过苏伊士运河的绝不止小马库斯一个人，据《洛克菲勒的陨落》一书中记载，洛克菲勒曾经两次向苏伊士运河管理者申请油轮通航，均遭到拒绝。被拒绝的原因很简单：载满石油的油轮如同一颗不定时炸弹，任由其通过苏伊士运河，会给运河的安全运营带来极大威胁。这是一条无可辩驳的理由，也是一条无从辩驳的理由，因为安全的含义太广泛，当时运河的管理者并没有给出明确的定义。连接了欧洲和非洲的苏伊士运河就好像一片未经拓荒的丛林，只有统治者，没有规则。

小马库斯做的就是帮助这片丛林的统治者创建规则，然后再在规则下行事，一切就顺理成章了。

首先，没有安全的规则，那么，就来创建一个安全的规则。小马库斯选择抓住问题的核心，首先重新定义了油轮的安全性，从技术的角度解决了"油轮可能会成为悬浮的爆炸物"这一问题，消除了苏伊士运河公司的最大疑虑。更为巧妙的是，为了避免壳牌作为通行方，有既得利益者的立场不公正的嫌疑，小马库斯请了一个独立、专业和权威的第三方来判断"油轮是否安全"，将判断权从运河管理者转交给了专业测评组织。小马库斯并没有直接去说服运河管理者安全的定义，而是通过劳合社这一独立的第三方出面（虽然并不是完全意义上的独立第三方），在海洋航运业具有绝对权威的劳合社给出的安全定义自然而然更容易被相关方面和大众接受。最终，小马库斯成功地在现有体系之下创建了一套可以被广泛认可和复制的安全规则。

其次，小马库斯所定义的安全并不是空穴来风，他在这个标准下，甚至是超越这个标准研究并设计了安全性能足够的骨螺号，骨螺号在某些方面的设计标准今天仍在海洋航运业中沿用，这也足以说明小马库斯确实做到了自己的承诺。

虽然这次不走寻常路的成功引来了同时代和后来的研究者们各色的猜测。最强烈的是指责小马库斯操纵了结果，他贿赂了苏伊士运河公司，在油轮往来时"多付了小费"。但是，还有另外一种可能性，一种更为可能的情况——小马库斯并不需要贿赂任何人，他所做的一切本身就是真正的规则——利用新技术定义新标准，选择更专业的人来做出判断。

英国政府和罗斯柴尔德家族为了自身利益，也通过种种方式在小马库斯获得苏伊士运河通行权中发挥了各自的助力，但我们还是要为小马库斯创造性地解决问题的思路发出感叹，毕竟同一时期的大佬标准石油的处理方式就简单粗暴得多：希望能得到规则豁免权——在改变不了规则又无法满足规则的情况下，请求被特殊对待。

第一个进入丛林的人，如果不能成为丛林中创立规则的人，在后续的发展中，往往会惨遭淘汰，或者付出百倍努力来适应别人创建的规则，能屹立百年的公司往往都不会让这个机遇成为日后的陷阱，以另一个石油巨头 bp 为例，在《京都议定书》签订之后，bp 为了减少碳排放在公司内部开发了一套简单的排放交易系统，这一举措开创了碳交易机制的先河。很快，bp 就占据了这一领域的先机，在 20 世纪 90 年代参与制定了英国碳排放总量管制和排放交易政策，并在 2002 年英国成立排放交易体系（ETS）后实施了第一批碳交易，如今整个欧洲的碳排放交易体系中都有 bp 的影子。而另一方面，脱胎于标准石油的埃克森美孚在 20 世纪 90 年代极力否定"温室效应"与化石能源的关系，公司在公共场合一再宣扬自己的立场，导致公众对公司的极大不满。

另一方面，小马库斯与劳合社的合作也提示我们，与行业协会或者其他第三方合作，是在某个领域中拥有话语权的一种重要方式。bp 同样深谙这一道理，在其 2020 年 2 月提出的 2050 净零目标中明确写道"为 bp 与行业协会的合作设定新的期望"——我们不难揣测，bp 在为制定未来清洁能源环境下的游戏规则做准备。同其他行业相比，石油行业形成垄断的时间早、程度高，同时企业规模巨大。石油行业自由竞争的时间极短，只有 15 年左右（1859—1875 年），到 19 世纪 70 年代中叶，约翰·洛克菲勒的标准石油就已经建立起了垄断美国和世界石油工业的庞大企业结构，并在 1882 年组成了世界上第一个托拉斯——在这一背景下，石油公司往往被打上"傲慢""吸血"的负面烙印，无论石油公司发出什么样的声音，都难以被公众接受，所以选择第三方或者积极参与行业协会的建设，是石油公司与公众沟通的重要手段。

石油资源分布的极端差异、各路资本的明暗博弈、科学技术发展的限制以及新能源的异军突起，让石油公司仍然在许多领域如置身丛林，想要发展壮大就要努力杀出一条适合的出路，在这一点上，采用新技术、设立新规则的公司将是进入下一个丛林的引领者。

参考文献

[加]茨拉夫·斯米尔著，李文远译. 2020. 石油简史：从科技进步到改变世界[M]. 北京：石油工业出版社.

江红. 2002. 为石油而战[M]. 北京：东方出版社.

林益楷，王亚莘. 2017. 国际石油贸易巨头范式转型对中国同行启示[J]. 中国石油企业，34(2)：25-28.

刘琼. 2012. 19世纪末20世纪初外国资本对俄国石油工业的影响[D]. 辽宁大学.

[美]彼得·B.多伦著，朱桂兰译. 2017. 洛克菲勒的陨落：石油帝国的繁荣和失落. 北京：机械工业出版社.

[美]丹尼尔·耶金. 1992. 石油风云[M]. 上海：上海译文出版社.

[美]丹尼尔·耶金. 1996. 石油·金钱·权力[M]. 北京：新华出版社.

[美]威廉·恩道尔著，赵刚，旷野，戴健译，欧阳武校译. 2008. 石油战争：石油政治决定世界新秩序[M]. 北京：知识产权出版社.

彭剑锋. 2010. 百年壳牌[M]. 北京：机械工业出版社.

王才良，周珊. 2011. 石油巨头——跨国石油公司兴衰之路(上)[M]. 北京：石油工业出版社.

王觉非主编. 2007. 欧洲历史大辞典[M]. 上海：上海辞书出版社.

杨旭东. 2013. 解读壳牌[M]. 北京：石油工业出版社.

[英]安东尼·桑普森. 1979. 七姊妹：大石油公司及其创造的世界[M]. 上海：上海译文出版社.

[英]安东尼·辛普森. 1977. 石油大鳄[M]. 北京：石油化学工业出版社.

Lessons from
Shell's
Rise to Prominence

壳牌发展启示录

第二章

黄金时代
（1910—1970年）

19世纪，石油工业一直服务于照明，主要产品是照明用煤油。

20世纪初，快速发展的电力工业开始抢夺照明市场，石油行业受到了极大威胁。恰在此时，汽车登上了历史舞台。几番论战下来，汽车最终选择了汽油作为动力燃料，这不仅让汽车产业实现了自身的快速发展，还拯救了岌岌可危的石油工业。

石油很快发展成为现代工业的血液，表现出不可替代的重要作用。而这一时期的壳牌，则在大英米字旗和"荷兰皇家"称谓的庇护下，借着行业的东风，开启了属于自己的黄金时代。

第一节 石油新世界

一、轮子上的"石油时代"（1919—1928年）

20世纪初，欧美制造业尤其是汽车工业开始高速发展，标志性事件是福特汽车公司（Ford Motor Company，以下简称福特）T型车（图2-1）的问世。T型车问世之前，汽车因高昂的制造成本未能走入普通大众的生活。1908年，福特开创性地将生产线引入汽车工业，通过标准化、高效、流水作业的生产模式，迅速提高了汽车产量，降低了汽车成本。T型车这一划时代的产品售价仅为850美元，而同期竞争车型售价通常为2000~3000美元。1910年，T型车的售价降为780美元，1914年再次大幅降至360美元。低廉的售价让T型车大受欢迎，风靡一时，不仅永远地改变了汽车制造业，还促进了全球汽油零售市场的迅速崛起。

图2-1 福特T型汽车

汽车工业的飞速发展加速了"汽油时代"的到来。1910年，美国车用汽油很快取代照明用煤油成为销售量最大的石油产品。1919年，美国汽车保有量为757.68万辆，石油总需求量为103万桶/日。短短10年之后，1929年汽车保有量就达到了2605.25万辆，石油总需求量上涨了一倍多，达到258万桶/日。加油站从1921年的1.2万座增加到1929年的大约14.3万座，遍布美国的大小城市、乡间路口。

第二次世界大战结束后，美国本土取消了战时的汽油配给制度，汽油需求再次呈现了爆发式增长。1950年，美国汽车保有量达到了4000万辆，汽油销售量比1945年增长了42%。爆炸式的石油需求增长大大超出了人们的预料，油价随着需求增加而不断上扬，高油价又强有力地刺激了石油勘探活动，触发了战后第一次疯狂的石油繁荣。壳牌对当时市场的评价是："增长的速度惊人"。这种极速的需求增长造成了1947年至1948年间美国的石油短缺，1948年美国原油和石油产品进口第一次超过出口。

柴油作为另一个重要的石油产品，大规模应用则要略晚于汽油。早在1892年，德国发明家鲁道夫·狄塞尔（Rudolf Diesel）就发明了通过燃烧柴油来获取能量的发动机。柴油发动机经久耐用，节能高效，但却因体积庞大笨重，可靠性无法保证，在当时未能获得有效推广。到了20世纪20—30年代，以美国康明斯公司为首的企业在柴油发动机的设计和制造工艺上取得突破，柴油作为燃料开始逐渐普及。随后，在第二次世界大战中，重型机械和装甲车为柴油发动机提供了大放异彩的舞台，柴油开始被大规模应用在各行各业，创造了无与伦比的价值。

二、无处不在的石油化工产品

石油化工是20世纪20年代兴起的以石油为原料的化学工业，起源于美国，初期依附于石油炼制工业，后来逐步形成一个独立的工业体系。1917年美国C.埃利斯用炼厂废气中的丙烯合成了异丙醇。1920年，新泽西标准石油将这种方法用于规模化工业生产，异丙醇成为第一个商业化的石油化学品，标志着石油化工发展的开始。1919年联合碳化物公司研究了乙烷、丙烷裂解制乙烯的方法，随后林德空气产品公司实现了从裂解气中分离乙烯，并以乙烯为原料进一步加工出新的化学产品。19世纪20年代，联合碳化物公司在西弗吉尼亚州的查尔斯顿建立了第一个以裂解乙烯为原料的石油化工厂；H.施陶丁格提出了高分子化合物概念；W.H.卡罗瑟斯发现了缩聚法制聚酰胺后，杜邦公司1940年开始将聚酰胺纤维（尼龙）投入市场，表面活性剂烷基硫酸伯醇酯出现。这些原本以煤和农副产品为原料的新产品，进一步刺激了石油化工的发展。这时，石油炼制工业也有了新的发展。1936年催化裂化技术的发展和应用，为石油化工提供了更多低分子烯烃原料。这些发展使美国的乙烯消费量由1930年的1.4万吨增加到1940年的12万吨。

第二次世界大战前后，石油化工产业在美国迅速发展，50年代在欧洲兴起，60年代又进一步扩大到日本及世界各国。石油化工产业的发展，让世界化学工业的生产结构和原料体系发生了重大变化，很多原本以煤为原料的化工品，转移到以石油和天然气为原料，石油化工领域的新工艺、新产品不断出现。如今石油化工已成为各工业国家的重要基干工业。

三、勘探开发科技革命

随着石油应用市场的扩大，石油行业获得了巨大的利润，利润又推动了科技投入的大幅增长，油气勘探开发科技水平进步显著。20世纪20—30年代，世界石油工业经历了第一次石油科技革命，其标志是地球物理技术的形成和二次采油技术的成熟，特别是重力法、电法、磁法及地震折射、地震反射等一系列地球物理勘探技术的出现和应用推动石油工业进入了大发现时代。

重力法是众多地球物理勘探技术中资格最老的。它的原理是运用特种仪器，探测不同地方大地重力场的变化，往往出现高重力值的地方，就会有某种含油地质构造的存在。重力法至今仍然是非地震油气勘探的一种重要方法。

1915年前后，法国的康拉德·斯伦贝谢和美国标准局的文纳分别提出了视电阻率的概念，从而创造了大地电阻率测量的方法。1917年，美国人康克林获得了首项电磁探测法的专利。1925年，电磁探测法被美国人森德伯格正式应用。

地震勘探技术同样也形成于20世纪20年代前后，分为折射法和反射法两种，最早出现并应用的是折射法，但不久就被反射法所取代。第一次世界大战后，德国人鲁杰尔·明特洛普进行了折射法实用化的研究并且制造了第一台折射地震仪，在德国获得了专利。阿美拉达公司最早将反射法地震勘探技术应用于石油领域，并利用这种方法在20世纪30年代初的俄克拉何马州发现了几个油田。此后，地震技术大量应用在美国的油气勘探过程中。据统计，1937年美国有超过250个地震勘探队用反射法寻找油田。

石油勘探技术的快速发展与应用为石油行业打开了新世界的大门，也为各个石油公司开拓了更大的发展空间。

四、战争中的石油

1914年第一次世界大战爆发，石油第一次成为影响全球格局的关键因素。曾有人如此评论："第一次世界大战中英国海军的胜利，不是大炮的胜利，而是燃油对煤炭的胜利"。1914年战争开始前英国海军几乎所有舰船都以煤作为核心动力，而战争结束时，40%的英国海军舰队使用石油作燃料。战争开始时，法国军队只有110辆卡车、60辆牵引车和132架飞机。到1918年，已经增加到了70000辆卡车和12000架飞机，而同一时间，英国投入到战争中的装备包括105000辆卡车和4000多架飞机（这一数字包括了在战争的最后几个月里美国的投入）。英、法、美在最后西线进攻中每天消耗的石油更是达到惊人的1.2万桶。到第一次世界大战结束时，石油不仅塑造了一个军事力量更加强大的英国，也在某种意义上重建了世界秩序。

1939年9月1日，德国进攻波兰（图2-2），9月3日，英国和法国对德国宣战，第二次世界大战爆发。第二次世界大战与第一次世界大战的不同之处在于，第一次世界大战以阵地战为主，第二次世界大战以运动战为主。石油作为运动战的燃料保障，需求量极大，再次成为双方倍加关注的焦点之一。

图2-2 第二次世界大战爆发——德国进攻波兰

轴心国自身的石油储备远远不能满足战争的需求。1937年，德国国内的石油产量仅50万吨，每年进口量接近500万吨才能满足国内消费需求。第二次世界大战爆发后，德国石油需求量每年超过1200万吨。由于同盟国对德国石油禁运，人工合成燃料无法满足军事上的巨大需求，当时原油年产量高达700万吨的罗马尼亚就成为德国军事行动的重要目标。日本也面临着同样问题，1931年，日本发动"九·一八"事变，侵略中国东北三省，旋即在东北开展了大规模的石油勘探，但到1940年仍毫无收获。1937年"七·七"事变时，日本的石油供应全部依靠进口。在进口的石油中，80%来自美国的石油公司，10%来自荷属东印度。日本海军第二次世界大战时提出的"北御南进"战略思想，目标是占领荷属东印度群岛和中南半岛，包括缅甸，以获取石油资源。于是，对于同盟国来讲，如何切断轴心国的石油供应，保护好石油资源不被轴心国掠夺是战时的重要目标之一。

战争虽然摧毁了石油生产基地，但也从另一个角度推进了石油需求的增长，并再一次把石油与世界局势紧紧捆在了一起。

第二节 南征北战

荷兰皇家与壳牌运输合并，全新的壳牌开始"南征北战"，借着石油工业急速发展的东风，在全球迅猛扩张自己的石油帝国版图，在世界政治经济风云多变、波折重重的背景下飞速成长。

一家公司成长的速度除了取决于整个行业的发展程度，往往还取决于对手的强大程度。20世纪初全球石油公司有一个共同的强大对手——美国标准石油托拉斯。当时的标准石油是真正的巨无霸，在全球石油行业几无敌手。在与这一强大对手抗衡成长的过程中，壳牌的掌舵者亨利·迪特丁深刻意识到，公司成功的关键是要建立自己的全球资源基地。于是，在亨利·迪特丁的带领下，壳牌开启了抢占资源地的征程，这一时期的成果为壳牌后来成为行业翘楚夯实了基础。

一、"到美国去"

美国是现代石油工业的诞生地，也是当时全球最重要的石油产地和消费地，这里丰富的资源、庞大的市场、稳定的商业环境，都深深地吸引着壳牌。亨利·迪特丁曾经说："作为贸易商，我们显然不得不在美国土地上深度经营，否则，我们会失去在其他地方的立足点。除非我们开始在美国做石油贸易，我们的美国竞争对手才不会一直控制国际石油价格。为了结束这种状态，我们必须占领美国。"

于是，亨利·迪特丁提出了他执掌全新壳牌之后的新战略：到美国去！

1. **标准石油解体**

美国在南北战争之后统一了国内的铁轨轨距，这一标准化举措使得美国铁路网络迅速扩大，各个地区的分散市场被铁路网连接起来，大大促进了全国经济流通，经济呈现出前所未有的繁荣景象。19世纪80年代末，很多有规模化优势的行业都渐渐形成了"航空母舰式"的巨型公司，煤炭、榨油、烟草、制糖等行业都出现了垄断（托拉斯）组织。这些组织通过大规模并购，控制了美国的重要资源和支柱产业，又通过金融资本与产业资本的紧密结合，将垄断势力推向了极致。他们控制着美国经济、政治、文化及社会的各个领域，形成了强大的权力中心。垄断行为在为托拉斯组织带来高额利润的同时，也破坏了资本主义社会自由竞争的市场规则，小企业难以生存，普通劳动者的权益受到了严重侵犯，一时间社会大众反对垄断组织的情绪高涨。

1890年7月2日，美国联邦国会通过了《保护贸易及商业免受非法限制及垄断法》，即《谢尔曼反托拉斯法》(Sherman Anti-Trust Act)。这一法案的目标是通过保护自由竞争的市场体系，使美国的经济更富有活力，对新的竞争对手和新技术更加开放。法案禁止限制性贸易做法及垄断贸易等行为。1904年，标准石油控制了美国全国90%以上的原油产量和85%的市场份额，是石油行业最大的托拉斯。由于在业内占有绝对优势，对于竞争对手，标准石油的一向原则就是"要么收购，要么摧毁"，最终通过商定价格控制市场。《谢尔曼反托拉斯法》通过后，标准石油一直被起诉，但直到1911年5月15日，在该法案通过21年后，美国最高法院才最终判决标准石油是一个垄断机构，将其拆分为37家地区性石油公司。在这37家公司中，新泽西标准石油公司[Standard Oil Company(New Jersey)]继承了标准石油的大部分资产，于1972年更名为埃克森石油公司。纽约标准石油与真空石油公司合并，于1966年更名为美孚石油公司。1999年，埃克森与美孚再度牵手合并，成了今天的埃克森美孚。

虽然最高法院用行政力量拆分了标准石油，但标准石油的石油垄断仍然以价格串通和市场协调的方式存在。一方面，对消费者来说，如果没有竞争、没有大量的可替代性选择，反托拉斯法案也仅仅是一纸空文，北美的消费者需要更多自由选择。另一方面，拆分之后的标准石油已经不再坚如磐石，拆分的37家公司之间的内部关系不断变化且互有竞争。这一切都为壳牌进入北美市场铺垫了良好的社会环境和市场环境。

对壳牌来说，没有比这更好的时机了。

2. 西海岸：在销售市场开疆拓土

位于美国东海岸的宾夕法尼亚州是美国石油工业的摇篮，标准石油就是从那里起步。1912年，美国中南部的俄克拉何马州发现了库欣大油田(Cushing Oilfield)，随之诞生了菲利普斯、马兰这样颇具规模的石油公司。得克萨斯州位于俄克拉何马州南边，1894年发现了科西嘉纳油田(Corsicana Oilfield)，1901年又发现了轰动全美的纺锤顶油田(Spindletop Oilfield)，石油工业发展红火。

而位于美国西海岸的加利福尼亚州(图2-3)，西邻太平洋，在20世纪初这里没有石油产出。综合权衡后，壳牌把加利福尼亚州的零售市场作为自己打开北美石油工业大门的突破点。

1912年，壳牌在加利福尼亚州成立了加利福尼亚壳牌石油公司(Shell of California，以下简称加州壳牌)。在这里，加州壳牌先是复制了小马库斯在亚洲的扩张战略，在当地建立码头和销售终端，销售自己的石油产品。加州壳牌先后在西雅图、波特兰、温哥华和旧金山建立码头，并逐步建立了自己的内陆销售网络。

随着零售市场被逐步打开，壳牌意识到从远东到美国西海岸运输周期过长，供应量也有限，于是开始了扩张战略的第二步：在美国部署自己的生产和炼油基地。1913年8月，壳牌收购了位于加州中央山谷的油田。紧接着，在旧金山东北30千米处的马丁内斯(Martinez)购买了约1000英亩[1]土地，1914年，马丁内斯炼油厂破土动工。同时，壳牌还修建了一条

---

[1] 1英亩=4046.86平方米。

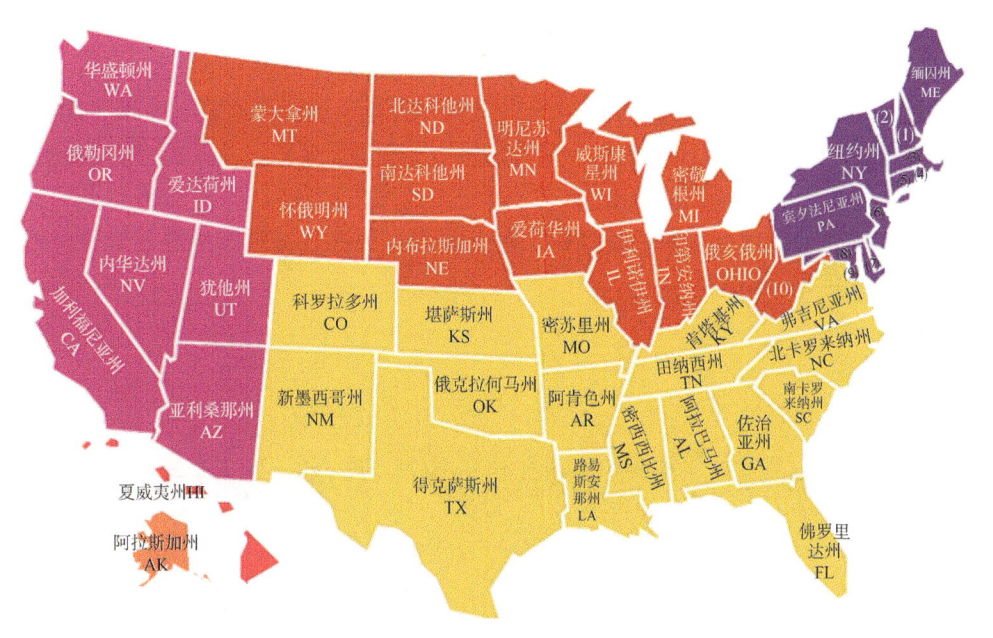

图 2-3　美国简明地图

长 170 英里的输油管道,将中央山谷油田的原油运往炼厂。1915 年,马丁内斯炼油厂(Shell Martinez Refinery)建成,1916 年 1 月投产,日处理原油能力为 2 万桶,这在当时是相当大的产量。马丁内斯炼油厂是壳牌在美国的第一座炼油厂,也是美国第一座现代化、可持续运行的炼油厂,生产的石油产品,尤其是润滑油,在市场大受欢迎,壳牌成为当时美国西海岸领先的供应商。

接下来壳牌乘胜追击,不断扩大炼油能力,1916 年壳牌在路易斯安那州新奥尔良的炼油厂建成,1918 年位于伊利诺伊州罗克桑纳的伍德河炼油厂(Wood River Refinery)投产。伍德河炼油厂(图 2-4)在 2003 年被出售给 Tosco,不久 Tosco 被菲利普石油公司收购,炼油厂也随之成为菲利普石油公司的资产,一直到今天仍在运营。当年壳牌在厂区一侧建立的研究中心,如今成了伍德河炼油厂博物馆。

图 2-4　伍德河炼油厂现状

在炼油和销售市场站稳脚跟之后,壳牌开始向上游延伸产业链。第一次世界大战后,根据荷兰地质学家佩里卡安(W. Van Holst Pellekaan)的建议,公司修改了勘探方向,将目光转向了加州洛杉矶。1921年6月23日,在3114英尺的深度,壳牌的野猫井喷发,发现了延伸到附近长滩的信号山(Signal Hill)油田。信号山位于加利福尼亚州洛杉矶县,是南加州地区最大的油田。壳牌的发现掀起了信号山的开发热潮,一年之内信号山就钻了108口井(图2-5),日产量达到1.4万桶。由于当时矗立在山上的井架密密麻麻,整座山仿佛长了坚硬的鬃毛,人们开始称信号山为"豪猪山"。

图2-5 20世纪20年代信号山开发的场景

到1922年,壳牌在信号山拥有28口油井,日产量超过6000桶。

信号山是壳牌在美国上游业务的重大突破,之后加州壳牌加快了勘探步伐,1921年发现圣菲全油田,1922年发现Torrence油田,1923年在长滩附近发现Dominguez Hill油田,1925年在洛杉矶机场附近发现Inglewood油田。

3. 中部地区:兼并收购

宾夕法尼亚州被称为现代石油工业的摇篮,在那里,人们真正认识到石油的商业价值。而在20世纪的头30年,俄克拉何马州几乎占尽了美国石油工业的风光,一举超越宾夕法尼亚州成为美国最大的石油产地,并自称为"世界油都"。在这段时间里,一大批石油地质学家的到来,让俄克拉何马州在油气勘探理论和技术上都有了长足进步,勘探也真正成为一门科学。科技的进步迅速推动了俄克拉何马州原油产量的上涨,这期间一共产出原油9亿多桶,产值将近53亿美元,成为美国石油发展历史上的第二个中心,也把美国的石油工业带到了一个新的高度。

虽然选择了西海岸的零售市场作为进入美国的突破点,但拥有丰富石油资源的美国中部地区才是真正的"兵家必争之地",壳牌又岂能放过?由于进入俄克拉何马州"淘金"的时间较其他石油公司晚了许多,所以壳牌采取了兼并收购的经济手段,来弥补失去的时间。凭借罗斯柴尔德家族和其他英法银行家的资本,壳牌首先在俄克拉何马州收购了一批已经拥有油气田的小石油公司。执行收购的是小马库斯的侄子马克·亚伯拉罕斯(Mark Abrahams),他就是当初在婆罗洲的丛林中,为壳牌运输打出第一批井的人。

1912年7月,亚伯拉罕斯和妻子罗克桑纳(Roxana)来到了俄克拉何马州塔尔萨(Tulsa)。亚伯拉罕斯收购了塔尔萨几家小石油公司,并以此为基础,成立了罗克桑纳石油公司(Roxana Petroleum Company，以下简称"罗克桑纳")。关于这个公司名，有两个说法，一个说法是这个名称是从办公室字典的封面上找到的，另一个说法是亚伯拉罕斯以他妻子的名字给公司命了名。

初来乍到的罗克桑纳并没有取得突破，头5年的勘探工作一无所获。一直到1921年2月，公司投资100万美元现金和10万美元预付款买下了加利福尼亚州Burbank油田3块共计160英亩石油租借地一半的权益，这块地的主人马兰(Ernest W. Marland)说服亨利·迪特丁，以200万美元的价格买下了距离Burbank油田35英里远的Tonkawa油田的开采权。Tonkawa油田产出的原油，经炼制后汽油收率高达46%，不到10年，这块地产出的石油就为公司赚取了当初投资15倍的收益。

1919年，为了进入密西西比河沿岸及东部地区的零售市场，在伍德河炼油厂投产之后，罗克桑纳将公司总部从塔尔萨迁往距离炼油厂不远的密苏里州圣路易斯(St. Louis)。1922年，英国人费雷德里克·戈德伯(Frederick Godber)担任罗克桑纳的新总裁，在他的领导下，罗克桑纳的业务扩展到路易斯安那州、得克萨斯州、肯萨斯州和阿肯色州。随后的几年里，公司又在堪萨斯州南部、芝加哥、休斯敦、新奥尔良等地建立或购买了一批炼油厂，炼制得克萨斯州和路易斯安那州产出的原油，其生产能力超过了姊妹公司加州壳牌。

4. 成立东部公司

壳牌的业务继续向东推进。在1929年之前，壳牌炼油厂的市场主要集中在大西洋沿岸中部各州和新英格兰。为了稳固并进一步开拓美国东部的市场，壳牌于1929年购买了一些当地的工厂，将其并入壳牌原有机构之中，成立了东部壳牌公司(Shell Eastern Petroleum Products, Inc.)，总部位于马萨诸塞州的福尔里弗(Fall River)。

5. 零售市场的创新

勘探开发和炼油业务如火如荼进展的同时，壳牌也加紧了对终端销售业务的推进。

20世纪初，壳牌运输和荷兰皇家主要采取的是零售商和代理公司代销的模式，通过与英美石油公司、鹿特丹纯油公司合作，在欧洲各地开展销售业务。壳牌运输和荷兰皇家合并后，为了更精准的了解市场反应，壳牌开始建立自己的销售公司，并通过统一价格、签订建立排他性合同等方式控制小型零售商的终端销售价格。到1914年前后，壳牌已经基本上完全取消了代理商和零售商，建立了自己的零售网络。

作为美国石油市场的后进入者，壳牌要在竞争中获得优势，就必须依靠细致完善的市场策略取胜，为此壳牌从提升用户体验入手，对终端加油站进行了改造。

加油站诞生之初，只是一个成品油零售点，大多数依附于杂货店设立。一般是在杂货店屋后放置、储存大桶的汽油，有汽车来加油时，就用5加仑的大桶灌取再倒入汽车油箱，这一系列烦琐操作需要至少3个人才能完成。到了1905年，手动加油机发明，才陆续出现了以地下油罐、油泵、管线和加油机构成的专业的加油站。1912年，路易斯安那标准石油公司在田纳西州孟菲斯市(Memphis)新建的加油站有13部加油机，还专门建造一间女用洗手间，雇一名女招待为顾客供应冰水，将加油以外的服务项目引入加油站。

1913年，海湾石油公司在宾夕法尼亚州的匹兹堡建造了第一座可驶入式(drive in)加油站，加油站包括混凝土地坪、围栏、站房，装备了新式的加油机，车辆可以直接驶入方便快捷地完成加油，这种整体结构成为现代加油站的雏形，一经推出便大受顾客欢迎，并沿用至今(图2-6)。

壳牌发展启示录 | Lessons from Shell's Rise to Prominence

图 2-6　1915 年壳牌的加油站

1922 年，壳牌开始大规模建设自有加油站网络，并首次推出标准化加油站的概念。壳牌为标准化加油站设计了统一的站房和罩棚、品牌标志、颜色、加油设备，制订了客户服务规范等。标准化加油站的普及对于壳牌在美国树立自己的品牌形象、增加用户信任度发挥了积极促进作用。这些加油站受到了市场的欢迎，并带来了良好的经济回报。1922 年，壳牌在美国西海岸共有 1841 个加油站，其中 200 个经标准化改造后的加油站销量占到了当年销量的 40%。

除了加油站的改变，为了突出企业的品牌标识，壳牌将品牌标识由黑色改为红、黄两色，至于为什么选择红黄两色，有人认为是考虑到加州当时是西班牙后裔聚集的地方，取自西班牙国旗色的红色和黄色会让他们更容易接受，而壳牌官方则表示："黄色和红色从一开始就一直是壳牌品牌形象中相当一致的元素，尽管确切来源尚不确定。它可能来自公司的航运的历史背景，因为黄色和红色都用于海上信号传输。"壳牌还简化了标识制作程序，降低了制作成本，使新标识易于批量生产和再加工。

1925 年，壳牌在企业标识上增添了英文单词 SHELL，将符号和它代表的公司联系起来。很快，壳牌的标识在美国各地蔓延，公路和铁路边的广告牌、火车车厢、加油站，到处都闪耀着红黄色的明亮贝壳(图 2-7)。

图 2-7　1925 年之后的壳牌企业标识

无论是加油站统一风格,还是企业标识的改变,都是壳牌为了提升用户体验、强化零售能力做出的举措。1929年前后,壳牌的销售业务全面覆盖了美国本土48个州。美国人突然发现,壳牌已经以意想不到的速度,实现了在美国本土的规模化凶猛扩张。

6. "入侵者"与经济大萧条

壳牌的快速扩张让美国其他石油公司感到了威胁,他们视壳牌为"入侵者",把壳牌红黄两色的油罐车和加油站称为"黄色危险分子"。

为了缓解美国同行的这种敌视态度和排斥行为,亨利·迪特丁通过吸纳美国资本的方式来为公司的血液注入"美国因子":1922年壳牌同总部设在特拉华的联合石油(Union Oil)组成"壳牌联合石油公司(Shell Union Oil Co.)",壳牌持股65%,并注资联合石油旗下的加州联合石油公司。然而让亨利·迪特丁没有想到的是,这一举动非但没能缓解美国各石油公司对壳牌的敌视,反而激怒了一些投资者。加州联合石油公司的一些股东联合抵制壳牌,他们通过舆论造势宣扬这场合作"存心损害美国的利益"。1922年6月,美国国会要求联邦贸易委员会调查壳牌的持股情况,最终的调查报告长达152页,否定了"壳牌是由英国政府控制来伤害美国利益"。但是壳牌为了避免再受攻击,主动剥离了它在加州联合石油公司的股份。

这一场插曲过后,壳牌在美国的行为变得谨慎起来。1924年公司拒绝了以800万美元的价格收购贝尔里奇石油公司,然而60年后,壳牌为将这家公司收于麾下支付了36亿美元。

1929年10月24日被称为"黑色星期四"(Black Thursday),这一天美国纽约证券交易所股票价格雪崩似的跌落,美国经济危机爆发(图2-8)。5天后的1929年10月29日,股市再次暴跌,一天之内1600多万股票被抛售,50种主要股票的平均价格下跌了近40%。股票市场的价格跌到了最低点,世界范围的经济萧条随之而来。

图2-8 投资者聚集在纽约证券交易所门前(1929年10月24日)

这一次的经济大萧条无论是强烈程度还是延续时间都是空前的,大批银行倒闭,企业破产,很多人濒临破产(图2-8)。经济大萧条很快波及石油行业,石油需求急剧下降,而之前20年中,世界石油产量猛增,供需的严重不平衡最终导致油价崩盘。1926年,得克萨斯州原油价格为每桶 1.85 美元，1931 年 5 月底油价暴跌到每桶 15 美分，有的地方甚至每桶只卖 6 美分乃至 2 美分，成千上万家小石油公司纷纷破产。

美国经济大萧条来临之前，壳牌发展大好，公司大兴土木，当时适逢美国房地产热，大楼建设造价高昂，壳牌为此花费了大量的资金。经济大萧条期间，为了度过危机，壳牌调整了自身的业务发展战略，控制并减少在美国的产量。1929 年，壳牌在美国的原油年产量为 770.3 万吨，到 1933 年，年产量仅为 492.7 万吨，下降超过 1/3。

经济大萧条之后，经过短暂的繁荣，第二次世界大战爆发，没有受到战火影响的美国再次成为壳牌的业务发展重点。壳牌在美国的石油产量从 1939 年的 768 万吨上升到 1945 年的 988 万吨，而战后美国油气需求的快速增长，更是推动了壳牌在美国的全产业链的大幅增长。

二、进入南美洲

1. 墨西哥：曲折发展

墨西哥石油资源丰富，但 19 世纪 80 年代前墨西哥本土石油消费市场空间非常有限，也没有易于石油出口的渠道，石油产业一直未能显著发展。19 世纪 80 年代后，墨西哥铁路系统逐步发展起来。交通的发展带动了许多产业，石油也随之作为商品开始流通，并进入出口市场。到 1901 年，墨西哥的石油行业才开始进入商业化生产。

1883 年，墨西哥国会通过了殖民地税法（Ley de Colonización），该法令允许私人土地公司调查公共土地，以进行土地类别细分和建立聚居区。1889 年，韦拉克鲁斯州（Veracruz）立法机关通过土地分化法（Ley sobre subdivision de la propiedad），将该州土地所有权私有化，未私有化的土地则归属国家成为公共土地。这些法令为石油勘探开发提供了便利的先决条件。

1909 年，英国商人、工程师威特曼·培生（Weetman Dickinson Pearson）在墨西哥成立了墨西哥鹰石油公司（Mexican Eagle Oil Company，以下简称墨西哥鹰），在墨西哥湾中部沿海城镇图克斯潘（Tuxpan）附近的波特雷罗·德尔拉诺（Potrero del Llano）开展地质勘查。1912 年，威特曼·培生又在英国注册成立了老鹰石油运输公司（Eagle Oil Transport Co.）和盎格鲁-墨西哥石油公司（Anglo-Mexican Petroleum Co.）。此后，墨西哥鹰逐步发展成为墨西哥最大的两家石油公司之一。

然而，墨西哥的政治局势一直不稳定，不断爆发军事起义。1917 年，墨西哥阿尔瓦罗·奥布雷贡（Álvaro Obregón）政府成立，颁布了具有社会主义和民族主义色彩的宪法，宪法第 27 条授予墨西哥政府对所有地下土壤资源的永久性完全权利，这一条直接导致了墨西哥政府与外国石油公司之间的激烈冲突。在这种背景下，威特曼·培生开始出售墨西哥鹰的股份，包括新泽西标准石油在内的多家石油巨头都表示了收购意向。威特曼·培生最终选择了拥有英国血统的壳牌，1919 年壳牌以 1 千万英镑（7500 万美元）的价格取得了墨西哥鹰的控制权。随后壳牌在墨西哥投入巨额资金，墨西哥富饶的石油资源也很快给了壳牌丰厚的回报：当时国际市场上原油需求急速增加，壳牌在墨西哥的石油产量 1920 年超过 400 万吨（约 3200 万桶），1921 年更是达到惊人的近 650 万吨（约 5000 万桶），而当年墨西哥全国石油产量达到 1.93 亿桶的峰值，约占当年世界产量的 25%，墨西哥成为仅次于美国的全球第二大石油生产国和世界第一大石油出口国。

然而，墨西哥政府和外国石油公司之间的矛盾并没有因为产量的增加而得到缓解。美国政府认为墨西哥1917年宪法第27条损害了许多美国利益，当时的美国总统沃伦·哈丁拒绝承认阿尔瓦罗·奥布雷贡(Álvaro Obregón)是墨西哥的合法总统。于是在1923年8月13日美国和墨西哥签订了《布卡拉雷协议》(Bucarelli Agreements, 官方称为Special Convention of Claims)，墨西哥最高法院批准并裁定，第27条对石油行业不具追溯力。

但是到了1925年，墨西哥新任总统Plutarco Elías Calles宣布《布卡拉雷协议》无效，并颁布法令规定外国石油公司必须在墨西哥注册所有权，并将特许权的有效期限制在50年之内。此后，墨西哥的石油产量开始逐年下降。在全球经济陷入大萧条、墨西哥政局不稳定以及委内瑞拉成为更具吸引力的石油来源地等多种因素的共同影响下，壳牌在墨西哥的产量开始下降，从1923年的463万吨下降到1925年的137万吨，虽然此后有所回升，但一直到1936年再也没有恢复到1923年的水平，墨西哥在壳牌石油总产量中的比重也从31.5%下降到1928年最低的6.4%，至1936年回升到12.9%(表2-1)。

表2-1　1923—1936年壳牌在墨西哥的石油产量

年份	壳牌在墨西哥的石油产量(吨)	占壳牌石油总产量的比例(%)
1923	4632831	31.5
1924	2694876	20.1
1925	1375296	11.2
1926	2355496	15
1927	1582281	9.3
1928	1422640	6.4
1929	2052925	8.2
1930	1838007	7.7
1931	1731250	8.4
1932	1928952	9.2
1933	2016263	9.2
1934	2451478	10.2
1935	3148456	11.8
1936	3643210	12.9

数据来源：Juan Vicente Gómez and the oil companies in Venezuela, 1908-1935.
壳牌在墨西哥遭遇的最致命的打击来自1938年。

1933年3月富兰克林·罗斯福执政美国，罗斯福将振兴石油工业作为经济振兴计划的重要组成部分纳入政府管理：对内实行油田配额限制生产，对外征收进口石油(主要针对委内瑞拉原油和成品油)税。各国纷纷模仿美国，也将石油工业纳入政府管理或收归国有，掀起了一股国有化浪潮。对于壳牌这样的跨国石油公司来讲，这无疑将迫使他们对经营方式做出根本性改革。

墨西哥是拉美国家中最早推行石油工业国有化的国家。1935年5月，新泽西标准石油在墨西哥的坦皮科炼油厂(Tam Pic Refinery)的工人率先罢工。1937年5月，墨西哥石油工会组织全国性石油工人大罢工，工会和外国石油公司之间互不让步，矛盾冲突越发激烈。

1938年3月18日，墨西哥总统拉扎罗·卡德纳斯（Lázaro Cárdenas）签署法令没收外国石油公司石油资产，并禁止所有外国石油公司在墨西哥经营。1938年6月7日，墨西哥总统宣布成立墨西哥国家石油公司（Petróleos Mexicanos，简称 PEMEX，中文简称墨西哥国油），全面负责墨西哥的石油勘探、开发、炼油、销售等业务。6月20日，墨西哥国油正式运营，此后，墨西哥国油垄断了墨西哥的石油工业。为了纪念这一事件，3月18日也成了墨西哥的民间节日。

国有化措施实施后，壳牌在墨西哥的资产大部分被收归政府所有，公司损失惨重。英国政府出面，强硬要求墨西哥政府归还财产，但墨西哥政府以墨西哥鹰是在墨西哥国内注册的公司，英国政府无权干涉为由，拒绝了英国的要求，并与之断绝外交关系。壳牌只好联合新泽西标准石油等其他石油公司对墨西哥开展抵制活动，包括技术封锁、设备禁运等。

事情发展的转机是1939年第二次世界大战爆发，美国政府需要墨西哥政府的支持以及墨西哥的石油，于是在"睦邻政策"的支持下，墨西哥逐渐恢复了石油贸易。第二次世界大战结束后的1947年，壳牌获得了墨西哥鹰的资产赔偿约1.3亿美元。1954年，壳牌重新进入墨西哥。

壳牌在墨西哥的发展历程十分具有代表性，国际石油巨头通过收购资源国的石油公司进入该国，利用领先的技术、国际化的贸易网络、雄厚的资本迅速建立规模优势，带来油气资源国在某一个领域的飞跃式发展。但产业的发展与资源国的政治、经济、文化综合发展进程不匹配，会造成石油公司与资源国之间的矛盾，国际石油公司与当地政府、普通民众在油气利益上的分配不公，甚至会引发民族主义情绪爆发和暴力冲突。这似乎成了石油公司与经济不发达资源国之间的死结，我们能看到这样的循环在石油公司和不同资源国或地区之间不断上演。

2. 委内瑞拉：发现世界级大油区

今天的委内瑞拉已经是全球最重要的石油产地之一，2019年委内瑞拉的探明石油储量占全球探明储量的17.5%，排名世界第一。而壳牌是委内瑞拉石油工业发展史上不可或缺的一笔。

1859年，美国现代石油工业诞生，追寻"黑金"的热风就吹过了加勒比海，带动了委内瑞拉的寻金热潮。1865年，处于马拉开波湖（Maracaibo）西面的苏利亚州（The Zulia State）发出了委内瑞拉国内第一份勘探许可证，但一直到20世纪初，这个国家的石油工业并没有大的突破。1908年，胡安·比森特·戈麦斯（Juan Vicente Gómez）发动政变，建立了长达27年的独裁统治。为了搜刮财富，戈麦斯把石油租借地分给他的家族成员和亲朋好友，这些人再把租借权高价出让给外国公司，然后把好处费进贡给戈麦斯。

从1913年开始，壳牌就采用与更早进入委内瑞拉的通用沥青公司（General Asphalt Co.）合资、收购、自营的方式，先后在委内瑞拉成立了三家子公司：加勒比石油公司（Caribbean Petroleum Company Ltd.，CPC）、科隆开发公司（Colon Development Company Ltd.，CDC）和委内瑞拉石油开采权公司（The Venezuelan Oil Concessions Ltd，VOC），开始了在委内瑞拉的石油勘探开发业务。

1914年，加勒比石油公司的祖马奎1号（Zumaque-1，现称MG-1）油井取得成功，在马开拉波盆地发现了委内瑞拉的第一个重要油田——梅尼格兰德（Mene Grande）。这一发现让一大批外国石油公司涌向委内瑞拉，试图在迅速发展的石油市场中立足。

1915年，壳牌在圣洛伦佐(San Lorenzo)建设了公司在委内瑞拉的第一座炼油厂，但这座炼油厂远不能满足当时的炼油需求。时值第一次世界大战，考虑到战争和政治因素，1916年壳牌选择在荷属西印度群岛的库拉索岛建设一座庞大的炼油厂，大量提炼委内瑞拉原油，炼油厂于1918年5月投产。1917年，壳牌在马拉开波地区铺设了委内瑞拉的第一条输油管道。1918年，委内瑞拉开始成为石油出口国，当年的石油出口量为2.1万吨。

第一次世界大战让工业化世界首次意识到了石油的重要性。随着第一次世界大战结束，各个国家都在寻找新的石油资源。最初几年，由于英国与波斯湾地区的传统联系，各大石油公司的注意力都集中在中东尤其是波斯(今伊朗)，但是那里存在着很多的政治和后勤问题，而壳牌寄予厚望的墨西哥政治局势变幻莫测。于是，壳牌渐渐开始将注意力转移到了委内瑞拉。

但是，当时许多人对委内瑞拉并不看好。石油行业最具挑战性的环节就是勘探。"一些在此为壳牌测绘地图达4年之久的美国地质学家对委内瑞拉以及整个南美大陆的石油前景提出了悲观的估计。他们看到的是一个'海市蜃楼'。在美国为增加生产多投入10美分，'将比在热带地区投入1美元创造更高的利润'。他们甚至提出，在美国开发油页岩的生产成本都比在委内瑞拉和拉丁美洲其他地方开发石油合算"。虽然石油行业逐渐把地质理论运用到勘探中，但在委内瑞拉找油依然比在其他地方要困难得多。"基本上没有汽车路，甚至连牛车路也很少，地质学家只好坐独木舟或骑骡子。这个国家从未进行过准确的测绘，地图上标明的河流或许根本不存在，或者与所标水系截然不同。似乎一跨入这个国家就无法逃脱疾病、蚊子和其他昆虫的袭击，又无法得到医疗保障。除此之外，地质学家和钻井队员还得对付印第安人。一位新泽西标准石油的钻井队员坐在门口休息时竟中箭身亡，为此新泽西标准石油铲除了弓箭射程以内的所有灌木丛。直到1929年，壳牌还在拖拉机驾驶室四周铺上数层特制超厚布垫，以防印第安人的弓箭伤害。"

即使困难重重，壳牌也一直没停下跋涉的脚步。在祖马奎1号油井成功后的第8年，1922年12月14日，在卡比马斯(Cabimas)油田，壳牌在委内瑞拉的第4口探井巴罗索斯(Barrosos)2号井突然发生井喷，原油喷涌了10天，直到井壁坍塌堵塞了井筒，井喷才结束。巴罗索斯2号井单井日产量高达87600桶，震惊了整个石油界，这次井喷也被认为是委内瑞拉开始成为现代石油生产国的标志。1926年，壳牌在拉罗萨油田的南面约30千米处发现拉古尼亚斯(Lagunillas)油田，从拉罗萨到拉古尼亚斯，再加上1928年和1930年由海湾石油公司发现的基亚华纳油田和巴查开罗油田，4个油田连片形成了一个整装特大油区，即著名的玻利瓦尔油田。得益于这些大发现，至1929年年底，壳牌已成为委内瑞拉最大的石油公司。到1940年，委内瑞拉已经成为仅次于美国和苏联的世界第三大产油国，年产量超过2700万吨。

解决了勘探和生产的问题，委内瑞拉又遇到原油出口的问题。这一次，壳牌将自己在运输方面的特长发挥的淋漓尽致。1920年，壳牌从英国政府手中购买了一批第一次世界大战后退役的监测船，并将这些吃水较浅的船只改装成油轮，这批油轮的使用带动了"委内瑞拉的石油产量在短时间内大增"。

1925年，壳牌在委内瑞拉的产量达到164.4万吨，委内瑞拉超过墨西哥成为壳牌第二大石油产地。1929年，美国经济危机爆发后，为了弥补美国原油产量的下降，壳牌在南美其他国家均增加了产量，当年壳牌在委内瑞拉的原油年产量达到880万吨，占壳牌总产量的34.9%，委内瑞拉超过美国成为壳牌最大的石油产地。1930年更是突破900万吨，达到965.6万吨，占壳牌总产量的比例超过40%(表2-2)。在壳牌的带动下，1929—1930年，委内瑞拉全国石油出口量达到 2011.2 万吨，石油出口收入占全部出口收入的 76%，政府财政收入的 50% 来自石油工业，石油成为委内瑞拉的国民经济支柱。

表 2-2 壳牌在委内瑞拉和墨西哥的产量（1923—1936 年）

年份	壳牌总产量（吨）	壳牌在委内瑞拉的产量（吨）	委内瑞拉在壳牌总产量中的占比（%）
1923	14686031	538869	3.7
1924	13388110	1162481	8.7
1925	12309153	1643588	13.4
1926	15536651	3122379	20.1
1927	16998551	4497719	26.5
1928	22063411	7125339	32.3
1929	25184387	8799547	34.9
1930	23980027	9655531	40.3
1931	20532758	8712608	42.4
1932	20986330	7564111	36.0
1933	21957392	7597821	34.6
1934	24078012	8168560	33.9
1935	26620019	8469447	31.8
1936	28172570	8686774	30.8

数据来源：Juan Vicente Gómez and the oil companies in Venezuela, 1908—1935.

第二次世界大战期间，委内瑞拉成为壳牌全球石油产量最大的贡献地，除 1943 年产量为 841.8 万吨、1944 年产量为 925.4 万吨外，在第二次世界大战期间，其余年份的石油产量均突破了千万吨，最高的是 1940 年，年产量达 1218 万吨。

1954 年，壳牌的 VLA-14 井在马拉开波湖中央打到了古新统白垩纪地层，获得了高产油流。这一发现又掀起了马拉开波湖新一轮的勘探高潮，1956—1958 年连续发现休达、孙特罗、马拉、拉马尔、拉戈等大型油田，估算的总可采储量约为 322 亿桶，马拉开波湖也成为除波斯湾、西西伯利亚之外的世界第三大油田群。1960 年，委内瑞拉石油产量为 10.41 亿桶，占世界石油产量的 13.6%。

3. 特立尼达和多巴哥

特立尼达和多巴哥由位于加勒比群岛最南端的两个岛屿组成。其中，较大的特立尼达岛面积为 4828 平方千米，距委内瑞拉东海岸 10 千米；而多巴哥岛距特立尼达的东北海岸 32 千米，面积 300 平方千米。哥伦布在 1498 年第三次环球航行时访问了这两个岛屿，并宣布其成为西班牙的殖民地。1797 年后先后成为英国、法国、荷兰的殖民地，1814 年在签订了第二个巴黎条约之后正式成为英国殖民地。

借着英国殖民地的便利，1913 年壳牌在特立尼达和多巴哥成立了特立尼达联合王国油田有限公司（United British Oilfields of Trinidad Limited，UBOT）开展油气相关业务（图 2-9）。1919 年 UBOT 建立了属于自己的生产网络，收购了一家位于福廷角（Point Fortin）的小型炼油厂，开始原油加工业务。1928 年，壳牌参股的益格鲁撒克逊石油有限公司（Anglo-Saxon Petroleum Company Limited）接管了 UBOT，之后就加强了勘探和钻井作业。1930 年，UBOT

与特立尼达租赁有限公司(TLL)成立了一家联合公司,在特立尼达和多巴哥销售各自的产品,这一合作一直持续到1960年。

图2-9 壳牌位于特立尼达和多巴哥的办公大楼(1936—1958年)

1931年,壳牌在特立尼达和多巴哥的原油年产量超过100万桶,壳牌开始扩建炼油厂并兴建储油罐。到1938年,扩建后的炼油厂处理能力达到了1.5万桶/日。1936年,壳牌在福廷角东侧的Penal发现了浅层油砂,为了开发这一新油田,壳牌修建了一条从Penal到福廷角的管道,1938年Penal油田投产。第二次世界大战期间,特立尼达和多巴哥是英国皇家空军战斗机的重要航空燃料来源地,壳牌在特立尼达和多巴哥生产的高辛烷值航空燃油极大地帮助了英国空军,当时称之为"乘特立尼达石油飞行",这也是特立尼达和多巴哥第一次走向世界舞台。第二次世界大战结束后,壳牌在特立尼达和多巴哥又陆续发现了几处油田,有海上油田也有陆上油田,其中,位于福廷角西边距海岸14英里的Soldado油田,成为壳牌最主要的产区。

1956年,UBOT更名为壳牌特立尼达有限公司(Shell Trinidad Limited,以下简称壳牌特立尼达),1961年,壳牌特立尼达进行了股票回购,成为壳牌全资子公司。次年,特立尼达和多巴哥独立,并于1976年建立共和国。

三、中东

1."百分之五先生"与打开中东的钥匙

壳牌中东油气资源的获取与一位传奇石油商人卡洛斯特·古尔本基安(Calouste Gulbenkian)密不可分。古尔本基安出生在土耳其伊斯坦布尔的一个富商家庭,是亚美尼亚人,其父亲是伊斯坦布尔富有的原油商人。古尔本基安少年时期便对石油行业有着浓厚的兴趣,从英国剑桥大学的采矿工程学毕业后,开始从事石油贸易工作。后来,古尔本基安在伦敦结识了小马库斯·塞缪尔和亨利·迪特丁,并同他们建立了密切的联系。他的儿子努巴尔后来写道,古尔本基安"同亨利·迪特丁20多年来关系很密切。人们从不知道……究竟是亨利·迪特丁利用了我的父亲,还是我的父亲利用了亨利·迪特丁。无论是哪一个,他们的关系对他们个人和对壳牌都是富有成效的"。

1907年,古尔本基安说服塞缪尔和亨利·迪特丁在伊斯坦布尔设立办事处,由他担任主管。当时古尔本基安还是土耳其政府及其驻巴黎和伦敦大使馆的财务顾问,以及土耳其国家银行的大股东。在他的策划和斡旋下,1912年由对立的英国、德国各方共同参与组建了土耳其石油公司。土耳其石油公司8万原始股中,土耳其国家银行和英国驻土耳其公使卡斯尔合计占35%，德意志银行和阿纳托利亚铁路合计占25%，壳牌占25%，古尔本基安自己占15%。1913年，在英国政府的强硬干预下，英国、土耳其、德国三国政府和壳牌、德意志银行在伦敦开会，就土耳其石油公司的股权达成新的协议如下：英波石油公司（bp前身，以下简称英波石油）占50%股权；德意志银行和壳牌各占25%股权，后两家各让出2.5%给古尔本基安——从此古尔本基安有了"百分之五先生"的雅号。第一次世界大战结束后，由于德国和土耳其是战败国，土耳其石油公司的股份再次被调整，但壳牌的股份保持不变。

土耳其石油公司的这份股权日后成为壳牌参与中东世界级大油田勘探开发业务的钥匙，握着这把钥匙，壳牌陆续打开了伊拉克、伊朗、阿曼、卡塔尔等中东国家的油气财富宝箱。

2. 伊拉克

1927年，英波石油在现伊拉克巴巴古尔（Baba Gurgur）地区的1号探井获得工业油流，发现了位于伊拉克北部巴格达市以北250千米处的基尔库克（Kirkuk）超级大油田（图2-10），这是伊拉克北部最大的油田，也是世界最大油气田之一。

基尔库克的发现，引来了美国的觊觎，美国政府强势介入，英波石油被迫做出让步。1928年7月，已从"土耳其石油公司"更名为"伊拉克石油公司"的公司股权被重新分配，除古尔本基安占5%外，壳牌、英波石油、法兰西石油（道达尔的前身）和近东开发公司（Near East Development Company，由5家美国公司组成）4家各拥有23.75%的权益。为弥补英波石油的损失，各公司同意将伊拉克石油公司生产的10%原油作为佣金给英波石油。新的协议规定，伊拉克石油公司仅负责勘探、开发和运输伊拉克租借地的原油，是非盈利企业，生产出的原油分配给各股东公司，但炼油和成品油销售仅限在伊拉克境内。

古尔本基安用红笔在中东地图上画出原奥斯曼土耳其帝国的版图（图2-11），明确这是伊拉克石油公司共同的势力范围，签字公司不得单独在这一地区取得石油租借地和从事炼油和销售活动。这一协议因此也被称为"红线协定"（the Red Line Agreement）。

图2-10 1927年巴巴古尔1号井发现了位于伊拉克的超级大油田基尔库克（Kirkuk）

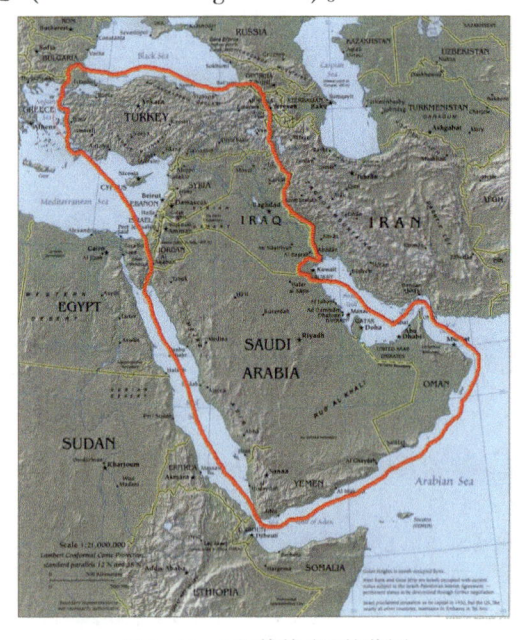

图2-11 "红线协定"的范围

之后随着新油田被不断发现，壳牌在伊拉克的产量稳步上升。1944年，壳牌在伊拉克的石油年产量就达到了110.6万吨，1953年，达到409万吨；1956年更是翻了一番达到828.2万吨。

3. 伊朗

伊朗的石油始终掌握在由英国政府控股的英波石油手中，根据1933年签订的《英伊石油协定》（又称《新达西协议》），伊朗政府仅能获得利润的20%，且英波石油的资产完全由英军警管辖，是伊朗的法外之地。

这种状况一直持续到1951年4月伊朗大选。民族民主运动领导人穆罕默德·摩萨台成为新首相，6月，伊朗政府宣布英伊石油（1935年由英波石油更名）收归国有，并于10月断绝了与英国的外交关系。1953年8月，经由美国中央情报局策划，美国中央情报局和英国军情六处联合策划了一次代号为"阿贾克斯"（Operation Ajax）的行动，伊朗爆发了由军官萨希迪发动的政变，将摩萨台首相推下了台，政府重组。

1954年8月，重组后的伊朗政府同由英、美、法、荷四国石油公司组成的国际财团谈判，在国际石油财团的股份中，英伊石油占40%，壳牌占14%，美国5个石油公司（新泽西标准石油、纽约标准石油、索卡尔、德士古和海湾）共占40%，法兰西石油占6%。最终双方达成了一份为期25年的协议，协议规定，伊朗成立的国家石油公司以雇主的身份雇用国际石油财团为承包商，并在董事会中有两个名额，按照"五五分成"的原则分配石油利润。国际财团先给伊朗9000万美元，然后再以等值原油的形式给伊朗5.1亿美元，用以恢复它的石油生产和经济。同时，伊朗支付给英伊石油公司2500万英镑，其他合伙人共同支付3200万英镑，英伊石油有权从伊朗石油收入中抽取10%的利润，以此作为对英伊石油在国有化中损失的赔偿。这份协议实际上废除了伊朗石油国有化法案，伊朗石油开采权重新为英美石油垄断资本所控制。而壳牌也凭借这份协议顺利进入伊朗，随着石油勘探开发工作的不断推进，1955年壳牌在伊朗的石油产量为19.7万吨，1956年突破200万吨，达到了222.5万吨。

4. 阿曼

早在1925年，由壳牌和英波石油合资的达西勘探公司就对阿曼进行了地质调查，遗憾的是并没有获得发现。12年后，当邻近的沙特阿拉伯发现石油时，阿曼苏丹（Sultan）赛义德·本·泰穆尔（Said bin Taimur）授予了伊拉克石油公司阿曼中部地区75年的特许经营权，以及德霍法省（Dhofar）单独的特许权。伊拉克石油公司成立了一家联营公司——石油开发（阿曼和德霍法）有限公司[Petroleum Development（Oman and Dhofar）Ltd.]——在特许权范围内开展油气业务。

1952年，德霍法省的特许经营权终止，公司将"Dhofar"从名称中删除，更名为阿曼石油开发公司（Oman Petroleum Development，PDO，以下简称阿曼石油）。1956年，阿曼石油在中部平原地区的法胡德（Fahud）油田开钻了第一口油井，依旧没有任何发现。到1960年，由于缺少发现，加上当地部落交战环境恶化，大多数合作伙伴退出了阿曼石油，只有壳牌和葡萄牙石油（Partex）选择留下。1962年4月，阿曼石油终于在伊巴尔（Yibal）取得了发现，伊巴尔油田于1968年正式投产，日产量25万桶，至今仍是阿曼最大的油田。

1958年壳牌取得了在阿曼销售石油产品的许可证，成立了阿拉伯东南部壳牌公司（Shell Company of South Eastern Arabia）在阿曼开展零售市场业务。1962年，壳牌阿曼营销公司

(Shell Oman Marketing Company，SOM)开始销售航空燃料，并成为阿曼所有机场的航空燃料的主要供应商。1967年，壳牌在阿曼的Ruwi加油站月销售超过100万升，在当时壳牌集团全部加油站中，单站吞吐量排名第三。

5. 卡塔尔

1950年，急于依靠石油收入充盈国库的卡塔尔新任统治者谢赫·阿里·伊本·阿卜杜拉·阿勒萨尼向壳牌海外勘探公司(Shell Overseas Exploration Company)授予开采卡塔尔近海石油的特权，随后壳牌成立了子公司——壳牌卡塔尔公司(Shell Company of Qatar，简称壳牌卡塔尔)，负责在卡塔尔的全部业务。特许经营权面积为2.59万平方千米，相当于4个北海，租期为75年，壳牌需要向卡塔尔政府支付26万英镑的首期付款，双方约定生产后获得的利润按照五五分成。壳牌卡塔尔于1953年春季开始在卡塔尔海域进行地震勘探，1954年在卡塔尔外海首次使用移动式钻井平台，同年，壳牌在卡塔尔的石油年产量突破百万吨，达104.2万吨；1956年年产量达到140.8万吨。但是到1963年，为了更加集中优势资源抓重点，壳牌放弃了一半多的卡塔尔初始勘探面积，由美国大陆石油公司接替开采。

6. 阿拉伯联合酋长国

1939年，壳牌与英伊石油合资在海法(Harfa，位于今巴勒斯坦)建设的炼油厂投产。同年，壳牌与英伊石油、纽约标准石油、新泽西标准石油、葡萄牙石油和法国石油一起，以伊拉克石油公司的名义在阿布扎比获得陆地和3海里[1]以内海域的石油勘探和开采权。这些获得石油勘探开采权的公司合资成立了"石油开发公司(Petroleum Development)"，1962年改名为阿布扎比石油公司(Abu Dhabi Petroleum Company，ADPC)，1978年更名为阿布扎比陆上石油公司(Abu Dhabi Company for Onshore Petroleum Operations，ADCO)。ADCO目前是阿布扎比国家石油公司(Abu Dhabi National Oil Company)的子公司。

由于第二次世界大战的爆发，一直到1947年，石油开发公司才开始在阿拉伯联合酋长国开始地质勘探工作，并于1950年开始钻第一口井。1957年壳牌在迪拜成立了在阿拉伯联合酋长国的第一个代理总部。

20世纪初至70年代间，随着英、美、法等国家的国际石油公司的涌入，波斯湾周围的陆上和海上油气勘探取得了大胜利，中东地区发现的储量在3亿吨以上的大油田就有18个之多。中东石油不仅储量巨大、资源丰富，而且开采成本极低，仅为10美分/桶，当时美国本土石油开采成本为1.65美元/桶。1961年，中东石油产量已占世界石油总产量的25.1%，出口占世界总出口量的51.6%。壳牌这一时期的主要石油产量也来自中东，并呈现稳步增长态势。1956年，壳牌在中东地区的石油总产量已经突破千万吨，达到1317.7万吨。1968年，达到6557.2万吨。1972年更是达到8657.2万吨(图2-12)。

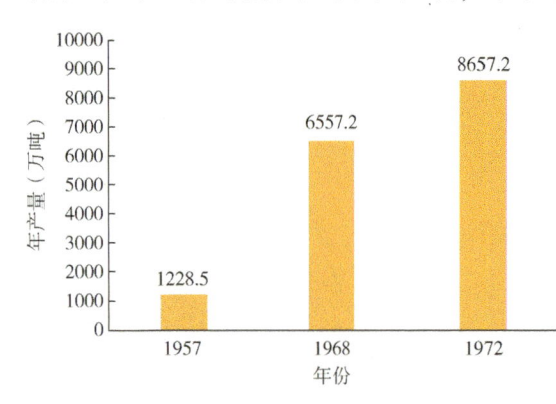

图2-12 壳牌在中东的产量

[1] 1海里=1.852千米。

四、欧洲

1. 罗马尼亚

罗马尼亚是世界石油工业历史最悠久的国家之一,在相当长的时间里,都是欧洲最重要的产油国,这也让罗马尼亚成为两次世界大战期间敌对双方争夺的重点。1895年,罗马尼亚颁布矿业法,允许外国人用租赁方式来勘探开发石油,这促进了外资的进入。1903年,新泽西标准石油在罗马尼亚成立了罗美(Romano-Americana)标准石油公司,正式进入罗马尼亚。1910年,壳牌成立了阿斯特拉·罗马娜(Astra Romana)公司,开始进入罗马尼亚,其凭借雄厚资金和先进技术,以及遍布欧洲的加工销售体系,很快在罗马尼亚占据举足轻重的地位,石油产量一度占据罗马尼亚国内总产量的20%以上。

1914年7月,第一次世界大战爆发。1916年,德国入侵罗马尼亚。为防止宝贵的石油资源被敌人利用,英国开始破坏罗马尼亚的全部石油设施,赶在德军到达前共炸掉70多座炼油装置,点燃或放掉了大约80万吨汽油、原油和石油产品。壳牌在罗马尼亚的资产几乎损失殆尽,直接导致整个公司的石油产量在短短几天内下降了17%,直到战后才逐渐恢复。

第一次世界大战结束后,罗马尼亚的石油工业复苏,壳牌作为战胜国的企业代表,收复了大部分资产。壳牌将多项新技术引入罗马尼亚,包括钻井和下套管固井技术、电法测井和射孔技术等,为了提高油田的采收率,壳牌还在罗马尼亚开展了重油热力开采试验。技术和资金的投入让壳牌在罗马尼亚的石油产量得到快速恢复,1929年为70.58万吨,到1933年年产量达到130.44万吨,比1929年增长了84.8%。同时,罗马尼亚全国的石油产量也得以迅速增长,从1926年的324.4万吨,增加到1938年的650万吨,成为欧洲仅次于苏联的最重要的石油生产地,产量居世界第六位。

第二次世界大战爆发,罗马尼亚是当时纳粹德国的石油基地,被称为"希特勒的加油站",再次成为敌对双方争夺的重点。1943年8月1日,盟军发起了"第二次世界大战中最大胆的空袭"——针对罗马尼亚油田的"海啸行动"(Operation Tidal Wave)。这次行动的重点就是壳牌位于普洛耶什蒂(Ploiesti)的Astra Română炼油厂(图2-13),这是当时罗马尼亚最大的炼油厂,年处理能力为160万吨。海啸行动对炼油厂造成了巨大的破坏,但并未彻底摧毁炼油厂,德军以相当快的速度恢复了生产。

图2-13 "海啸行动"中一架B-24轰炸机在炼油厂轰炸目标上空飞行

战争对罗马尼亚的石油业造成了严重破坏，1944年罗马尼亚的石油产量只有350.5万吨。1944年秋，苏联发动雅西-基什尼奥夫战役，占领罗马尼亚。1945年，罗马尼亚解放，并成立了罗马尼亚人民共和国，2月10日，罗马尼亚通过法令，宣布由"敌方资产管理委员会"接收第二次世界大战中德、意掌握的资产，由国家经营和管理。同时成立苏罗石油公司，开始借助苏联的资金和技术来发展本国石油工业。1948年6月11日，罗马尼亚宣布实现石油工业国有化，建立了国有石油企业佩多里费拉·莫登尼亚（Petrolifera Muntenia）公司。至此，壳牌被迫退出了罗马尼亚石油市场。

2. 荷兰

1902年荷兰政府制定了煤炭和盐矿的勘探计划，并在1902—1904年的一次钻探活动中，荷兰国家矿产资源勘查局（State Service for Exploration of Mineral Resources，ROD）在Peel Horst南部钻出了荷兰的第一口有油气显示的井。1923年，ROD在温特斯韦克（Winterswijk）镇以西Corle附近的Vleerkemper农场钻探出第一口产出石油的井，抽汲出大约240升原油。

1934年壳牌的子公司BPM（Bataafse Petroleum Maatschappij）开始在荷兰寻找石油（图2-14），正式开启了荷兰系统的石油勘探工作。第一个具有里程碑意义的发现是在1943年，壳牌发现了位于荷兰东部德伦特州的肖内贝克（Schoonebeek）油田，总探明储量约为10亿桶，1947年投产。肖内贝克是当时西欧最大的陆上油田，1954年产量达到了峰值2.4万桶/日。

图2-14　BPM在荷兰的总部大楼（1940年年初）

第二次世界大战爆发后，1940年5月德军占领荷兰，壳牌在荷兰的全部资产被德国接管，德国空军上校埃克哈德·冯·克拉斯（Eckhard von Klass）负责管理这些资产。在他的组织下，壳牌的油田和炼厂很快恢复了生产，其中佩尔尼斯（Pernis）炼油厂从1940年5月到年底，生产了大约30万吨石油产品，全部销往德国。正因为如此，油田和炼油厂成了盟军空袭轰炸的主要目标。战争给荷兰带来了巨大的破坏，而壳牌也未能幸免。第二次世界大战结束后，经过大力的维修，一直到1946年年中，壳牌在荷兰的生产才恢复到战前水平。

1947年9月19日，壳牌BPM与新泽西标准石油合资组建了Nederlandse Aardolie Maatschappij BV（以下简称NAM）公司，双方各占50%股份，在欧洲进行勘探。1948年，NAM发现Coevorden油田。1959年7月22日，NAM的Slochteren 1井在荷兰的格罗宁根附近进行钻探，当钻进至3000米（9800英尺）时，获得了工业气流，就此发现了欧洲最大的天然气田——格罗宁根气田（Groningen gas field）。这是欧洲天然气产业的重要突破，由此也揭开了北海油气勘探开发的序幕。格罗宁根气田南北长 45 千米，东西宽 25 千米，占地面积约 900 平方千米，储层厚度为 100~300 米，初始可采储量高达 2.8 万亿立方米，于 1963 年正式投产。投产后的第一个 10 年中，气田年产量约为 1000 亿立方米（图 2-15）。1963 年后，在格罗宁根特许经营区，除了格罗宁根气田外，还发现了约 27 个较小的油田，包括 NAM 发现并开发的安纳芬气田（Annerveen Gas Field），总探明储量约为 756 亿立方米。到 20 世纪 70 年代初期，格罗宁根的天然气已能满足欧洲 50% 的市场需求。

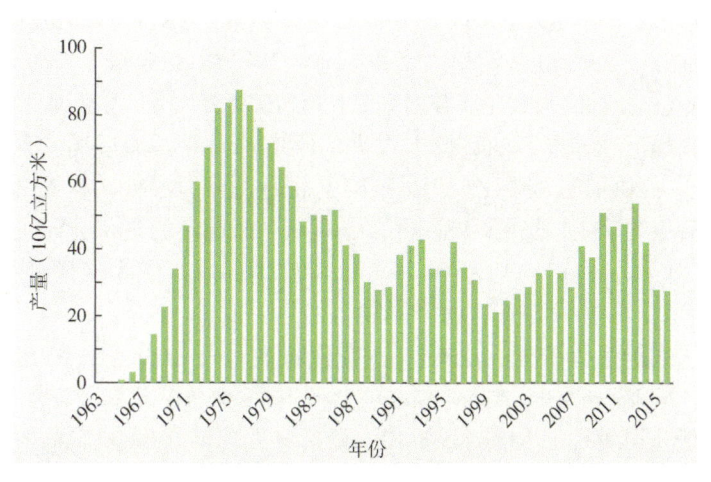

图 2-15 格罗宁根气田的产量

1961 年，NAM 成为西欧第一家在北海进行天然气勘探的公司，到 1975 年，NAM 正式开始在北海的生产（图 2-16）。目前，格罗宁根气田天然气的开采和销售采用了公私合营的形式：气田的权益属于 Maatschap Groningen 公司，这家公司由 NAM（壳牌和埃克森美孚各自拥有 50% 的股份）和 Energie Beheer Nederland（代表荷兰国家政府）各 50% 的权益组成，NAM 担任气田的作业者。

图 2-16 伯恩哈德亲王访问壳牌的海上钻井平台（1968 年）

五、亚洲

1. 印度尼西亚

除了开拓新的资源地，壳牌也没有忽视深耕已久的东南亚地区。1907 年，合并后的壳牌专门成立 BPM 公司(全称 Bataafsche Petroleum Maatschappij),负责从事印度尼西亚(原荷属东印度群岛)石油的勘探、开发和炼制。1911 年,印度尼西亚石油产量达 170 万吨,成为当时世界第四大产油国。壳牌充分运用自身在东南亚深厚的地缘政治优势,将印度尼西亚石油的勘探开发牢牢控制在自己手中。

1912 年,美国的石油公司开始进入印度尼西亚。最初成立的公司是新泽西标准石油的 SVPM(NV Standard Vacuum Petroleum Maatschappij),这家公司在南苏门答腊设有分公司,名称为 NVNKPM(独立战争后改为 PT STANVAC 印度尼西亚)。SVPM 于 1921 年发现了当时印度尼西亚最大的油田——Pavilion 油田。很快,荷兰政府与 BPM 成立合资企业 Nederlandsch Indische Maatschappij Aardolie 与 SVPM 开展竞争,第二次世界大战后,公司更名为 PT Permindo。

1920 年,加利福尼亚标准石油和德士古进入印度尼西亚石油市场,壳牌的竞争对手又增加了。1930 年,加利福尼亚标准石油和德士古成立了 NVNPPM(Nederlandsche Pacific Petroleum Mij),后更名为 PT Caltex Pacific Indonesia,即现在的雪佛龙印度尼西亚太平洋公司(Chevron Pacific Indonesia)。NVNPPM 在苏门答腊中部进行了大规模勘探,并于 1940 年发现了 Sebanga 油田,第二年发现了 Duri 油田。

1935 年,为了在伊里安贾亚(Irian Jaya)勘探石油,由 BPM,NVNPPM 和 NVNKPM 合资成立了 NNGPM(Nederlandsche Nieuw Guinea Petroleum Mij),拿到了在伊里安贾亚 25 年的勘探权。1938 年新公司发现了 Klamono 油田,随后又发现了 Wasian,Mogoi 和 Sele 油田。

1929 年,壳牌在印度尼西亚的年产量达到了 474.6 万吨。1930 年,年产量提高到 480.6 万吨。但随着与美国公司竞争的加剧,1933 年壳牌年产量为 419.3 万吨,比 1929 年下降了 11.6%。

2. 文莱

壳牌是最早进入文莱达鲁萨兰国(以下简称文莱)的国际石油公司。文莱素来以"东方石油小王国"著称,是当今世界上最富裕的国家之一,天然气和石油是文莱的两大经济支柱。文莱北濒中国南海,东南西三面与马来西亚的砂拉越州接壤,1888 年沦为英国的"保护国"。壳牌 1913 年获得在都东和马来奕的石油开采特许权,开始进行陆地石油勘探。

当时有 6 家国际石油公司同时在文莱勘探,但大多无功而返。壳牌坚持到 1924 年才在贝莱特(Belait)地区的拉比(Labi)找到少量油气,但终因产量太小不具备商业价值而放弃。1929 年,壳牌终于有了突破,发现了文莱第一个陆上油田诗里亚(Seria)油田。1932 年 4 月诗里亚油田大规模投产,至 1956 年,诗里亚油田的产量最高达到 11.5 万桶/日。第二次世界大战期间,文莱被日本占领。1945 年年底日本投降后,英国军队重新回到文莱,壳牌也增加了石油勘探开发投资,诗里亚地区陆上油田的石油产量从 1947 年起便超过了战前的最高水平,年产达 173 万吨,1955 年达 530 万吨,1959 年为 550 万吨。整个 20 世纪 50 年代文莱的石油年产量大致保持在 500 多万吨,文莱的石油行业正式进入规模化开发阶段。

1963 年,壳牌在菲利尔油田和马来西亚砂拉越之间发现了菲利尔·巴拉姆油田(Fairley Baram),在文莱西部海面约 12 千米处发现安帕西南(Ampa SW)油田。菲利尔·巴拉姆油田横跨文莱与马来西亚,1976 年投产后产量由两个国家按比例分成,至 1979 年,文莱方面的产量为 4370 桶/日,马来西亚的产量为 2068 桶/日。安帕西南油田 1965 年投产,1979 年产量接近 8 万桶/日。

1969 年,壳牌在安帕西南约 28 千米处发现了菲利尔(Fairley)海上油田,1971 年投产,

1979年日产量约为2万桶。1970年，壳牌文莱在文莱东部海面约32千米处发现了钱皮恩(Champion)油田，1972年投产，1979年产量达到88101桶/日，成为文莱最高产的油田（表2-3）。

表2-3 文莱的石油产量(1931—1973年)

年份	产量(万吨)	年份	产量(万吨)	年份	产量(万吨)
1931	0.4	1946	29.0	1963	350.0
1932	17.6	1947	173.0	1964	350.0
1933	28.9	1950	430.0	1965	400.0
1934	38.8	1954	480.0	1966	470.0
1935	46.8	1955	530.0	1967	550.0
1936	45.6	1956	550.0	1968	600.0
1937	57.6	1957	550.0	1969	611.0
1938	70.7	1958	525.0	1970	692.0
1939	75.7	1959	550.0	1971	653.0
1940	81.8	1960	460.0	1972	920.0
1941—1945	日本占领期	1962	380.0	1973	1160.0

3. 马来西亚

马来西亚是东南亚的一个联邦君主立宪制国家，由13个州和3个联邦领地组成，被南中国海分为马来西亚半岛和婆罗洲东马来西亚两个区域。马来西亚起源于马来王国，从18世纪起，马来王国与英国海峡殖民地保护国(今新加坡、槟城和马六甲)一样，都是英国的殖民地。马来西亚半岛于1946年统一为马来亚联盟。马来亚联盟于1948年改组为马来亚联邦，并于1957年独立。马来亚于1963年9月16日与北婆罗洲、砂拉越(Sarawak)和新加坡合并，成为马来西亚。1965年，新加坡独立。

壳牌在马来西亚的历史开始于1891年。壳牌运输的前身——马库斯·塞缪尔公司来到马来西亚，在英国海峡殖民地保护国的各个港口建立了储油库。之后，壳牌在砂拉越的美里(Miri)开始了石油勘探。1909年砂拉越王公查尔斯·布鲁克(Charles Brooke)与壳牌签署了第一份石油开采租赁合同。1910年8月10日，壳牌在美里Canada Hill钻了马来西亚的第一口油井，自12月开始，每天产出83桶原油，这口里程碑式的油井后来被称为"老妇人"(Grand Old Lady)。1914年，壳牌在美里修建了马来西亚第一座炼油厂，还铺设了海底管道，这在当时是一项创新突破。之后很长时间，壳牌在婆罗洲或英属马来西亚没有开展其他钻探活动。直至1954年，壳牌重启了砂拉越近海地震勘探，1960年马来西亚有史以来第一台移动式钻机——东方探险者(Orient Explorer)号抵达砂拉越，开始在Baram Point进行勘探。1961年，壳牌在美里的海上安装了马来西亚第一台单浮标系泊设备。1963年，东方探险者号发现了砂拉越的第一个海上油田巴拉姆(Baram)。1968年，壳牌的西卢通油田(West Lutong oilfield)成为马来西亚第一个投产的海上油田。1971年，在Erb West发现沙巴州(Sabah)的第一个油田。

至20世纪70年代，壳牌基本上控制了砂拉越的石油工业。到1974年，马来西亚的原油产量约为每天9万桶(1.4万立方米/日)至每天9.9万桶(1.57万立方米/日)。

4. 新加坡

壳牌在新加坡的历史可以追溯到1891年亚细亚石油公司时期。第一次世界大战期间，亚细亚石油公司在新加坡为盟军提供燃料，垄断了当地润滑油市场。战后，亚细亚石油公司继续为过往船只提供燃料，在武公岛为海洋船舶提供停泊设施，在新加坡本岛买下8英亩（3.24公顷）土地，建成船舶加油码头，到1926年，又租下Jong Pagar的土地来建油罐和泵站。

伴随着新加坡汽车工业的兴起，汽油需求上升，1922年亚细亚石油公司在新加坡建设了该国的第一家加油站，加油方式也由桶装油改为油管加油。两年后，亚细亚石油公司的加油站遍及新加坡全岛。1937年，亚细亚石油公司在新加坡旧Kallang机场开始航空燃油加注服务。到1940年，亚细亚石油公司已经在武公岛上拥有了60座储油罐和5个码头，成为新加坡第一大石油公司。

1960年，壳牌投资建设了新加坡第一个炼油厂——毛广岛炼油厂（Pulau Bukom Refinery，图2-17），日产2万桶石油产品，壳牌也因此被新加坡政府授予第一号"先锋证书"，这个证书是政府为鼓励建立先锋产业的投资者而颁发的。

图2-17 毛广岛炼油厂现状

1963年，壳牌兀兰北部润滑油厂（Woodlands North Lubeoil Blending Plant）正式投产，到今天，它每年仍在为33个国家/地区供应2.4亿升的润滑油和油脂。

六、非洲

1. 埃及

埃及是壳牌在非洲最早进入的国家。

埃及于1882年被英国军队占领，1914年成为英国的保护国，这客观上为壳牌的进入提供了便利。1886年埃及东部沙漠地带的Gemsa打出了第一口油井，日产量1.3吨。此后整个埃及境内的勘探工作进展缓慢，甚至一度被政府叫停。1909年，位于Gemsa地区392米深处打出高产油井，埃及的石油工业才逐渐有了起色。

壳牌于1911年进入埃及，与英波石油成立合资公司益格鲁埃及石油公司（Anglo-Egyptian Oil Company，AEO），各占50%的股份，在Gesma和Hurghada两大油区进行勘探开发。1929年壳牌在埃及的年产量为26.8万吨，之后一直缓慢增长，到1946年达到134.1万吨，1953年达到182万吨。

1956年苏伊士运河危机爆发，壳牌在埃及的石油产量锐减，到1957年之后壳牌在埃及的石油开采几近停滞。虽然埃及的产油量一直不尽如人意，但壳牌埃及子公司垄断了埃及国内的石油销售贸易,为壳牌打入非洲市场提供了重要跳板。

随着中东战争后民主运动的不断壮大,1964年壳牌在埃及的所有权益被埃及政府收归国有：埃尔纳斯尔石油公司(El Nasr Petroleum Company)接管了壳牌的炼油厂；Misr石油公司(Misr Petroleum Company)接管了壳牌的营销和分销业务,通用石油公司(General Petroleum Company, GPC)则接管了AEO的勘探和生产部门。

2. 尼日利亚

在1914年成为英国殖民地之前,尼日利亚是一个由零散的自治州、乡村和族裔群体组成的松散的组织。1914年之后,尼日利亚北部由当地部族领导人实行间接统治,而南部则被英国直接控制。

1932年壳牌和英波石油联合,以壳牌-达西勘探公司(Shell D'Arcy Exploration Company,以下简称壳牌-达西)的名义,在尼日利亚进行勘探。1938年,尼日利亚殖民政府授予壳牌-达西整个殖民地内所有矿物和石油勘探的垄断权。但受第二次世界大战影响,公司并没有开展实质性的工作。1945年,第二次世界大战结束后,英国殖民政府通过了《尼日利亚殖民地福利与发展法案》,壳牌-达西获得了殖民政府的大力支持,以每年1英镑的价格拿到了尼日利亚东部的Okigwi区约14.6万平方米勘探区域特许权。1947年壳牌-达西更名为壳牌-bp,加强了对尼日利亚三角洲东部的勘探。1956年壳牌-bp在现在巴耶尔萨州的奥罗伊比(Oloibiri)地区有了油气发现,所得利益由壳牌-bp和殖民政府以50∶50的比例分成。到1958年3月,奥罗伊比油田的日平均产量为5000桶。1959年迫于国际压力,殖民政府终止了壳牌-bp的勘探许可证和特许权。壳牌-bp被迫将尼日利亚的部分勘探区域让给了其他石油公司：1960年之后,美孚、德士古和雪佛龙、ELF、Agip和美国石油公司(American Petroleum)先后进入尼日利亚。同时,尼日利亚也成立了几家国内石油公司,例如亨利·斯蒂芬·德尔塔石油公司(Henry Stephen Delta Oil)、尼日尔石油资源公司(Niger Oil Resources)和尼日尔石油公司(Niger Petroleum Company),这些公司都在日后成为尼日利亚重要的石油公司。但是毫无疑问的是,壳牌-bp依然占据着尼日利亚石油行业最重要的地位(表2-4)。

表2-4　1966年各大石油公司在尼日利亚的特许勘探面积

公　　司	陆上(平方英里)	海上(平方英里)	合计面积(平方英里)	占比(%)
壳牌-bp	14992	3907	18899	41.8
海湾尼日利亚	3965	3600	7565	16.7
SAFRAP	9336	—	9336	20.6
Tennessee尼日利亚	1380	—	1380	3.1
Amosaes	—	2000	2000	4.4
美孚尼日利亚	—	2000	2000	4.4
Agip/菲利普	2031	—	2031	4.5
菲利普	2031	—	2031	4.5

1967年7月,尼日利亚内战爆发,东部、伊贾夫西部三角洲及其腹地伊博地区的石油生产被迫停止。在内战之前,尼日利亚的原油年产量约为2800万吨,其中壳牌-bp的产量为2300万吨。

1968年10月,尼日利亚联邦军队控制了伊博岛的大部分地区,壳牌-bp恢复油气生产活动。尼日利亚联邦军队保留了壳牌的特许权,并给予壳牌-bp东部和中西部各州的更多特许权。壳牌-bp的原油产量伴随着特许权的增加也在不断提高,到1969年年底,壳牌-bp在尼日利亚日产量约有100万桶,年产量约为5000万吨。

3. 非洲其他地区

加蓬位于非洲中部,跨越赤道,西濒大西洋,东、南与刚果(布)为邻,北与喀麦隆、赤道几内亚交界。15世纪,葡萄牙航海者抵达该地区,宣布加蓬成为葡萄牙殖民地。18世纪加蓬沦为法国殖民地,1911年被转让给德国。第一次世界大战后复归法国,1958年成为"法兰西共同体"内的自治共和国,1960年8月17日宣告独立。

加蓬的石油勘探始于1928年,1934年打了第一口探井。1956年在让蒂尔港附近的Ozouri发现第一块真正的油田,开发者是法国赤道非洲石油公司。之后,这家法国公司与壳牌、美孚石油联合成立合营公司,合作开采这片油田。加蓬的现代石油开发正式始于1957年,当时产量很低,到1966年全年产量还不到100万吨,20世纪70年代产量开始逐年增加。1961年加蓬开始海上勘探,发现了Auguill油田。从此加蓬的石油勘探由陆地转向海洋。

1960年2月,壳牌加蓬石油公司成立,壳牌拥有该公司75%的股份,加蓬政府拥有其余25%的股份。壳牌加蓬在1985年发现了Rabi Kounga油田,这座位于滨海奥古韦的油田是加蓬国内最大的油田。它于1989年开始生产石油,总探明储量约为4.4亿桶(5900万吨),1997年产量达到最高值——21.7万桶/日(3.45万立方米/日)。Rabi Kounga油田投产后,加蓬原油年产量突破1000万吨,并开始持续增长。1992年产量为1470万吨,1997年产量达到历史最高峰1846万吨。

七、大洋洲

壳牌第一次涉足澳大利亚是在1901年,当时的壳牌运输在悉尼Gore湾和墨尔本威廉姆斯敦火车站附近修建了一座散装燃油处理设施。1901年6月3日,壳牌运输的Turbo号油轮船抵达港口,这是澳大利亚历史上第一次散装煤油交易。不幸的是,1903年壳牌的油轮SS Petriana号在澳大利亚菲利普港湾(Port Phillip Bay)外沉没,造成澳大利亚第一次原油泄漏事故。1905年,壳牌运输与荷兰皇家合资在澳大利亚成立了英国帝国石油公司(British Imperial Oil Company)。1927年英国帝国石油公司更名为澳大利亚壳牌公司(Shell Company of Australia,简称壳牌澳大利亚),并于1928年购买了悉尼的克莱德炼油厂(Clyde Refinery)。1954年壳牌在吉朗(Geelong)开设了第二家炼油厂,并于1959年在吉朗建立了清洁剂烷基化物工厂和克莱德石化工厂(图2-18)。

图2-18 1935年壳牌在澳大利亚悉尼Gore港的设施

1955年,壳牌、bp和新西兰的一家石油公司Todd合作(壳牌和bp各占37.5%的权益,Todd占25%),在新西兰进行油气勘探。1959

第二章 ||| 黄金时代（1910—1970年）

年发现第一个陆上油田 Kapuni，1969 年发现毛伊（Maui）凝析油气田，但是由于自然条件恶劣，一直到 1979 年才开始开采。

这一时期，壳牌借助荷兰和英国在全球的殖民地，强势扩张自己的版图。壳牌基因里的冒险精神在这一时期被发挥的淋漓尽致。比起老对手标准石油，壳牌缺少自然禀赋良好的母国，基本没有退路可言；比起另一家英国公司石油巨头 bp，壳牌又缺少国家资本的支持，没有伊朗这样资源丰厚的后院，所以只能依靠自身的实力和领导人的精明强悍在全球不知疲倦的探索。壳牌在这一时期表现出的强势、凶悍和对资源的贪婪是其他任何一个石油公司都无法比拟的。

第三节　纵深突进

壳牌除了在全球各大盆地展布业务，还不断追求技术的精进，以技术的突破为手段迅速向油气产业链纵深突进。占领全产业链各个环节，不仅让壳牌发展成为一个一体化油气公司，也极大提升了公司的盈利能力和抗风险能力。

一、不断提升的炼油业务

1. 燃料油：从地面到天空

当人们都在关注汽车行业的火速崛起时，亨利·迪特丁把目光投向了航空业，他认为飞机必将成为一种重要的、不可或缺的交通工具，而飞机要求的燃料和润滑油都与汽车不同，这是一个潜在的空白市场。

1919 年 6 月 14 日下午 4 时，英国空军飞机驾驶员约翰·阿尔科克上尉和亚瑟·布朗中尉驾驶用维克斯·维米轰炸机改装的飞机从加拿大纽芬兰的圣约翰斯起飞，这次里程达 3150 千米，耗时 16 小时 27 分钟，最后在次日上午 8 点左右，在爱尔兰克利夫登附近一头扎入了沼泽地中，不过幸运的是，所有人员都安然无恙。人们将他们从沼泽中抬出来，送往伦敦，在那里等待他们的是为英雄准备的凯旋仪式。这是人类首次驾驶飞机不着陆成功飞越大西洋，与英雄的飞行员同样一飞成名、声名大噪的还有此次飞行所使用的燃料——壳牌生产的航空燃料。

此后，壳牌不断深入航空燃料的研发（图 2-19）。1936 年，随着烷基化技术及工艺投入生产，壳牌开始生产高辛烷值燃料。这种高辛烷值新燃料价格较贵，但还是很快就成为空军的燃料选择，因为相比其他燃料，使用这种燃料的飞机，在速度、加速度和机动性方面都提高了不止 30%。1941 年，壳牌美国再次实现技术突破，合成了 100 辛烷值的汽油，该燃料成功应用在新一代的航空发动机上，大大提高了飞机的机动性。第二次世界大战爆发后，壳牌扩大生产规模，向英国空军供应充足的航空汽油，壳牌燃油产品的高性能提高了同盟国战机的作战能力。一个有趣的例子是：1945 年美军占领了日本，美军技术人员接收了日本"零"式一型战机后，为其加满壳牌公司的 98 号航空汽油后，"零"式一型战机居然飞出了 660 千米/时的速度，比 1943 年日本自己测试的成绩高出了近 20%（图 2-19）。

图 2-19 壳牌为新一代飞机研发燃料

1955 年，壳牌再次应美国空军之约，为 U-2 高空战术侦察机研制新型燃料。空军方面的要求是，燃料不会因气压过低而脱浆或蒸发。经反复实验，壳牌公司推出一种名为"LF-1A"的低挥发性、低气压的煤油燃料。"LF-1A"在海平面上的沸点是 300 摄氏度，性能极稳定，火柴都无法点燃。此燃料需要一种特殊的添加剂，而这种添加剂又是制作弗利特（Flit）杀虫剂的重要成分，因而壳牌不得不削减弗利特杀虫剂的生产，直接造成该杀虫剂的全国性缺货。让消费者想不到的是，缺货的原因竟是生产原料被秘密侦察机项目使用了。

壳牌的航空燃油不仅给空军提供了良好的使用体验，在对燃料油有着高品质追求的赛车行业也深受欢迎。在 1957 年前，每个 F1 车队都可以自由选择所使用的燃油，比如当年梅赛德斯车队使用的燃油配方就包括 45% 的汽油、25% 的航空燃油、3% 的丙酮和 2% 的硝基苯，而剩下的 25% 是什么成分，至今仍然是个谜！然而这种配方燃料为了让赛车动力系统发挥到最大效能，燃烧起来非常剧烈，甚至具有爆炸性。车队每次练习赛和正式比赛后必须清除发动机内剧烈燃烧所产生的残留物，再用传统汽油冲洗发动机，否则，发动机可能在一夜间就遭受严重的损害。1958 年，壳牌推出"Avgas"航空燃油，并提供给合作伙伴法拉利车队，从此结束了法拉利车队使用配方燃油的历史。

2. 润滑油

20 世纪 20 年代，蓬勃发展的汽车制造业带动了润滑油的研发，润滑油制造商开始从石油里提炼矿物基础油用于制造润滑油，并迅速取代了产量低、成本高的动物油脂制造的润滑油。

在第二次世界大战中，美国飞机和车辆润滑油在使用过程中会使油品有生成泡沫的倾向，这种稳定泡沫不仅造成润滑油的浪费损失，还降低了油品的使用性能，造成机器的磨损。为了弄明白润滑油生泡的机理和解决的办法，壳牌及其他一些石油公司、研究所等单位进行了大量的研究工作。1943 年，壳牌发现液态有机硅氧烷（硅油）是非常有效的抗泡剂。时至今日，液态有机硅氧烷仍是润滑油主要的抗泡剂品种。

壳牌在 20 世纪 70 年代末以软蜡为原料，通过加氢裂化—加氢异构化/加氢后精制—溶剂脱蜡生产黏度指数为 145 的超高黏度指数（UHVI）基础油装置并投入工业生产。UHVI 工艺以含油蜡为原料，通过加氢异构化可生产黏度指数高达 145~150 的润滑油料。

此后，壳牌还推出了润滑油混合加氢处理工艺——Hybrid，Hybrid 工艺主要是轻质馏分油经溶剂抽提，不经过加氢处理；重质馏分油先经缓和溶剂抽提后，再经缓和加氢处理；脱沥青油可不经过溶剂抽提而直接进行加氢处理。由于加氢和抽提两种工艺的协同作用，组合原料的选择有较大灵活性，不但能使润滑油厂的生产能力提高，也能使润滑油收率提高，同时可以使基础油成本降低到溶剂精制所不能达到的水平。

3. 沥青

在这一时期，壳牌还在自己石油产品的目录中加入了沥青。

1920年，壳牌位于英国泰晤士河东端河口北岸的赫文炼油厂（Shell Haven）投产（图2-20），开始大规模地生产沥青，这是壳牌沥青产品的起点。1925年，炼油厂建造了一个用于制造润滑油的厂区。1937年，又增加稠油炼制，在第二次世界大战爆发前，赫文炼油厂还建立了其他工厂，包括生产园艺化学产品的调和设备。第二次世界大战期间，赫文炼油厂和储油罐成为空袭的主要目标，炼油厂毁于战火。但壳牌的沥青业务却没有因此止步，到今天，经过了整整100年的发展，壳牌已经成为全球最大的沥青营销商。

图2-20　壳牌赫文炼油厂全景

图片来源：Terryjoyce-Own work，CC BY-SA 3.0，
https://commons.wikimedia.org/w/index.php?curid=5662526

为提升沥青的附加价值和销售量，壳牌还开发出相关周边产品。如1963年壳牌通过理论分析并结合AASHTO试验路及室内试验数据，提出了基于弹性层状理论的路面设计方法。1978年这一设计方法被扩展为壳牌路面设计手册（SPDM—Shell Pavement Design Manual），它充分考虑了温度及交通量对路面的影响，并采用劲度及疲劳特性来表征沥青混合料的路用性能。同年，美国壳牌公司使用改进的钴催化剂由丙烯生产正丁醇和 α-乙基己醇，其后又生产用于合成洗涤剂的高碳醇。

4. 炼油业务布局

1907年荷兰皇家与壳牌运输合并时，亨利·迪特丁已初步完成欧洲市场的炼化、运输和存储布局，尤其值得一提的是，他创造性地一改在产地附近建立炼油厂的传统做法，在荷兰阿姆斯特丹港附近建立起炼油厂。临近消费市场、便利的运河交通以及低关税这些优势，都极大地增强了壳牌炼油产品的价格竞争力，这让壳牌认识到这种布局的优势。之后的经济大萧条和两次世界大战都对石油产业安全产生了很大影响，因此，壳牌更加强调在主要消费市场附近布局炼厂及储油设施。从表2-5可以看出，20世纪70年代之前，在这一战略思想指导下，壳牌的主要炼油厂都是围绕北美和欧洲等经济发达、市场需求旺盛的国家和地区进行布局。

表 2-5　壳牌在 1920—1970 年部分新建炼油厂及分布

年份	区域	国家	名称	其他
1929	北美	美国	诺克炼油厂（Norco Refinery）	1957 年扩建
1933		美国	Deer Park 炼油厂	壳牌和 PEMEX 以 50∶50 的比例合资
1967		美国	修道院炼油厂（Convent Oil Refinery）	壳牌和沙特阿美的子公司沙特炼油公司（Saudi Refining Inc.）50∶50 合资
1975		美国	Saraland 炼油厂	—
1933		加拿大	Montreal East 炼油厂	1947 年扩建
1957		加拿大	本拿比（Burnaby）燃料处理厂	—
1963		加拿大	Corunna 炼油厂	收购
1929	欧洲	德国	哈堡炼油厂（Hamburg-Harburg Oil Refinery）	—
1960		德国	科隆-戈多夫北部炼油厂	1967 年和 20 世纪 80 年代两次扩建，2002 年合并了韦瑟林炼油厂成为壳牌莱茵兰炼油厂，目前德国最大的炼油厂
1969		德国	米罗-卡尔斯鲁厄炼油厂（Miro-Karlsruhe Oil Refinery）	与埃索石油公司、康菲石油公司 Esso Deutschland GmbH，鲁尔奥埃尔有限公司合资
1966		丹麦	Fredericia 炼油厂	—

除了传统欧美市场，壳牌还布局了大洋洲的炼油基地。

1928 年，壳牌收购了位于克莱德的克莱德炼油厂（Clyde Refinery），由壳牌子公司——壳牌澳大利亚负责经营。1948 年，壳牌在这座炼油厂的基础上建设了在澳大利亚的第一家沥青厂，年生产能力为 3.5 万吨沥青和 1 万吨成品润滑油。值得一提的是，克莱德炼油厂作为澳大利亚工业增长计划的一部分，在 1959 年至 1968 年之间进行了大幅扩建。在此期间，壳牌特意雇用了大批退役海军人员在炼油厂工作，导致该厂被戏称为"HMAS Clyde"。1970年，又以此为基础建设了第一家聚丙烯工厂，年产能力 25000 吨。

在亚洲地区，壳牌重点在日本和新加坡部署发展炼油业务。

早在 1900 年，壳牌运输就在日本横滨成立了旭日石油公司（Rising Sun Petroleum），1947 年旭日石油公司更名为壳牌石油（Shell Sekiyu）株式会社，并恢复在日本的运营。第二次世界大战后日本经济重建，燃料需求急速增长，1955 年到 1969 年间，壳牌通过与日本本土企业合资合作的方式，连续建立了 3 家炼油厂（表 2-6）。

表 2-6　壳牌在亚洲的主要炼厂（1970 年之前）

年份	地区	名称	其他
1955	日本川崎市	Keihin 炼油厂	合作方：日本 TOA 石油公司（TOA Oil Co.）
1957	日本四日市	昭和—壳牌四日炼油厂	合作方：昭和石油公司（Showa Yokkaichi Sekiyu Company）
1969	日本本州岛	山口炼油厂（Yamaguchi Refinery）	合作方：西屋石油公司（Seibu Oil Company）
1960	新加坡毛广岛	毛广岛炼油厂	壳牌最大的炼油厂，年炼油能力超过 2000 万吨
1958	土耳其	ATAŞ 炼油厂	合作方：bp、美孚合资，处理能力 320 万吨/年
1960	菲律宾	Tabangao 炼油厂	初始产能为 3 万桶/日（4800 立方米/日）

1963 年，壳牌和 bp 联合在南非建设了 Sapref 炼油厂，日处理能力 18 万桶。

可以看到，20 世纪 70 年代之前，壳牌的炼油业务一直在全球强势扩张，依靠其在全球上游的优势，壳牌选择既靠近原料产地，又交通便利的地区兴建炼油厂，保持了炼油能力的持续强劲增长。

二、飞速发展的化工业务

1. 起点：农业化工产品

氮是农作物营养元素中，除碳、氢、氧以外需要量最大的元素。但 20 世纪初农业上所使用的氮肥主要来自有机物的副产品，比如人和畜的粪便、花生饼、豆饼、臭鱼烂虾及动物的下脚料等。随着农业生产的发展和人口的不断增加，天然氮化合物的数量已越来越无法满足农作物生长的需要。世界各国越来越迫切要求建立规模巨大的生产氮化合物的工业。人工氮肥的主要生产原料是合成氨，少量来自煤气工业和其他工业回收的副产氨。

壳牌第一次投入化工领域，就是从氮肥合成原料——合成氨入局。

1929 年壳牌与荷兰的一家名为梅可戈比（NV Mekog）的公司建立合作伙伴关系，梅可戈比公司采用炼焦的副产品氨为原料，制成硫酸铵，作为氮肥来使用，但这样廉价的炼焦副产品远远满足不了庞大的市场需求。

此前，德国工业化学家哈伯和博施（Haber 和 Bosch）已经在前人研究基础上于 1911 年发明了合成氨法，解决了通过氮、氢原料气合成氨的工业难题。之后在博施的主持推动下，合成氨快速实现产业化，并成为德国的战略新兴产业。1929 年 2 月，在投资梅可戈比（NV Mekog）公司的同时，壳牌在美国成立了壳牌化工公司（Shell Chemical Company，以下简称壳牌化工），经过两年的建设，1931 年壳牌化工在加利福尼亚州匹兹堡附近的合成氨厂投产，这是世界上第一个以天然气为原料生产氨的工厂。

2. 发展：石化工业产品

壳牌化工一经成立，就迈出了不断向新领域探索的步伐。随着全球石化产业大发展，一些关键制造工艺和技术不断被攻克，壳牌新产品层出不穷。壳牌化工逐渐成为壳牌下游业务中实力不容小觑的部门，在整个石化行业的发展中发挥了引领作用。

20 世纪 30 年代初，壳牌化工在加利福尼亚州的炼油厂开始了化学溶剂的生产，1931 年壳牌化工开始自丁烯—丁烷中提炼仲丁醇（SBA），1933 年通过在铜/锌上将 SBA 脱氢制得甲乙酮（MEK）溶剂，1935 年自异丙基丙烷中提炼出异丙醇（IPA）和丙酮，1937 年成功将表氯醇（ECH）转化为甘油，1941 年壳牌化工首次成功合成 PTT 树脂，大幅降低了 PDO 的生产成本。同年，壳牌化工的 Teepol 液体洗涤剂在英国的 Stanlow 开始生产，这是欧洲第一家生产石油基有机化学品的公司，时至今日，壳牌仍然是世界最大的洗涤剂配料供应商。

1942 年，壳牌美国公司首先实现了用丙烯与苯烷基化制造异丙苯的工业化生产。1943 年，壳牌开始向合成橡胶工业提供丁二烯，它是合成橡胶一个关键的基础材料。壳牌的这一突破彻底改变了由于日本侵略东南亚造成的天然橡胶紧缺的局面。

1945 年，壳牌开发的"亚硝酸二环己胺"作为气相缓蚀剂获得了专利，在其后近半个世纪的时间里，由于其卓尔不凡的防锈效果，使得其在军事工业领域内得到广泛的普及和应用。但在此过程中，人们也逐步发现有机胺类的气相缓蚀剂毒性较大，对环境和人体均有不良影响。同年，壳牌开始丙烯高温氯化法（或称烯内基氯化物法、氯丙烯法）的工业化生产。

同年，壳牌化工把磷酸吸附在颗粒状硅藻土上，制备成固体催化剂，解决了直接水合法自 1923 年有报道以来一直没有实用价值催化剂的问题。

第二次世界大战后，世界进入了和平发展的阶段，石化产业更是飞速发展。1946 年，壳牌化工研发改进氯丙烯生产工艺，开始用高温氧化法生产氯丙烯系列产品。1947 年，壳牌化工又实现了乙烯直接水合制乙醇的方法，这种方法比间接水合法有显著优点，现已成为生产乙醇的主要方法，壳牌在 1948 年建成年产 60 万吨的乙醇工厂。

1948 年，壳牌化工研发出以丙烯为原料经氯丙烯、环氧氯丙烷合成甘油的方法，并建成第一座合成甘油生产工厂，环氧氯丙烷作为合成甘油过程的中间体，开始大规模工业生产。同年，壳牌化工取得了通过丙烯醛路线合成 PDO 的生产专利，而大家熟悉的敌敌畏，这一年也由壳牌研制成功。

1949 年，壳牌化工开始研究有机磷化合物作为合成润滑油和液压油的可能性。1950 年，Lonely 和 Emerson 等采用丙烯醛和乙烯基乙醚为原料，经过加成、水解两步反应合成了戊二醛（即吡喃法），壳牌公司采用此方法率先实现了戊二醛的工业化生产。

3. 延伸与拓展

20 世纪 60 年代前后，壳牌进入了化工研发的黄金时期，壳牌在当时拥有包括罗斯柴尔德爵士和约翰·彭励治（John Bremridge）爵士在内的一些杰出的科学家。这一时期壳牌成果显著，像实验室环氧树脂、杀虫剂，包括苍蝇喷雾、除草剂和液体洗涤剂等产品都是壳牌的智慧结晶。

1953 年，壳牌与合成氨工业方法创始人哈伯-博施曾经担任董事长的德国化工巨头联邦德国巴斯夫公司（Baden Aniline and Soda Factory，以下简称 BASF）会师，两家化工业巨头决定合资联合建设聚乙烯装置，组建了德国最大的石油化工企业——莱茵烯烃厂，这也成为 BASF 进入石油化工领域的标志。BASF 开发了原油部分氧化制合成气的方法，后经壳牌公司改进，实现了从甲烷到重质油都可作为制作合成气的原料。以石油和天然气代替焦炭制作合成气技术的发展，促进了合成氨、甲烷、乙醇、乙二醇、醋酸等技术的发展。

1955 年，壳牌首先推出 PTT 纤维，PTT 纤维是聚对苯二甲酸丙二醇酯纤维的简称，它与 Tencel 纤维一起并称为 21 世纪两大新兴纤维。同年，壳牌与日本三菱集团合资成立了三菱油化公司，并首次成功生产低密度聚乙烯"YUKARON"。1958 年，壳牌建成了首套氧气法生产乙二醇的工业装置，取代了存在"三废"污染问题的氯醇法。1959 年，美国壳牌公司首先实现丙烯气相氧化工艺的工业化。同年，壳牌和陶氏（Dow）化工公司生产出了用作土壤杀虫剂的二溴氯丙烷（DBCP），以保护水果种植。它被广泛喷洒到葡萄园和柑橘园里。但是 20 年后，美国环保署将二溴氯丙烷作为危险毒素废止，其原因是几百名男子因为接触这种熏剂而无法生育。

1960 年，壳牌化工首先建成用金属单质锂为引发剂的聚异戊二烯橡胶生产装置。1961 年，壳牌合成橡胶研究实验室试制成功以苯乙烯—丁二烯或苯乙烯—异戊二烯维聚三嵌段共聚物为主的热塑性弹性体。它具有独特的高拉伸强度、扯断伸长率和回弹率，但在未硫化时通常无此特性。

1962 年，壳牌化工在英格兰和荷兰的实验室开发了粉末涂料的挤出工艺，从而改善了其分散均匀性差的问题，并于 1964 年实现了工业化生产。从此，具有环境保护作用和综合装饰性能的粉末涂料，以其高的社会效益和经济效益取得了飞速发展。该工艺沿用至今，依然是粉末涂料的最主要的生产工艺。

1963年壳牌在美国首先在Person天然气净化厂使用了Sulfinol溶剂，该溶剂是由环丁砜—DIPA—水组成，现命名为Sulfinol-D溶剂。同年，壳牌美国率先开发出双酚A环氧乙烯基酯树脂。丁苯橡胶也由美国费尔斯通轮胎和橡胶公司、壳牌化工开始以丁基锂为催化剂在非极性溶剂中合成生产。

1965年，壳牌化工采用阴离子聚合技术首次实现了SBS的工业化生产。由于SBS树脂性能优良，应用领域广泛，许多国家都进行了SBS生产技术的研发和生产工作。

1966年，壳牌化工推出了乙烯基环氧树脂（常称为乙烯基酯树脂）的Epocrgl品牌产品。由于乙烯基环氧树脂具有优良的耐蚀性、理想的机械强度、无色透明以及较为方便的施工工艺性，近30年来，广泛应用于石油、化工、造纸、冶金、热电、医药、食品、交通、环保、建筑等行业。

1969年，壳牌在新加坡建立第一套用来生产烃类溶剂的化学品装置。

三、液化天然气(LNG)贸易先锋

1. LNG业务的起源

天然气资源丰富、污染低、开发成本低，在全球一次能源体系中所占的地位越来越重要。天然气早期发展缓慢，因为天然气的气体形态让这项清洁能源无法像石油那样性能稳定并可通过长途运输。直到LNG技术出现，即当天然气被压缩并冷却至零下260华氏度时就会发生液化，体积仅相当于气态的1/600。这就意味着液化后的天然气可以装入特制的轮船，进行长距离运输，在异地存储或者重新气化后输入管道并到达消费终端。天然气市场和产地分离的问题得到解决后，LNG贸易很快发展成为一项规模庞大的全球性业务。今天因市场需求量大，LNG业务已经成为许多石油公司的一项重点业务。

天然气液化技术最早始于美国。第一次世界大战期间，天然气气体液化在实验室已经完成，但未能实现工业化。天然气管道运营商人G. L. 卡波特(Godfrey L Cabot)和他的儿子托马斯·卡波特(Thomas Cabot)在西弗吉尼亚州初次尝试将这项技术应用于商业实践，当时托马斯·卡波特的初衷并不是运输，而是在夏季天然气消费低时，将天然气压缩成液态并贮存起来，等到冬季天然气消费上升的时候，再将液化气恢复至气态进行销售。

1939年，第一座将天然气液化储存的试验厂建成。第二次世界大战期间，美国东俄亥俄天然气公司在克利夫兰建了一处LNG储存设施。然而在1944年10月，其中一个储罐出了故障。储存的LNG渗入排水系统引起爆炸，129人在事故中丧生，爆炸引发的火龙长达1英里。事故之后，铝被引入了LNG产业，相关产业技术和设施的安全性不断改进提升。

第二次世界大战结束后，人们对LNG的兴趣依然不减。但是，行业的关注点已经从利用冷冻技术为消费者储存天然气转向另外一个不同的目的，那就是将其作为海上长距离运输的一种方式。

1954年到1955年，是LNG运输业从研究向实践转变的一个关键节点。研究方面，挪威的欧文·罗列特热(Oivind Lorentzen)博士完成了1.7万吨的LNG运输船设计；英国船舶设计公司做了1.4万吨LNG运输船的设计研究；法国天然气公司(GdF)探讨了用管道或船舶将阿尔及利亚的天然气输送到法国的可能性；美国大陆石油公司(Continental Oil)与联邦储运公司(Union Stockyard and Transit)合资成立了康斯托克液态甲烷公司(Constock Liquid Methane,

以下简称康斯托克),将一艘第二次世界大战时期的补给船改装为可用于 LNG 运输的具备特殊功能的船,这艘具备特殊功能的改装船被重新命名为"甲烷先锋号(Methane Pioneer)"。康斯托克启用甲烷先锋号装载了 LNG,首次试航路线是从墨西哥湾地区沿密西西比河和伊利诺斯河运到芝加哥。

真正推动 LNG 商业化的力量是一场袭击了英国伦敦的大雾。1952 年 12 月,一场持续了 4 天的大雾笼罩伦敦城。当时的伦敦能见度极低,天气原因与燃煤造成的浓烟相互作用,空气污染引发的呼吸问题随之爆发,数千人死亡。快速减少煤炭用量并找到更为清洁的替代燃料成为英国政府的当务之急。

"甲烷先锋号"试航成功给了英国政府进口天然气的勇气,英国成为首先尝试通过用船运进口 LNG 贸易模式的国家。政府下属的煤气委员会与康斯托克开展合作,从美国路易斯安那州进口 LNG,替代国内的煤作为燃料。1959 年装载 2000 吨 LNG 的甲烷先锋号,从美国路易斯安那州查尔斯湖出发,横跨大西洋到达英国泰晤士河口的坎维岛(Canvey Island),这次航行正式拉开了 LNG 海上运输的序幕,LNG 进入了商业化国际贸易阶段。

2. 欧洲 LNG 业务

在油轮设计和海上运输方面实力强劲的壳牌敏锐地意识到,这项技术将最终破除天然气产地和消费地之间的障碍,促进天然气业务的大发展。壳牌很快加入了技术研究大军,1955 年就完成了船运 LNG 方案的初步设计并明确认识到:LNG 运输船的投资成本将是常用油轮的两倍。

快速切入一个新领域,最好的办法就是收购。1960 年壳牌购买了康斯托克 40% 的股份,公司更名为康奇国际甲烷公司(Conch International Methane,以下简称康奇国际)。也正是这一年,阿尔及利亚国家石油公司(Sonatrach)发现了哈西鲁迈勒(Hassi R'Mel)气田,该气田可采储量约为 2.5 万亿立方米,是世界上最大的气田之一。此时,英国及欧洲其他国家都表现出对天然气的大量需求,而 LNG 技术的出现和船运的实现,解决了运输问题。这些因素促使哈西鲁迈勒气田迅速进入开发阶段。开发者在气田与靠近奥兰(Oran)的阿尔泽(Arzew)海滨之间修建了一条长 500 千米的管线,同时在阿尔泽(Arzew)建设 LNG 工厂,天然气通过管道到达港口,在港口的 LNG 工厂液化后,经船运输到世界各地。而接到运输订单的,正是凭借"甲烷先锋号"成功完成英、美 LNG 贸易的康奇国际。

1962 年,阿尔及利亚液态甲烷公司(Compagnie Algerienne de MethaneLiquide,CAMEL)在巴黎成立。康奇国际拥有 40% 的股份,并代表股东做技术领导,支持阿尔泽 LNG 工厂的建设和经营。这是世界上第一座 LNG 工厂,初期生产能力为 15 亿立方米/年。1961 年,英国和阿尔及利亚签订了第一份合同:从 1965 年开始,每年从阿尔及利亚进口 100 万吨 LNG;1962 年,法国也和阿尔及利亚与天然气公司签订协议:从 1964 年起,每年从阿尔及利亚进口 33.5 万吨 LNG。

为了完成以上合同,1963 年,康奇国际设计并成功建造了另两艘商业用 LNG 运输船"甲烷公主号"和"甲烷前进号",每艘船的造价达到 480 万英镑,装载能力达到 12000 吨 LNG 天然气,设计航速为 17 节(1 节=1 海里/小时)。1964 年 9 月 27 日,阿尔及利亚总统本·贝拉参加了阿尔泽 LNG 厂落成典礼,"甲烷公主号"和"甲烷前进号"开始了他们的使命(图 2-21)。阿尔及利亚阿尔泽 LNG 装运港至英国坎维岛 LNG 接收港之间的距离大约有 2500 千米,这两艘运输船每年需完成 56~58 次往返行程。

图 2-21　阿尔及利亚第一批 LNG 在"甲烷公主号"上交付(1964 年)

阿尔及利亚的 LNG 出口标志着国际 LNG 贸易的真正开始。这项业务的实际运作耗资巨大，而且通常会涉及国家、跨国石油公司和城市燃气用户，有时还包括交易所。为了收回初期投入的高昂成本，LNG 运营商必须以稳定的价格和市场规模作为保障，因此，早期的 LNG 业务通常都采取长期(通常为 20 年)合同，这一商业模式在今天的 LNG 国际市场中仍然占据主导地位。LNG 这种与石油贸易截然不同的合作模式，决定了天然气在一定程度上更具备盈利稳定性，能很好对冲原油业务因油价起伏带来的风险。

20 世纪 60 年代中叶，欧洲已经稳步发展成为一个日益增长的 LNG 消费地区。然而，1959 年荷兰北部平缓的格罗宁根农田里发现了当时世界最大的天然气田；1965 年，英国北海也发现天然气田；苏联和挪威通过管道将天然气源源不断地输往西欧，LNG 在欧洲竞争力迅速降低。

3. 亚洲市场

随着战后经济快速恢复，日本对天然气的需求逐渐增加，但却苦于本土没有任何石油天然气资源。LNG 贸易的成功实现很快引起了日本的注意。1969 年日本从美国菲利普斯石油公司位于阿拉斯加州南部的库克湾的一个项目进口了第一船 LNG。

壳牌在亚洲经营多年，当然不会放过亚洲的 LNG 市场。壳牌将气源锁定在政治、社会环境都较为稳定，油气资源基础好，并且公司根基雄厚的文莱，将用户锁定为日本。1969 年，壳牌国际天然气公司成立。同年，在壳牌的推动下，壳牌(25%)、三菱公司(Mitsubishi，25%)和文莱政府(50%)三方组建成立文莱液化天然气公司(Brunei Liquefied Natural Gas，BLNG，以下简称文莱 LNG)。文莱 LNG 和三菱公司与东京电力株式会社、东京瓦斯株式会社、大阪瓦斯株式会社经过两年谈判，签订了为期 20 年的 6500 万吨 LNG 供应协议。

文莱 LNG 在文莱卢穆(Lumut)修建了 LNG 厂，气源是壳牌文莱产自西南阿姆帕(Ampa)油田的伴生气，这个油田在当时占文莱海上油田产量 1.6 万立方米/日的一半，两个 LNG 接收站是东京湾大阪的 Negishi 和 Sodegaura。1972 年第一船 LNG 运往日本。

四、链接上下游业务

在油气产业链中，勘探开发被称为上游业务，炼油化工和销售被称为下游业务，而链接油田到炼厂、炼厂到市场的运输环节被称为中游业务。油轮运输和管道运输是油气运输最主要的两种方式。

壳牌的母公司——壳牌运输就是以航运和贸易起家，所以壳牌一直未放弃对油轮船队的建设。

第一次世界大战期间，德国人掌握了柴油机驱动式潜艇，从而用潜艇战占据了海上优势，壳牌在第一次世界大战期间损失了不少油轮，其中包括1892年第一艘穿越苏伊士运河实现伟大创举的"骨螺号"。1918年2月，协约国将石油供给和油轮运输业务集中协调，由新泽西标准石油和壳牌负责。尽管在战后两家一直不断争论谁的贡献最大，但这种联合体系，最终解决了第一次世界大战后期协约国的石油供给问题。

第一次世界大战结束之后，壳牌的油轮运输能力不断恢复，至1936年年底壳牌油船总吨位为148.7万吨，第二次世界大战战前2~3年里，壳牌油轮船队有了快速发展，1936—1939年新增71条油轮，总吨位达到375万吨。在第二次世界大战中，壳牌的油轮队成为盟军重要的补给船队，1944年6月6日的诺曼底登陆战役中，壳牌一部分油轮改装为盟军供应淡水。油轮不仅要面对冰山、风暴、大雾等窘迫的自然环境，还要时刻注意德国潜艇的鱼雷攻击和飞机的轰炸。第二次世界大战4年战争中，壳牌一共损失了87艘油轮，牺牲1434名员工。壳牌油轮队中涌现出了一大批"英雄员工"，例如壳牌的"俄亥俄"号油轮在佩蒂斯特战役中，冒着被德军核潜艇攻击和飞机轰炸的重重危险，一直坚持航行在马耳他航线上。战后，船长梅森被授予"乔治"十字勋章，总工程师怀尔德被授予"殊勋"金十字勋章，船队其他员工获得了5枚"优异服务"十字勋章和7枚"殊勋"奖章。

战争结束以后，公司着手恢复并扩大运输业务。仅在1946—1949年4年间，壳牌就购置了71艘油轮（图2-22），包括美国制造的T-2型标准油轮，载重高达1.66万吨。为了降低运输成本，壳牌还发挥自己的特长，开展了油轮与燃料配适性试验，1946年购置的Auricula号油轮首先试用了高黏度柴油，以后的大型油轮也都陆续改用重柴油。1948年购置的Auric号则试用了燃气轮机，到1948年年底，壳牌油轮的总吨位恢复到战前的375万吨。

图2-22　1955年购置的Vexilla号是战后壳牌油轮船队的一员

除此之外，1969年壳牌英国和bp一起，将两家公司在英国的管道业务合并，成立了英国管道代理公司（British Pipeline Agency）。英国管道代理公司接管了壳牌-Mex-bp的管道业务、两家公司在英国的管道设施以及英国政府管道和油气存储系统。时至今日，英国管道代理公司已经发展成为一家为陆上石油和天然气管道行业提供工程和运营服务的国际化公司。

第四节 占领市场

一、将价格掌握在自己手中

1. "汽油计划(Petrol Plan)"

20世纪初，石油工业依然以煤油为主要产品，此时的汽车工业刚刚萌芽，究竟是电力发动机还是汽油发动机会主宰这一新兴产业尚无定论，而亨利·迪特丁还只是荷兰皇家总经理时，便预见到汽油在内燃机使用中的巨大价值。亨利·迪特丁提出了野心勃勃的"汽油计划(Petrol Plan)"，计划的核心就是要确立荷兰皇家在欧洲汽油市场的统治性地位，汽油的来源就是荷兰皇家在苏门答腊岛上开发出的原油提炼出的高品质汽油，之前由于缺乏市场，大量汽油都被白白烧掉。要实现这一目标，亨利·迪特丁首先要做的就是建立完整的炼化、运输、存储、零售体系。

2. 建立销售体系

在亨利·迪特丁的"汽油计划"中，汽油销售网络的建立是非常关键的环节。

摆在壳牌面前的有两种选择，一种是借鉴标准石油公司销售煤油时采用的垂直销售，直达客户的体系，这一体系的好处是对油价的控制力强，且能对市场变化做出迅速反应，但需要对人员和设备进行大规模长期投资；另一种则是完全授权代理商进行销售，这一做法节约成本且可以迅速铺开，但与之相对的公司与代理商之间出现信息不对称，公司对价格和实际销售几乎没有控制权。

壳牌最终选择了折中方案，一方面成立自己的汽油销售公司(Acetylena Gas and Petrol Company，简称 Acetylena)，另一方面保留了原有部分经销和零售商网络，但通过排他性合同严格限制零售商与壳牌竞争对手的合作，且通过价格协议的方式对售价加以严格限制，从而强化公司对销售终端的控制。

很快，壳牌的汽油销售公司 Acetylena 迎来了与标准石油的欧洲子公司 De Automaat 的直接交锋。长期以来，Acetylena 的油品都优于 De Automaat，因此 Acetylena 的油价也略贵于 De Automaat，但在 1909 年中下旬，De Automaat 的汽油突然开始降价，同时油品却提高了好几个标准，这一降一升迅速挤压了 Acetylena 原有的市场份额。Acetylena 采用的策略是避其锋芒，以低价切入传统上由 De Automaat 控制的欧洲煤油和机油市场，De Automaat 在汽油市场打价格战，Acetylena 就在煤油和机油市场进行低价倾销，这一策略虽然是伤敌一千自损八百的无奈之举，但效果是显著的。一年血战下来，双方不得不达成价格妥协，划分了各自的势力范围。

总的来说，这一时期壳牌的汽油销售情况令人振奋，其销售量由 1907 年的 0.28 万吨增长到 1914 年的 1.14 万吨，占据欧洲汽油市场近 80% 的份额，具有绝对统治地位。

二、"古堡协定"与全球油价定价模型

20世纪20年代中期，是全球石油大发现的一段黄金时光。美国发现了俄克拉荷马油

田，中东则发现了基尔库克特大油田，南美委内瑞拉的马拉开波湖盆地相继有大发现。更令西方大石油公司不安的是，苏联正从战争创伤中逐渐恢复，巴库地区的石油产量迅速回升，以质量好、运距短的优势冲击着欧洲、东南亚等大石油公司的传统市场。

资源大发现带出了一批新的石油公司，原油市场开始供过于求。新公司以各种手段蚕食大石油公司的传统市场，竞争日趋激烈。而大石油公司之间也打起了价格战。"价格疲软和破坏性竞争威胁着石油工业，失去控制的价格战已成为一场全球性恶战……试图通过完全控制或通常的垄断来消除商业斗争已经不可能，任何一家公司都未强大到足以强迫别人俯首帖耳，政治现实也不允许这样做。"

1928年8月，受无序竞争折磨的石油大佬们在苏格兰西海岸阿肯格河畔一座名为"阿克那卡里"的古堡里举行了一次会议，参会的有英波石油董事长约翰·卡德曼、壳牌董事长亨利·迪特丁、新泽西标准石油董事长沃尔特·蒂格尔、美国海湾石油董事长威廉·梅隆、印第安纳标准石油董事长罗伯特·斯图尔特，以及新泽西驻德国首席代表海因里希·利德曼。9月17日，与会者签订了一份协议，核心内容就是如何瓜分市场。这份高度机密的协议被称为"古堡协议"，也叫"阿克那卡里协议"，协议内容直到1952年才大白于天下。

古堡协议首先就指出："过度的竞争造成今天极大的生产过剩，它带来的后果是破坏性的，而不是建设性的"。因此，协议的第一条就规定"各参加组织同意接受他们目前的营业额和将来给他们增加产量的任何比例。"这也就意味着，各公司将按照1928年的营业额来确定各家在未来的市场份额，保障了各公司现有市场地位。此外古堡协议还规定，为减少运输量、节约运输成本，石油供应应从最接近市场的生产地区获得，防止来自不同产油区的石油在同一市场上竞争。

尽管当时中东地区的原油生产成本都比美国低，但由于美国在全球产量中所占份额最高（60%左右），并且拥有大量富余产能，谁都承受不起美国石油公司的恶意杀价。所以此次谈判中，美国公司仗着其国内资源和产业优势，直接给出了原油销售的定价模型：世界各地原油价格一律以墨西哥湾的原油价格加上从墨西哥湾运往世界各地的运费来计算，即"海湾基价加运费"定价模型。该模型规定，无论是从南美、中东还是世界任何地方的原油销往消费国，都视同是从美国墨西哥湾销往该国，即原油在市场上的销售价格是墨西哥湾原油的离岸价加上运费。这也意味着不同区域的生产商只要将实际发生的生产成本和运费控制在海湾基价加运费以下就可获得盈利。

该定价模型不仅为美国原油的开发提供了价格保障，又保证了在别处经营廉价石油的壳牌、英波石油和新泽西标准石油等国际石油财团的高额利润，成了西方石油公司对产油国资源盘剥的一个重要手段。而且，这一定价模型还将美国国内市场排除在外，避免了触犯美国的反托拉斯法。随后，美国雪佛龙、德士古、加州标准石油和纽约标准石油等著名的15家国际石油公司也加入了古堡协议。

古堡协议本质上是对世界原油定价权的"窃取"，成为随后长达近一个世纪的原油定价模型和洗劫产油国资源财富最重要的协议，甚至该定价模型中的墨西哥湾原油价格也成为世界石油产业的重要构成要素之一，并延续至今。壳牌作为协议缔约者之一，出于对自己根本利益的考虑，在当时依赖并积极维护着这一协议的运行。

三、共渡危机

20世纪20—30年代的经济大萧条来临时，壳牌也采取了裁员、削减财务支出等措施，除了这些被动消极措施，壳牌还积极尝试通过合作的方式，减少市场竞争，压低销售成本，获得规模效益。当时最有竞争力的几家公司，壳牌和英波石油都是具有英国血统的公司，而其余公司则以美国公司为主。自然而然地，壳牌和英波石油在很多领域开始合作。

1932 年，为了应对当时艰难的经济状况，壳牌与英波石油将两家在英国的销售业务合并，成立了 Shell-Mex and BP Ltd.（壳牌-迈克斯-bp 有限公司），公司总部设在伦敦，负责在英国销售壳牌和 bp 的产品。在两家公司的共同努力下，到 1934 年，壳牌-迈克斯 bp 在英国的石油产品销售量从 1932 年的 300 万吨，增长到 1970 的 4000 万吨，获得了英国油品市场 40% 的份额（图 2-23）。该公司一直经营到 1976 年 bp 和壳牌的品牌分离。

图 2-23　20 世纪 30 年代壳牌-迈克斯-bp 有限公司的运输卡车

接着，英波石油的大股东伯马公司和壳牌合作，共同分享印度市场，在那里由英波石油和壳牌提供油品，伯马公司和壳牌联合销售。二者后又合资成立 Consolidated Petroleum Ltd. 公司进军非洲市场。

四、品牌战略

古堡协议为壳牌锁定市场份额，销售体系的建设为壳牌铺开渠道，合作减少了市场竞争，但为了能让消费者真正喜欢、认可壳牌的产品，壳牌做了大量品牌建设的工作。

石油是黑色的黏稠液体。石油勘探开发是石油工人在密林、荒漠、人迹罕至的郊野，用汗水和生命与残酷的大自然日复一日交手的过程；石油产品消费市场的竞争是没有硝烟的战争，是联合后的狠厉对决。但是，这一切都不是壳牌想让消费者看到的品牌形象。壳牌需要消费者看到的是公司所能带来的美好生活之间的关联。

1. 壳牌与高端的驾驶体验

汽车驾驶中，最高端的体验莫过于赛车驾驶中速度与激情所能带来的冲击。让公司的形象与赛车紧密联系在一起，无形中会给消费者更多的心理暗示：我的产品是最高端的，最值得信赖的，而使用我的产品的你，也是最高端的，最优秀的。

我们无法追溯当时是这种营销心理学指引了壳牌与法拉利之间的合作，还是在长期的合作中，发现了这一消费心理带来的益处，总之，壳牌与法拉利之间的合作公认是赛车场上时间最久、最成功的合作。

早在 1924 年，壳牌为尔法·科西（Alfa Corse）车队一位名叫恩佐·法拉利（Enzo Ferrari）的年轻车手提供燃料和润滑油。5 年后，当恩佐·法拉利退出全职比赛组建赛车队时，他选择了与壳牌继续合作，这就开启了壳牌和法拉利近百年合作的序幕（图2-24）。1940年，当第一辆法拉利汽车诞生时，壳牌油品就成为其燃油和润滑油的理想选择。然而，两家公司真正的合作始于F1赛事之初。

图2-24　早期与壳牌合作的法拉利赛车

1954年，壳牌策划、赞助了一场赛车比赛，比赛被命名为"金色壳牌"。比赛由法拉利车队与玛莎拉蒂（Maserati）车队进行角逐，壳牌作为这场比赛的组织者，为整场比赛提供润滑油和燃油，这进一步巩固了壳牌在消费者眼中作为顶级F1赛车燃料和机油供应商的地位。后来壳牌又举办了"金色壳牌"摩托车赛，并以当时前所未有的1200万意大利里拉的巨额奖金载入赛车运动史册。

除了与法拉利的合作，1965年壳牌还携手新泽西标准石油和bp等三家石油公司，共投资1000万西德马克赞助汽车大赛，开创了企业大规模赞助与自身产品有直接关系的运动项目的先例。

对赛车运动的支持，为壳牌带来了良好的品牌信誉。作为法拉利的技术合作伙伴，二者合作研发的燃料和燃油帮助法拉利在比赛中稳居前列。当壳牌把这些科技知识与法拉利在赛道上积累的经验结合，转化成了适用于广大普通消费者的日常产品时，当消费者们使用壳牌V-Power燃料和壳牌喜力润滑油时，就会有一种也在享用专为顶级赛车盛事而研制的燃料和机油的心理暗示，极大迎合了大众消费心理。

2. 壳牌与浪漫的生活

品牌形象的塑造不是一劳永逸的。市场在变、竞争对手在变、消费对象也在变，提升品牌形象，使之符合时代的节拍，才能让品牌始终保持新鲜感、吸引力和生命活力。壳牌的标识演变堪称全球标识逐步成功演变的一个典范，从1897年开始使用标识后，壳牌标识先后经历10次变化，但每次均保留了标识的核心元素——贝壳，因为贝壳通常被认为是海洋的象征，它正体现了壳牌对新观念、新产品和新方法的探索与追求，从而体现了壳牌为顾客服务的精神。

第二次世界大战后的和平年代给了壳牌一个良好的发展空间，壳牌在推广品牌形象的过程中，着重突出公司产品为消费者带来的美好、浪漫、轻松的生活。为了实现这一目标，壳牌一直保持着邀请艺术家设计并策划宣传的传统。最早是在20世纪初，壳牌推出了一系列由艺术家专门设计的明信片。而海报是壳牌20世纪20年代和30年代广告的特色，壳牌前后共推出过7000多张印刷海报和1000幅原创艺术品。

从 20 世纪 30 年代到 80 年代，壳牌委托创新作家、艺术家、设计师和学者为英国各县制作现代而全面的道路指南(图 2-25)。这些指南通过宣传英国小城镇平凡而独特的风景，鼓励英国公众在英国乘车度假，让人们体验和发现驾驶的乐趣。壳牌指南是 20 世纪壳牌最受人怀念和喜爱的产品之一。

如果说道路指南是壳牌围绕产品设计的富有人文气息的宣传手段，那么情人节卡片则是壳牌围绕客户心理开展推出的宣传方式。从 1938 年起，壳牌推出了情人节卡片(Valentine Cards)，这些卡片是由当时的艺术家设计，并在机车和汽油主题上带有俏皮的笑话和韵文。通过这种形式向客户，尤其是女性客户发送情人节问候，极大暗示了女性客户对于"使用这种产品是具有尊崇贵妇身份的象征"，这一传统一直持续到 20 世纪 70 年代。

此外，20 世纪 30 年代到 50 年代，壳牌还邀请了包括雷克斯·惠斯勒、爱德华·鲍登和梅尔·卡尔曼等在内的著名漫画家和插画家，设计了一系列的新闻广告画进行大规模投放，这些漂亮的插图和机智的广告词多年来一直让人印象深刻(图 2-26)。

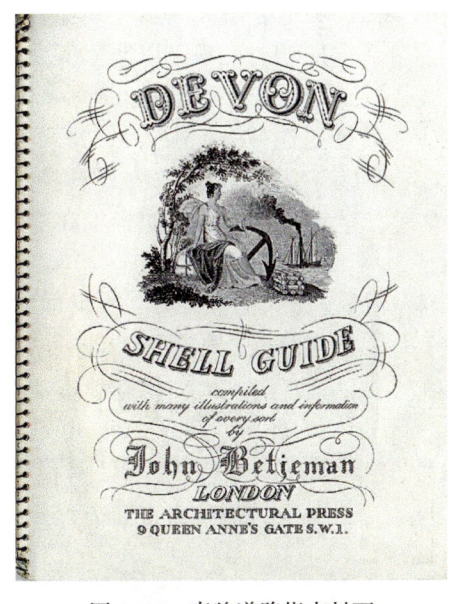

图 2-25　壳牌道路指南封面　　　　图 2-26　壳牌新闻广告画

1969 年，美孚石油正式导入形象战略，公司在世界各地的加油站一举旧貌换新颜，壳牌也不甘落后，随即宣布加入，公司在世界各地的加油站一夜之间亮出了以贝壳为标准形象图形的企业识别标志。

第五节　小结与讨论

一、发展与业绩

第二次世界大战前，荷兰和英国是两个殖民大国，英国更是作为第一次世界大战的战胜国，给予了壳牌——这个从泰晤士河畔和印度尼西亚烟草种植园中走出来的石油公司强大的国家庇护。而壳牌也保持着昂扬的斗志和进取的姿态，征战于全世界最主要的大含油气盆地，攻城略地，无往不利。在与标准石油的竞争中，壳牌发展了自己的石油基地，建立了完整的产业链。

第二次世界大战中壳牌损失惨重。在英国，壳牌贡献出了炼油和销售业务，公司位于伦敦湖滨路的壳牌大厦成为英国石油战时的指挥所；在欧洲其他地方，壳牌的资产几乎损失殆尽；在亚洲，为了不让日本人从油田和炼油厂得到石油，壳牌的员工炸毁了印度尼西亚和东印度群岛的炼油设施。壳牌作为一家英国和荷兰的企业，为它的国家最大程度贡献出了自己的力量，壳牌的员工可以骄傲地说，他们是真正的爱国者。

与公司和员工形成鲜明对比的，是壳牌前董事长亨利·迪特丁。亨利·迪特丁在20世纪20年代成了一名反布尔什维克分子，开始积极组织石油公司形成反对苏联的联合阵线。20世纪30年代之后，亨利·迪特丁对壳牌的控制渐渐减弱，他的行为举止也越发显得古怪，最糟糕的是，他成了希特勒的疯狂追随者。1935年，亨利·迪特丁自作主张同德国政府商谈，向德国赊售两年用量的石油，这无异于向德国提供军事储备。亨利·迪特丁的举措让壳牌的员工大为吃惊，壳牌的一位资深董事甚至要求政府调查此事，以便董事会"及时采取合适的措施"。1936年亨利·迪特丁退休后定居德国，他仍然号召其他欧洲国家同纳粹合作以阻止布尔什维克。他同纳粹领导人多次互访，希特勒送他一个德国名字"海因里希·迪特丁"，称他为"德国人最伟大的朋友"。这些行为一度让英国担心壳牌会被纳粹控制，成为轴心国的能源补给站。1939年年初，离战争爆发还有半年时，亨利·迪特丁在德国逝世，曾经叱咤风云的石油大亨以这样一种方式黯然谢幕。

残酷的战争和充满争议的前任董事长没有阻挡壳牌发展的脚步。第二次世界大战结束后，壳牌的付出在战胜国利益分配中获得了加倍补偿。而壳牌也没有浪费国家庇佑带来的便宜，在和平年代加速狂奔。对科技力量的重视和对产品研发的投入，让壳牌迅速在化工、LNG等领域占据领先地位。

到1972年，壳牌的产量达到5416千桶/日（接近3亿吨/年），资产达到200亿美元，仅次于埃克森的215.6亿美元，在世界跨国公司中排名第二，与另外6家石油公司并称为"石油七姊妹"。

二、讨论：壳牌增长型战略的探讨

20世纪70年代之前的壳牌是大规模实施增长型战略的典型代表。

这一时期，壳牌的发展可以大致划分为以下两个阶段。

第一阶段是从成立之初到20世纪20年代末，即1910—1930年。在这一段时间里，与早期一直固守波斯的bp不同，壳牌没有偏安一隅，而是积极努力扩张。它不放弃任何一个可能的资源地，荷兰和英国每一个有油气资源的殖民地都曾经留下壳牌的足迹。这一阶段壳牌的战略以横向拓展扩大规模为主，在世界各地的勘探和开发为公司抢占大量有利资源的同时，也大幅提高了销售市场的占有率，提高盈利水平。

第二个阶段是20世纪30年代到60年代末，这一时期，壳牌的战略以纵向延伸公司的业务链为主，发展的重点放在了提高全业务链综合能力上。在继续扩展中东和欧洲资源市场的同时，壳牌主要采取了开发新产品——石油化工和LNG——的方式，增加企业新的效益增长点。

纵观这一时期的壳牌,在标准石油气势如虹的时候,没有固守城池,而是选择进攻,到竞争对手的大本营去,争取更多的生存机会和更大的发展机遇,用实际行动证明了"进攻才是最好的防守"。当公司规模发展到足够大的时候,再将战略中心转移到延伸产业链和控制市场价格上。从公司成立到20世纪70年代这一时期,壳牌一直采取了增长战略,并经历了从横向一体化增长到纵向一体化增长的转变。

1. 壳牌增长型战略实施环境

增长战略即发展战略,实施这种战略要求企业在现有的战略基础水平上向更高一级的方向发展,最终目的是实现企业的成长。在动态的环境竞争中,增长是企业的一种求生手段。不断变革能够创造更高的效益,从而适应不同的环境并逐渐成长。

增长型战略的实施是企业外部机会与内部优势的组合。

(1) 外部环境。

壳牌能在这一时期抓住机遇迅速成长,离不开三方面的外部环境。

首先,整个20世纪,世界经济虽然受两次世界大战的负面冲击,但总体取得了巨大发展,人类社会的生产方式发生了根本性改变,工业生产得到了前所未有的进步,社会生产力急速提高。石油成为工业的血液,尤其是汽车工业的形成和发展,都极大地推动了石油工业的发展。飞速增长的市场需求为壳牌横向增长战略创造了良好的外部环境(图2-27)。

在经济发展的同时,科学技术的进步也为壳牌的增长型战略提供了支撑。石油工业发展史本身就是一部石油科技发明和技术创新的文明进步史。世界石油工业的发展伴随着石油科技的多次技术革命。近代石油工业始于19世纪中期,人类第一次

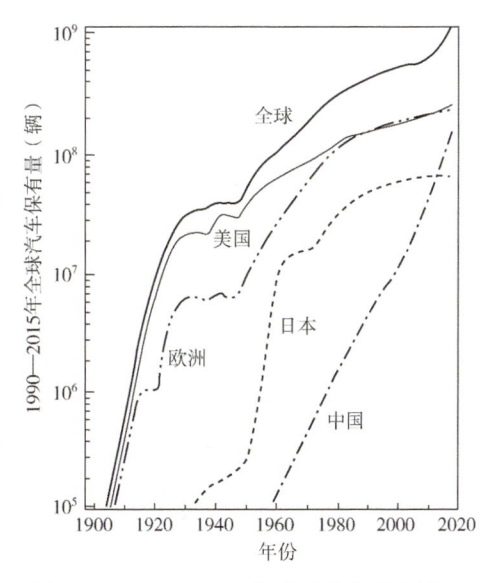

图 2-27 1900—2015年全球汽车保有量

引入蒸汽机作为钻井动力,将蒸汽机技术和钻井技术结合,使人工钻井转向机械钻井,标志着现代石油工业的诞生。20世纪20—30年代,石油工业发生了第二次石油科技革命,重力学、地震折射和地震反射波等早期地球物理勘探方法应用到找油的技术中,同时微生物学、沉积学、地层学和古地理学均被引入石油地质中,以背斜理论为指导,世界石油工业发展出现一个质的飞跃。这些理论技术的进步给世界原油储量增长带来了两个高峰:1925—1930年,世界年均发现石油近200亿桶;1935—1940年,世界年均发现石油近300亿桶。

壳牌南征北战能取得累累战果,在很大程度上需要感谢公司的两个母国——荷兰和英国。这两个国家都是20世纪初强大的殖民帝国。借助殖民地遍布全球这一便利条件,壳牌得以顺利进入全球各个油气资源国进行勘探。一方面,从资源获取的角度看,壳牌可以比较容易从环境中获得更多的资源,降低了实施增长战略的成本。另一方面,在很大的地理区域内进行投资,可以实现地区间的投资效益相互支撑,即在某探区亏损后可以在其他地区得到补偿,从而维持公司的整体效益在较高的水平。

广阔且不断增长的消费需求、理论创新和技术,以及强大母国提供的政治庇护,为壳牌

采取增长型战略创造了充分的条件。

（2）内部环境。

首先是资源的整合和控制的能力。实施增长型战略要求企业在能够投入更多资源的同时，还要具备掌控和整合新资源的能力。一方面，合并后的壳牌有稳定的上游资源基地，在海运领域拥有优势，还有着庞大的销售网络，这些为公司扩张提供了物质基础。另一方面，壳牌运输在之前已经有50多年的国际贸易经验，而荷兰皇家在与标准石油的对峙中，逐步形成了在当时非常先进的国际金融理念。公司运营和管理方面的经验也给了壳牌掌控和整合新资源的能力。所以无论是公司的投入能力还是运营理念方面，壳牌都具备了实施增长战略的条件。

壳牌选择增长型战略还有一个重要的原因是最高层管理者或者最高领导集团所持有的价值观。寻求发展是企业这种有机组织体的本性，而企业家强烈的发展欲望是企业发展的第一推动力。这里就不得不提到亨利·迪特丁，正是由于他在标准石油的巨大压力下为企业谋取发展的强烈愿望，壳牌才会在成立之初就提出了"到美国去"的口号。亨利·迪特丁初掌荷兰皇家之时，第一个大动作就是对壳牌运输开战，企图用价格战抢到更多的市场份额；等到壳牌强大到可以对石油市场产生一定影响的时候，又号召并促成了古堡协议，试图掌握油气产品的定价权。这种强势、精明而激进的性格极大地影响了壳牌早期的发展。亨利·迪特丁强大的个人意识加注给了壳牌更多的积极性和进取心。

需要注意的是，企业尤其是石油企业处于动态竞争的环境中，即其所处的国际政治、经济环境、市场环境、对手行为一直在不断地发生变化，企业的既定战略往往在实施过程中也需要随之频繁调整。壳牌的增长战略在第一次世界大战后就被迫进行了调整和改变，从横向扩张转为纵向延伸。

2. 壳牌增长型战略实现的关键

企业一旦决定了增长型战略（表2-7），就要选择实施路径，常见的多元化、一体化、国际化等战略均属于增长型战略的途径。壳牌的增长战略是通过一体化为核心、国际化相结合的路径来实现的。一体化具体分为横向一体化和纵向一体化，壳牌在不同阶段各有侧重。

表2-7 企业增长型战略的内容

类 别	业务范围	
	企业定义拓宽	业务链延伸
产品	增加新产品	发现新用途
市场	开发新市场	现有市场渗透
生产技术	向前、向后、水平一体化	生产能力增加

横向一体化指企业现有生产活动的扩展并由此实现现有产品市场份额的扩大，通常能帮助企业实现规模经济。由于该类增长与原有生产活动有关，比起其他类型增长更易于实现，故一般来说，企业早期的增长多以此为主。据对美国1895—1972年的公司增长战略分析，1895年至21世纪初的公司增长主要以横向一体化为主。我国工业企业的增长在相当长的时期内也以横向一体化为主，20世纪80年代以来，其他形式的扩张才较多出现。

壳牌在1910—1930年采取的就是横向一体化的战略。即通过扩大在全球的资源占有实现规模和市场份额的不断增长。抛开外界因素，壳牌横向一体化战略的成功实现，与公司上游业务始终保持了对大盆地的长期坚守密切相关。

表2-8总结了20世纪壳牌参与的部分大盆地发现与开发时间。可以看出,壳牌在这些世界级大盆地的累累硕果都是通过长期坚守取得的。从进入到实现商业化时间最长是在伊巴尔盆地,壳牌在阿曼开展了长达25年的前期勘探工作,才有所斩获,又经过6年才实现商业化开发,从初次进入到商业化开发共耗时31年。即使在最成熟的南加州盆地,壳牌也用了9年时间才实现了商业化开发。

表2-8 壳牌参与的部分大盆地发现与开发时间

盆地	国家	进入时间	首次发现时间	商业化开发时间	从进入到实现商业化的时间(年)
玻利瓦尔	委内瑞拉	1913年	1926年	1927年	14
尼日尔	尼日利亚	1932年	1956年	1958年	26
南加州	美国	1913年	1921年	1922年	9
北海	荷兰	1934年	1943年	1947年	13
伊巴尔	阿曼	1937年	1962年	1968年	31

为什么即使花费十几二十年的时间,仍要坚持寻找大型的含油气盆地呢?首先,世界大型、特大型大盆地油气储量规模大,一旦成功发现,产量能够迅速增长,同时也能够拉动输送管线的建设,带动资源国消费和对外贸易。其次,在这个阶段石油资源相对丰富且大部分只需要简单的勘探开发技术即可采出,在技术和管理组织投入方面相对简单,与小型的、复杂盆地相比,大型含油气盆地的开发成本和生产成本更低,规模效益明显,是壳牌利润的主要来源。所以,壳牌一直都十分注意研究油气富集规律,努力寻找超级油田。这也是除了地缘政治因素之外,壳牌能通过横向一体化成功实施增长战略的一个关键因素。

纵向一体化指企业向原生产活动的上游和下游扩展。纵向一体化包括后向一体化和前向一体化。后向一体化(backward integration)指企业介入原供应商的生产活动;前向一体化(forward integration)指企业控制其原属客户公司的生产经营活动。壳牌向化学工业公司方向扩展就是前向一体化。

石油化工是20世纪20年代兴起的以石油为原料的化学工业,起源于美国,初期依附于石油炼制工业,后来逐步形成一个独立的工业体系。第二次世界大战前后迅速发展,20世纪50年代在欧洲继起,60年代扩大到日本及世界各国。石油化工业改变了世界化学工业的生产结构和原料体系,很多化学品的生产从以煤为原料转移到以石油和天然气为原料,新工艺、新产品不断出现。

技术的创新进步与市场需求的紧密结合,是壳牌成功实施前向一体化的重要保障。

壳牌化工在20世纪20年代成立之后就走上了利用技术推动化工业务不断发展的道路。表2-9总结了壳牌化工从成立到20世纪70年代之前的重要事件。从表2-9可以看出,壳牌化工的发展历程,就是技术不断进步以满足市场需求的过程。

20世纪30年代,全球人口增长,粮食问题广泛被关注,化学肥料成为解决这一问题的重要手段。壳牌化工瞄准了氮肥生产,建立了世界上第一个以天然气为原料生产氨的工厂,并开发出自丁烯—丁烷中提炼仲丁醇(SBA)技术、SBA脱氢制甲乙酮(MEK)技术、自异丙基丙烷中提炼异丙醇(IPA)和丙酮技术、表氯醇(ECH)转化甘油技术等一系列化工技术。

表 2-9 壳牌化工发展大事记

时间	壳牌化工大事记
1920—1929 年	• 在美国 Wood River 罗克桑纳的炼油厂里，建成了第一座商业化的达布斯连续热裂化装置 • 壳牌化工成立
1930—1939 年	• 壳牌化工在加利福尼亚州匹兹堡附近的合成氨厂投产，这是世界上第一个以天然气为原料生产氨的工厂 • 自丁烯-丁烷中提炼出仲丁醇(SBA) • 通过在铜/锌上将 SBA 脱氢制得甲乙酮(MEK)溶剂 • 自异丙基丙烷中提炼出异丙醇(IPA)和丙酮 • 成功将表氯醇(ECH)转化为甘油
1940—1949 年	• 自二氯丁烷中提炼出丁二烯，丁二烯是合成橡胶的关键原料，这一技术成为推动合成橡胶工业增长的关键 • 通过苯烷基化反应来生产异丙基苯 • 壳牌化工的 Teepol 液体洗涤剂在英国的 Stanlow 开始生产，这是欧洲第一家生产石油基有机化学品的公司 • 首次成功合成 PTT 树脂，大幅降低了 PDO 的生产成本 • 生产出世界最早的合成洗涤剂 • 首先实现了用丙烯与苯烷基化制造异丙苯的工业化生产 • 向合成橡胶工业提供丁二烯 • 开发的"亚硝酸二环己胺"作为气相缓蚀剂获得专利 • 制备成乙醇生产固体催化剂 • 研发改进氯丙烯生产工艺，开始用高温氧化法生产氯丙烯系列产品 • 实现了乙烯直接水合制乙醇的方法 • 研发出以丙烯为原料经氯丙烯、环氧氯丙烷合成甘油的方法，并建成第一座合成甘油生产工厂 • 取得了通过丙烯醛路线合成 PDO 的生产专利
1950—1959 年	• 率先实现了戊二醛的工业化生产 • 组建德国最大的石油化工企业——莱茵烯烃厂 • 首先推出 PTT 纤维 • 首次成功生产低密度聚乙烯"YUKARON" • 建成了首套氧气法生产乙二醇的工业装置 • 首先实现丙烯气相氧化工艺的工业化 • 生产出了用作土壤杀虫剂的二溴氯丙烷(DBCP)
1960—1969 年	• 首先建成用金属单质锂为引发剂的聚异戊二烯橡胶生产装置 • 成功合成以苯乙烯—丁二烯或苯乙烯—异戊二烯维聚三嵌段共聚物为主的热塑性弹性体 • 开发了粉末涂料的挤出工艺，从而改善了其分散均匀性差的问题 • 收购斯宾塞化学公司 • 发明了环氧粉末，首先在欧洲实现了工业化生产 • 首先在 Person 天然气净化厂使用了 Sulfinol 溶剂 • 率先开发出双酚 A 环氧乙烯基酯树脂 • 采用阴离子聚合技术首次实现了 SBS 的工业化生产 • 推出了乙烯基环氧树脂(常称为乙烯基酯树脂)的 Epocrgl 品牌产品 • 在新加坡建立第一套用来生产烃类溶剂化学品装置

第二次世界大战前后，壳牌化工的产品创新与战争所需物资紧密结合，在芳烃产品生产及合成橡胶等高分子材料方面取得了很大进展，为合成橡胶工业、TNT 炸药的量产提供了大量基础原料。

20 世纪 50 年代后，世界经济转入发展时期。壳牌化工围绕基础化工原料的生产，在技术和工艺两方面不断突破创新，产品种类和生产规模方面迅速扩大，进入了高速发展的黄金时期。

理论知识和化工技术的不断发展，以及与市场需求的紧密结合，推动了壳牌产业链成功向前延伸，通过纵向增长实现了企业的整体发展。

3. 启示

壳牌在这一时期的增长型战略的成功实施，是奠定壳牌百年基业的重要历程。但是增长型战略对于任何想要发展的企业都是适用的吗？答案当然是否定的，要实施增长型战略，企业就必须从环境中获得更多的资源。只有在正确分析战略规划期内宏观经济景气度和产业经济状况后，才能确定是否具备实施增长型战略的外部条件。如果未来阶段宏观环境和行业微观环境较好的话，企业比较容易获得这些资源，实施该战略的成本就相对较低。这也是壳牌的增长型战略大获成功主要原因。

我国石油企业是改革开放以后才开始登上世界舞台，在当前的世界环境中，壳牌横向一体化的"野蛮生长"模式是我们企业自身价值观所不能接受的，也是当今的国际社会所不允许的。外部环境无法复刻，但内部条件的激发是值得我们深思的。

第一，保持积极进取的企业文化。国内上游业务坚持"资源"战略，尊重油气发现规律，加大勘探力度，尤其要鼓励石油企业加大风险勘探，力求发现规模整装储量。

第二，海外业务坚持"提升资源全球配置能力"。我国石油公司海外经营30年，早期签署的一些勘探开发项目陆续到期，海外项目无论数量还是面积都大幅减少，后期可持续高效发展面临严重挑战。这种时候，就格外需要以积极进取的企业文化，审慎的态度开拓海外勘探新项目。事实证明，勘探是石油公司提高资产储备成本最低的方式之一。风险勘探项目进入成本低，但发现难度大，国际大石油公司的勘探发现成本平均为2~4美元/桶，而购买储量的成本多达10美元/桶。因此，勘探项目是"高风险高回报"，而油气田项目进入费用高，开发投资大，回报率一般不高。

第三，不断加大科技创新力度。我国石油公司60多年积累的勘探开发理论和技术在跨国油气勘探开发中发挥了重要作用。随着勘探开发领域向深水、非常规、超重油/油砂等复杂领域的转移，我们遇到了前所未有的理论和技术挑战。因此，必须结合区块和油气田的具体地质特征和工程挑战，研发实用的理论和技术，包括陆上高风险地区的勘探技术系列、陆上边际油田的开发技术系列、深水大油气田的勘探开发技术系列、高寒地区的勘探开发技术系列、重油/油砂的开采技术系列和天然气的勘探开发技术系列。

参考文献

陈宁. 1991. 文莱的石油和天然气[J]. 东南亚南亚研究, 9(2)：54-55.

[加]瓦兹拉夫·斯米尔著，李文远译. 2020. 石油简史：从科技进步到改变世界(第二版)[M]. 北京：石油工业出版社.

江红. 2002. 为石油而战[M]. 北京：东方出版社.

[美]彼得·B. 多伦著，朱桂兰，译. 2017. 洛克菲勒的陨落：石油帝国的繁荣和失落[M]. 北京：机械工业出版社.

[美]丹尼尔·耶金. 1992. 石油风云[M]. 上海：上海译文出版社.

[美]丹尼尔·耶金. 1996. 石油. 金钱. 权力[M]. 北京：新华出版社.

[美]威廉·恩道尔著. 赵刚，旷野，戴健，译；欧阳武，校译. 2008. 石油战争：石油政治决定世界新秩序[M]. 北京：知识产权出版社.

彭剑锋. 2010. 百年壳牌[M]. 北京：机械工业出版社.

汪慕恒. 1986. 文莱的石油及其经济发展. 南洋问题研究，13(2)：91-97.

王才良，周珊. 2011. 石油巨头——跨国石油公司兴衰之路(上)[M]. 北京：石油工业出版社.

肖彬. 1986. 文莱的石油. 东南亚南亚研究，4(2)：68-69.

杨刚. 2007. 浅析企业增长型战略的决策模型. 技术与市场，28(8)：77-78.

杨旭东. 2013. 解读壳牌[M]. 北京：石油工业出版社.

[英]安东尼·桑普森. 1979. 七姊妹：大石油公司及其创造的世界[M]. 上海：上海译文出版社.

[英]安东尼·辛普森. 1977. 石油大鳄[M]. 北京：石油化学工业出版社.

Botter B J. 2009. Gas in the Netherlands：The vital combination of many small fields and a global giant. In AAPG European Region Annual Conference.

Brian S McBeth. 1983. The Royal Dutch-Shell Group of Companies in Venezuela, 1913-1922. Juan Vicente Gómez and the oil companies in Venezuela, 1908-1935[M]. Cambridge, Cambridge University Press.

Bud-Frierman, Lisa, Andrew Godley, 等. 2010. Weetman Pearson in Mexico and the emergence of a British oil major, 1901-1919. Business History Review：275-300.

Dr. Raji A Yusuf, Dr. Abejide T Samuel, 2013. Shell D'Arcy Exploration & The Discovery of Oil as Important Foreign Exchange Earnings in Ijawland of Niger Delta, C. 1940s-1970. Arabian Journal of Business and Management Review (OMAN Chapter), 2(11)：22-33.

Nasser Khan. 2013. Shell Trinidad Through the Years 1913-2013[R]. 104.

Painter, D S. 2012. Oil and the American century. The Journal of American History, 99(1)：24-39.

Shell. 2016. Shell Singapore by The Years 125.

The New York Times. March 15, 1919. Royal Dutch and Shell Companies Buy Mexican Eagle Stock.

Van Hulten, F F N, 2009. Brief history of petroleum exploration in the Netherlands. In Symposium fifty years of petroleum exploration in the Netherlands after the Groningen discovery, EBN, TNO, Geo-Energy and PGK (15-16).

第三章

前进之路
（1970—1990年）

从20世纪70年代至90年代，全球经历了两次石油危机，与两次危机同时发生的还有欧佩克的崛起、油气资源国的国有化浪潮、西方主要经济体的经济危机，以及"石油七姊妹"操控全球油气市场能力的瓦解。

资源获取不再是一件容易的事，"资源易得"时代一去不返。能源世界在重构，壳牌随之调整经营方式，开辟出一条新的前进之路。

第一节 坍塌与重构的能源世界

一、"石油七姊妹"把控油价时代的终结

20世纪70年代之前，石油市场主要由"石油七姊妹"把控，这些大型国际石油公司掌控了全球主要油气资源，本质上享有对全球油价的把控权。然而，1960年石油输出国组织（Organization of the Petroleum Exporting Countries，OPEC，以下简称欧佩克）成立，随着越来越多的石油资源国加入这一组织，"石油七姊妹"把控油价的时代也走到了尽头。

1. 石油七姊妹

1975年，英国记者安东尼·桑普森（Anthony Sampson）写了一本关于石油历史的书——《七姊妹：大石油公司及其创造的世界》（The Seven Sisters-The Great Oil Companies & The World They Shaped）——书中正式提出了"Seven Sisters"一词，自此"石油七姊妹"成为7家西方一体化跨国石油公司的代名词，也被称为国际石油卡特尔。被称为"石油七姊妹"（The Seven Sisters）的7家国际石油大公司是：新泽西标准石油，即后来的埃克森（Exxon），现在的埃克森美孚（ExxonMobil）；荷兰皇家壳牌石油公司（Royal Dutch Shell）；英国石油公司（bp）；纽约标准石油，即后来的美孚石油（Mobil），之后与埃克森合并组成埃克森美孚；德士古（Texaco），2001年与雪佛龙合并成为雪佛龙德士古，后更名为雪佛龙（Chevron）；加利福尼亚标准石油，后来的雪佛龙，与德士古合并为雪佛龙德士古，后更名为雪佛龙；海湾石油（Gulf），后被雪佛龙收购。

1928年的"古堡协议"被认为是"石油七姊妹"最早的结盟奠基式，在这一协议下，7家跨国石油公司形成一个宽泛而松散的利益联盟。此后，几家公司互相"联姻"，结成了错综复杂的利益关系网，共同掌控世界石油价格和市场。"在半个世纪中，这7家石油公司建立了庞大的国际石油工业，成为西方世界最庞大的资本垄断集团，不仅在经济上，而且在政治事务上，也和它们的本国政府有着千丝万缕的联系。它们操纵国际石油市场，控制石油输出国的国计民生。"

20世纪50—70年代，全球除里海地区以外的主要含油气盆地都有"石油七姊妹"的身影，中东地区产油国家与"石油七姊妹"之间的冲突最为尖锐，英国、美国、荷兰、法国四国的石油公司在中东的租借地占了中东各国租借地70%以上，部分国家高达100%（表3-1）。这些石油公司依靠着中东地区丰富的石油资源和低廉的开发成本攫取高额利润并迅速扩张壮大。

1972年是"石油七姊妹"在中东的"巅峰时刻"。这一年，在以资产排名的世界最大公司名单中，7家公司都位列前11名以内，其中新泽西标准石油第一，壳牌第二；按销售额排

名，它们全在前 15 名以内，新泽西标准石油、壳牌分别位居第二、第四（表 3-2）；同时，7 家公司掌握着美国原油产量的 39.1%、中东和利比亚原来产量的 77.6% 以及全球（除东欧和中国）原油产量的 70%（表 3-3）。

表 3-1　第二次世界大战前西方石油公司在中东国家租让地情况

租让国	承租的跨国石油公司所在国	租让时间（年）	租让区域占该国领土比例（%）
伊朗	英国	60	76.4
伊拉克	英国、美国、荷兰、法国	75	100
巴林	美国	59	73.7
沙特	美国	60	74.1
科威特	英国、美国	92	100
卡塔尔	英国、美国、荷兰、法国	75	100
阿曼	英国、美国、荷兰、法国	75	63.4

数据来源：《七姊妹：大石油公司及其创造的世界》。

表 3-2　1972 年"石油七姊妹"资产与销售额

公司	资产（亿美元）	资产全球排名	销售额（亿美元）	销售额全球排名
新泽西标准石油	215.6	1	203.1	2
壳牌	200.7	2	140.6	4
德士古	120.3	4	86.9	10
海湾石油	93.2	7	62.4	12
美孚石油	92.2	8	91.7	8
bp	81.6	11	57.1	15
雪佛龙	80.8	12	58.3	15

数据来源：《七姊妹：大石油公司及其创造的世界》。

表 3-3　1972 年"石油七姊妹"在世界原油产量中的份额

公司	美国产量（千桶/日）	占比美国总产量（%）	中东和利比亚产量（千桶/日）	占比中东和利比亚产量（%）	所有欧佩克国家产量（千桶/日）	占比欧佩克国家总产量（%）	全世界产量（不包括东欧和中国）（千桶/日）	占比全世界产量（%）
新泽西标准石油	1114	9.9	2527	12.9	4050	15.2	6145	14.7
德士古	916	8.1	2155	11.0	2674	10	4021	9.6
雪佛龙	528	4.7	2155	11.0	2614	9.8	3323	7.9
海湾石油	651	5.8	1887	9.7	2409	9	3404	8.1
美孚石油	457	4.1	1178	6.0	1477	5.5	2399	5.7
bp	—	—	3903	20.0	4506	16.6	4659	11.1
壳牌	726	6.5	1372	7.0	2877	10.8	5416	12.9
总计	4392	39.1	15177	77.6	20607	77.2	29367	70

数据来源：《七姊妹：大石油公司及其创造的世界》。

2. 欧佩克

1959年，石油市场出现暂时供大于求的局面，bp单方面宣布把中东石油的标价降低18美分/桶，其他石油公司立即响应。这一次降价使中东石油输出国年收入降低了10%，其中沙特阿拉伯、科威特、伊朗和伊拉克四国的年收入减少了1.32亿美元。1960年8月，新泽西标准石油再次带头强行把中东石油标价压低14美分/桶，bp随之响应，也把每桶原油的标价压低了10美分。

愤怒的中东石油输出国决定这次不再忍受"石油七姊妹"肆无忌惮地随意压低标价的行为，他们决定借鉴美国得克萨斯铁路委员会的运营模式，成立欧佩克进行反击。

欧佩克借鉴了得克萨斯铁路委员会的组织形式和业务职能。得克萨斯铁路委员会成立于1891年，起初只是一个监管铁路的州级机构，1919年增加了监管石油和天然气行业的职责，但始终没有受到太大关注。直到1930年得克萨斯东部油田发现后，大量小石油公司涌入得克萨斯州，原油产量迅速提升，价格随之急剧下跌。为了规避这种滥采行为对资源和行业环境的破坏，1931年政府授予得克萨斯铁路委员会负责调控得克萨斯州石油产量的职能：每月按比例给当地石油企业分配生产额度，限定企业的月产量和当月所有公司总产量。随着得克萨斯州逐渐成为美国最大的石油产地，而美国又控制着全球石油的产量（得克萨斯州生产的原油占世界原油产量的一半以上），拥有生产配额权的得克萨斯州铁路委员会也摇身一变，从一个不知名的州机构变成一家具有全球影响力的垄断组织。

1960年，伊朗、伊拉克、科威特、沙特阿拉伯与委内瑞拉5个石油出口大国成立了欧佩克，之后又陆续发展了其他11个国家，分别是1961年加入的卡塔尔，1962年加入的印度尼西亚和利比亚，1967年加入的阿拉伯联合酋长国，1969年加入的阿尔及利亚，1971年加入的尼日利亚，1973年加入的厄瓜多尔，1975年加入的加蓬，2007年加入的安哥拉，2017年加入的赤道几内亚，2018年加入的刚果。后来，卡塔尔、厄瓜多尔和印度尼西亚被终止或暂停了会员国资格，现今欧佩克有13个成员国，组织总部位于奥地利首都维也纳。

从本质上讲，欧佩克是油气资源国为了反抗"石油七姊妹"对中东石油的控制而成立的一个防御组织，主要目的是保护石油输出国支配本国资源的"主权"。欧佩克与"石油七姊妹"以及整个西方世界的第一次交手，发生在1967年第三次中东战争爆发后。1967年6月5日，以色列对埃及、叙利亚和约旦等阿拉伯国家发动了大规模的突然袭击，占领了加沙地带和埃及的西奈半岛，约旦河西岸，耶路撒冷旧城和叙利亚的戈兰高地共6.5万平方千米的土地。欧佩克通过决议，对支持以色列的西方国家实行石油禁运，阿拉伯国家的石油日产量减少60%，沙特阿拉伯和利比亚停产。6月下旬，尼日利亚爆发内战，政府实行封锁，禁止石油出口。但很快以美国为首的产油国通过增加产量弥补了市场空缺，欧佩克并未获得预想的效果。

1973年10月6日，恰逢犹太人的"赎罪日"，埃及与叙利亚分别攻击6年前被以色列占领的西奈半岛和戈兰高地，第四次中东战争爆发，欧佩克决定再次对支持以色列的国家运用石油武器进行报复。禁运持续了5个月，一直到1974年3月18日才结束。禁运期间，阿拉伯轻质原油的标价从3.01美元/桶涨到了11.651美元/桶，上涨了近3倍，直接引发了第一次石油危机。

3. 国际能源署（IEA）

第一次石油危机进一步引发了全球性经济危机，发达国家陷入了整整10年的"滞胀期"

(表3-4)。美国的GDP在1973—1975年间下降了6%,失业率翻了一倍达到9%,日本的GDP在1974年经历了第二次世界大战之后的首次下降,欧洲主要经济体在1975年全面出现负增长。经济疲软又削弱了石油需求,世界主要国家石油消费增长率从1973年的7.6%猛跌至1974年-5.6%。

表3-4 1971—1988年主要国家经济增长率

年份	经济增长率(%)						
	美国	日本	德国	法国	英国	意大利	世界
1971	3.29	4.70	3.13	5.32	3.48	1.82	4.34
1972	5.26	8.41	4.30	4.51	4.30	3.69	5.73
1973	5.65	8.03	4.78	6.34	6.51	7.13	6.51
1974	-0.54	-1.23	0.89	4.30	-2.46	5.50	2.00
1975	-0.21	3.09	-0.87	-0.96	-1.48	-2.09	0.60
1976	5.39	3.97	4.95	4.36	2.91	7.13	5.27
1977	4.62	4.39	3.35	3.46	2.44	2.56	3.93
1978	5.54	5.27	3.01	3.98	4.20	3.24	3.89
1979	3.17	5.48	4.15	3.55	3.74	5.96	4.12
1980	-0.26	2.82	1.41	1.58	-2.03	3.43	1.90
1981	2.54	4.21	0.53	1.07	-0.77	0.84	1.92
1982	-1.80	3.31	-0.39	2.51	2.01	0.41	0.43
1983	4.58	3.52	1.57	1.24	4.22	1.17	2.41
1984	7.24	4.50	2.82	1.51	2.28	3.23	4.51
1985	4.17	5.23	2.33	1.62	4.20	2.80	3.71
1986	3.46	3.33	2.29	2.34	3.14	2.86	3.40
1987	3.46	4.73	1.40	2.56	5.30	3.19	3.70
1988	4.18	6.79	3.71	4.74	5.76	4.19	4.62

数据来源:世界银行。

在这次危机中,欧佩克拒绝了以"石油七姊妹"为代表的石油公司提出的要求,并宣称油价必须由产油国政府按市场情况来决定。石油公司无法掌控油气市场,以美国为首的西方发达国家政府只好绕过跨国石油公司,直接与欧佩克各国进行交涉。然而,欧佩克的强硬程度超过了他们的预估,从未如此被动的局面让西方国家对于石油安全的担忧日益强烈。以美国为首的西方国家当然不会坐以待毙,他们开始寻求对策以改变这种被动局面。

1974年2月11日,在美国的倡议下,美国、英国、西德、法国、日本、意大利、比利时、加拿大、丹麦、爱尔兰、卢森堡、荷兰、挪威共13个国家在美国华盛顿举行了石油消费会议,会上美国提出了能源合作的"七点行动计划",包括资源存储、紧急状态储备分享、替代能源研究与开发、国际财政合作以及消费国和产油国关系等内容,倡议成立一个国际小组,在所有国家合作的基础上就相关问题展开进一步磋商,解决能源问题。11月15日,经过经合组织理事会批准,以美国为主导、多个西方国家共同参与的国际能源署(International Energy Agency,简称IEA)在经合组织框架内成立,总部设在巴黎。3日后,11月18日,经合组织 24 个成员国中的 16 国在巴黎签署《国际能源计划协定》。这个约定明确界定了国际能源署的宗旨：在合理和公平的条件下确保石油的安全供应，推动替代能源发展，开展能源研究与开发、新能源等领域的国际合作，协定于 1976 年 1 月 19 日正式生效(图 3-1)。

图 3-1　IEA 成立协议签署现场(1974 年 11 月 18 日)

国际能源署成立之初，为应对石油危机提出了两点主要对策：一是节流开源，各成员国制定能源节约计划，尽力减少能源消耗的同时，加速开发新能源，降低对中东石油的依赖；二是各成员国建立石油储备，并制定共享石油储备的应急机制。这两点主要是为了在西方工业化国家之间构筑一道有力的石油安全防线，形成一个统一的组织，来与石油生产国进行协调与联系，以达到更深刻影响石油供给与价格，保持石油市场稳定的目的。

对于发起国美国，国际能源署的建立实现了美国的初衷：在重新团结西方联盟、保障自身安全的同时，建立石油战略储备，确立多边能源规则，重塑国际石油秩序。这让以美国为首的西方国家在今后的石油格局中增强了对抗欧佩克的力量，而不再像第一次石油危机时表现得那么"软弱无力"。

国际能源署的成立标志着国际能源和石油安全合作进入了一个新时期。自此以后，旧时的西方强国"以跨国石油公司为代理，控制中东石油乃至全球石油市场"的模式日渐式微，以"石油七姊妹"为主的西方石油公司之间互相商量确定油价的时代宣告终结，而国际能源署作为一个多国联盟组织开展同欧佩克进行对话与磋商，确保西方国家在全球石油市场中的有利地位。

二、"资源易得"时代的终结

1. "石油世界的彻底改变"

如果说第一次石油危机让"石油七姊妹"和西方国家认识到，一股新的力量已经加入石油市场主控权的争夺战中，那么接下来的资源国石油工业国有化运动，则彻底改变了"石油七姊妹"在全球油气资源市场的主控权。

推倒第一张多米诺骨牌的是北非的利比亚。1969 年 8 月，穆阿迈尔·卡扎菲(Mu'ammar al-Ghaddafi)在一场军事政变中崛起并成为利比亚最高领导人。10 月，他声称现有的贸易条款偏惠外国公司而不是利比亚本国，提出石油减产。卡扎菲的这一举措成功提高了利比亚石油价格，其他欧佩克国家跟进，全球原油价格应声上涨。1971 年，英国军队撤出阿拉伯联合酋长国，伊朗乘机占领了属于阿拉伯联合酋长国的大通布图岛、小通布图岛和阿布穆萨岛，引来阿拉伯世界的强烈不满。卡扎菲以此为由，将 bp 在利比亚国内资产收归国有，作为对英国纵容伊朗侵略的惩罚。此后，中东和北非的其他资源国国有化浪潮汹涌而起，壳牌也不可避免地被迅速卷入其中。

1970 年 6 月，阿尔及利亚把壳牌、菲利普和其他的一些小石油公司在本国的资产收归国有。到 1972 年 2 月，阿尔及利亚政府在石油生产公司中所拥有的股权已增至 80%，壳牌在阿尔及利亚的 LNG 业务深受影响。

另外一个让壳牌损失惨重的资源国是伊拉克。"伊拉克石油公司"虽然冠以国家之名，却是一家不折不扣的外资公司，壳牌作为主要股东之一，持有 23.75% 的股份。1972 年 6 月 1 日，伊拉克政府发布国有化法令，于 1975 年完成了伊拉克石油公司旗下两个子公司的国有化，将伊拉克石油公司及所属的一切经营设施全部收归国有。

海湾五国（沙特阿拉伯、科威特、阿拉伯联合酋长国、卡塔尔和巴林）也不甘落后，先是 1972 年 10 月 5 日签署了《参股总协定》，规定自 1973 年 1 月 1 日起，海湾五国在石油公司中参股 25%，并从 1979 年到 1982 年每年增股 5%，1983 年增股 6%，达到 51%，政府的份额油从最初总产量的 6.25%，3 年后增至 12%，其余回销给各个公司，企业经营仍由原公司负责。随后，五国与自己领土上的各大外资石油公司谈判具体执行问题。沙特阿拉伯通过赎买政策于 1976 年对盘踞在沙特阿拉伯近 40 年的美国全资公司阿美石油公司进行收购，1980 年彻底完成石油工业国有化；卡塔尔于 1974 年 2 月与本国的石油公司签订了修订协定，参与 60% 的经营权，同年成立卡塔尔石油总公司，1977 年完成了石油工业的全部国有化改革；1974 年 1 月，阿拉伯联合酋长国收回了阿布扎比石油公司 60% 股权。

北非的尼日利亚也采用了逐步提高参股比例的办法，到 1974 年 4 月，尼日利亚在所有外国石油公司中的参股比例都达到了 55%，包括壳牌和 bp 的合资公司"SHELL-bp"，但后续没有再实施 100% 国有化。

1973 年 3 月 16 日，伊朗加入资源国国有化的队伍，巴列维国王单方面宣布伊朗政府将接管和控制石油工业，撕毁 1954 年与西方石油公司签订的协议，一切设备、租借地、生产权和行政管理权将全部收归国有，由伊朗国家石油公司全面接管。1978 年年底，壳牌在伊朗的原油供应随着伊朗的石油工业国有化基本停止了。

壳牌在亚洲也未能幸免。

1949 年，印度尼西亚独立战争结束之后，印度尼西亚政府实际上接管了石油工业。印度尼西亚政府成立了 PT Eksploitasi Tambang Minyak Sumatera Utara，管理苏门答腊地区的油田。1957 年 12 月，公司更名为 PT Perusahaan Minyak Nasional，缩写为 PT PERMINA，1960 年更名为 PN PERMINA。1961 年，印度尼西亚政府废止了外国特许经营制度，由合同制代替。1965 年，PN PERMINA 收购了 BPM，壳牌在印度尼西亚的资产实际上被国有化了。印度尼西亚政府还颁布法令规定整个印度尼西亚的石油特许经营权仅授权给两家国有公司，外国公司只能以承包商身份进入，而石油生产不再支付特许权使用费。

1971 年之前，由于文莱是英国的保护领地，文莱的石油勘探、开采一直被壳牌子公司文莱壳牌石油公司垄断，因此当时文莱又常被称为"壳牌王国"。1971 年英国承认文莱享有"完全自治权"，1974 年，文莱政府取得壳牌文莱公司 20% 的股权，其后又取得 30%。从此之后，文莱壳牌成为由壳牌和文莱政府各占 50% 股权的合资公司。

欧佩克的崛起和 1973 年的石油危机让马来西亚看到了石油的力量，给了政府将石油资源控制在国家手中的动力。1974 年,马来西亚颁布《石油开采法》(Petroleum Development Act),根据该法案马来西亚将成立国有石油公司,并授予国家石油公司拥有及管理马来西亚石油资源的权利。1974 年 8 月 17 日,马来西亚国家石油公司成立(Petroliam Nasional Berhad,简称 Petronas)。壳牌和埃克森都拒绝将已有的权益转让给 Petronas,在经过艰难的谈判和马来西亚的政府权力变更之后,1976 年,Petronas 最终完全控制了马来西亚的所有石油和天然气储量。之后,Petronas 与壳牌签署了成立后第一份产量分成合同,合同区块分别位于砂拉越和沙巴的海上油田。

1976 年,印度决定使炼油厂国有化,接管了位于孟买(Bombay)的缅甸壳牌炼油公司和卡尔蒂克斯炼油厂(印度政府与埃克森的合资企业,后并入印度斯坦石油公司)。

国有化浪潮也席卷了美洲。1975 年特立尼达和多巴哥对壳牌和德士古在特立尼达和多巴哥的销售网实行了国有化,1976 年壳牌在厄瓜多尔的许多原油资源被收归国有。对于壳牌来说,更糟糕的是公司一直倚重的委内瑞拉在 1975 年 8 月 29 日正式颁布了石油国有化法,并规定此法案于次年 1 月 1 日正式生效。此后,委内瑞拉政府花费了共计 11 亿美元,将包括壳牌在内的 19 家外国石油公司收归国有。并在 1976 年,委内瑞拉政府正式成立了自己的国家石油公司,负责本国的石油生产相关业务。

资源国租借地制度随着国有化进程彻底消亡,随之打破的还有"石油七姊妹"长期垄断世界石油市场的局面。同 1972 年比较,1980 年"七姊妹"拥有的原油可采储量从 2844 亿桶(398.6 亿吨)减少到 274 亿桶(37.5 亿吨),减少了 90%;掌握的原油供应量从平均每日 3035 万桶(415.8 万吨)减少到 2043 万桶(279.86 万吨),减少了 32.7%;掌握的原油产量由平均每日 2772 万桶(379.7 万吨)减少到 824 万桶(112.87 万吨),减少 70%。

资源国有化浪潮以摧枯拉朽的力量终结了"资源易得"时代,彻底重塑了全球石油工业的格局。bp 把 20 世纪 70 年代油气资源国发生的这些变化,称为"石油世界的彻底改变(The oil world is turned inside out)",而对于壳牌来说,之前拥有的资源地有多广泛,现在面临的危机就有多严重。

2. 国家石油公司的崛起

石油危机和资源国有化浪潮中,崛起的不仅是资源国国家石油公司,消费国也纷纷成立自己的国家石油公司。

两次石油危机让西方工业国意识到,在复杂的世界环境中,跨国石油公司即便拥有很强的市场经营能力,也可能在关键时刻由于诸多利益的牵扯,而不能全身心为国家的利益服务。因此,西方国家普遍大幅度调整石油产业政策,加强对本国石油资源生产、供应、销售和市场的控制,并努力提升对本国以外油气资源的管控能力。

在这一背景下,日本、韩国、加拿大、英国、丹麦、挪威、马来西亚、苏联等国家都建立了自己的国家石油公司;而北海海上油气田的发现,掀起了欧洲石油勘探开发高潮,诞生了英国国家石油公司(BNOC)和挪威国家石油公司(Statoil)等国家石油公司。

这些国家石油公司是由国家控股、以实现国家战略目标为使命的石油公司。它们肩负着支持国家经济发展,维护国家能源安全的重担。与国际石油公司相比,国家石油公司有本国政府做后盾,借助国家支持和日益增强的技术、管理、人才力量,积极利用全球并购市场扩大规模,"国家队"越来越多地直接参与世界级大型油气田项目来获取资源,竞争力日益增强。国家石油公司与国际石油公司最大的不同,在于是否以利润作为追求的首要目标。与国际石油公司把股东利益作为公司第一要务不同,国家石油公司更多地承担国家能源安全和社会服务功能,在提供石油产品和服务的同时,也需要有组织地提供其他社会功能,如保障就业、社会安定和提供社区服务等。

各个国家石油公司成立的目标不同,但是其势力和雄心日益增长的趋势却是相同的,在国际竞争中,它们能够给予对手的威胁和压力也越来越大。因此,国际石油公司发展的阻力也必然加大,进入其他国家开展石油开采业务将变得更加艰难。但国际石油公司在竞争力、管理方式、经营效率、融资能力等方面与国家石油公司相比更胜一筹,在全球化竞争、兼并购等方面更为灵活有效。

1973年石油危机是标志国际石油公司权势下降的转折点,在此之前,研究普遍认为石油巨头相对于国家和政府拥有一定的权利优势,例如1972年《国际研究季刊》刊登了罗伯特·巴恩斯(Robert Barnes)的文章——国际石油公司对峙政府:半个世纪的经验(International Oil Companies Confront Governments: A Half-Century of Experience),其中以新泽西标准石油和壳牌为对象,分析认为国际石油公司得以成功发展和控制世界石油工业的原因在于国际石油公司的权利来源,包括母国的权力、全球性的经营活动、技术优势和成功融入世界精英结构等。1973年石油危机之后,国际能源政治的环境发生了重大转变,像壳牌这样国际石油公司自身在权利资源受到削弱的情况下,就只能选择努力调整生产、经营和投资策略,在丧失一部分权利和资源之后,争取获得新的权利和资源。

国家石油公司的兴起对国际石油公司构成一定的挑战,这些"后起之秀"的崛起,也逐渐剥离了壳牌这样的国际石油公司身上浓重的国家导向,国际石油公司越来越向独立商业公司发展,更注重利润、效率、缩减成本和资产优化。

不过,两类石油公司都处在不断演化和成长中,在世界石油工业中处于竞争与合作的关系,它们在世界石油工业和政治经济关系中的角色和功能都将随着时间的推移而不断地发展和变化。

三、廉价石油时代的终结

1977年4月,美国中央情报局(CIA)发表一份能源研究报告,宣称世界石油需求量将在1985年后超过供应量,石油供应吃紧是石油市场的长期必然趋势。1978年,洛克菲勒基金会能源专家发布的一份报告也表达了类似观点,称"世界将逐渐经历石油的长期紧张,甚至是严重的供不应求。"这两份出自特殊权威部门的报告,激起了人们对于石油供应的担忧。恰在此时,中东出现了接二连三的动荡。

首先是伊朗政局突变。1978年,伊朗每天出口石油500万桶,占世界石油总出口量的15%,是世界第二大石油出口国。1978年年底到1979年年初,霍梅尼领导的伊斯兰革命成功,伊朗与西方关系急剧恶化,石油生产和出口锐减,1978年9月伊朗石油产量每天610万桶,到12月下降到每天只有50万桶,到1978年12月26日则完全中断了石油出口(图3-2)。

1978年春,苏联支持埃塞俄比亚对"非洲之角"索马里的战争;同年6月,又在南也门发动政变,加强了对该国的控制;1978年年底,苏联又入侵了阿富汗。苏联对中东形成的战略包围态势,极大地刺激了西方主要国家对中东石油供应可能发生中断的紧张情绪。

纷乱之下,欧佩克开始行动。

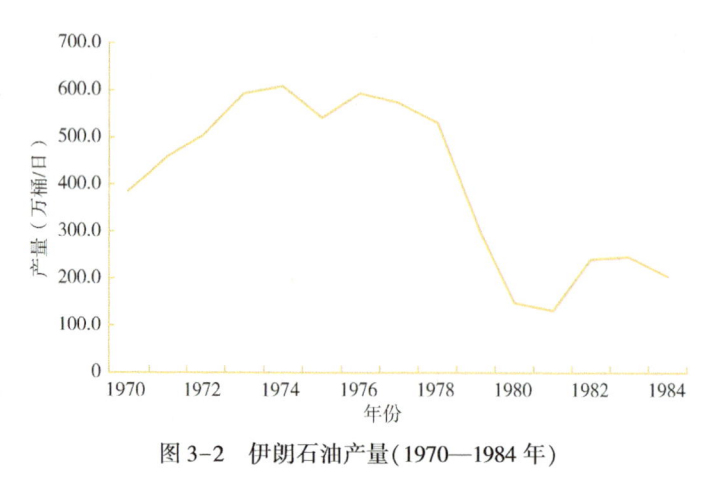

图 3-2　伊朗石油产量(1970—1984 年)

1978 年 12 月，欧佩克将基准油价提高 14.5%，达到每桶 14.54 美元，现货市场的油价从 9 月的 12.78 美元/桶，上涨到 12 月的 19.18 美元/桶。1979 年 3 月和 6 月，欧佩克两次决定再上调原油价格，将阿拉伯轻质原油的价格提高到平均 18 美元/桶，最高达到 23.5 美元/桶，还规定各成员国在这一价格基础之上，根据自己的情况确定合理附加价格。欧佩克的这一举动进一步加剧了西方国家对石油供应中断的恐慌，各国都开始大肆抢购和囤积石油，油价轮番上涨，最终导致第二次石油危机的爆发。

到 1979 年年底，欧佩克油价涨到 26.16 美元/桶，1980 年 5 月突破 30 美元/桶，其后略有下调，但紧接着 1980 年 9 月"两伊战争"爆发，伊朗和伊拉克都停止了石油出口，至 1980 年 12 月油价达到了 40 美元/桶以上（图 3-3）。

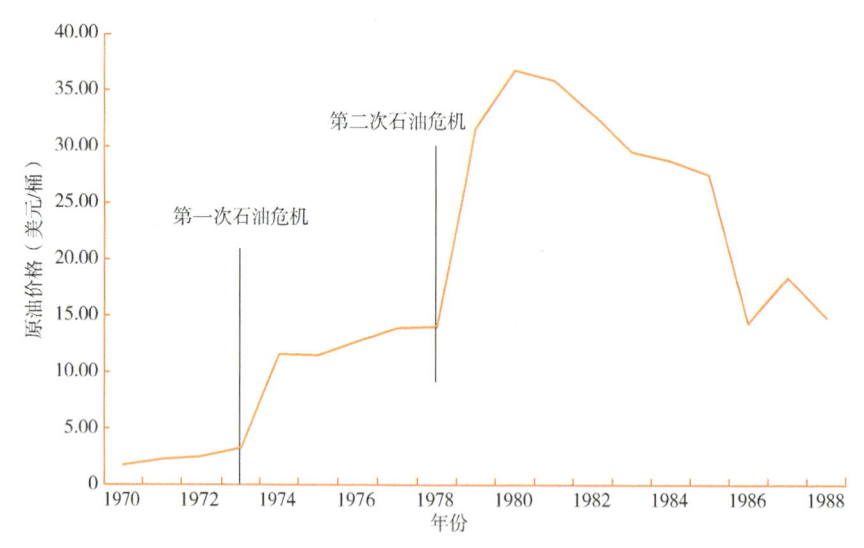

图 3-3　1970—1988 年世界原油价格变化

1979 年到 1980 年这轮油价的猛烈上涨，大幅增加了石油进口国能源支出，加大了西方国家通货膨胀压力，贸易赤字迅速膨胀。以美国为例，1970 年美国石油进口费用为 30 亿美元，1980 年达到了 800 亿美元；1978 年至 1980 年，美国财政赤字增加了 250 亿美元。第一次石油危机后陷入滞胀的西方经济，原本已有的复苏迹象随着新一轮石油危机的爆发被扼杀，工业国家经济再次陷入萧条。

新一轮的经济衰退又反过来抑制了石油消费，全球石油需求大跌，油价也随之做出反应，从 1980 年的 43 美元/桶下跌到 1985 年的 28 美元/桶，石油行业出现了产大于销、供大于求的局面。1986 年 8 月，油价跌至 8 美元/桶的谷底，全年平均油价也仅有 14.1 美元/桶。但即便如此，世界石油市场还是彻底告别 1973 年之前的不足 5 美元/桶的廉价石油时代。

几番较量之后，世界石油工业走上了欧佩克与非欧佩克国家相互博弈、相互制衡的道路。新的行业格局开始形成，中东、美国和苏联在油气世界三足鼎立。让跨国石油公司赚得盆满钵满的"资源易得"时代一去不复返，但对于从业者来说，幸运的是"廉价石油"时代也成为过去。突然之间，打得你死我活的市场争夺战变得不再那么重要，去哪里寻找资源，成了所有西方石油公司不得不面对的问题。美国石油公司尚可依赖本土资源，但壳牌和 bp 这两家欧洲石油公司，直接面临资源接替的难题。

这样的环境中，壳牌开始了与以往不同的前进之路。

第二节　走向深水

廉价石油时代的终结，意味着石油行业利润的增加，企业有更多资金投入到高成本的资源开发中，这就为海洋石油工业发展提供了可能性。海洋对于壳牌来说始终是亲切的，历史悠久的航运业务早已教会了壳牌以一种勇于创新、但又足够谨慎的态度来与大海打交道。尽管困难重重、成本高昂，壳牌还是很快在深水业务中取得了骄人的成绩。

2018 年，壳牌制作了一部名为"深水(Deep Water)"的短片来纪念公司从事深水作业 40 周年。在短片中，壳牌员工骄傲地宣称："实际上，我们是深水领域的先驱……深水是油气上游王冠上的宝石，这就是我们在市场上与众不同的原因。"

一、起航

壳牌的深水业务起航于墨西哥湾。墨西哥湾湾岸地区由墨西哥湾海域和沿岸陆上两部分组成，总面积 114 万平方千米，其中陆上面积 85 万平方千米，海上面积 29 万平方千米，包括得克萨斯州、路易斯安那州、阿肯色州、密西西比州、亚拉巴马州、佛罗里达州的海陆部分。湾岸区沉积岩巨厚，最厚可达到 15 千米，而且圈闭类型丰富，生、储条件非常有利。

这里地势平缓，从陆地向海洋延伸坡度非常小，离岸十几英里的水深不到 20 英尺，加上海底的松软沉积，搭建海上独立油田勘探开发设施相对容易。这些天然条件给早期的海上油气勘探提供了探索和适应海洋环境的良好场所，1932 年美国得克萨斯公司(Texas Co.)，即后来的德士古(Texaco)，在墨西哥湾建造了第一座可移动水上钻井装置。

第二次世界大战后，美国本土石油需求暴增。但是这时美国的石油勘探在陆地上几乎没有大的新发现，所有已发现的陆上油气盆地勘探成熟度都已经比较高了，墨西哥湾海上是含油气盆地中唯一没有被勘探过的地方。1945 年 8 月，马格诺利亚(Magnolia)石油公司在路易斯安那离岸约 10 千米处建造了第一座固定式钢结构钻井平台。虽然这里的勘探开发成本相对很高，但这是几乎所有当时在美国和想闯入美国的石油公司唯一可选择的地方。1947 年美国科麦奇石油公司在路易斯安那州海岸以南 56 千米左右的距离处打了一口探井，标志着石油勘探进入了墨西哥湾海上。

壳牌敏锐地意识到大陆架是石油行业发展的下一个"流奶与蜜之地"。1949年,壳牌开始了在墨西哥湾的探索。

二、通往深水的海洋工程

仅仅找到油气是不够的,要从浩瀚的海洋中建立油气开发渠道,就必须拥有过硬的海洋工程能力。

1. 突破60英尺水深的半潜式钻井平台

20世纪60年代海上作业的主要工具是固定式钻井平台和坐底式钻井平台。

固定式钻井平台是通过管架结构将钻井平台直接固定于海底的,在整个使用寿命期内位置固定不变,不能再移动。坐底式钻井平台有两个船体,上船体又叫工作甲板,安置生活舱室和设备,通过尾艉开口借助悬臂结构钻井;下部是沉垫,主要功能是压载以及海底支撑作用。这种平台的工作原理是利用其浮体(沉垫或稳定立柱)灌水下沉,用几个立柱支承固定高度的上层平台进行作业,当作业完成后,排除浮体(潜体)中的水而起浮,转移到另一个作业点。受技术条件和成本限制,当工作水深超过60英尺(约18米),采用这两类钻井平台实施水下作业就几乎不盈利了。所以水深超过60英尺的区域在当时被视为勘探开发的禁区。

壳牌首先突破了这一水深禁区界限。

1960—1961年间壳牌秘密开展了一项重大工作:为深水作业设计专门的钻井平台。在这个过程中,壳牌恰好需要移动"碧水Ⅰ号(Bluewater Ⅰ)"。"碧水Ⅰ号"是1957年在佩斯卡古拉(Pescagoula)的英加尔斯(Ingalls)船厂建造的一座工作水深约75英尺(约23米)的坐底式平台。为了减少移动时间,采取吃水39英尺(约12米)的半潜状态下拖航的方式。拖航过程中,壳牌的工程师们意外发现此时平台稳定,完全可以实施钻井作业。在此启发下,工程师们改变了研究设计思路,改造了现有的潜水器钻机,使其可以在钻井时保持漂浮状态,并通过钢缆连接到海底,成为第一台半潜式钻机。比起从头开始的新设计,在原有平台上改装的方式不仅更经济,也更快速:新的平台结构与坐底式基本相似,下部为一浮筒构架,上部为平台,中间为连接立柱。不同之处在于:改造后的平台工作时不是坐在海底,而是像船体一样漂浮在海面上。当工作水深增加,钻井作业期间,下部浮体潜入海面以下一定的深度,躲开海面上最强烈的风浪作用,只留部分立柱和上部平台在海面以上。平台可以漂浮于海水中,相当于钻井浮船。正是因为在工作期间半潜入海面以下这种特点,被命名为半潜式钻井平台。但在较浅水域时,半潜式钻井平台的沉垫(浮箱)直接坐于海底,这时就可将它用作坐底式钻井平台。

1962年1月,改装后的"碧水Ⅰ号"首次亮相,在路易斯安那州近海297英尺(约90米)深的水域钻了一口创纪录的探井(图3-4)。之后,"碧水Ⅰ号"又钻了6口探井,证明了半潜式钻井平台的可行性。到目前为止,半潜式钻井平台已经经历了第一代到第六代(可钻3000米)的历程,是应用最多的浮式钻井装置。

图3-4 碧水Ⅰ号平台

"碧水Ⅰ号"打破了水深超过60英尺即为禁区的说法,直接将工作水深拓展到600英尺,把当时的海上勘探开发作业水深极限提高了10倍,让深水石油生产变为可能。然而,"碧水Ⅰ号"的意义完全不止于此。

这种新型钻井平台一露面就引起了极大的关注,竞争对手分别从直升机和工作船上窥探"碧水Ⅰ号"。一架直升机甚至还大胆尝试着降落在"碧水Ⅰ号"的直升机场上。当时俄克拉何马州参议员罗伯特·克尔(Robert Kerr)经营着一家海上油气作业公司,为了探寻新平台的技术秘密,他先是乘飞机,然后是乘船亲自绕钻机平台考察了许多天,但是,与其他所有人一样,也没有任何线索。很显然,壳牌并不想与同行分享更多技术细节,凭借"碧水Ⅰ号",壳牌完全有可能成为迈入海洋更深处的石油勘探开发的独行者。

然而,公司的意图和资源国政府的决策出发点完全不同。1960年壳牌说服美国联邦土地管理局重新绘制墨西哥湾的租赁区块地图,向石油公司开放包括平均水深在300英尺以上的更深的水域。1962年3月新的租约出售时,壳牌是唯一掌握深水技术的公司,也就成了当时"深水"区块的唯一竞标者。让壳牌深感意外的是,公司摩拳擦掌准备大干一番时,递出的标书却遭到了联邦官员的拒绝,理由是缺乏竞争对手。现实让公司管理层意识到独行者最终无法持久远行,他们需要竞争,需要将新技术商业化,才能获得深水油田租赁权。

壳牌最终选择与同行分享半潜式工作平台技术秘密。1963年年初壳牌举办了为期3周的"离岸技术学校",向每个前来学习的公司收取10万美元的"学费",这在当时绝对是一笔巨款,但壳牌分享的深水钻探技术所带来的商业价值远远超过"学费"。有了这次技术分享,墨西哥湾深水区域的海上石油工业避免了被一家公司垄断的可能性,而更多的参与者也带动了行业水平的进一步提升。对于壳牌来说,当美国政府再次对海上深水区块招标时,有了其他公司参与投标,壳牌也就能获得更多区块。

2. 突破1000英尺水深的导管架平台

1887年美国加利福尼亚圣巴巴拉市附近的码头上架起了一座座木结构的栈桥,以木桥为依托,商人威廉姆斯开始在海床上打井。这些木桥就是固定式导管架钻井平台的鼻祖。1947年科麦奇公司在美国墨西哥湾水深6米处安装了世界上第一座设备齐全的钢质导管架平台(Steel Jacket Offshore Platform)。导管架平台可以看作最原始、最直接的将钻井设备与海底连接起来的固定式平台。导管架平台的整体结构刚性大,适用于各种土质,是最主要的固定式平台。但这种平台的重量随水深急剧增加,在深水中的经济性较差。

1973年4月,美国政府宣布计划开放600~2000英尺水深的招标区块。但当时尚没有可用于1000英尺以上水深的钻井平台,这些区块的勘探风险超出了许多公司的承受范围,只有少数大石油公司参与竞标购买了区块。

壳牌再次站在了行业之首,率先建成了1000英尺水深的生产平台。

1975年,壳牌花费2143万美元买下了墨西哥湾大陆架深水区代号为Cognac的3个区块。Cognac区块水深超过1000英尺,这是所有石油公司从未涉足的深度。经过两年的谈判,壳牌与拿到相邻区块的阿莫科石油公司组成了一家合营公司,联合开发这几个区块,壳牌占股42.8%,担任作业者。壳牌再次发挥了优秀的团队合作和创新精神,建成了当时最深的钻井平台——Cognac平台(图3-5)。

壳牌发展启示录 | LESSONS FROM SHELL'S RISE TO PROMINENCE

Congnac 平台的钢结构重达 4.9 万吨,造价高达 8 亿美元,结构比帝国大厦还高。平台上安装了 2 台钻机,钻了 62 口井,首次将深水油气领域拓展到了 1025 英尺(312 米)深。平台一经建成,就以拥有世界最深的水平台和世界上最高、最重的钢制海上结构而闻名。

1979 年 5 月,在海湾西南部建成了 Congnac 输油管道,其最大深度为 1025 英尺,是当时世界上最深的输油管道。除了深度,Congnac 的输油管道还创造了最大管道直径和最深的

图 3-5 壳牌 Cognac 海上钻井平台

J 形立管系统两项纪录。虽然不如创纪录的生产平台那么著名,但也成了深水管道工程和安装方面的里程碑。"Congnac 管道系统为当时的深水运输系统设定了新的标准"。为了表彰壳牌在深水油气工程建设方面的突破性贡献,美国土木工程师协会向壳牌颁发了杰出的土木工程成就奖,这也是土木工程师协会有史以来第一个授予能源公司的奖项。

1983 年壳牌再次向 1500 英尺以下更深的海洋迈进。

这一次,壳牌与墨西哥湾海洋制造商合作,花了 5 年时间完成了总重量达到 7.7 万吨的 Bullwinkle 导管架平台(图 3-6)。Bullwinkle 平台的轧制钢板支脚直径为 1.37 米(54 英寸)至 3.05 米(120 英寸),交叉支撑直径为 1.22 米(48 英寸),用 4.9 万吨的导管架支撑起 2033 吨的甲板,仅导管架的制作就耗费了两年半的时间。平台使用的钢铁量是埃菲尔铁塔的 10 倍,总高度达到 1736 英尺(529 米),比帝国大厦还高出 152.4 米,足以抵御飓风及 21.3 米(70 英尺)高的浪潮。

图 3-6 壳牌 Bullwinkle 海上钻井平台

1988 年平台安装完成,就刷新纪录成为当时最高的钢结构。平台的开发海域深度达到 1758 英尺(535.8 米),初始日油气处理能力为 5.9 万桶石油和 1 亿立方英尺[1]天然气,1996 年扩建后日处理能力增加到 20 万桶石油和 3.06 亿立方英尺的天然气,不仅是整个墨西哥海湾地区最大的海上生产平台,也是当时世界上最大的海上生产设施之一。

3. 浮式生产储油卸油装置(FPSO)

壳牌是第一代浮式生产储油卸油装置(Floating Production Storage and Offloading,以下简称 FPSO)的发明者。

FPSO 是集生产处理、储存外输、生活动力供应于一体的海上浮式生产储油卸油装置,又被称为海上油气加工厂。FPSO 外形类似油船,由单点锚泊系统、动力定位系统、油处理系统、废水处理系统、注水处理系统和直升机起降系统等二十几个系统构成,复杂程度要远远高于油船。

---

[1] 1 立方英尺 = 0.028 立方米。

1977年8月,壳牌在西班牙近海的卡斯特利翁油田(Castellón field)实施作业,卡斯特利翁油田水深380英尺(116米),最大浪高50英尺(15米)。壳牌改造了一艘5.9万吨载重量的旧油船,改造后的油船主要由上部组块和船体两大部分组成。来自海底油井的油、气、水等混合物通过海底输油管线进入油船上部组块,在上部组块中经过处理、分离,形成合格的原油或天然气,再被储存在下部船体中。储集的油气达到一定量之后,经过原油外输系统,由穿梭油轮输送至陆地。这就是第一代浮式生产储油卸油船,根据其系泊系统,又被称作单锚腿刚臂系泊装置(SALS)。这一装置整合了过去海上油气单井生产过程中所需的各类设施,使用了刚性轭结构,减少了油轮自由度,让整个系泊系统更稳定,极大改善了作业状况。1980年,壳牌在西西里海峡的Nilde油田安装了第二个类似的单井生产设备。

海上作业常常需要对两口或多口井开展独立测试、生产和注水等作业活动,壳牌在1978年发起了一项新的研究项目,开发了一种高压力、多流道旋转接头,用于连接风向标船和非旋转浮标或立管。1981年8月,壳牌在菲律宾海上Cadlao油田应用了这种新型高压多流道旋转接头。1982年年底又在突尼斯近海的Tazerka油田,应用了能够容纳8口井的FPSO设施。此后,FPSO设施逐渐被推广并走向成熟(图3-7)。

图3-7 壳牌位于巴西近海的P-66 FSPO(2017年)

壳牌的这一项全新突破不仅使曾经让各大石油公司望而却步的深水石油项目成为争相追逐的潜力项目,也带动了大型海上石油生产基地的异军突起,FPSO很快成为发展超深海石油和天然气行业越来越重要的工具,一场争夺更大、更先进设施的装备竞赛在石油公司中展开。

三、寻找海底油气

技术的进步和产业的发展总是相辅相成,20世纪60—80年代中期,墨西哥湾、荷兰格罗宁根(Groningen)气田和北海气田的发现使壳牌的深水勘探技术进入了一个黄金研发期,而壳牌在地震资料采集和解释水平方面的提高,也让海上油气勘探变得更有针对性。

1. 亮点技术

"亮点技术(bright spot technology)"是由壳牌的地球物理学家迈克·福里斯特(Mike Forrest)于20世纪60年代末提出的。

第一次世界大战后,美国联邦标准局的约翰·C.卡彻(John C. Karcher)发明了第一台反射测震仪,并于1921年6月4日进行了现场测试,此后地震技术开始在油气藏勘探工作中发挥作用。1928年12月4日,卡彻和他的团队根据反射测震仪结果打下了第一口井,并成功找到了石油。随着技术的进步,可控震源法用振动波或重物下落撞击产生的波取代了炸药爆炸产生的冲击波。而测井解释就是对记录这些波形变化的资料进行识别判断,分辨地层中是否有油气藏存在。

20世纪60年代末期,迈克·福里斯特发现,当地震波在岩层中传播,遇到含油气层时振幅会增强,在地震剖面图上显示出来就是"亮点",根据剖面上有无"亮点"及其分布,分析"亮点"附近反射波特征,结合各种地层参数信息,就形成了检测圈闭中是否有石油、天然气聚集的"亮点技术"。

应用"亮点技术",壳牌在墨西哥湾和加利福尼亚的萨克拉门托谷极精确地圈定了若干个新油田。壳牌的地球物理总工程师B.S.弗劳尔说:"我们发现了若干个油气田,其中一些是大油田,并且是之前没有预计到的,对于这一点我们感到很高兴。"更重要的是,"亮点"技术帮助壳牌把海上钻井成功率提高了40%以上。对于成本高昂的海上区块作业,钻井成功率的提高意味着节约了大笔的费用。

当然,"亮点技术"对于在地下上千英尺深度、看不见摸不着的地方寻找油气藏这种复杂问题,也并非是万能的。壳牌在马什岛南部131区的测井资料中发现了许多"亮点",按照过去的经验,这种"亮点"代表着具有商业价值的油气藏。而实际结果却是低含气饱和度导致的"亮点"异常。这些"假异常"产生的区域包括低饱和度含气砂岩、砾岩带、坚硬的粉砂或石灰岩脉以及褐煤层。"并非一切'亮点'都表示有商业价值的油气聚集"。此后壳牌不断优化和改进"亮点技术",为后期发展其他地震分析技术打下了基础。

2. 三维地震

除"亮点"技术外,壳牌也是世界各大石油公司中最早应用三维地震技术的(图3-8)。

图3-8　20世纪40年代壳牌工程师们进行野外地震测试

三维地震技术是在二维地震的基础上逐步发展起来的。二维地震观测只能获取反映平面内的地质信息,对于地质情况较复杂的油气田,即使反复加密测线、增加覆盖次数,也难以获得较好的地下信息资料。

壳牌利用三维地震技术的历史始于1975年,公司第一次采集了16平方千米的地震资料。此后壳牌迅速跟进了这一技术,并在公司内部推广应用。20世纪80年代后,壳牌逐步增加三维地震采集量。1988年春,壳牌对墨西哥湾的 Green Canyon 和 Bullwinkle 探区做了两个相互正交的三维地震。壳牌的地质工程师通过比对这两个地震的结果发现,放炮方向(地球物理勘探工作中的一个步骤)对勘探目标的解释精度有很大影响,而且通过两个区块的三维地震对比结果,壳牌在 Bullwinkle 区块的勘探成果大为提升:未采集三维地震资料之前,Bullwinkle 区块估算储量为 8000 万桶,计划需钻 35 口开发井;比对三维地震解释结果后,壳牌调整开发方案,仅部署了 20 口开发井,但实施后储量却增加到 10000 万桶。对深海石油勘探开发而言,这次调整所节省的成本费用和增加的利润是非常可观的。

根据二维地震资料,当时的探井成功率一般在 15%~20%,但采用三维地震后,探井成功率上升至 65%~75%。在北海采集 100 平方千米三维资料大约需要 150 万美元,而北海一口井的费用就超过 1500 万美元,三维地震带来的效益无疑是巨大的。此后,壳牌很快把三维地震工作推广到公司的各个区域。1990年壳牌采集的海洋和陆地三维地震资料为 1.6 万平方千米,而到1991年年底,三维地震资料暴增至 6.02 万平方千米,其中海上为 3.05 万平方千米,陆上 2.97 万平方千米。整个 20 世纪 90 年代,壳牌超过 75% 的地震资料采集费都是用于三维地震(图3-9)。

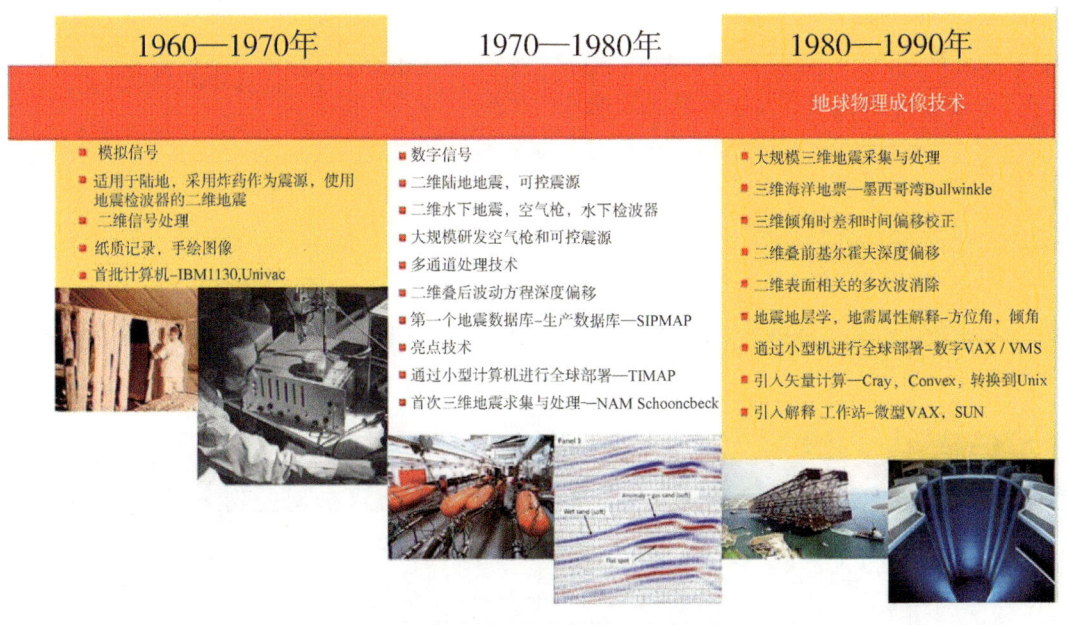

图 3-9 壳牌地震勘探技术发展时间线

四、深水明珠

在失去中东、北非、拉美大量油气资源后,壳牌凭借领先的海上勘探技术、先进的海洋工程和装备,采取与其他石油公司强强联合、风险共担、效益共享的模式,充分发挥技术和规模优势,很快在墨西哥湾、北海和亚洲的浩瀚海洋中闯出了一条全新的前进之路。

1. 墨西哥湾:创新领先

1975年壳牌购买了 Cognac 区块,这是壳牌第一个真正意义上的深水油田。随着 Cognac 平台的建成,到1982年年底,该区块日产高达 7.2 万桶原油和 1 亿立方英尺天然气。1975

年到 1977 年期间,壳牌又陆续在墨西哥湾发现了 Prospects Maniford 气田、Calcite 气田、Picaroon 气田和 Doubloon 气田。1982 年,壳牌恢复了在加拿大东海岸的海上勘探,并在沙比岛(Sable Island)附近发现了天然气。

整个 20 世纪 70 年代,壳牌成为美国近海最大的原油生产者,美国的原油产量占到当时壳牌公司总产量的 1/3 以上。可以说,墨西哥湾在壳牌"资源易得"时代结束后实现迅速转型和平稳过渡的过程中,功不可没。

2. 北海:迎接布伦特时代

北海油田介于欧洲大不列颠岛、挪威和欧洲大陆之间,油气资源为沿岸的英国、挪威、丹麦和荷兰等国所有,是欧洲重要石油、天然气产区。

1959 年荷兰近海格罗宁根气田的发现,掀起了北海大规模勘探开发的热潮。壳牌作为一个"籍贯"为英国和荷兰的欧洲公司,在北海比别的公司拥有更大的优势。壳牌没有辜负这份优势,很快成为探索北海的先锋:1971 年壳牌/埃克森发现了奥克(Auk)油田和布伦特(Brent)油田;1972 年,发现了科莫伦特(Cormorant)油田以及挪威海域阿尔布斯希尔(Albuskjell)油田;1973 年发现邓林(Dunlin)油田;1975 年发现邓肯(Duncan)油田、艾德(Eider)油田、富尔玛(Fulmar)油田和特恩(Tern)油田。壳牌以水鸟名(按字母顺序)命名了公司发现的所有英国海域内的油田——Auk(海雀,北极海鸟的一种)、Brent(黑雁)、Cormorant(鸬鹚)、Dunlin(黑腹滨鹬)、Eider(绒鸭)、Fulmar(管鼻藿,一种海燕)等。这不禁让人们想起壳牌以贝壳类名称命名其油轮的传统。

这些油田的发现,让壳牌很快在北海占据了举足轻重的地位。截至 1980 年,壳牌在北海地区担任奥克油田、布伦特油田、邓林油田、南科莫伦特油田的作业者,与埃克森共同开发着富尔玛油田、北科莫伦特油田(表 3-5,表 3-6)。

表 3-5 截至 1980 年北海英国地区已投产油田

油田	作业者	发现时间	开始生产时间	当时预估产量峰值(百万吨/年)
Argyll	Hamilton Bros.	1971 年 10 月	1975 年 6 月	1.1
奥克	壳牌	1971 年 2 月	1976 年 2 月	2.3
BerylA	Mobil	1972 年 9 月	1976 年 7 月	5.0
布伦特	壳牌	1971 年 7 月	1976 年 11 月	23
Claymore	Occidental	1974 年 5 月	1977 年 11 月	4.5
邓林	壳牌	1973 年 7 月	1978 年 8 月	5.9
Forties	bp	1970 年 11 月	1975 年 11 月	24
Heather	UNOCAL	1973 年 12 月	1978 年 10 月	1.7
Montrose	阿莫科	1969 年 9 月	1976 年 6 月	1.4
Ninian	雪佛龙	1974 年 1 月	1978 年 12 月	17.7
Piper	Occidental	1973 年 1 月	1976 年 12 月	12.6
南科莫伦特	壳牌	1972 年 9 月	1979 年 12 月	3
Thistle	BNOC	1973 年 7 月	1978 年 2 月	8.7

表 3-6　截至 1980 年 7 月北海英国地区正在建产油田

油　田	作业者	发现时间	预计投产年份	当时预估产量峰值(百万吨/年)
Beatrice	BNOC	1976 年 9 月	1981	3.9
Brae	Marathon	1975 年 4 月	1983	4.9
Buchan	bp	1974 年 8 月	1980	2.2
富尔玛	壳牌/埃索	1975 年 11 月	1981	8.6
Hutton	Conoco	1973 年 9 月	1984	5.7
Magnus	bp	1974 年 3 月	1983	5.9
Maureen	Philips	1973 年 2 月	1982	4.0
Murchison	Conoco	1975 年 9 月	1980	7.2
北科莫伦特	壳牌/埃索	1974 年 7 月	1982	7.3
North West Hutton Amoco	阿莫科	1975 年 4 月	1982	5.1
Tartan	Texaco	1974 年 12 月	1980	4.0

北海的所有油田中，布伦特油田最为抢眼。布伦特油田发现于 1971 年 7 月，含油面积 65 平方千米，水深超过 400 英尺(约 140 米)，原油储量高达 2.29 亿吨，天然气储量 980 亿立方米，布伦特油田不仅是壳牌在北海的所有发现中最大的油田，也是整个北海地区最大的油田(表 3-7)。

表 3-7　布伦特油田概况

位置	Block 211/29	平台数量	4(布伦特 A、B、C、D)
经营者	壳牌(UK)公司	水深	140 米
权益分配	壳牌(50%)；埃克森(50%)	地质构造	Jurassic/Magnus/Brent
发现日期	1971 年 7 月	面积	16.1 平方千米
生产日期	1976 年 11 月	原油储量	2.29 亿吨
峰值年产量	2300 万吨/年	天然气储量	980 亿立方米
原油重度	35°API		

布伦特油田由壳牌和埃克森联合开发，两家各占 50% 权益，壳牌担任作业者。1976 年 11 月正式投产，当时预计 1984 年峰值产量将达到 2300 万吨/年(1.73 亿桶/年)，在该油田的整个生命周期中，总共打了约 136 口开发井。

壳牌在布伦特油田修建了 A(Alpha)、B(Bravo)、C(Charlie)、D(Delta)4 座生产平台(图 3-10)，分别于 1975 年 8 月、1976 年 5 月、1976 年 6 月、1978 年 6 月建成。位于挪威海域的斯塔万格(Stavanger)的平台 D 是壳牌在布伦特修建的 4 个平台中油气产量及储气能力最大的，建设周期为 26 个月，于 1976 年 7 月完成建设工作。平台 D 整体高 167.2 米，导管架总重 17.5 万吨，甲板重量 3200 吨，模块和设备重量达到 1.12 万吨。日产油达到 15 万桶，日产气 3.5 亿立方英尺，储气能力达到 110 万桶。

由于布伦特油田和萨洛姆湾(Sullom Voe)之间没有海底输油管道，壳牌修建了斯帕尔(SPAR)平台作为石油储存和运输的装置(图 3-11，表 3-8)。斯帕尔平台价值超过 10 亿美元，装载浮标高 141 米，重 6.6 万吨，满负荷时可以装 30 万桶石油。布伦特油田开采出来的原油首先储存在这些巨大的储油罐中,然后再拖运到设得兰群岛的萨洛姆湾的炼油厂进行冶炼加工。1979年期间,斯帕尔平台担当着储运的重任。但是,当连接布伦特地区和萨洛姆之间的海底输油管道竣工后,斯帕尔石油平台逐步退役,仅仅作为临时的储存容器。让人没想到的是,这个平台会在日后引发壳牌与绿色和平组织的一场激烈的"战争"。

图3-10　布伦特油田平台A(右侧)和平台B
图片来源:https://commons.wikimedia.org/w/index.php?curid=6444124

图3-11　布伦特油田的自由浮动式仓储和油轮装载设施(SPAR)

表3-8　布伦特油田SPAR终端卸载系统

储存能力	30万桶	锚重	7200吨
总高	141米	货泵	4(每个700马力❶)
钢材重量	59200吨	供电	4台燃气轮机驱动的发电机在运行
承载重量	6800吨	总高度	197.5米
总重量	66000吨(不包括锚链)	总重量	1250吨

随着几个大油田投产,壳牌在北海的产量也开始迅速增加,权益产量从1978年的11.5万桶/日,增加到高峰时期1986年的49.2万桶/日。北海的产量大大缓解了壳牌在中东地区遭受的损失,也让欧洲的石油产业变得火热起来(图3-12),挪威更是成为除加拿大和俄国

---

❶　1马力=0.74千瓦。

之外的第三大非欧佩克石油出口国。而布伦特油田产出的原油质量好，很快成为伦敦交易所期货交易中北海地区代表性商品油，布伦特油价也成为世界原油价格的三大指标之一。

图 3-12　1978—1990 年壳牌在欧洲的权益油产量

海域勘探开始走入石油开发者的视线，壳牌在深海领域的设备及技术的进步让壳牌在这个时期成为深海开发的"当红明星"，壳牌成为各大石油公司竞相效仿和超越的对象。而对壳牌而言，创新和开拓为其带来了在海洋石油开发中骄人的成绩，到 20 世纪 80 年代初期，壳牌已经成为 7 家石油公司中海洋开发规模最大的一家，公司 60% 的勘探开发业务依赖于海洋开发。

第三节　柔性业务链

汹涌而至的资源国国有化浪潮让壳牌失去了大量油气资源地，为了弥补这部分损失，除了成功进入深水领域，壳牌还不断在其他领域进行探索和尝试。壳牌加强了在美国的储量基础，并充分利用自己在 LNG 方面积累起来的优势，大力发展天然气贸易业务。而这一时期油气行业的动荡不安、国际经济形势的举步维艰，也让壳牌开始思考多元化发展的道路，尝试涉足煤炭、电力、冶金等多个领域。

一、上游：加强美洲储量

美国油气资源丰富，石油市场开放，政治环境稳定，经济发达，企业税收相对较低，一直在壳牌的石油帝国版图上占据着重要位置。随着资源国国有化运动愈演愈烈，美国的地位愈加重要。20 世纪 70 年代末到 80 年代中期，壳牌发起了两次以获取美国陆上油气资源为目标的收购活动。

第一次是 1979 年 12 月，壳牌收购了贝尔里奇石油公司[Belridge Oil Company，后更名为克恩里奇石油公司(Kernridge Oil Company)]。

贝尔里奇位于加利福尼亚州，最主要的资产就是贝尔里奇油田。贝尔里奇油田位于加利福尼亚州的克恩县，发现于 1911 年，第二次世界大战期间一直是美国最重要的石油产地之一。早在 1934 年，这里就打出了当时世界上最深的井——井深 3468 米。1979 年该油田评估石油储量约 3.65 亿桶，产量约 4 万桶/日(1979 年壳牌在全球的原油产量接近 95 万桶/日)。Diatomite

和 Tulare 是贝尔里奇油田的两个主力油藏，其中 Diatomite 为中质油，Tulare 为低含硫稠油。

壳牌自20世纪50年代末开始在荷兰、委内瑞拉等国家的油田进行注蒸汽先导试验。1960年荷兰肖内贝克（Schoonebeek）油田大规模蒸汽驱开发取得成功，同年壳牌在加利福尼亚州的 YorbaLinda 油田进行蒸汽驱现场试验并取得了显著成效。技术上的进展给了壳牌信心，公司认为如果在贝尔里奇油田的 Tulare 油藏应用蒸汽驱技术，可将该油田的产量提高到10万桶/日。另外据壳牌当时判断，加利福尼亚州的油气资源完全可延续开发至下一个世纪，收购贝尔里奇，可部分弥补公司在其他地区资源地的丢失。

在这些因素的共同驱动下，1979年12月壳牌以16.8亿英镑（约36.5亿美元）的绝对高价压过得州石油、德士古、美孚和其他公司，收购了贝尔里奇，而当时贝尔里奇公司的账面净值还不到两亿美元。这起当时美国石油产业历史上最大的现金收购交易，显示了壳牌对北美资源的迫切需求和对蒸汽驱采油这项新技术的信心。

1977年1月壳牌子公司加州能源（CalResources LLC）接手了贝尔里奇公司的资产。在接下来的一年内，贝尔里奇油田产量增加了1万桶/日，达到5.2万桶/日，并且一直保持了增长态势，到1987年更是上升至12.7万桶/日。

1997年，壳牌与埃克森美孚达成协议，将两家公司在加利福尼亚州的勘探与生产业务合并，按照58.6%：41.4%的股比成立了加利福尼亚州最大的石油生产商——Aera 能源公司（Aera Energy LLC，以下简称 Aera）。Aera 全面运营两个公司在加利福尼亚州的油气勘探生产业务，也包括贝尔里奇油田。在 Aera 的运营下，贝尔里奇油田——世界上油井间距最近的油田、美国第六大陆上油田，2018年仍然保持了7.2万桶油当量/日的产量。

壳牌的第二次收购是在1984年1月24日，收购对象是壳牌美国剩余31%股份。在当时的形势下，壳牌认为把美国子公司的股权全部收回来，有利于公司完全控制在美国的油气储量，增加在美国的投资，改善其收益的整体质量。

这宗回购交易很快演变成一场壳牌与壳牌美国其他股东之间关于价格的斗争。壳牌最开始出价55美元/股，这个价格比当时壳牌美国的市价高出25%。然而股东们并不买账，壳牌自己的董事和财务顾问也认为，壳牌美国的股票实际价值接近75美元/股。双方一直僵持到1985年5月，最终这笔交易以60美元/股成交，壳牌以57亿美元买下了其余31%的股权，1985年6月，壳牌美国成为壳牌的全资控股子公司。

二、天然气：从 LNG 向天然气一体化演变

第二次世界大战后，美国、欧洲、日本大力振兴经济，对天然气等能源的需求快速增长。而中东、北非等地相继发现了许多大气田、特大气田，大批大油田的开发，也提供了大量的伴生气气源。需求和供给的同时增长让而后的20多年成为全球天然气产业大发展时期：1950年天然气在世界一次能源消费中仅占10.8%，到1970年，天然气占比提升至18.8%，成为世界第三大能源。

20世纪70年代初至90年代末，随着天然气管道和储气设施的完善，跨国天然气贸易迅速增长。西方政府在20世纪70年代后逐渐放松了对天然气市场的交易和价格管制，天然气价格趋于合理水平，20世纪90年代初期美国率先出现了天然气期货交易，天然气产业体系的完善推动了全球天然气消费量的进一步增长：从1970年的946亿立方英尺/日增长到1990年的1894亿立方英尺/日（图3-13），翻了一番。

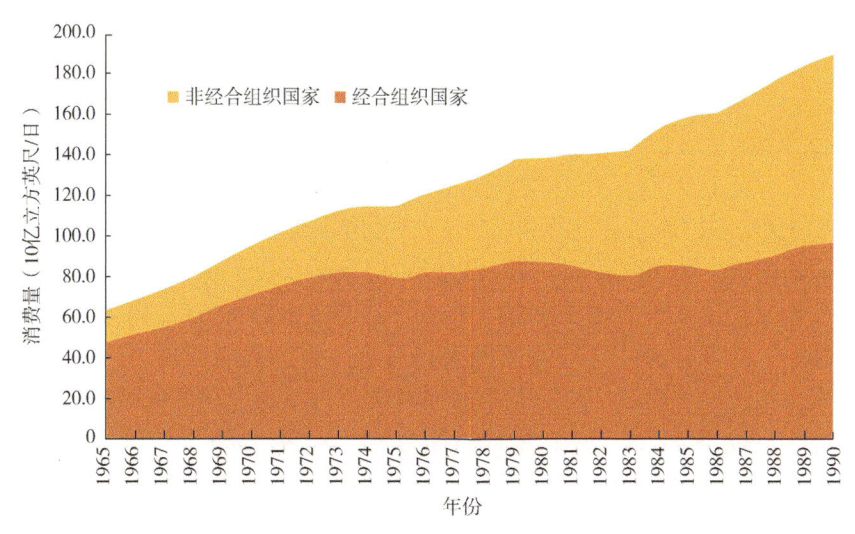

图 3-13　1965—1990 年全球天然气消费量
数据来源：bp 能源统计年鉴

壳牌的天然气业务在这一时期完成了从单一的 LNG 货运和贸易向天然气一体化的转变。

1. 文莱天然气产业链

1963 年随着壳牌在菲尔油田和马来西亚砂拉越之间发现了菲尔·巴拉姆油田（Fairley Baram），在文莱西部海面约 12 千米处发现了安帕西南（Ampa SW）油田，壳牌认识到文莱的天然气开发也非常具有潜力。1968 年文莱政府与东京电力、东京天然气和大阪天然气签订了天然气出口框架协议，从 1973 年起向日本出口全部 LNG，为期 20 年。

签订了销售合同后，1969 年壳牌联合文莱政府、日本三菱集团共同成立文莱液化天然气公司（Brunei LNG，以下简称 BLNG），文莱首席大臣有限公司（代表文莱政府）、壳牌和三菱集团各占 1/3 股份（1986 年文莱政府把其在 LNG 的生产和销售的合资公司中的股权比例分别都提高到 50%，壳牌和三菱则降低为 25%）（表 3-9）。BLNG 在文莱卢穆特（Lumut）建设 LNG 工厂，并配套修建了 LNG 船停靠码头、附带管线等基础设施。

表 3-9　壳牌在文莱的企业及合资情况

企业名称	投资公司	出资比例(%)
文莱壳牌有限公司	文莱首席大臣有限公司(国营公司)	50
	亚洲石油有限公司(壳牌子公司)	50
文莱液化天然气公司	文莱首席大臣公司(国营公司)	33.33
	日本三菱商事会社	33.33
	英国壳牌石油公司	33.33
文莱壳牌石油销售有限公司	文莱首席大臣公司(国营公司)	50
	英国壳牌海外控股有限公司	50
文莱冷却天然气有限公司	文莱首席大臣公司(国营公司)	33.33
	日本三菱商事会社	33.33
	英国壳牌海外贸易公司	33.33

数据来源：汪慕恒. 1986. 文莱的石油及其经济发展. 南洋问题研究，13(2)：91-97.

1972年，卢穆特LNG工厂建成，工厂有5列液化天然气装置，年产LNG达671万吨，是世界上最大的LNG工厂之一。壳牌不仅是卢穆特LNG工厂的运营方，还负责为工厂提供气源。卢穆特LNG工厂是西太平洋地区的第一家液化天然气厂，壳牌认为"它帮助开拓了天然气的大规模液化和运输技术，并确立了液化天然气作为全球能源的地位"。

为了进一步拉长天然气产业链，提升利润空间，公司成立了壳牌文莱油轮公司(Brunei Shell Tankers，BST)，该油轮公司也由文莱政府参股，并获得了BLNG公司的特许经营许可，通过壳牌油轮旗下的7艘LNG运输船进行LNG运输。其中，1972年10月至1975年10月之间BST交付使用了4艘LNG运输船，最大一艘存储容量为7.77万立方米(274.5万立方英尺)。2002年6月至2011年7月之间又先后有3艘运输船交付，存储容量13.5万至14.8万立方米(480万至520万立方英尺)。1972年之后开始向日本多个地区输送液化天然气，基本上每两到三天就可以装满一船，运送周期为14天。至1989年，文莱天然气出口值约16.46亿文莱元，约占出口总值的45%。文莱对日本的液化天然气出口占日本市场的18%。

为了实现天然气价值最大化，壳牌还在文莱积极开展天然气的销售和利用业务。在壳牌的推动下，由文莱政府、文莱液化天然气公司和文莱壳牌合资在卢穆特建设了一座天然气发电厂。整个电厂项目耗资3.27亿文莱元，装有7台21兆瓦的汽轮机发电设备，除了提供电力外，它们还与余热锅炉相连，为相邻的文莱LNG工厂提供蒸汽。

就这样，壳牌在文莱占据了天然气勘探、开发、液化、运输、销售和利用的全产业链。

2. 澳大利亚天然气项目

壳牌是澳大利亚西北大陆架项目(North West Shelf Venture，NWSV)的参与者，这个项目最初由壳牌、bp、雪佛龙、必和必拓以及澳大利亚当地最大的独立石油公司伍德赛德(Woodside Petroleum) 5家公司组成。NWSV项目是为了勘探、开发澳大利亚西北大陆架的油气资源成立的，是澳大利亚有史以来最大的资源开发项目。其中，在1984年投产的North Rankin A海上平台是当时世界上最大的天然气生产平台(图3-14)，日产18.15亿立方英尺(5140万立方米)天然气，4.74万桶(7540立方米)凝析油。1989年，位于卡拉萨(Karratha) Withnell 湾的LNG工厂生产的第一船产品运往了日本。1995年，另一座平台Goodwyn A投产，在当时创造了澳大利亚海上油气投资的纪录。同年，FPSO Cossack Pioneer号投入使用。

图3-14 澳大利亚西北大陆架 North Rankin 海上平台

3. 马来西亚LNG

此外，壳牌在马来西亚和马来西亚LNG有限公司(MLNG)合资运营该国的LNG项目。MLNG成立于1978年6月14日，是马来西亚国油的子公司，旗下有三个位于民都鲁(Bintulu)的LNG工厂，分别是MLNG Satu、MLNG Dua和MLNG Tiga(在马来语中，"Satu"的意思是一，"dua"的意思是二，"tiga"的意思是三)。壳牌在MLNG Dua和MLNG Tiga中分别持有15%的权益。MLNG Satu是马来西亚的第一座LNG工厂，该工厂有三列装置，每列装置年产能为270万吨。它的第一批LNG于1983年1月交付。1992年6月1日,MLNG Dua成立,也是由3列装置组成,每列年产能为260万吨,第一批液化天然气于1995年5月交付。1995年11月8日,MLNG Tiga成立,工厂拥有两列装置,每列年产能为360万吨,其第一批LNG于2003年3月交付。

壳牌在天然气方面的业务布局很快在公司的天然气销售量上得到了明显体现:壳牌1984年超过埃克森并一直到20世纪90年代都处于领先的地位,成为这个时期优秀的天然气销售商(图3-15)。

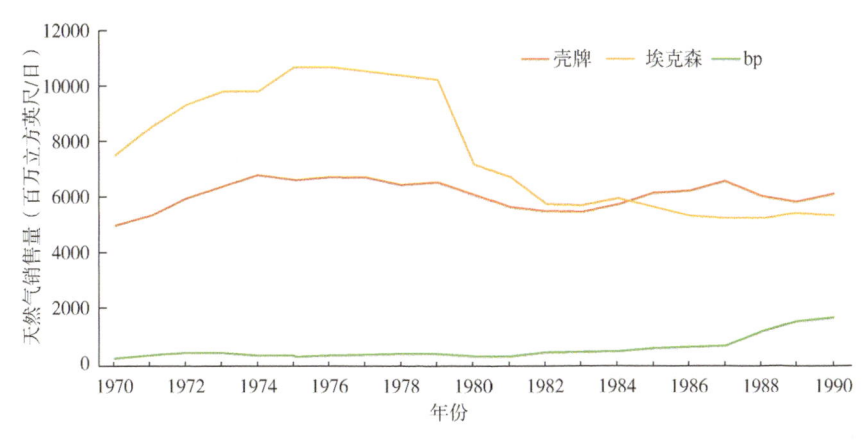

图3-15　1970—1990年三大石油公司天然气销售量

三、炼油:压缩与升级

1. 压缩产能

高油价时代来临,壳牌上游业务利润大增,但下游炼厂的经营则要困难许多。炼厂不仅要面临原油涨价、原材料成本提升,而且市场因为高油价受挫,终端消费也被压缩,两头挤压导致很多炼厂开工不足。于是,壳牌调整了这一阶段炼油业务的核心战略,把炼油投资的重点从初级的产能扩张转移到升级炼油产品上,由此锁定在炼油产品上的优势地位。

欧洲炼油业经过二战后的蓬勃发展,开始逐渐进入过饱和状态,壳牌认为高油价时期不宜再继续"留恋"成熟的欧洲市场,因此放缓了对欧洲地区炼厂的投资,压缩了在该地区的炼油能力。原油蒸馏装置在炼化企业中占有重要地位,常被称为炼化企业的"龙头",它是衡量一个炼厂生产能力的重要指标。这一时期,壳牌削减了北美以外约35%的蒸馏生产能力,淘汰了欧洲7个炼油厂。

其中最典型的就是壳牌对库拉索岛的炼油厂的剥离(图3-16)。库拉索岛炼油厂位于库拉索岛中心区域,直面深水海湾、坐拥天然良港,是1916年壳牌为了炼制委内瑞拉出产原油投资兴建的(见第二章),直到20世纪60年代前,都是荷兰重要离岸石

图3-16　壳牌库拉索岛炼油厂
图片来源:https://www.curacaohistory.com/1985-shell-left-curacao

油中转及加工基地。但20世纪80年代,委内瑞拉旅游业崩溃,航空业恶化,库拉索岛经济停滞,玻利瓦尔贬值,炼油产品的消费市场急剧萎缩,壳牌最后选择在1985年以1安的列斯盾价格(约合0.56美元)将库拉索岛的炼油厂出售给当地政府,退出了这个经营了近70年的市场。

2. 升级产品

除了压缩产能,更重要的是升级产品。

一方面,由于资源国减少了石油供应,壳牌的炼油厂不得不从世界各地采购原油,来源的多样化导致了炼油厂原料品质的多样化。壳牌制定了炼油厂实施预案,要求炼油厂提升处理不同品种原油的能力,事实证明,提升油品适应能力是帮助壳牌炼油厂平稳度过危机的重要举措。

另一方面,壳牌也加大了对特殊油品炼制工艺和能力的投资,最典型的例子就是开展加拿大油砂炼油厂业务。由于加拿大油砂与普通原油品质不同,炼制工艺也与其他地区有所不同。壳牌看好这一特殊市场,投资14亿美元在加拿大阿尔伯塔省附近的埃德蒙顿(Edmonton)兴建了斯科特福德(Scotford)炼油厂,这是世界上第一个从油砂中提炼合成石油产品的炼油厂。斯科特福德炼油厂于1984年正式投产,专门加工处理来自阿尔伯塔省的油砂,加工能力达到10万桶/日,产出的产品包括:汽油、航空煤油、柴油、丙烷、丁烷和硫黄。这个炼油厂的成立,不仅提升了加拿大油砂的市场价值,也为壳牌在日后进入加拿大油砂上游项目,形成一体化产业链埋下了伏笔。

在炼油工艺调整方面,壳牌把重点放在挖掘原油分馏物中高价值产品上。LPG、汽油等产品的市场利润比沥青更高,而且广泛运用于汽车、飞机等运输业,所以壳牌在分馏时重点提炼出前几种价值更高的产品。壳牌还研发出无铅汽油,并率先占领了无铅汽油市场。除此之外,壳牌还把炼油厂和石油化工厂密切结合起来,优化炼油装置,提供优质的裂解原料的同时,提高生产化工制品效率。

3. 开拓新市场

20世纪60年代新加坡政府开始大力扶持化工产业的发展。壳牌抓住机遇,第一个在新加坡毛广岛建设了炼油厂,由此拉开了新加坡石油化工业发展的大幕。

此后,由于地理位置优越、当地政策环境良好,壳牌一直把新加坡作为公司在亚太地区炼油化工业务的重点发展区域,炼油能力从1970年的235千桶/日提升到1975年的460千桶/日,而新加坡也成了仅次于美国休斯敦和荷兰鹿特丹的世界第三大炼油和石化产品供应中心。但第二次世界石油危机的到来和原油价格猛涨,让新加坡炼油业只勉强维持不到80%的开工率;20世纪80年代后期壳牌调整了新加坡炼油和化工业务的结构,到1990年炼油能力下降至258千桶/日(表3-10)。

表3-10 新加坡炼油能力的变化　　　　　　　　　　　　单位:千桶/日

公司名称	1970年	1975年	1979年	1980年	1985年	1990年
壳牌	235	460	460	460	460	258
bp[①]	25	26	24	24	28	28
埃索[②]	—	192	192	240	176	190
美孚	27	175	175	175	193	223

续表

公司名称	1970 年	1975 年	1979 年	1980 年	1985 年	1990 年
新加坡炼油公司③	—	65	70	170	161	179
新加坡炼油能力合计	287	918	921	1069	1018	878
占比亚太地区	4.3%	8.8%	7.7%	8.6%	8.3%	7.0%

①bp 公司的炼油设备自 1980 年以后就停止停运了；②埃索(Esso)即埃克森；③新加坡炼油公司的炼油能力数字在 1973—1978 年期间包括了新加坡石油公司的炼油能力数字。

数据来源：汪慕恒. 新加坡的炼油工业. 东南亚石化市场研究[J], 1994, (7): 8-15.

虽然 20 世纪 80 年代的炼油业普遍不景气，但壳牌还是发展成为世界首要炼油公司之一，在 34 个国家经营或参股 53 家炼油厂。1987 年，壳牌所属炼油厂日加工处理原油 320 万桶（约 50 万立方米），占到世界原油日加工处理量的 8%。

四、石化：前沿领军

壳牌在 20 世纪 70—80 年代通过兼并购和技术创新，实现了石油化工规模和技术的双升级，发展建立起庞大的石油化工产业。到 1980 年，壳牌位列石油化工类企业之首，成为全球 9 大化工企业之一（表 3-11）。

表 3-11　1980 年石化类产品全球销售量排名

公司	销售额（百万美元）	公司	销售额（百万美元）
壳牌	7633	蒙特爱迪生集团	3594
埃克森	6963	赫司特	3476
陶氏化学	6882	bp	3394
英国帝国化学工业集团	4105	费巴	3264
联合碳化物公司	3665	拜耳	2943

注：壳牌、埃克森、bp 均为化工业务总额，不包括关联公司间的转移，其他公司包括有机化学品碳氢化合物和塑料、蜡和树脂、涂层等。

1. 壳牌的石化王国

壳牌的化工产品既包括初级产品，又涵盖具有特色的终端产品，种类丰富，可谓是一个石化王国。

乙烯是石油化工产业的核心，乙烯产品占石化产品的 75% 以上，主要用于制造塑料、合成乙醇、乙醛、合成纤维等重要原料，乙烯产量更是被当作衡量一个国家石油化工发展水平的重要标志之一。基于乙烯在化工产业中的重要地位，到 20 世纪 80 年代，壳牌在荷兰、法国、德国、美国、日本等多个国家建有乙烯装置，装置能力大约有 600 万吨/年，产品原料从石脑油、粗柴油、乙烷、减压柴油到液化石油气，能够加工处理产地、类型不同的原料（表 3-12）。

发泡聚苯乙烯（EPS）是一种较好的绝热和包装材料，具有良好的韧性、绝热性优良、质轻、防水、呈中性，外观清洁和防菌的特点。壳牌早在 20 世纪 50 年代，就开始了 EPS 技术的研发工作。欧洲是壳牌 EPS 的重点发展市场，通过自建工厂、收购等手段，到 1986 年壳牌的 EPS 总生产能力已经达到 18.5 万吨/年（表 3-13）。

表 3-12　20 世纪 80 年代壳牌主要乙烯装置情况

厂址	能力(万吨/年)	原料
荷兰 Moerdijk	50	石脑油/粗柴油
法国 Berre	40	石脑油/粗柴油/液化石油气
西德 Weddeling	23	石脑油/减压柴油/馏分油
	45	
英国 Mossmorran	60	北海油田的乙烷
美国(休斯敦、Norco)	100	液化天然气/重柴油炼厂气/粗柴油
日本鹿岛	33	石脑油
四日市	42	石脑油
印度(Thane)	7	石脑油(33%股份)
沙特阿拉伯 朱贝勒	65	乙烷

表 3-13　壳牌欧洲主要发泡聚苯乙烯(EPS)工厂情况

时间	厂址	能力(吨/年)	说明
1957	英国 Carirngton	10000	1973 年扩建至 50000 吨/年
1979	法国 Berre	50000	
1986	荷兰 Berde	70000	从 Hoechst 公司收购

除了建设工厂，壳牌还进行技术转让。壳牌的 EPS 采用的是具有自主知识产权的悬浮聚合工艺，自 1963 年以来，公司先后向罗马尼亚、芬兰、波兰、南非、美国、中国等进行该工艺技术的转让。技术的转让进一步增强了壳牌在这一领域的影响力(表 3-14)。

表 3-14　壳牌 EPS 技术转让情况

接受国家	生产能力(吨/年)	开始年份
罗马尼亚	8000	1963
罗马尼亚	4000	1969
芬兰	10000	1972
波兰	20000	1980
南非	5000	1982
美国	10000	1984
中国(上海)	10000	1986
中国(南京)	10000	1988

环氧丙烷(PO)是除聚丙烯和丙烯腈外的第三大丙烯衍生物，是重要的基本有机化工合成原料，主要用于生产聚醚、丙二醇等。同时，PO 也是精细化工产品的重要原料，下游产品多达近百种，广泛用于汽车、建筑、食品、烟草、医药及化妆品等行业。壳牌的 PO 产能主要布局在英国、荷兰、比利时等欧洲国家。20 世纪 70 年代，壳牌研发出了苯乙烯/环氧丙烷工艺技术(The Shell Styrene Monomer/Propylene Oxide process，简称 SM/PO)的开发。1980年，位于荷兰 Moerdijk 的第一个 SM/PO 工厂投产，年产苯乙烯(SM)44 万吨和 PO 22 万吨。

聚醚多元醇是一种重要的化工原料，它的最大用途是合成聚氨酯(PU)树脂类产品。此外，还可以用作非离子表面活性剂、润滑剂、液流体、热交换流体等。1965 年壳牌在荷兰的伯尼斯(Perins)炼油厂建立聚醚多元醇装置，1978年对伯尼斯炼油厂的聚醚多元醇装置进行升级。经过升级聚醚多元醇总生产能力达到9万吨/年。

壳牌早在1928年就在美国开始了工业化的环氧树脂生产，1963年在荷兰Pernis炼油厂增加了环氧树脂生产。1974年壳牌化工成为美国最大的环氧树脂加工厂。截至20世纪80年代末期，壳牌在全世界7个国家设厂生产环氧树脂，总生产能力为9万吨/年固体树脂和16万吨/年液体树脂。

壳牌还是合成杀虫剂的全球主要供应商。1974年壳牌化工的研究人员发现了拟除虫菊酯(fenvalerate)对杀死烟叶害虫的作用，经过数年的试验，拟除虫菊酯作为杀虫剂于1976年投放市场。当时市面上有两种类似的产品，一种以拟除虫菊酯为主要成分，包括壳牌化工的PYDIN®、壳牌国际化工的BELMARK®和住友化学(Sumitomo Chemical Company, Ltd.,)的SUMICIDIN®；还有一种以百灭宁(Permethrin)为主要成分，主要生产厂家是ICI公司的涕灭威(Ambush)。拟除虫菊酯是两种产品中效果较好的一种，因此壳牌在几年内一直具有很大的市场优势。

1968年，壳牌化工的化学家们研发了SHOP工艺技术(The Shell Higher olefins Process，以下简称SHOP工艺)。这是一种以乙烯为原料生产高碳烯烃的技术，这一工艺的应用，让壳牌在高碳烯烃经济生产、提升产量和质量的同时，避免了副产品的产生。1977年，壳牌化工在美国路易斯安那州的Geismar建成了第一套SHOP工业化装置，年产5万吨(图3-17)。1982年又在英国的斯坦洛(Stanlow)建立了第二列装置，初始生产能力高达17万吨/年。至2003年，SHOP技术在全球的年产能力已经达到120万吨。

图3-17 壳牌化工Geismar工厂

2. 进军亚太

1971年新加坡政府提出在裕廊岛建立石化专业区的构想，最初选定的合作伙伴是日本住友化学公司。但日本更倾向在伊朗建厂，因为伊朗不仅有丰富的原料和土地，劳动力也更廉价，整体运营成本较新加坡低。就在双方未做出最终决定时，第一次石油危机爆发，这一计划被搁置下来。

1977年，裕廊岛建立石化专业区的建设构想被重新提上议事日程，正意欲扩张亚太市场的壳牌再次抓住了机会。当年8月，壳牌、日本新加坡石化公司和淡马锡控股公司合资成立了新加坡石油化学公司(Petrochemical Corporation of Singapore，缩写PCS)，新公司负责实施石化专用区计划。

此后在 1980 年到 1982 年期间，按照规划先后设立了菲利普斯新加坡石化公司（Phillips Petroleum Singapore Corporation，缩写 PPSC）、新加坡聚烯烃石化公司（The Polyolefin Company of Singapore，缩写 TPC）、登卡新加坡石化公司（Denka Singapore Petrochemical Ltd，缩写 DSPL）、新加坡乙二醇石化公司（Ethylene Glycols Singapore Petrochemical Ltd，缩写 EGS）等 5 家石化公司，石化工厂分别于 1984 年与 1985 年投产。壳牌参股投资了 PCS、TPC 和 EGS 三家公司（表 3-15）。

壳牌在新加坡的石化行业起步要远晚于炼油行业，但是由于 1985 年以后石化制品全球需求快速增长，尤其 1991 年海湾危机以后，亚太地区对石化材料需求迅速扩大、中东地区石化工厂减少，这些因素都促进了新加坡的石化工业的快速发展，而壳牌搭载着新加坡的发展快车，稳固了公司在亚太地区石油化工业务的重要地位（表 3-16）。

表 3-15　壳牌参与的新加坡石化公司

公司名称	成立年份	投产年份	主要产品	投资公司	份额（%）
新加坡石油化学公司	1977	1984	乙烯、丙烯	日本新加坡石化公司	50
				壳牌	30
				淡马锡控股公司	20
新加坡聚烯烃石化公司	1980	1984	低密度聚乙烯、聚丙烯	日本新加坡聚烯烃石化公司	70
				壳牌	30
新加坡乙二醇石化公司	1982	1985	乙二醇	壳牌	70
				日本新加坡乙二醇公司	30

数据来源：汪慕恒. 1994. 新加坡的石化工业[J]. 南洋问题研究，21(3)：9.

表 3-16　壳牌参股的新加坡石化公司主要产品产量的增长趋势　　　　千吨/年

公司	产品	1984 年	1985 年	1986 年	1987 年	1988 年	1989 年	1990 年	1991 年	1992 年
新加坡石油化学公司	乙烯	170	330	320	390	410	430	450	450	403
	丙烯	90	170	170	200	200	196	240	240	209
新加坡聚烯烃石化公司	低浓度聚乙烯	90	150	140	160	160	160	160	160	146
	聚丙烯	70	120	130	160	160	143	180	200	184
新加坡乙二醇石化公司	乙二醇	—	80	100	110	110	108	110	110	102

数据来源：汪慕恒. 1994. 新加坡的石化工业[J]. 南洋问题研究，21(3)：9.

除了新加坡，壳牌也在日本、中国大陆开展了相关业务。

1900 年，壳牌运输在日本横滨成立了旭日石油公司（Rising Sun Petroleum），第二次世界大战期间被迫停止运营。1947 年旭日石油公司更名为壳牌石油（Shell Sekiyu）株式会社，并重启在日本的运营。1949 年 6 月，壳牌开始与昭和石油公司进行合作，1985 年 1 月 1 日，壳牌石油株式会社和昭和石油公司合并，成立了昭和壳牌石油（Showa Shell Sekiyu）公司，成为日本最大的石油进口商和精炼企业。

20 世纪 70 年代中后期，中国大陆开始了改革开放，壳牌在中国的销售业务开始迅速增长。1982 年，壳牌和中国达成协议，在深圳的蛇口成立第一家壳牌在华合作企业——华英石油联营有限公司，建设油库用于存储工业燃料，油库于 1985 年投入使用。1986 年，赤湾壳牌石油贸易联营有限公司投入运营，这是中国第一家拥有可海上接收散装 LNG 并进行储存的企业。1988 年，壳牌在中国大陆的化工产品销售量与香港相当。

五、多元化发展

分散投资、多元经营是 20 世纪 70 年代风靡一时的企业发展战略。据统计，1970 年美国最大的 500 家工业公司中，94%开展了多元化经营；英国最大的 100 家企业中，99%都实施了多元化经营。出于对行业前景的担忧，西方石油公司这一大潮下也顺理成章地在 20 世纪 70 年代末选择了多元化发展战略。

1979 年埃克森收购了美国永联电气公司，1980 年开始投资煤炭业、旅游业，在欧洲开办了几十家大型旅馆。美孚这一时期拥有 60 家化工厂，142 家包装容器厂以及世界上最大的零售商业公司，还同时经营着房地产、餐馆和旅馆等业务。bp 大举进攻饲料行业，利用从石油中提炼一种名为 Toprina 的蛋白制作动物饲料，先后成立了 4 家动物饲料公司，还涉足了食品加工领域、电信领域。

壳牌成立了非传统业务部门（NTB），主要经营油气行业之外的其他业务，包括煤炭、核能、太阳能、金属等领域，同时也涉足了林业等非能源产业。

1. 煤炭及煤制气

1974 年壳牌煤炭国际有限公司成立，在美国怀俄明州、伊利诺伊州、俄亥俄州、肯塔基州和西弗吉尼亚州开展煤炭采掘、销售及贸易等业务。为了加大对煤炭储量控制，扩大生产规模，1977 年壳牌以 6500 万美元收购了航道煤炭公司（Seaway Coal Company）在西班牙加迪斯（Cadiz）和美国俄亥俄州的资产，这次收购让壳牌每年的褐煤产量增加了约 300 万吨。1978 年壳牌又收购了加拿大克洛斯特能源（Crows Nest Resources）公司，成立了全资子公司来管理卑诗省东南部 Line Creek 的冶金和煤炭业务，并逐渐将煤炭业务转移到澳大利亚和委内瑞拉。到 1999 年剥离煤炭业务之前，壳牌在澳大利亚境内经营着 7 座煤矿，是澳大利亚最主要的煤炭出口商之一。

1996 年之后煤炭价格暴跌，投资者普遍认为煤炭行业前景黯淡。壳牌也未能脱离行业大势，于 1999 年 8 月做出了剥离煤炭业务的决定，并在 2000 年完成相关交易。煤炭业务是壳牌在 20 世纪 70—80 年代多元化战略中最成功、持续时间最长的一项业务，剥离煤炭业务时，壳牌的天然气和电力部门负责人卡伦·德·赛贡多（Karen de Segundo）解释说，"这是为了更好地做最擅长的事，煤炭并不是我们的核心业务"。

壳牌对煤炭的兴趣并不仅仅停留在煤炭的生产和贸易方面。石油危机引发了人们对煤制气（Coal Gasification）的兴趣，也激发了壳牌的煤炭产业升级愿望。早在 1956 年，壳牌为解决炼油业务制氢环节中出现的重油和气体的部分氧化问题，研发形成了壳牌煤气化工艺（Shell coal gasification process，SCGP）。1974 年壳牌在阿姆斯特丹建立了第一座试验设施，开展煤气化中试，产能为 6 吨/日；1979 年，壳牌与克虏伯公司（Krup-Koppers）合作，在德国汉堡的壳牌炼油厂建造了一座日处理 150 吨煤的装置，该装置的建设完成，标志着壳牌煤气化技术从实验室向工业化转化迈出了关键一步。1987 年，壳牌又在得克萨斯州 Deer Park 炼油厂建成一座规模更大的煤气化示范装置进行放大中试，日气化能力为 250 吨高硫煤或 400 吨高水分和高灰分褐煤。

在经过 20 多年的研究和工业化实验后，1993 年壳牌的煤气化工艺真正实现了商业化。联合电力生产公司（Samenwerkende Elektriciteits Produceten，简称 SEP）购买了壳牌的 SCGP 工艺，应用于荷兰布吉南的一处设施气化装置，处理能力约 2000 吨煤，发电能力达到 250 兆瓦。壳牌煤气化工艺及配套装置具有煤种适应性广、单列生产能力大、碳转化率高、产品气体质量好等优点，2000 年之后在英国、越南、韩国等国家都实现了商业转让。2006 年开始，壳牌与中国 19 家企业陆续签订了技术转让协议（共 23 台气化炉）。一直到 2018 年，在完成对 BG 的收购后，为了精简公司投资组合，壳牌最终将煤气化和液化制气（Liquids Gasification）技术专利组合出售给了美国的空气产品公司（Air Products），彻底退出了这一领域。

2. 其他多元化产业

1963 年美国新泽西州的一家电力公司在了奥伊斯特河畔建立了一座核电厂，这是美国商用核电站发展的起点。之后的几年里，美国电力公司纷纷加入核电建设大潮。1973 年壳牌与当时的另一家石油巨头海湾石油合作，生产气冷反应堆及燃料。然而核电管理的难度、技术复杂度远远超过公司最初的预期，1979 年美国三哩岛核电站发生泄漏，事故让美国核建设大潮戛然而止，壳牌也在事故后的第二年果断出售了这一业务。

1979 年，壳牌进入北美汽车快保业，全资控股成立了捷飞络（Jiffy Lube）连锁公司。之后捷飞络逐渐成为向顾客提供专业、优质和便捷的汽车快速保养服务的著名连锁品牌。现在捷飞络在美国和加拿大的连锁店超过 2200 家，每年的汽车保养服务总量超过 3000 万辆次。

1982 年，壳牌建成了当时欧洲唯一的冶钛工厂，全年可生产 52.8 万吨铝、11.6 万吨锌、9.5 万吨铅、7.4 万吨铜、3.7 万吨锡和 85.3 万吨铝矾土，销售额在 6.4 亿英镑左右。

多元化战略可以分为两大类，相关多元化和不相关多元化。20 世纪 70—80 年代各石油公司采取的就是不相关多元化战略。事实证明，这一战略能够在特定的"困难时期"有效地将各地区、各季度的收益拉平，然而由于业务不相关，多元化的发展势必会分散企业的精力，这也是后来大部分从事"多元化"发展的公司都转向"归核化"发展的主要原因。

六、技术储备

20 世纪 70 年代，壳牌在全球 7 个国家拥有 16 个科研机构，其中最重要的是荷兰的比利顿研究公司、英国的壳牌研究中心和法国的壳牌研究中心。1981 年壳牌耗资 2100 万美元在加拿大卡尔加里大学附近成立了卡尔加里研究中心。到 1988 年，壳牌研发费用达到 7.63 亿美元，公司科研人员超过 6300 人。

1. 油页岩开采技术

油页岩又称油母页岩，是含有大量干酪根（Kerogen，是沉积有机质的主体，一般认为 80% 以上的石油烃是由干酪根转化而成）的细粒岩石，加热后干酪根热裂解为液态、气态烃类，产生石油、天然气。油页岩资源非常丰富，根据世界能源委员会 2012 年的统计，世界油页岩资源蕴藏量折算成页岩油高达 4.8 万亿桶，是世界石油资源量的 4 倍。

壳牌早在 20 世纪 60 年代就开始研究油页岩原位转化技术，这项技术是通过在地下原位对油页岩进行加热热解，将其中的干酪根热裂解为液态、气态烃类，再以石油、天然气开采技术进行开发。1970 年壳牌尝试用蒸汽在地层中加热含油页岩。最初的现场试验结果并不理想，实验中干酪根大量转化为沥青，只有少部分转化成轻质原油。1980 年壳牌改变了试验方法，采用电加热器通过热传导加热地层中的油页岩。壳牌选择在美国海拔 8132 英尺的

Piceance 盆地最南端的科罗拉多州红尖顶（Red Pinnacle）进行现场试验（图 3-18）。据估算这里的储量达到 800 亿~10000 亿桶，几乎是产油大国沙特阿拉伯石油储量的 3 倍，足以满足美国未来 400 年的石油需求。

这次试验分了两个阶段。第一阶段在 1981 年年底进行，目的是在现场测量油页岩的热性能，并与实验室测量结果进行比较。第二阶段于 1982 年年初启动，目的是测试一种新研发的加热器。试验现场钻了 14 口井，包括 3 口加热井、3 口生产井、8 口核心井。

这之后，壳牌不断改进实验设计和参数，通过一轮轮实验室测试、计算机模拟、热模拟以及现场试验，最终形成一套油页岩原位转化工艺（In-situ Conversion Process，ICP），攻关了油页岩加热工艺与关键设备等部分技术难题。

图 3-18 壳牌红尖顶测试现场的备用加热器和生产井（1981—1982 年）

截至 2018 年，壳牌在油页岩原位加热转化技术研发累计投入研发经费约 30 亿美元，在美国科罗拉多州、加拿大阿尔伯塔省、约旦等地进行了 38 个井组的现场试验，ICP 技术加热工艺与关键设备等技术难题基本得到解决。特别是 2003—2005 年间，壳牌在美国绿河页岩 South Mahogany 试验区开展的油页岩原位转化先导试验取得成功（表 3-17）。

表 3-17 壳牌采用原位转化工艺的导热油页岩试点

名称	主要用途	日期	加热井	总井	深度（英尺）
Red Pinnacle 热场测试	ICP 现场试验	1981 年	3	14	20
Mahogany 油田试验	ICP 现场试验	1996 年	6	26	130
Mahogany 示范项目	ICP 现场试验，恢复系统	1998 年	38	101	600
南方 Mahogany 示范项目	ICP 现场试验，恢复系统	2003 年	16	27	400
深加热器测试（Mahogany 测试）	加热系统	2001 年	21	45	700
Mahogany 隔离测试	冷冻墙	2002 年	2	53	1400
冷冻墙测试	冷冻墙	2005 年	0	233	1700

2. 二氧化碳驱油技术

二氧化碳驱油就是把二氧化碳注入油层中，在合适的压力、温度和原油组分的条件下，二氧化碳可以形成混相前缘。超临界流体从原油中萃取出较重的碳氢化合物，并不断使驱替前缘的气体浓缩。于是，二氧化碳和原油就变成混相的液体，形成单一液相，有效地将地层原油驱替到生产井。这项技术最早是苏联 1953 年提出的。

20 世纪 70 年代壳牌开始在美国西得克萨斯二叠盆地实施二氧化碳驱油项目，该项目直到 20 世纪 90 年代初期，仍是世界上最大的二氧化碳驱油项目。1972 年壳牌首先在西得克萨斯州的 North Gross 油田开始先导实验项目。North Gross 油田为碳酸盐岩油藏，开发过程中大量原油附着在地层孔隙中无法采出，导致残余油饱和度高，总体采收率低。为解决这一问题，壳牌从附近的天然气田中提取二氧化碳，然后通过管线输送到 North Gross 油田，处理后再注入地层，在地层中发挥驱替作用。1974 年，壳牌再次在碎屑岩油田中试验了该项技术，选择的试验现场是位于密西西比州的 Little Greek 油田。1977 年在二叠盆地 Wasson 油田的 Denver 单元实施的二氧化碳先导试验是壳牌真正开始大规模推广二氧化碳驱油技术的转折点。壳牌从 1935 年开始经营 Wasson 油田，油田自 1950 年产量开始递减，迫切地需要实施新的增产技术。Denver 单元的二氧化碳驱油实验获得了成功，储层的残余油饱和度从 30%降低到了 10%。

二氧化碳驱油目前已经成为一项成熟的提高采收率技术。壳牌在世界各地的不同油田中采用二氧化碳驱油技术。这项技术在提高采收率的同时，也减少了温室气体排放。近年来，随着离岸二氧化碳封存需求的日益增大，壳牌的二氧化碳驱油技术的应用正迅速从陆上扩展到海上。例如，在 2011 年壳牌和马来西亚国家石油公司合作，在砂拉越和沙巴的海上进行了 13 个油田的二氧化碳驱油可行性先导试验。

3. GTL 技术

壳牌自 20 世纪 70 年代初开始研究天然气制油（Gas To Liquid，GTL）技术。天然气制油技术，就是通过对天然气进行分解、合成处理，得到氢气和一氧化碳的合成气体，再将合成气体液化为液体碳氢化合物，从而得到优质燃油。GTL 燃料基本不含硫和芳香烃等杂质，无味、透明、清澈，能减少发动机的噪声，由于生物降解性高并且无毒，对环境和生态都更友好。更重要的是，这种合成油品具有超高的十六烷值，具备更高的燃烧效率和清洁度，完全符合现代发动机的严格要求和日益苛刻的环境法规。

GTL 技术的工艺流程主要分合成器生产、费托合成（Fischer-Tropsch）和合成油处理三大部分。壳牌通过对费托工艺进行改进，形成自己的 SMDS（Shell Middle Distillate Synthesis）工艺技术。SMDS 流程整体热效率超过 60%，工艺流程也更简单，产品质量更稳定，被业界认为是当时最先进的 GTL 工艺。1983 年壳牌在阿姆斯特丹成立首家天然气制油实验工厂。1992 年，壳牌、三菱、马来西亚国家石油公司和砂拉越州（持股比例为 72%、14%、7% 和 7%）合作投资 8.5 亿美元，在马来西亚砂拉越的民都鲁 LNG 工厂附近建造的全球第一个商业化 SMDS 装置投产，产量为 1.25 万桶/日（图 3-19）。这一商业化装置的投产，是壳牌 GTL 技术迈向工业化进程的开拓性的一步。

图 3-19 壳牌民都鲁 GTL 工厂

第四节 制胜工具

一、学习型组织

壳牌是最早提倡学习型组织的企业。彼得·圣吉在1990年出版的《第五项修炼：学习型组织的艺术与实践》(The Fifth Discipline: The Art and Practice of The Leaning Organization)一书中明确谈到："壳牌是第一家认识到加速组织学习所能带来的益处的大企业。他们发现企业内部'隐藏的思维模式'影响既深且广，尤其是当它成为企业管理者共有的思维模式时。壳牌之所以能成功地度过20世纪70年代和80年代石油危机的巨大冲击，主要归功于学习如何识别管理者的思考模式，并加以改善和提升"。正因如此，世界上许多著名的管理大师，都把壳牌的学习型组织作为他们的研究对象。

1983年，壳牌对1970年《财富》杂志500强排行榜中的企业做了一项调查，结果令人大吃一惊：仅仅13年时间，当年这些名列500强的大企业中，有1/3已经销声匿迹，无影无踪。而且，这些大型企业的平均寿命不超过40年！1970年全球500强企业中仅20家企业寿命在200年以上。

壳牌进一步深入研究了这些"长寿"企业，发现这些企业有一个共同的特点，就是学习力旺盛。相反，那些短命公司的共同特点就是："不知道怎么学习，在周围的世界发生变化后，依然墨守成规，不能随机应变。虽然他们资金、技术、人才等各种资源应有尽有，看似风光十足，实则不堪一击。"这次调查给了壳牌启发：只有不断学习创新，将新的思维方式和知识体系运用到工作中去，才有可能成为经久不衰的长寿企业。

1. 理念：学习是第一竞争力

壳牌在学习型组织建设中，始终秉持"学习是第一竞争力"的理念。但这里的学习与普通意义的学习不同，壳牌强调工作是最有效的学习方法之一，工作体验是最有效的学习途径；分享知识是美德，通过交流来分享知识和经验，是壳牌推崇的员工美德之一，也是个人贡献之一；组织内部倡导思想多元化、互相学习和促进、分享知识和经验、平等对话、无障碍沟通交流。

在学习型组织中，公司要求员工不停地学习新的知识，培养员工终身学习的观念，加快知识更新，提高创意。为了达到这一目标，壳牌建立了配套制度和丰富的培训体系，改变组织的心智模式以及激发员工的雄心和想象力。

2. 教练辅导制

壳牌的教练辅导制极具特色。这一制度规定上级必须对下级进行能力辅导，"如果上级为销售经理，教练辅导这一部分必须占据销售经理30%左右的时间。换言之，如果一名销售经理想获得晋升，除了业绩优秀外，他必须能拿出下属在过去6~12个月的个人成长报告，并能切实证明自己对下属的能力提升做了哪些具体的工作，在哪些方面取得了明显的进展。教练要做的不仅仅是授之以鱼，更重要是的要授之以渔"。

教练辅导制是建立学习型组织最重要的途径。这项制度把下属学习的提升与上级晋升联系在一起，从根本上让"学习"这件事真正落到员工的工作任务中，并迫使每一个"上级"都认真履行，而不仅仅把"学习"作为一个口号流于形式。

3. 针对性培训

所谓针对性培训，就是员工以根据自己的工作特点和未来发展方向，在直接上级的辅导下设定自己的培训方向和目标。培训形式有两种，一种是将员工送往国外进行培训，一种是公司内部集中培训。培训内容通常包括员工职业基本技能、专业技能、晋升或者转岗培训三类。

基本技能培训主要包括企业文化及理念、职业道德、公司政策及制度、公司福利政策、英语能力、沟通技巧、HSE 等内容。专业技能培训主要根据每个专业的不同特点来设置，包括法律法规、商业竞争法规、计算机、GSAP、系统仿真操作等专业内容。晋升或者转岗培训，则是针对特定的岗位需求进行的有针对性的技能培训。

此外，壳牌还有独特的"系统问题解决方法培训（CFA-Case For Action）"。壳牌要求世界各地的员工都要进行这一培训，通过掌握和使用这种工作方法，让文化背景不同、工作经历不同的员工，在日常工作中表现出壳牌统一的企业文化和职业化工作风格。

在 20 世纪 80 年代，石油工业 HSE 体系尚未成熟时，HSE 培训就已经成为壳牌的另一个特色培训，通过宣传 HSE 政策、HSE 组织和责任，播放事故录像，发放 HSE 手册，矫正作业姿势等，强化员工的安全作业理念，减少安全事故。

对于十分有潜力的优秀人才，壳牌还会给予特别的培训。公司会为优秀人才制定出相应的发展计划和目标，并申请相应的培训基金。这种培训包括实习培训、专家一对一的培训等特别方式。例如《亲历壳牌》的作者蔡丰，在壳牌工作期间就曾经得到过公司的专门经费预算，由公司请来资深英语培训老师对他进行一对一的英语教学。

壳牌前任集团规划主管阿里·德赫斯曾说过："要在变动的企业环境中实现持续调整与成长，就必须实现组织化的学习，这是管理团队改变对公司、市场与竞争者的共有思维模式的过程。因此我们把企划看作学习，而把公司整体企划看作组织化的学习。唯一持久的竞争优势，或许是具备比你的竞争对手学习得更快的能力。无论是新的营销方式、新产品还是新流程、新的见解或发明，都是一个学习的过程。"

学习型组织建设让壳牌的员工拥有积极开放的心态，通过不断学习提高自我认知，具备对外界的变化做出迅速反应的能力，从而达到公司整体对外部环境变化的高度敏感性。

二、情景规划

1. 壳牌与情景规划

"壳牌在 20 世纪 70 年代成功的关键，在于其对形势的准确预估与及时应对。"情景规划（scenario planning）是一种战略管理方法，核心是对未来将要发生的情景提出多种可能性假设，并针对每种假设制定应对措施。这一方法起源于军事领域，第二次世界大战后不久，美国空军通过研究军事对手可能采取的所有行动，制定自身的应对计划，以此确保对手采取任何行动时，都能够做出迅速反应。20 世纪 60 年代，曾任职于美国空军的赫尔曼·卡恩（Herman Kahn）把这种军事规划方法提炼成为一种战略管理工具应用于商业领域。而壳牌运用这一工具成功地应对了 1973 年的石油危机，此后"情景规划"作为一种战略管理工具声名大噪。

早在 1967 年壳牌就开始尝试使用情景规划工具，到 1972 年，壳牌战略规划研究的奠基人、情景规划大师皮埃尔·沃克(Pierre Walker)牵头成立了"能源危机"情景规划小组,该小组注意到持续的全球化进程下,原来稳定的石油供销形势有可能发生变化:一方面欧美和日本越来越依赖进口石油,石油需求在不断增长;另一方面,石油输出国如伊朗、伊拉克、利比亚和委内瑞拉开始担心资源储量的下降,沙特阿拉伯等国家的产量正在逼近当时生产能力的极限。规划小组在认真分析各种可能情景后提出,石油供应大趋势将从稳定平滑增长向供不应求方向发展,原先由跨国石油公司主导的买方市场向由石油输出国控制的卖方市场转变。虽然壳牌的规划人员不可能准确预测出欧佩克的突发行为,但他们预见到欧佩克必将采取大动作,以及随之带来的世界油价飙升。公司规划部根据这一判断制定了一系列的应对计划。1973 年 10 月,中东战争引发阿拉伯石油禁运,该情景假设成为现实。壳牌根据之前制定的应对计划迅速决策,将上游业务重心转向北美和海域,在危机中保障了石油资源的获取。

20 世纪 70 年代末高油价和经济衰退背景下,壳牌在情景规划中进一步加入了对社会环境和地缘政治的分析。皮埃尔·沃克的接任者彼得·舒瓦茨(Peter Schwartz)带领壳牌的情景规划小组在 1982 年和 1984 年对 20 世纪 80 年代中期石油价格骤降的可能性做出了研究,认为油价的下次波动会发生于 1986 年或 1987 年。基于这种判断,壳牌积极实施逆周期储备战略,降低资产负债率,加大现金储备。当 1986 年石油价格崩盘,很多石油公司因财务危机导致资金周转不灵、急于出售资产时,壳牌得以借机调整化工和炼油业务布局。

1987 年壳牌情景规划进一步细化为石油、能源和社会经济趋势三个部分,首次提出因全球化造成的潜在压力将成为 20 世纪 90 年代的基本趋势,环境因素也被纳入考虑范围。1989 年壳牌发布的"可持续的世界(Sustainable world)"情景报告中,准确预测到了发展中国家债务降低和全球主要国家签署环境条款这两大变化。

2. 如何应用情景规划

"情景"是指通过分析事件发展的前后因果关系、内部一致性与具体性,按照时间顺序对环境的发展所做的细节描述,"规划"强调在不同情景下,研究和制定相应措施。壳牌在应用情景规划工具时,一般有以下几个步骤(图 3-20):

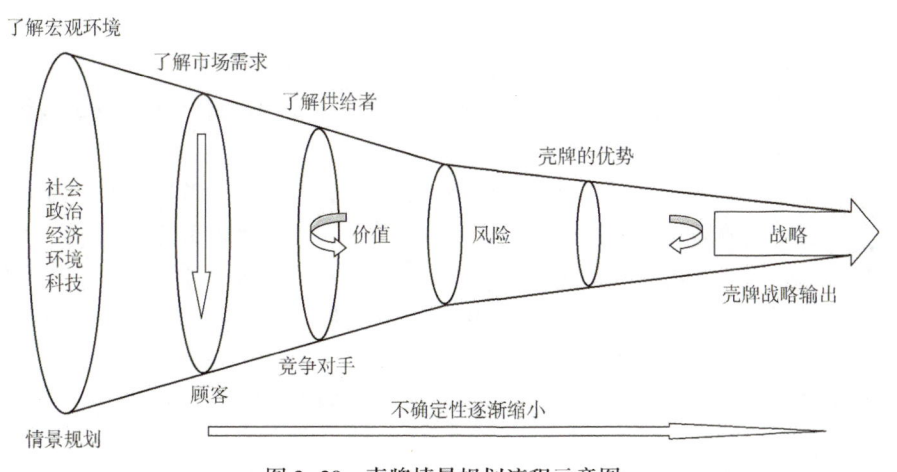

图 3-20 壳牌情景规划流程示意图

第一,找出能够对商业环境做出全面前景预测的人,请他们参与情景规划,确保能真正发现并全面识别公司可能面临的风险。

第二，收集所有参与情景规划的人员对未来形势的判断，记录他们对社会、经济、政治、科技等因素的趋势预测，发现导致未来出现改变的关键因素，尽可能挖掘这些因素背后的关系。

第三，初步整理收集到的形势判断，根据这些判断建立连续的情景模式。由于各种驱动因素特征不同，有的可以进行逻辑性判断，具有确定性，而有一些因素是不确定的，对这些因素根据发生的可能性从强到弱排序。

第四，以得到的详略有序的不同情景为基础，对未来做出初步情景规划。

第五，进一步深入情景规划。分析每一种情景发生时对公司的影响。研究并回答一系列具体的问题，例如，各情景和核心问题之间是否存在关联？需要重视哪些战略问题？应该选择何种战略？结合实际情况，做出公司详细战略规划。

第六，确定预警信号。在实施过程中监测环境的变化，形成早期预警系统。及时发现情景发生或转变的信号。根据这些信号，公司能够敏感判断环境中出现的动态变化，并迅速做出反应，决定在什么时候启动某一特定情景下的规划。

第七，实施中做好监控和评价。回顾已经完成的情景规划，通过对上一阶段情景规划的复盘，不断优化公司应对措施。

3. 为什么情景规划能成功

从以上 7 个步骤可以看出，情景规划的特点在于系统思考，它与通常的战略规划最大的不同就是，不以牺牲规划的复杂性为代价来换取决策的速度。它不是从原则和信念出发，而是从企业对商业环境的切身感知出发，通过系统思考来判断事物和环境演进的趋势、形态，识别影响变化趋势的各种因素。情景规划是基于一连串的逻辑和经验事实的推演形成的，本质上是一种防御机制，让管理者在应对突发危机时能够处变不惊。

壳牌有一种理念："冒险常常将我们引向巨大的成功。"但盲目冒险也会给企业带来致命打击。情景规划就是一套在高度不确定的环境中帮助企业登高望远的工具，有了这个工具，壳牌的冒险就不再是盲目和冲动的。"（情景规划）工作并不是为公司的未来写规划书，而是重塑公司决策者的心智模式。"事实上，如果不能影响决策者的心智模式，情景规划将很难创造真正的价值。只有管理者不断突破自己固有的思维模式，情景规划的作用才能够真正显现出来。而管理者思维模式的突破又与壳牌"学习型组织"的创建密不可分，两者相辅相成，一起为壳牌的环境剧烈变动的 20 世纪 70—80 年代，实现平稳度过甚至发展壮大提供了内生动力。

2000 年，美国企业战略委员会曾对 200 名大型企业的主要战略管理者进行调查，结果表明有 1/3 的大型企业运用了情景规划方法。2002 年美国《商业 2.0》杂志推出了一个关于风险管理的封面专题，其中特别提到了壳牌的情景规划："没有一个行业比石油行业对危机的理解更深刻，而石油行业里也没有一个公司比壳牌传奇式的情景规划小组具有更长远的眼光……许多公司开始运用这种管理方法，但没有一家公司能够像壳牌那样把这个方法运用得如此得心应手。"

三、HSE 管理体系

1973 年壳牌在美国路易斯安那州诺柯市的化工厂输油管道发生爆炸。化工厂旁边的老金钻社区居民海伦·华盛顿丧生，正在为海伦修剪草坪的少年雷瑞在爆炸中被烧伤，两天后死于医院。老金钻社区就像"三明治中间的肉"一样被夹在壳牌化工厂和另一家壳牌合资炼油厂之间。壳牌直到 4 年后才同意以 3000 美金买下海伦遇害时的房子和土地，但对那些住在距离工厂只有几十步远的居民的安全问题，壳牌并没有给出解决方案。

这次事故以及消极的处理方式，让壳牌饱受争议和批评，媒体一致认为它没有承担起一家大公司应有的社会责任。铺天盖地的舆论压力最终迫使壳牌对公司的行为进行了反思，为了规避同类事件的发生，确保公司在全球的业务都遵循商业道德，1976 年壳牌提出了公司商业准则，并成立审计委员会。

然而，事故仍在发生。

1978 年 3 月 16 日，"阿莫科-卡迪兹（Amoco Cadiz）"号油轮（隶属于利比里亚一家公司）装载了壳牌的 22.3 万吨原油从波斯湾出发前往英国莱姆湾。船只中途遭遇风暴失去了控制，在法国布列塔尼半岛北部的 Port-sall 触礁，船上的原油全部泄漏到海里（图 3-21）。事故造成的油膜带长达 19 千米，在西北风的作用下这些油膜带飘向法国海岸，在东部沿岸传播开来。泄漏事件发生一个月后，油膜覆盖了超过 300 千米的海岸线，布列塔尼地区的 76 个社区海滩被污染，当地生态环境遭受到难以估计的破坏。这场意外的原油泄漏事故是当时石油工业史上最严重的原油泄漏事故之一，虽然运输船"阿莫科-卡迪兹"号并不属于壳牌，但油轮装载的原油属于壳牌，愤怒的民众最终将怒火撒向了壳牌，公司再次被推向舆论质疑的风口浪尖。

图 3-21 沉没中的阿莫科-卡迪兹号（Amoco Cadiz）油轮

问题频发，壳牌不得不聘请专门机构进行安全运营咨询，以提升公司运营的安全性。1985 年，壳牌首次在石油勘探开发行业中提出"强化安全管理"（Enhanced Safety Management）的构想和方法；1986 年在"强化安全管理"的基础上，形成安全管理手册，即现代石油工业 HSE 管理体系的雏形；1987 年壳牌发布了环境管理指南（Shell Guide to Environ-mental Management，EMG）。

1988 年 7 月 6 日，英国北海海域的帕玻尔·阿尔法（Piper Alpha）石油生产平台发生爆炸事故，最终造成 167 人死亡，62 人生还。阿尔法平台不属于壳牌，但这起事故是全球油气行业发展历史上的一道难以磨灭的伤痕，再次给所有油气公司敲响了安全警钟。公司及行业发生的一系列事故，让壳牌深刻认识到安全、环境、健康的重要性，1989 年再次发布了职业健康管理导则（OHMG）。壳牌借鉴美国杜邦公司的 HSE 管理经验和危害管理技术，把未遂事件等同于有损事故来看待，通过剖析未遂事件发生的深层次原因，形成了一整套具有自身特点的事故预防措施，将运营风险控制在可接受的水平。

1990年，帕玻尔·阿尔法平台事故官方调查报告发布后，英国能源部要求各石油公司建立安全管理体系和安全状况报告制度，壳牌制定出自己的安全管理体系(SMS)，并要求集团范围内的海上作业项目实施"安全状况报告(Safety Case)"。

由于健康、安全、环境危害管理在原则和效果上彼此相似，在实际生产过程中又密不可分，公司最终决定把健康、安全和环境纳入同一个体系进行管理。1991年，壳牌颁布HSE方针指南，同年在荷兰海牙召开了第一届油气勘探、开发的健康、安全、环境国际会议。1994年，经壳牌管理委员会批准，壳牌HSE委员会制定的"健康、安全和环境管理体系导则"正式颁发，这一体系包括壳牌公司HSE管理的11条原则、8条政策和目标，采用EP-55000勘探与生产安全手册。公司同时加强了对员工的HSE管理体系培训，建立"HSE规划"的内部审查制度。同年在印度尼西亚的雅加达召开了油气开发专业的安全、环境、健康国际会议，HSE活动在全球范围内迅速展开。

此后，HSE管理体系作为一个新型的安全环境健康管理体系，得到了世界上大多数石油石化公司的认可，并逐渐成为石油石化行业的行动准则。

第五节　小结与讨论

一、发展与业绩

石油危机之后，壳牌这样的国际石油公司遭遇了前所未有的艰难挑战：进入第三世界获取石油资源不再如探囊取物，石油价格变幻莫测，几大公司不再享有定价权。壳牌及时调整战略方向和经营策略，拓展海域，调整结构，抓住石化产业大发展的机遇，延伸业务链，为企业带来了新的成长。

1. 更稳定的资源结构

资源国国有化运动后，壳牌经过20年的调整，把资源重点放在了欧洲、美洲等社会和经济发展更稳定、油气资源市场更开放的地区，从主要依赖中东、南美等资源大国逐渐发展形成了欧洲、美国、非洲、东亚和中东5个油气资源区域并重的局面。到20世纪80年代末，壳牌在法国、德国、奥地利、荷兰、丹麦、挪威、加蓬、阿曼、扎伊尔、尼日利亚、阿布扎比、印度尼西亚、马来西亚、澳大利亚等27个国家建有勘探开发生产基地，在菲律宾、巴基斯坦、阿根廷等12个国家拓展上游业务。得益于在北海和墨西哥湾地区的发展，壳牌在欧洲和北美的产量一度占据了公司总产量的一半以上，而公司面临的风险也从地缘政治风险转变为地质资源和工程技术风险(图3-22)。

2. 更具韧性的产业链结构

壳牌自20世纪70年代后升级了炼油厂，扩大了可吃进原料油的范围，扩张了石油化工业务，探索了天然气一体化业务模式。公司的整体业务结构更具韧性。

壳牌的天然气业务，在这一阶段实现了从勘探开发、液化、贸易、运输、终端利用各环节能力的建设，为公司后来的天然气一体化业务模式奠定了基础。这种模式不仅为公司增加了总体效益，而且能够很好平衡壳牌天然气业务上、下游之间的能力，以下游带动上游实现协同发展，扩大了公司天然气业务规模。

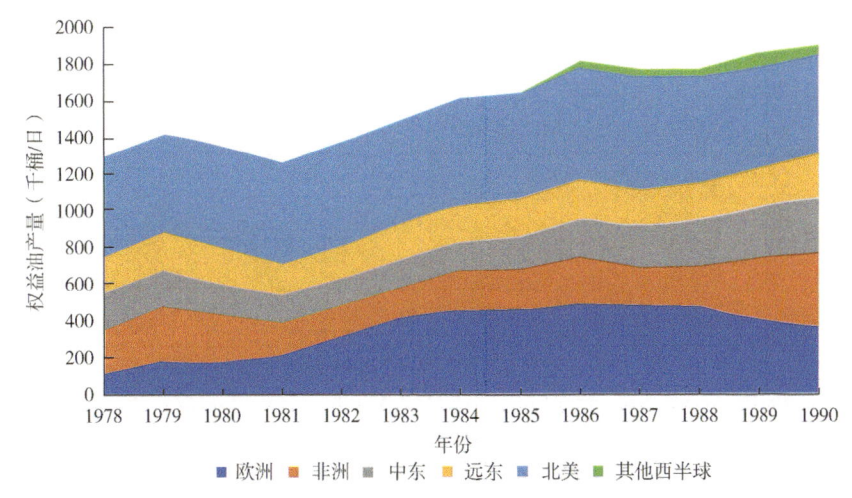

图 3-22　1978—1990 年壳牌按地区划分的权益油产量
数据来源：http：//cgeh.nl/1-data-oil-production

1980 年之后，全球经济发展，石化产品需求量快速增加，化工时代全面到来。壳牌抓住这一时机，在产品和业务区域细分的基础上，精准定位目标市场，通过自建、兼并、合并等手段，成为全球最大的石油化工和清洁剂中介产品生产商之一，也是主要的溶剂供应商和乙烯氧化物及其衍生物生产商，跻身于世界十大化工公司之列。石化产业的发展在给公司创造利润的同时，也弥补了炼油业务低迷带来的问题，而下游业务的良性循环发展同样也能促进上游业务的拓展。

3. 更稳妥的资金结构

20 世纪 80 年代初期，国际石油公司纷纷开展"债务经营"，通过在国际金融市场上的融资活动大量获取资金，再实施兼并重组活动。然而随着 20 世纪 80 年代中后期油价下跌，这些公司普遍资金紧张。为减少债务利息支出，各大公司加强偿还债务。美孚在 1985 年的资产负债率是 49%，为了降低负债率，不得不在 1985—1987 年的 3 年间偿还债务 44.4 亿美元；雪佛龙公司的负债率 1984 年为 51.2%，1988 年降低到 33.1%。这些大规模偿还债务的行为必然影响公司扩大再生产资金的投入，降低公司竞争力。

壳牌在这个过程中一直保持着较低的资产负债率，公司的长期债务与动用资本的比例在 1984 年到 1988 年间由 21.2% 降到了 11.6%，是所有石油公司中资产负债率最低的，为公司顺利度过 1985 年后期的油价下滑阶段创造了有利条件。

4. 更优秀的经营业绩

从图 3-24 可以看出，世界排名前三的跨国石油公司埃克森、壳牌和 bp 都在 20 世纪 70 年代借着油价的急速攀升的机会，实现了利润的大幅增长，尤其是壳牌，1979 年的净利润的巨幅增长，让公司超越了埃克森，当年在所有一体化国际石油公司中占据利润榜首（图 3-23）。

埃克森的销售业绩一直在几大公司中保持领先，但 1979 年之后受美国经济衰退影响，埃克森销售量持续下滑，而壳牌通过调整销售策略，在不景气的市场中保持了销售量的增长。1983 年壳牌油品销售量 418 万桶/日，反超埃克森，之后一直到 1998 年，埃克森和美孚合并之前，壳牌都把持着油品销售冠军的地位（图 3-24）。

图 3-23 20 世纪 70 年代三大石油公司净利润

图 3-24 1970—1990 年壳牌油品销售业绩

1985 年后虽然受到石油价格暴跌的影响，壳牌销售额呈现下降趋势，但净利润并没有同比减少，尤其净利率还有所增长，并在 1989 年创造了公司净利润的历史新高（表 3-18）。

表 3-18 1980—1989 年壳牌业绩变化

年份	销售额(亿英镑)	净利润(亿英镑)	净利率(%)
1980	413.02	22.25	5.39
1981	486.40	17.97	3.69
1982	568.77	19.93	3.50
1983	633.97	27.54	4.34
1984	765.58	36.48	4.77
1985	759.73	30.32	3.99
1986	576.76	25.40	4.4
1987	617.27	28.83	4.67
1988	575.70	29.41	5.1
1989	669.96	39.54	5.9

二、讨论：壳牌"柔性战略"能力的构建

柔性战略是指在动态的经营环境下，企业在既定目标下，通过准确识变、科学应变、主动求变以主动适应并利用环境的变化，甚至是制造变化来进一步提升竞争力而制定的一组可供选择的战略方案及相应的行动规则。

柔性战略强调战略的博弈性而不是战略的计划性，强调直接利用变化和主动制造变化来提高竞争力，而不仅仅是适应环境变化，以"企业"为主，通过预测环境和竞争对手的变化趋势，主动利用和制造变化，创设新环境和新的规则，并从中确立自己的竞争优势。而且，这个创新不仅仅是企业家的创新，也是员工与组织的整体创新。因此，柔性战略是充分发挥人的灵活性以适应环境的战略，需要企业不断地累积性学习，着重企业组织的协调能力、整合能力和灵活性。

从这个角度看，壳牌在20世纪70年代欧佩克崛起、"石油七姊妹"掌控全球油气资源的体系崩坍之后，通过提前布局，迅速转变业务重点，将上游业务向美国陆上、墨西哥湾、北海转移，虽然也受到了影响，但总体上游业务化危为机，成长为海上勘探开发业务的先驱。不得不说，这就是壳牌柔性战略能力的体现。

1. 情景规划是"柔性战略"实现的基础

柔性战略是一种动态的战略观点，所以企业要更注意外部环境的不连续性变化，在行业的变化中必须进行战略定位的转变，创造机会和新的竞争规则，同时注意自身在战略使命、组织效能的动态适应。

从这一角度来说，情景规划就是企业在提前预测动态发展的趋势，并依此迅速实现战略和决策的变化，在竞争上占据更大优势的最佳工具。情景规划的特点在于系统思考，它与通常的战略规划最大的不同就是，不以牺牲规划的复杂性为代价来换取决策的速度。它不是从原则和信念出发，而是从企业对商业环境的切身感知出发，通过系统思考来判断事物和环境演进的趋势、形态，识别影响变化趋势的各种因素。情景规划是基于一连串的逻辑和经验事实的推演形成的，本质上是一种防御机制，让管理者在应对突发危机时能够处变不惊，既不会阵脚大乱，也不会无动于衷。

另外，情景规划是一种自带反馈功能的规划工具，而保持柔性战略要求企业在战略实施过程中必须具备战略反馈能力。战略反馈能够对公司应对外部环境变化战略进行审查和纠正。企业能够通过战略反馈了解战略实施过程中的不足、错误和不合理的内容，及时发现和调整。战略反馈是战略管理的关键环节。企业的战略反馈能力是指评估转型企业战略以确定其是否适合企业发展的能力。对企业战略的评估不同于对企业绩效的评估。主要目的是分析公司的业务运营是否符合公司的战略要求。公司战略的评估和反馈基于企业的内部和外部环境以及业务绩效。分析企业当前的战略是否符合企业发展的目标，是否符合企业的要求。对企业战略的反馈应侧重于企业战略转型的成本，企业战略转型后企业绩效的变化以及企业的潜在机会和长期竞争优势。

壳牌在"情景规划"中注重对"情景"的预测和描述。在壳牌看来，情景的设定往往需要数月甚至数年，最终能形成一个易于记忆，有逻辑的故事情节，而绝不是简单的关于油价高低或某个因素做的假设。壳牌强调情景规划的目的并非预测未来，而是使得决策者在考虑未

来事务时能够深入地理解关键驱动因素与不确定性，以免"一叶障目，不见泰山"，并依据不同情景，围绕战略目标设定行动方案。因此，情景规划本质上也是对企业面临的环境进行分析，形成一组可供选择的预防机制，让企业能够在面对变化的时候系统地提出适应未来不确定环境下可能的解决方案，为企业全面的、更为柔性的战略规划奠定基础。

壳牌在进行情景规划的过程中，会邀请能够对商业环境进行全面前景预测的人一同参与情景规划，全面收集参与情景规划人员的观点和看法，涉及的领域包括对社会、经济、政治、科技等方面将可能发生的大的变动的预判，综合来发现驱动石油行业改变的影响因素，挖掘事物背后的关系，预判趋势。此外，还针对每种不同的危险设定了明确的预警信号，通过监测预警信号的变化，及时判断悄然变化的环境和局势。过程的复杂性提高了战略的敏感度，局部工作的烦琐性带来的是公司整体路径的简洁性和迅捷性，所以壳牌管理层普遍拥有一个共识，那就是"拥有健全的战略可以降低而非增加管理工作的复杂性"。

壳牌在组织内部倡导"情景化思维"，要求员工都尽可能进行系统思考、激发想象并遵循逻辑。壳牌从高层管理者到普通员工都会充分利用情景化思维，虽然应对措施都是针对假定情景制定的，但壳牌对此的态度非常严肃、严谨。任何员工都需要进行认真准备，保证一旦出现设定情景，可以马上执行应对预案。壳牌经常向各分公司灌输"危机意识"，曾经要求各地的分公司每年举行4次石油供应突然中断的"演习"，以及由122艘油轮组成的壳牌船队在遇到突如其来的"意外"时的大规模"演习"，以此提升公司的危机反应能力。在这样的环境中，壳牌"情景规划"实施过程就成了一种自然而然的组织行为。

20世纪六七十年代，石油供应大趋势从稳定平滑增长向供不应求方向发展，原先由跨国石油公司主导的买方市场向由石油输出国控制的卖方市场转变。虽然壳牌的规划人员不可能准确预测出欧佩克的突发行为，但他们预见到了欧佩克必将采取大动作，以及随之带来的世界油价飙升。这一预见让壳牌之后的战略决策改变有了"提前量"，得以提早布局，将石油危机带来的冲击降到了最低，并将油价飙升带来的利益最大化。所以情景规划本质上就是为公司形成一组战略方案及相应的行动规则。有了情景规划这个工具，壳牌的战略才具备保持柔性的前提条件。

2. 企业能力是"柔性战略"实现的核心

柔性战略能力本质上是企业基于外部环境进行动态调整的能力，要求企业能够通过主动适应并利用环境的变化，甚至是制造变化来进一步提升竞争力而制定的一组可供选择的战略方案及相应的行动规则。

柔性战略是基于能力的战略，它的制定和实施的一个基本点就是企业的核心能力。理论上讲，企业能力是"组织中的累积性学识，特别是关于如何协调不同市场机能和有机结合各种技术流的学识"。但在这里，我们所探讨的能力是特指有效使用资源、协调资源流程的各个过程的力量，是企业能在探索、创新、协调各方面所体现出的适应性、开拓性和竞争性，是能力柔性效果的反映。另外，企业能力的发挥程度与资源的支持密切相关，因此，能力柔性不仅包括自身构成要素的整体协调，而且还涉及资源—能力的相互促动。

首先，柔性战略的实施，要求企业要具备战略转换能力，壳牌的这一能力与壳牌的企业基因密不可分。在第一章中我们讨论过，壳牌的基因有几个特点：第一，壳牌不是单纯的油气生产商或者销售商,而是"能源商人",即在公司的业务中有着很大的贸易成分,这种贸易成分决定了公司的业务链必然比单纯的生产商或者销售商更加平滑。第二,壳牌从诞生之日起就是一个国际化的公司,公司无论是战略规划还是生产组织,以及企业文化都是国际化的。这样的特质使得壳牌的业务更为分散,相对的,风险也相对分散,业务重点的变化也就更为灵活。壳牌的国际化和 bp 当时的国际化还不同,bp 的主要资源地都集中在中东,尤其以波斯为主,20 世纪 50 年代伊朗国有化风波和苏伊士运河危机后,bp 开始"双线战略",一方面依靠国家权力向伊朗政府施加压力,试图恢复在伊朗的资源份额,另一方面开始探索北海和美国阿拉斯加北坡。相对 bp,壳牌在早期资源地就遍及除了中亚里海地区之外的全球各大盆地,并且早早进入美国、澳大利亚、加拿大等资源禀赋较好的国家和地区,所以在资源国民族化浪潮中壳牌虽然也受很大影响,但能够迅速安全转移业务重点,并逐渐发展形成欧洲、美国、非洲、东亚和中东 5 个油气资源区域并重的局面。壳牌的第三个基因特点来自壳牌运输,即强悍的海上运输能力。这一方面加强了壳牌作为能源商人的灵活性,另一方面,也为壳牌的上游业务向海上转移探索提供了天然的便利。油气贸易决定了产业链的柔性,国际化决定了风险分散程度,海洋船运决定了从陆地向海洋转型中具备了一定的先天便利性。这就使得壳牌的战略具有了基于外部环境进行快速动态调整的能力。

其次,我们在这一章也介绍了壳牌"更柔韧的产业链",即壳牌在业务链中加入 LNG 全产业链业务、在化工领域始终处于前沿领军地位,并且开始探索和储备非常规油气勘探开发技术,这些都为企业增加了面对突发情况的能力。

3. 企业文化为战略柔性实现提供了支持

企业资源分为有形资源和无形资源,当企业在实施新战略时,企业文化会对新战略能否顺利实施产生关键影响。要求企业能够主动去适应环境的变化,跳出被动的圈子,使自己的主观能动性得到充分发挥,去改善自己赖以生存的环境甚至影响环境。

企业文化对于战略的影响是两个方面的,一方面,坚持核心价值观的企业文化,可以为企业战略的刚性提供约束,《基业长青》一书中提到"高瞻远瞩的公司小心地保存和保护核心价值,但是核心理念的所有表象却都可以改变和演进……日久年深之后,文化标准必须改变,策略必须改变,产品线必须改变,目标必须改变,权限必须改变,管理政策必须改变,组织结构必须改变,奖励制度必须改变,到最后,公司如果想成为高瞻远瞩的公司,唯一不应该改变的是核心理念。"多年以来,壳牌的企业核心价值观都是"诚实、正直和尊重他人"。壳牌坚持认为增强信任,开诚布公,协作精神,专业精通,以自己从事的事业为荣,这一切都具有十分重要的意义。

在企业的不断发展中,真正为企业带来前进动力的是企业核心价值。无论外界环境如何变化,核心价值始终能够帮助企业明确长期奋斗目标。在企业战略管理中,核心价值不仅能够提升企业战略制定与执行的连贯性和一致性,而且能对企业战略制定、执行产生一定的约束效果。这种约束效果有助于形成企业的战略刚性,它是积极的,能保证企业始终在正确的方向上进行合理的探索,并达到最终目标。

而另一方面,开放的企业文化又可以加大企业战略的柔性。如今,快速变化的经营环境使得开放、分享、协同、共赢成为实现企业战略柔性的关键要素。开放型组织能够协同不同的主体以不同的方式进行合作，使企业有更多的资源配置选择，有更有韧性的战略调整空间，使得企业有更多的灵活性。而学习型组织是现代企业在动态竞争环境中的基本要求。学习型组织是通过培养学习氛围，充分发挥企业成员的创造性思维而建立的一种高度柔性的、扁平的、符合人性的、能够持续发展的组织形式，核心是培养和提高组织学习能力。一个组织只有成为学习型组织、具备快速学习能力，才能够帮助企业在制定战略时主动预测并及时做好迎接变化的准备，掌握主动权，随机应变，建立战略柔性。从长远看，建立学习型组织要求企业必须有能力比竞争对手学习得更快，才能获得并维持持久竞争优势。壳牌前任集团规划主管阿里·德赫斯曾说："在壳牌公司，我们的发现或想法只要不是踏步不前，就不必秘而不宣。只要我们不断地学习创新，并将新的构思运用到工作中去，那当别人来效仿我们的时候，我们已经遥遥领先了。"

三、启示：从"规划"到"情景规划"

我国几大国有石油企业也拥有完备的规划制度和体系，每5年发布一次五年计划，并会根据行业变化出台一些专项规划。但与壳牌备受追捧的情景规划不同，我们的规划常常被评价为"规划规划，纸上画画，墙上挂挂"。产生这种问题的原因在于：

二者形成的企业文化和历史背景不同。我国石油企业规划体系的形成过程：1953年我国开始制定第一个"五年计划"，主要是对国家重大建设项目、生产力分布和国民经济重要比例关系等做出规划，为国民经济发展远景规定目标和方向。为了与国家"五年计划"相衔接，我国各个行业和企业建立了完备的规划制度和实施体系。在这种环境中成长的大型国有企业，是国家目标的分解者和践行者，强调的是"有条件要上，没有条件创造条件也要上"的拼搏精神和亮剑精神。

所以在这两种环境中形成的规划，一个是柔的，一个是刚的。

二者关注重点不同。壳牌在"情景规划"中注重对"情景"的预测和描述。我国石油企业目前的多情景模式一般只是以油价和需求作为变量，简单设定"高、中、低"三种情景，本质上强调的还是这些情景下可实现的具体"目标"，以及实现这些具体目标的具体路径。

二者的复杂度不同。我们的企业在制定规划中，重点是围绕一个战略目标进行定量展开，要包括生产、经营、效益等各类指标的测算，以及总体规划与专业规划、上一级规划和下一级规划在各类指标上的衔接，是一个从上到下，从边界到中心逻辑严密的数据体系。但这种复杂的数据体系却是建立在一个简单的情景设定前提下，刚性有余韧性不足，当外部环境出现剧烈变化时，就会发生"坍塌"。

所以我国的油气企业提升柔性战略能力的第一步，就是把规划向情景规划转变。

我国石油企业规划编制中强调"目标"，有时候会出现"目标"与现实情景差距过大。远大而鼓舞人心的愿景、基本原则和漂亮的架构蓝图虽然能在特定情景下激发斗志，鼓舞士气，但是在缺乏可长期依托的导入情景时，是无法真正激发具体实施人员的热情和积极性的，从而导致实施过程变成了执行命令和完成任务的过程，一旦遇到困难就难免形成"抵制"和不作为的工作氛围，或者为了某一目标的实现牺牲其他关键环节的可持续性发展，致使总体效果打折扣。

我们研究和对比我国企业的"规划"与"情景规划"的区别，并无意强调二者的好坏，毕竟我国石油行业在中华人民共和国成立以来经历了从无到有的艰难蜕变过程，现在已经在全球油气领域拥有了无法替代的地位。而规划在这中间发挥的引领作用是不可磨灭的，规划的目标导向是石油精神的具体体现。但是我们也不得不承认，当我们的石油企业从计划走向市场、从国内展布全球时，我们不仅需要这种攻坚克难精神，在面对越来越复杂的环境，在"黑天鹅"和"灰犀牛"层出不穷的今天，更需要灵活度和柔韧性，从"规划"向"情景规划"转变，才能下好先手棋，具备实现"一张蓝图绘到底"的勇气和智慧。

参考文献

[美]彼得·圣吉著，张成林译. 2009. 第五项修炼：学习型组织的艺术与实践[M]. 北京：中信出版社.

蔡丰. 2010. 亲历壳牌：企业帝国的管理细节[M]. 北京：机械工业出版社.

单维礼. 1989. 壳牌石油王国的化工技术[J]. 现代化工，9(4)：35-38.

李秋成. 1994. 壳牌石油公司的三维采集[J]. 国外油气勘探，6(6)：737.

林党恩. 1991. 拟除虫菊酯类杀虫剂的发展与现状[J]. 福建农业科技，22(2)：26-27.

罗佐县，雷江西. 2010. CO_2驱油：非主流的主流嬗变[J]. 中国石油石化，13(10)：42-43.

[美]詹姆斯·柯林斯，杰里·波勒斯著，真如译. 2006. 基业长青：企业永续经营的准则[M]. 北京：中信出版社.

彭剑锋. 2010. 百年壳牌[M]. 北京：机械工业出版社.

任健瑾. 2009. 新加坡石油化工产业集聚及影响因素分析[D]. 长春：吉林大学.

谭家翔. 2016. 深水FPSO发展现状与趋势. 船海工程，45(5)：65-75.

汪慕恒. 1986. 文莱的石油及其经济发展[J]. 南洋问题研究，8(2)：91-97.

汪慕恒. 1994. 新加坡的炼油工业[J]. 东南亚石化市场研究，5(7)：8-15.

王才良，周珊. 2011. 石油巨头——跨国石油公司兴衰之路（下）[M]. 北京：石油工业出版社.

杨艳，何艳青，吕建中. 2015. 壳牌公司"情景规划"的实践与启示[J]. 国际石油经济，23(9)：36-41.

[英]安东尼·桑普森. 1979. 七姊妹：大石油公司及其创造的世界[M]. 上海：上海译文出版社.

曾永学. 2003. 学习型组织文化模式研究[D]. 合肥：合肥工业大学.

张洪伟. 2007. 壳牌煤气化技术的应用前景分析[J]. 电力环境保护，23(5)：57-59.

郑振安. 2000. 世界GTL技术的进展[J]. 化肥设计，39(3)：5-8.

Francis Odionyi Omadede. 2012. Learning Organization Practices at Kenya Shell Limited[R]. 74.

J. Kenneth Klitz. 1980. North Sea Oil: Resource Requirements for Development of the U. K. Sector[M]. International Institute for Applied Systems Analysis, 260.

Lars Carlsson, Niels Fabricius. 2005. From Bintulu Shell MDS to Pearl GTL in Qatar: Applying the lessons of eleven years of commercial GTL experience to develop a world scale plant [R]. 12.

Robert Barnes. 1972. International Oil Companies Confront Governments: A Half-Century of Experience[J]. International Studies Quarterly, 16(4): 453-471.

Rob Jager. 2012. Process Safety Management in Shell[R]. 21.

Shell, ExxonMobil. 2016. Mighty Brent: 40th Anniversary of First Production[R]. 16.

Shell Upstream Americas. 2012. Shell Contractor HSE Handbook[R]. 21.

Lessons from Shell's Rise to Prominence

壳牌发展启示录

第四章

艰难征程
（1990—2005年）

壳牌发展启示录 | Lessons from Shell's Rise to Prominence

20世纪80年代末至90年代末，世界经济再度陷入衰退，低油价时代随之来临，石油公司不得不转向低成本战略。除了低迷的油价，气候问题也逐渐从民间讨论发展成为官方共识，相关非政府组织影响力不断加强。1993年经济学家提出的"资源诅咒"为越来越多的研究者和政府所关注。这一切，都将矛头指向了在油气市场中赚得盆满钵满的石油公司。曾经庞大而刻板的石油公司的报告中开始充斥"变革""调整"等词语，对于这些国际石油公司而言，20世纪90年代是令人失望的时代，是艰难而动荡的时代。

最终，漫长的低油价带来了20世纪末石油公司的"世纪大并购"。壳牌并未参与"世纪大并购"，错过了通过并购调整资源结构的时机，虽然也采取了一系列的变革和调整措施，但这家弥漫着"皇家气息"的傲慢公司不得不承认，他们面临着新的挑战：如何实现油气资源的有效接替？如何在民众日益高涨的反石油公司情绪中，继续维持良好的公司形象？

这段艰难的征途，是"危"与"机"并存的。

第一节 "危"与"机"并存的时代（1990—1998年）

一、"令人失望的时代"

1. 第三次石油危机

国际政治史把1989年称为"东欧年"，从这一年开始，"东欧"这个词语从一个政治概念变成了一个地理概念。被称为"天鹅绒革命"的和平变革从波兰开始，席卷整个东欧共产主义阵营，从北向南，从慢到快，从和平到暴力，变革的速度出乎了所有人的预料。

剧烈动荡的不只是东欧地区。1990年8月2日，伊拉克入侵科威特，海湾战争（Gulf War）爆发。伊拉克军队推翻科威特政府，宣布科威特"回归"，大伊拉克"统一"。1990年8月3日，联合国安理会通过了"660号决议"谴责伊拉克入侵科威特的行为，要求伊拉克无条件将所有军队撤出科威特。在一系列协商失败之后，以美国为首的多国部队取得联合国授权，于1991年1月17日对科威特和伊拉克境内的伊拉克军队发动军事进攻，即后来媒体通称的"沙漠风暴行动（Operation Desert Storm）"。主要战斗包括历时42天的空袭以及在伊拉克、科威特和沙特阿拉伯边境地带展开的历时100小时的陆战。多国部队以轻微代价重创了伊拉克军队，取得决定性胜利。伊拉克最终接受联合国安理会第660号决议，从科威特撤军。1991年2月25号，科威特正式宣布解放，3月15日，科威特酋长在被驱逐超过8个月后回国。伊拉克军队被迫从科威特撤军时，为了延缓美军的袭击，打开了油井阀门，破坏了输油管道，造成了史上最大的石油泄漏事件，约100万吨原油流进了波斯湾，油膜覆盖区域甚至比整个夏威夷岛屿的面积还大（图4-1）。

图4-1 海湾战争中的石油泄漏
图片来源：Per-Anders Pettersson

战争初期的两个月，考虑到开战后海湾地区油田设施遭到破坏和欧佩克消极维持现有产量的可能性，国际原油价格从 15 美元/桶上升至 30 美元/桶，最高甚至达到 42 美元/桶，第三次石油危机爆发。"沙漠风暴行动"开始之后，战争造成的伊拉克和科威特的石油减产很快被欧佩克其他国家的增产弥补了，原油市场供应充足，油价迅速下跌至 20 美元/桶左右。与前两次石油危机不同，这一次由海湾战争引起的石油危机，虽然石油价格波动更为剧烈，但持续时间也更短。

2. 疲软的经济

"沙漠风暴行动"虽然解放了科威特，却没能挽救世界经济。以冷战结束为标志的雅尔塔体系解体对德国和其他欧美国家带来的冲击余波仍在，伊拉克上空的硝烟尚未散去，就爆发了世界性的经济危机。1991 年，全球 GDP 增长率跌破 2%，美国、英国、加拿大等国经济出现负增长（表 4-1）。美国首当其冲，危机很快波及加拿大、日本、欧洲和澳大利亚等西方国家。日本深受"泡沫经济"之苦：1991 年初，日本四大证券公司舞弊丑闻被曝光，以此为爆发点，整个经济形势急转直下，从泡沫景气转为衰退和萧条，20 世纪 90 年代成为日本经济"失去的十年"；德国深受"统一经济"之苦：东、西德统一后，全国经济为提高间接税、紧缩银根政策和高利率付出了代价，德国也成为这次危机中受打击最严重的国家；美国则受"债务经济"之苦。1993 年 7 月 9 日西方七国东京首脑会议《经济宣言》宣称：北美地区经济虽在"继续回升"，但速度"缓慢"，欧洲"虽在某种程度上出现了回升的征兆，但依然处于显著的萧条之中"，日本"在一定程度上开始回升"，并说七国的失业人数已达"难以忍受"的程度。

表 4-1 世界主要国家经济增长率（1988—1994 年）

年份	经济增长率(%)									
	全球	美国	日本	加拿大	英国	法国	意大利	德国	瑞典
1988	4.7	4.1	6.8	5	5	4.3	4.3	3.7	2.7
1989	3.8	3.5	5.3	2.6	2.2	4	3.4	3.9	2.8
1990	2.9	1.9	5.2	0.2	0.7	2.7	2.1	5.7	1
1991	1.6	−0.2	3.4	−2.1	−1.4	1.2	1.5	5	−1.1
1992	2.5	3.3	1	0.9	0.2	1.7	0.8	2.3	−1.2
1993	2.4	2.7	0.2	2.3	2.3	−0.8	−0.9	−0.8	−2.1
1994	3.8	4	1.1	4.8	4.3	1.5	2.2	2.6	3.9

数据来源：IMF2007 年 3 月份发布的世界经济展望（WEO）。

3. 低迷的油价

经济衰退造成世界石油需求疲软。1989 年油价跌破 20 美元/桶，1990 年短暂回升至 24 美元/桶，之后开始持续性下跌，到 1993 年年底已经不足 15 美元/桶。

"1992 年才是国际石油公司营业状况空前恶化的一年。"然而，到 1993 年情况更糟，壳牌的营业收入从 1990 年的 247.9 亿美元下降到 210.9 亿美元，利润从 1990 年的 66 亿美元骤降到 44 亿美元。"各西方石油公司的营业状况突然改变了 1990 年以前'东方不亮西方亮'的各部门互补、互相支持的相对平衡的局面，而陷入了一种'四面八方一起黑、各项业务都恶化'的严重处境之中。"

1996 年下半年爆发的东南亚金融危机，导致刚刚自经济危机中缓慢复苏的世界原油需求再次动荡。供给方面,海湾战争之后委内瑞拉为了抢占美国市场,开始大量增产,1997年沙特阿拉伯采取报复性增产措施,一时之间国际原油市场因欧佩克两大巨头内斗出现供大于求的局面,国际油价应声下跌,在1998年12月底甚至仅有10.56美元/桶,达到1973年石油危机前的水平(图4-2),创造了新的历史最低点。

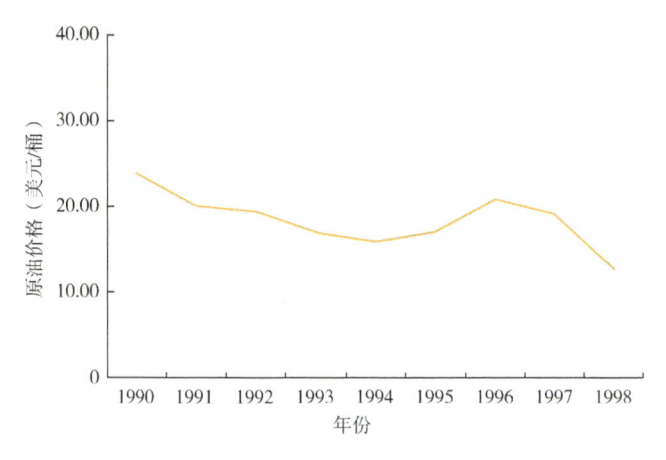

图4-2 国际原油布伦特价格波动曲线(1990—1998年)

二、王者回归——里海

整个20世纪90年代并不总是令石油行业灰心丧气的,意想不到的变化也为国际石油公司带来了新的机遇。

"铁幕"拆除,柏林墙倒塌,民主德国和联邦德国合二为一,随之而来是1991年的苏联解体。民主制度和市场经济随着革命呼啸而来,席卷了东欧、亚洲、非洲乃至拉丁美洲。世界格局被重塑,国际贸易也重新开始。

苏联解体,拥有丰富石油天然气资源的各独联体国家作为重要的能源供应方正式进入世界石油体系,改变了产油国这一群体的构成。然而紧随而来的低油价导致里海周边的国家石油收入锐减,政府财政困难。阿塞拜疆、哈萨克斯坦,甚至俄罗斯,都先后对西方石油公司打开了资源的大门,希望这些公司能带来新的技术和资金与政府共同开发庞大的油气资源,增加国家收入,维持社会的稳定。对于国际石油公司来说,曾经横亘在两个世界间的由于政治制度而隔绝的大门,被缓缓打开了。世界石油市场至此不再东西对峙,而成为一个统一市场。

里海地区巨大的石油资源量,是任何一家西方石油公司都不能不动心的。里海周边的俄罗斯、哈萨克斯坦、土库曼斯坦、阿塞拜疆和伊朗5个国家,则是国际石油公司最为看重的地方。

在俄罗斯,1991年叶利钦政府开始推行"自由市场改革",1993年颁布《产量分成法令》,正式向资本市场打开了能源大门。1995年俄罗斯完成了石油天然气行业的私有化改革。

在阿塞拜疆,20世纪90年代最初的几年里,国际石油公司组成各种财团,与不断更迭的阿塞拜疆政府就油气业务进行谈判,均未能取得成效。1993年,盖达尔·阿利耶夫掌管阿塞拜疆政权,1994年9月,在阿利耶夫的主持下,阿塞拜疆与来自7个不同国家的10家石油公司签署了"世纪合同",对西方打开了国家油气产业的大门。

哈萨克斯坦1991年独立,纳扎尔巴耶夫成为国家主席。因缺乏开发近海油气资源的资金、装备和人才,哈萨克斯坦也向外国公司开放了里海地区油气资源。而土库曼斯坦总统尼亚佐夫是原土库曼斯坦共产党第一书记,在对待油气产业上也有着开明和自由的态度。

时隔近70年,里海的油气资源再次向西方世界打开了,各大石油公司各显神通,想要在里海周边广袤土地下蕴含的丰富油气资源中分一杯羹。然而,在里海周边五国等待着西方石油公司的,不仅仅是全新的资源和广阔的市场,还有曾经被政治矛盾掩盖的民族矛盾、地域冲突和文化差异。

第二节 低成本之道

整个20世纪90年代,对于壳牌和其他石油公司一样,"轻松赚钱的时代已经过去了"。"我们无法控制市场的油价,但能够控制自己的开支,并使之保证自己从销售中获得可能获得的最大利润。我们不能寄希望于形势的好转,我们要依靠自己的力量成长并创造自己的机遇。"

一、经营之道:合纵连横

20世纪80年代美国化工行业兴起了以"企业合并、业务交换、合办公司"为主要手段的企业经营模式。业务合并有利于形成规模效应,业务交换可以让两家公司优势互补,使强项业务获得领先地位,合办公司则可以增强优势,发挥强项,增强在某一领域的竞争能力。这种模式非常有利于降低成本,因此在经济衰退、各个行业都受到冲击的20世纪90年代,迅速推行到欧洲和日本,成为20世纪90年代的企业经营的世界性潮流。壳牌借鉴了这种方式,通过调整、改变经营策略,来适应世界"急转弯"式的变革。

1. 联合做大做强

壳牌在20世纪90年代调整了化工产品发展思路,将化工产品组合聚焦在裂解产品、石化产品和重质聚合物上,强调新增投资组合与当前业务互相关联性。壳牌提出的目标是:在技术领先的前提下,建设和运营世界级工厂,通过扩大规模来降低成本、提升市场占有率。

在化学品领域,1998年壳牌与英国的帝国化工(Imperial Chemical Industries,ICI)形成了聚氨酯业务的战略联盟。1999年11月与巴斯夫全面合并二者的聚烯烃业务,形成聚丙烯全球最大的、聚乙烯全球第四的生产能力。而壳牌所有联合做大做强的交易中,最大的一笔是与蒙特爱迪生(Montedison Grop.)集团的化工业务合并。

蒙特爱迪生是意大利最大的私营化工集团之一,由两家历史悠久的化工公司蒙特卡蒂尼(Montecatini S.P.A.)和爱迪生(Soeieta Edison)在1966年合并组成。蒙特卡蒂尼始创于1888年,主要从事铜矿和硫黄的开采,20世纪20年代进入化工领域,20世纪50年代成为全球化肥、合成纤维和染料的主要生产商,也是意大利最大的化学和采矿企业。爱迪生公司创建于1884年,最初以经营电力为主,第二次世界大战结束后,业务范围大幅增加,囊括了钢铁、电子设备、家用器具、机床生产等领域,20世纪50年代拓展到化学与合成纤维领域。

蒙特爱迪生与意大利石油巨头埃尼公司曾有过一段短暂的联手,1989年,两家公司合资,创办了埃尼蒙特(Enimont)公司,各控制40%股份。但是,由于各种原因,这次合作仅维持了一年便匆匆收场。到20世纪90年代,全球经济衰退,蒙特爱迪生公司经营不力,债台高筑,1992年债务已经达到了16.5万亿兰特(112亿美元)。为改变这种状况,公司着手进行改革,采取了产业结构调整、裁员、私有化等措施,但效果并不显著,在意大利银行的干预下,蒙特爱迪生才免于破产。1993年公司更换了高层领导,新领导层提出的恢复计划中包括出售股份筹集资金、延迟偿还贷款利息和剥离非核心资产等。

而此时,持有雄厚资金的壳牌正在市场上寻找能把公司的化工业务做成"巨无霸"的伙伴,于是化工实力同样超群的两家公司一拍即合。1993年12月20日,壳牌与蒙特爱迪生正式签署协议,把两家公司大部分聚丙烯和聚乙烯的业务进行组合,以50∶50的股权比例成立蒙特尔聚烯烃(Montell Polyolefins.,以下简称蒙特尔)公司,重组工作于1994年完成。聚丙烯(Polypropylene),简称PP,一种半结晶的热塑性塑料,具有较高的耐冲击性,机械性质强韧,抗多种有机溶剂和酸碱腐蚀。在工业界应用广泛,包括包装材料和标签、纺织品、文具、塑料部件和各种类型的可重复使用的容器,实验室中使用的热塑性聚合物设备、扬声器、汽车部件和聚合物纸币,是常见的高分子材料之一。聚乙烯(polyethylene),简称PE,大量用于制造塑料袋,塑料薄膜,牛奶桶等产品,也是日常生活中最常用的高分子材料之一。

蒙特尔旗下拥有蒙特爱迪生集团几乎全部聚烯烃业务、壳牌的大部分相关业务(仅部分合资企业以及在德国、新加坡和日本的股份、壳牌美国的聚烯烃业务未参与此次合并),还包括有关原材料的生产和聚烯烃研发方面的业务,总资产达60亿美元。蒙特尔在世界范围的PP生产规模为310万吨/年,约占世界生产能力的18%,居当时世界石化公司之冠,是第二名AMOCO生产能力的近三倍。蒙特尔的PE产能为70万吨/年。

壳牌当时的CEO彼得·沃格特兰德(Peter Vogtländer)强调,这次合作是因为"合作伙伴在合资企业中所具有的互补优势。蒙特爱迪生出色的通用技术和差异化的产品范围非常适合壳牌的原料整合和财务实力。"从地理位置上看,这场合作也非常理想:蒙特爱迪生在欧洲南部拥有强大影响力,而壳牌在欧洲北部一直都保持优势;壳牌在澳大利亚的工厂与蒙特爱迪生在泰国、中国台湾和马来西亚的业务相匹配。

蒙特尔集两家公司化工业务之长,自诞生之日起就雄踞行业之巅,大有占领全球聚丙烯和聚乙烯市场供应的趋势。然而,让两家公司高层没能料到的是,过于庞大的业务规模很快惹来了同行的不满和政府相关管理者的不安——联合碳化物公司(Union Carbide Corp.)以垄断为由将蒙特尔告上了法庭。1995年6月美国联邦贸易委员会(The Federal Trade Commission,FTC)认为蒙特尔公司违反了《国际反托拉斯准则》,裁定"要求壳牌剥离(在美国的)聚丙烯和催化剂业务,同意令可以保护其他公司参与聚丙烯许可业务的机会,保护美国出口贸易的能力。"最终,1997年蒙特爱迪生公司以3.59万亿兰特(20亿美元)的价格将其在蒙特尔公司的部分股份出售给了壳牌。虽然刚刚成立了4年的新公司夭折,但壳牌却在这之后进一步扩大了公司在化工领域的实力。

在炼油领域,1998年1月,壳牌、德士古和沙特阿美公司的合资公司Star Enterprises按照35%、32.5%、32.5%的股比联合成立了美国最大的炼油合资企业Motiva Enterprises LLC(以下简称Motiva)。Motiva总部设在休斯敦,日炼油能力达到82.3万桶,拥有14500多个零售站及仓储和码头设施。沙特阿美公司的总裁兼首席执行官阿卜杜拉·朱马(Abdullah

Jum'ah)任 Motiva 的董事长，而德士古炼油和营销业务的前总裁威尔逊·贝里(Wilson Berry)任 CEO。

三家公司的强强联合行为再次招来了美国相关部门的关注，联邦贸易委员会要求 Motiva 必须出售壳牌位于华盛顿州的 Anacortes 炼油厂、德士古在 Colonial 管道中的权益或壳牌在 Plantation 管道中的权益、圣地亚哥县(San Diego county)的加油站、壳牌或德士古在瓦胡岛(Oahu)的码头和零售业务，才批准了此次合并。

同样在 1998 年 1 月，壳牌还联合德士古及沙特阿美一起成立了另外一家下游公司——Equilon Enterprises LLC(以下简称 Equilon)。Equilon 成立之后是美国中西部最大的下游企业，壳牌拥有 56%的股份。壳牌的董事长兼 CEO 成为 Equilon 的董事长，与姊妹公司 Motiva 的遭遇如出一辙，在联邦贸易委员会批准这项合并之前，Equilon 也不得不出售了部分炼油厂和其他资产。

壳牌还和老对手埃克森合作，合并了两家的添加剂业务，按照 50∶50 的股权成立了润英联(Infineum International Ltd.)合资公司，于 1999 年 1 月正式完成合并。润英联由埃克森化工的 PARAMINS 部门以及壳牌石油添加剂联合运营部共同组成，主要进行燃料、润滑油和特种添加剂的生产和销售，总部设在英国 Abingdon。润英联最初的产品为降凝剂，后来又发展了发动机油抗氧剂和抗磨剂技术，近年来研发集中于无灰分散剂和金属清洁剂。这次合作一直延续到现在，时至今日，润英联已经发展成为世界第二大润滑油添加剂供应商，在燃料添加剂领域，尤其是在柴油流动性改进剂方面成绩突出(图 4-3)。

图 4-3 位于江苏张家港的润英联(中国)调和厂

上游业务中，壳牌 1997 年 3 月和美国最大的独立石油公司阿莫科(AMOCO)联手，将两家在美国西南部二叠纪盆地的油田资产合并，成立了阿尔多拉能源公司(Altura Energy Ltd.，以下简称 Altura)，AMOCO 和壳牌的股比为 64%∶36%，总部位于休斯敦。成立之后，Altura 成了得克萨斯州西部和新墨西哥州东部的二叠纪盆地中最大的石油和天然气生产商。这次合并让两家公司减少了重复基础设施建设，提高了经济规模，降低了操作成本。到 1999 年 Altura 每天的产量达到了 11 万桶石油、1.25 亿立方英尺天然气和 18000 桶液体天然气。2000 年 AMOCO 和 bp 合并时，Altura 被以 36 亿美元的价格出售给了西方石油公司(Occidental Petroleum Corp.，以下简称西方石油)。

虽然这一阶段的合并在以后的发展中部分因为公司战略调整，部分因市场法规等原因陆续解体或出售，但在当时，业内的强强联手确实为壳牌扩大企业规模、降低生产运营成本、减少市场竞争、增强企业的市场占有率提供了助力。

2. 聚焦做精做优

除了做大做强核心业务,壳牌在低油价下另外一个重要手段,就是通过聚焦实现做精做优。20世纪90年代这轮低油价下,壳牌聚焦核心的方式有两种,一个是业务交换,另一个是业务剥离。

业务交换就是双方根据需求进行资产的置换,通过置换实现业务整合,降低因资产分散带来的成本消耗。1997年1月,壳牌以路易斯安那州的 Black Bayou 油田作为交换收购了 AMOCO 在密歇根州北部的油气资产。两家在密歇根州的上游资产非常接近,置换后壳牌在该地区实现了连片开发,提高经济规模,降低操作成本。1998年,壳牌与西方石油达成交易,以也门、哥伦比亚、菲律宾和马来西亚的部分石油资产交换马拉帕雅(Malampaya)深水近海气田的所有权益,这次交换增加了公司在西菲律宾海的天然气权益,将短期的石油生产换成长期天然气储量,为公司 LNG 业务的进一步发展提供资源。

业务剥离主要通过资产出售实现。1999年4月,壳牌将其在墨西哥湾大陆架的几乎一半的生产油田(近1/4的原油产能)以7.45亿美元的现金和股票的方式出售给阿帕奇公司(Apache Corp.),出售的资产包括22个油田(其中18个将投入运营),16个未开发区块,已探明储量为1.273亿桶石油当量。1999年5月,壳牌将其位于俄克拉何马州的天然气管输业务 Transok 出售给 OGE Energy Corp.,交易价格约为7亿美元。Transok 管输业务是壳牌子公司 Tejas Energy 的一部分,包括了约5000英里的天然气管道资产。1999年6月,壳牌出售了其在蒙大拿州和北达科他州 Williston 盆地东南外围的油田。

在化工领域,在核心业务做大做强的同时,壳牌化学公司从1998年开始大力重组,再次明确核心业务定位在裂解产品、石油化工基础原料和大宗聚合物,保留业务的资本回报率从12%提高到15%。为此壳牌出售了大约40%的业务,只保留21种化学品业务中的13种,包括9种基础和中间体化学品、2种聚合物(PP、PE)以及催化剂和润滑油添加剂的生产和经营。这次调整,壳牌累计裁员4500人,减少了大约40%的占用资本,降低成本大约3.5亿美元。

图4-4 奥格尔平台

二、业务之道:继往开来

1. 张力腿平台刷新深水纪录

1988年壳牌的"Bullwinkle"导管架平台将开发海域深度推进到1758英尺(535.8米)之后,整个20世纪90年代壳牌继续向更深处探索,到10年之后的1998年,壳牌在墨西哥湾的工作水深已经达到4285英尺(约1300米),开启了超深水时代。

20世纪90年代壳牌在墨西哥湾建设了四座张力腿平台(Tension Leg Platform,TLP),分别是奥格尔(Auger)(图4-4)、火星(Mars)、Ram Powell 和 Uras。

1987年,壳牌在墨西哥湾发现奥格尔(Auger)

油田后决定启动一个庞大的项目：设计并建造了张力腿平台以及相关的钻井和生产设施。张力腿平台的概念萌芽于20世纪50年代，其原理是利用半顺应半刚性的平台产生远大于结构自重的浮力，从而与预张力平衡，以此为生产提供一个相对平稳安全的工作环境。直到1984年，康菲（Conoco）公司在北海515英尺（157米）水深的Hutton油田才成功安装了第一座张力腿平台，标志着这种海洋生产平台正式应用于实际生产领域。虽然这之后又有两座张力腿平台投产，但在1987年，即使在壳牌内部，奥格尔平台也被视为一场巨大的赌博：TLP浮动结构的复杂性以及2864英尺（约873米）的超深水，让这个项目成为壳牌有史以来最复杂的项目。

奥格尔平台的设计、制造、安装历时7年，耗资达12亿美元。在设计过程中，工程师们研究了1900—1984年之间墨西哥湾深水区发生的35次最强飓风及其风、浪特点，分析了这35次飓风有效波高、波周期、频谱及波谱峰值，波方向、风速、风向等数据，估算了100年内可能发生的自然灾害及其等级。并由其计算出了最大、最小张力以及平台偏移的长期概率分布，作为平台参数设计依据。1994年投入运行时，这座平台以接近26层楼高的海拔，矗立在2864英尺的海水里，傲视着墨西哥湾碧蓝海面——它是一座功能齐全的、系在海底的巨型浮动"工厂"，兼具钻探、生产功能，还为工作人员配备了舒适的住所。平台的独特之处在于钻探系统的运行方式类似于深水半潜式无导向钻机，独立的海底井口和横向系泊系统（LMS），可将TLP钻机定位在任何单口井上。TLP钻机具有钻探和飓风两种模式，在钻探模式下，TLP定位在井上方，工作人员可以进行作业，而在飓风模式下，工作人员可以安全疏散和撤离。

也许是对壳牌勇于探索的奖励，奥格尔平台下的海底油气资源潜力比预计的要好很多，奥格尔平台的最终产量达到了10万桶/日。

1996年7月8日，壳牌在墨西哥湾的第二座TLP平台——火星（Mars）平台投产。这座超过了奥格尔、创造了新的深水作业纪录——2940英尺（约896米）的永久性近海TLP平台是由壳牌和bp合作开发的，壳牌拥有大部分股份并担任作业者。Mars设计产能为日产22万桶石油和2.2亿立方英尺（620万立方米）天然气。生产的石油通过一条长116英里直径为18/24英寸的管道输送至洛杉矶Clovelly地区，天然气由一条长55英里直径14英寸的管道输送到西三角洲。这两条管道都是随着Mars平台建设工作同时开展并进行设计安装。

1997年9月，壳牌在墨西哥湾的第三座TLP平台——Ram Powell投产。Ram Powell刷新了此前由Mars保持的2940英尺的纪录，创造了新的世界纪录——3214英尺（约980米）的平台由壳牌、AMOCO和埃克森共同开发，壳牌担任作业者，拥有38%的权益，AMOCO和埃克森各拥有31%。此外，Ram Powell的另一个创新突破就是采用了大井眼采油井和水平井钻井。水平井能够让井眼更多地通过含油地层从而提高单井采收率。壳牌深水开发公司总裁兼首席执行官里奇·帕塔罗齐（Rich Pattarozzi）表示："Ram Powell是我们3年内在墨西哥湾安装的第三个张力腿平台，我们为此感到非常自豪。"

1998年，位于墨西哥湾新奥尔良东南约130英里（210千米）处的Uras平台建成，它以4285英尺（约1306米）的深度打破了Ram Powell仅仅保持了不到两年的深水纪录。壳牌是Uras的作业者，占45.39%的权益，bp拥有22.69%的股份，埃克森和康菲石油各占15.96%。Ursa平台是当时墨西哥湾最大的海上平台，总质量高达6.33万吨，造价高达15亿美元，设计日产3万桶石油和8000万立方英尺天然气。1999年3月8日，Uras平台开始生产，当年平台上的 A-7 井产量创造了墨西哥湾之最。

2. 不断扩大的 LNG 业务

20 世纪 70 年代初至 90 年代末，大量的气田被发现并投入开发，世界天然气储、产量继续增长，1990 年世界天然气产量突破 2 万亿立方米达到 2.1 万亿立方米。随着重大跨国管道、配套储气设施的完善，跨国天然气贸易迅速增长。不仅如此，英、美等主要消费国政府也在 20 世纪 70 年代后逐渐放松了对天然气的交易和价格管制，天然气价格趋于合理水平。20 世纪 90 年代初期，美国率先出现了天然气期货交易，全球天然气产业体系日趋开放、完善，相应地，LNG 的地位在 20 世纪 90 年代末期有了显著提升。

20 世纪 90 年代之前，壳牌的 LNG 生产以文莱、马来西亚等东南亚国家为主，90 年代后期，壳牌开始在阿曼、尼日利亚、澳大利亚等地发展 LNG 业务。

阿曼，全称阿曼苏丹国，是中东地区最大的非 OPEC 产油气国。阿曼位于阿拉伯半岛，靠近阿拉伯海、阿曼湾和波斯湾，扼守着世界上最重要的石油输出通道——波斯湾和阿曼湾之间的霍尔木兹海峡，这使得阿曼连接了世界上一些最重要的能源走廊，在全球能源供应链中占有重要地位。从 1989 年到 1991 年，在阿曼中部发现了大型的非伴生天然气田。密集的勘探使阿曼探明天然气储量大幅提升，截至 2002 年 1 月 1 日，天然气剩余探明储量为 8291.22 亿立方米。阿曼天然气总产量近 81% 来自非伴生天然气田。

1992 年 1 月，在完成了对气田的初期勘探后，壳牌就与阿曼政府签署了建立第一个液化天然气项目的谅解备忘录。1993 年 6 月，阿曼政府（51%）和壳牌（30%）、道达尔（5.54%）、大韩煤气（5%）、Partex（2%）、三菱（2.77%）、三井（2.77%）和伊藤忠（0.92%）共 7 家公司达成了股东协议，合资成立阿曼 LNG 公司（Oman LNG LLC.）。1995 年阿曼 LNG 决定在加尔哈特（Qalhat）投资建设 LNG 工厂，1996 年 10 月阿曼 LNG 与韩国天然气公司（Korea Gas Corporation）签署了第一份长效买卖协议（Sales and Purchase Agreement，简称 SPA）。这份长达 25 年的 SPA 协议规定从 2000 年年初开始，阿曼 LNG 每年为韩国天然气公司提供 410 万吨 LNG；1998 年 10 月，阿曼 LNG 又和日本大阪天然气公司（Japan's Osaka Gas）达成为期 25 年，每年 70 万吨 LNG 的长效协议（表 4-2）。Qalhat LNG 工厂的第一条生产线于 1999 年 12 月完工，2000 年 2 月开始试生产，2000 年 10 月正式启用，2001 年 4 月将第一批产品发往韩国。截至 2005 年年底，Qalhat LNG 工厂的产量达到 370 万吨/年。

表 4-2　阿曼 LNG 贸易情况（截至 2001 年底）

进口公司	进口量（万吨/年）	合同期	合同生效期
韩国天然气公司	410	25 年	2000 年 4 月
日本大阪天然气公司	70	25 年	2000 年 11 月

数据来源：世界石油工业综述 2001。

20 世纪 80 年代末，壳牌开始在尼日利亚开展 LNG 业务。1989 年 5 月 17 日，尼日利亚液化天然气有限公司（Nigeria LNG，简称 NLNG）注册成立，其股东包括尼日利亚国家石油公司（NNPC）（49%）、壳牌（25.6%）、道达尔（15%）、埃尼（10.4%）。

1999 年 NLNG 在邦尼岛（Bonny Island）兴建的 LNG 工厂投入运营，气源由壳牌、法国埃尔夫阿奎坦（Elf Aquitaine）公司和意大利石油总公司（Agip）一起提供。邦尼岛 LNG 工厂有 6 列液化装置，年 LNG 处理能力 2200 万吨，天然气液体（LPG 和凝析气）最大处理能力为 500 万吨。

为了将 Bonny LNG 工厂的产品运输到全世界，壳牌联合尼日利亚国家石油公司、道达尔和埃尼按照和 NLNG 同样的持股比例合资成立了 Bonny 气体运输公司（Bonny Gas Transport，简称 BGT）。目前，BGT 旗下拥有 23 艘 LNG 运输船（图 4-5）。产品主要销售给壳牌、道达尔和埃尼，再由这 3 家公司销往各地。2017 年，NLNG 约占全球 LNG 供应总量的 7%。

1998 年，壳牌在全球范围内的 LNG 长效合同达到 320 万吨/年，这一成绩将全球 LNG 贸易总量提升了约 4%。至 2000 年，壳牌的 LNG 工厂主要集中在阿曼、尼日利亚、文莱、马来西亚和澳大利亚 5 个国家。自 1996 年至 2000 年 5 年间，公司的 LNG 年产量从 570 万吨上升到 970 万吨（图 4-6），年均增幅高达 14%。

图 4-5 Bonny LNG 的运输船

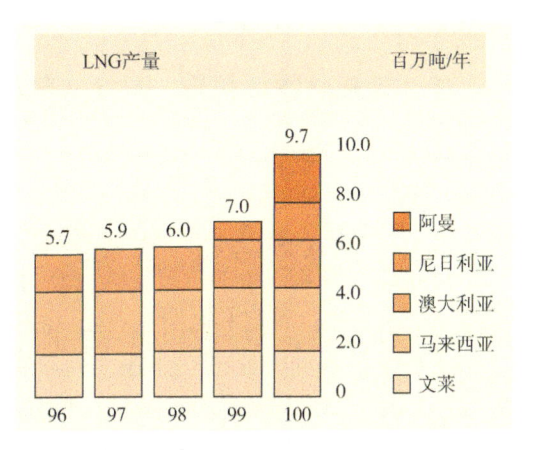

图 4-6 壳牌 LNG 产量变化（1996—2000 年）

3. 创新炼油化工

20 世纪 90 年代壳牌的油产品销售主要集中在发达国家和地区，至 1998 年，欧洲和北美分别占壳牌全部销量的 27% 和 32%。这些成熟市场的消费者越来越认识到，石油产品本质上是在一定标准的指导下生产的一种无差异产品，给汽车加任何一家石油公司产出的汽油产生的效果都是一样的，这一认知显然对于经济衰退、市场萎靡下的大石油公司更加不利。

整个 20 世纪 90 年代，壳牌一直在努力推行石油产品的差异化，不断针对不同的消费领域推出不同类型的产品，力求消除消费者关于"汽油是一种不需要区分品牌没有差异的产品"这一认知。例如，在欧洲，壳牌推出了清洁燃烧的 Pura 汽油，在亚洲则主推了高性能 XO 和 V-Power 燃油。

V-Power 能效燃油是第一款面向普通消费者的高端燃油。V-Power 是一款无铅汽油，含有较高浓度的清洁剂和其他高质量的添加剂，可以帮助清洁发动机，实现平稳运转。最吸引消费者的是，壳牌一直宣传这款燃油是壳牌与法拉利在 F1 赛道上的技术合作成果，"法拉利""F1 赛道"这些名词都会给消费者传递出"高端""与众不同"等心理效应。这款首次发售于 1998 年的产品目前已经发展成为一个系列，包括 V-Power Nitro+汽油和 V-Power 柴油，在全球超过 80 个国家和地区进行销售。

在化工领域，1990 年，壳牌推出了丙酮缩合生产甲基异丁基酮（MIBK）的技术。甲基异丁基酮（以下简称 MIBK）是一种用途非常广泛的中沸点溶剂，主要用于涂料、橡胶抗氧剂和表面活性剂领域。至2009年，壳牌化工已经成为世界上最大的甲基异丁基酮生产厂家，占世界总产量的21.6%。

1996年壳牌CORTERRA™聚合物产品上市，这一产品在1998年被 *R&D Magazine* 评为"年度100项最具技术意义的新产品"之一。CORTERRA™聚合物是指聚对苯二甲酸丙二醇酯（PTT），这是一种芳香族聚酯产品，可以通过纯化对苯二甲酸（PTA）和1,3-丙二醇（PDO）的缩聚反应生产，主要用于生产地毯、纺织品纤维、无纺布、薄膜和工程热塑性塑料等产品。PTT的独特性能在之前多年就已为人所知，但由于PDO原料的生产成本高，该聚合物一直未形成规模化生产。壳牌的突破性技术使得PDO的成本更加经济高效，CORTERRA™聚合物实现了PTT的商业化。1998年，壳牌化工的乔·鲍威尔（Joe Powell）因为在开发低成本PDO方面做出的贡献，获得了美国化学工程师学会三年一次的创新奖。

三、管理之道：精简、置换、重组

1991年，壳牌决定削减运营成本，以便腾出足够的资金用于生产活动。公司宣布，作为公司重组的一部分，将裁员10%~15%。在接下来的两年中，壳牌裁撤了7000多个工作岗位，员工数量从1991年的29437人减少到1993年的22212人。

1992年，随着油价的持续下跌，公司的经营状况也变得非常不乐观。壳牌在次年更换了董事会主席，由科尼利厄斯·赫拉克特（Cornelius A. J. Herkströter）接任彼得·福尔摩斯爵士（Sir Peter Fenwick Holmes）。虽然壳牌官方宣称这次调整是因为是彼得·福尔摩斯退休，但媒体普遍认为壳牌业绩不佳才是换帅的真正原因，彼得·福尔摩斯也成为壳牌历史上任期最短的一位董事长（1992—1993年）。而在整个20世纪90年代，壳牌经历了4位董事会主席，更替不可谓不频繁（表4-3），也足以看出这段时间对壳牌的艰难程度。

表4-3　壳牌1985—2004年历任董事会主席名单

姓名	任董事会主席时间	大学专业	之前工作领域
洛万·瓦切 (Ir. Lodewijk C. van Wachem)	1985—1992年	代尔夫特大学 机械工程	上游业务
彼得·福尔摩斯 (Peter Fenwick Holmes)	1992—1993年	剑桥大学 历史	下游业务
科尼利厄斯·卡罗尔 (Cornelius A. J. Herkströter)	1993—1998年	杜兰大学 物理学	上游业务
司徒慕德 (Mark Moody-Stuart)	1998—2001年	剑桥大学 地理	上游业务
菲利普·沃兹 (Philip Beverley Watts)	2001—2004年	利兹大学 地质学	上游业务

1996年年初，壳牌对其运营结构进行了重组，以便更好地面对市场挑战和满足客户需求。壳牌采取了以地区管理为主的模式，在各个主要国家设立地区分公司。公司集团由3家控股公司（荷兰壳牌石油有限公司、英国壳牌石油有限公司和美国壳牌石油股份有限公司）以及它们直接或间接拥有股权的业务子公司和服务公司组成，下设勘探与生产、油产品、化

工、天然气与电力、全球解决方案五大业务板块，各个业务板块下仍按照区域进行组织管理（图4-7）。各地各业务公司以当地客户为重，每家子公司的管理层都对本公司的业绩及长期发展负责。集团设置11个服务公司和12个研究开发中心，以支持各地区业务公司的发展。11家服务公司分别设在英国和荷兰，即按照业务划分，又按地区和职能划分。

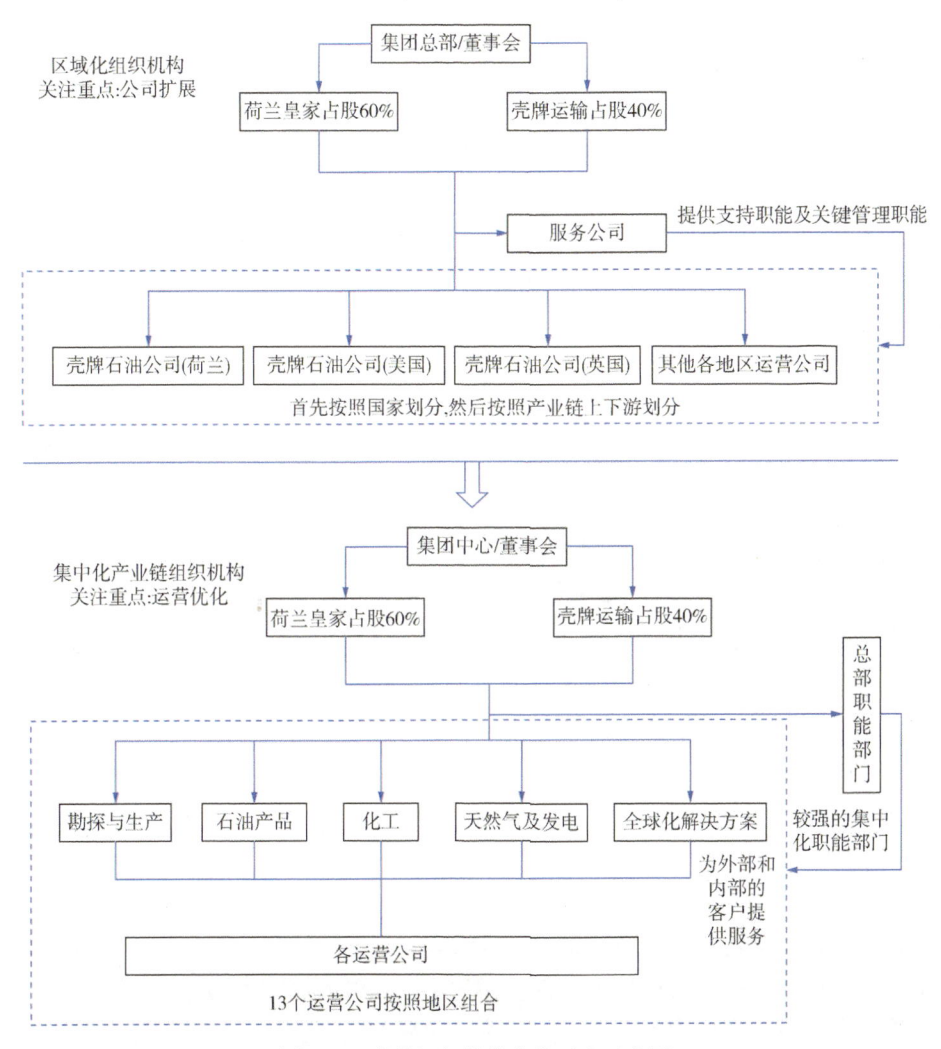

图4-7 壳牌组织结构变化对比示意图

新的管理模式采用扁平化的三级结构与母子公司、矩阵式结构相结合。即集团总部、业务板块公司和运营单元三级，总部职能部门为全业务范围内的各个子（分）公司提供服务，形成了纵向业务线与横向职能线相结合的矩阵式管理结构。

组织结构重组将之前单纯按照地理位置划分的管理模式，转变为按照业务链结构进行业务板块划分并和区域管理相结合的模式，这种管理模式加强了集团对原有地区业务公司的集中管控能力，并且提高了集团在海外扩张中的标准化水平，其主要特征是集中化的产业链结构，按上下游业务链进行管理，设置相应的总部职能和集中的技术部门进行业务支持与管理，关注的重点是如何实现企业整体运营的不断优化。

第三节　在争议与诅咒中跋涉

1989年3月23日，埃克森·瓦尔迪兹号（Exxon Valdez）油轮（图4-8）在阿拉斯加的威廉王子湾触礁，造成数万吨原油泄漏，一时间北冰洋冰冷苍白的海面铺满黑色油污，事故留下了"灾难性环境后果"。埃克森·瓦尔迪兹号漏油事故和之后埃克森公司糟糕的危机公关"不仅破坏了脆弱的自然环境，更使得人们对石油公司那本就少得可怜的信任彻底崩塌。"

疲软的经济和石油公司一贯骄傲又暴利的形象，原本就让社会上充斥着对石油行业的不满。埃克森·瓦尔迪兹号油轮事故像是一根火苗，点燃了环保人士和非政府组织对石油公司的愤怒之火。壳牌作为全球最大的石油企业之一，在民众熊熊怒火中陷入了重重争议。

一、20世纪最野蛮的环保战争

1995年夏，壳牌计划将其废弃的巨型石油浮动储存装置——布伦特·斯帕尔号（Brent Spar）石油平台沉入北大西洋海底，结果却意外引发了一场"20世纪最野蛮的环保战争"。

图4-8　埃克森·瓦尔迪兹号油轮

1. 布伦特·斯帕尔平台

布伦特·斯帕尔石油平台是壳牌安装在北海的一个可移动的石油存储装置，始建于1970年，曾经在布伦特油田的开发中担当过储存和运输的重任，发挥着不可或缺的作用（图3-11）。壳牌布伦特油田退役项目的总管邓肯·曼宁（Duncan Manning）曾描述："我们的平台重达30万吨，和纽约帝国大厦（Empire State Building）是一个量级。"

但是，当连接布伦特油田和萨洛姆之间的海底输油管道竣工后，布伦特·斯帕尔平台的存储和运输作用就被海底管道取代了，仅仅作为一个临时的储存容器。在每年的例行安全检修中，壳牌技术人员发现布伦特·斯帕尔的两个油罐有裂痕，本应是密封的储油罐里面装满了海水。多年的原油储存和运输工作让这些储罐内沉淀了大量的淤泥和残油，裂隙扩大会导致这些污染物外泄，对北海的海洋环境带来影响。因此，虽说储油罐对于壳牌海洋石油开采已经没有实际意义，此事还是引起了壳牌高管的重视。海上钻井平台不能被丢弃于海域中，也不能置之不理留待生锈，放任其分崩离析，这将给脆弱的海洋生态系统带来更大的伤害。于是，壳牌花了三年的时间和上百万美元巨资，派出专业的维修人员针对平台的安全性进行了评估，评估结果认为，受洋流和飓风的影响，裂痕存在扩大的可能；而维修平台要耗时两到3年，花费1.5亿美元。维修好的平台在使用上是不经济的，因为没有人愿意使用改装后的储油平台，另外，平台拖到新的地点花费也不小。评估报告最终促使壳牌做出了放弃这个储油平台的决定。

这样，壳牌就面临着下一个难题：如何处理这个废弃的储油设施？

2.3 套解决方案

专家提出了3套解决方案,一是就地拆卸,二是拖至海滨再进行拆卸,还有一种是深海沉没处理。

就地处理就是在平台目前位置直接拆卸,这种方式无疑是成本最低的,但却无法解决储油罐内容积物的污染问题,原油会造成当地的环境污染和渔业损失。技术上,是选择垂直拆卸还是水平拆卸,拆卸过程中如何防止平台直接沉入海底都是难题。就地拆卸导致的污染风险过高,考虑到公司的形象,决策者们认为这会招致社会团体的攻击,因此放弃了这个方案。

第二套方案是海滨拆卸。就是将储油罐拖行到一个安全的海滨地点进行拆卸,这个方案的优点在于污染可以控制。但海滨拆卸需要19艘潜艇和着陆设备,还要在海里完成维修储油罐、把平台转动到水平位置、拖动平台、卸货和处理废料等一系列工作,这一切都存在危及工人安全的问题。而在海滨拆卸过程中随时可能发生的灾难,也潜藏着造成环境污染的威胁。法庭诉讼、罚款和清理环境的费用会使成本更高。

剩下的选择就只有深海处理这一方案了。国际法允许进行深海废物处理,在欧洲,核废料的处理方式就是采取深海掩埋,这种方式相对比较成熟,并且对环境威胁较小,成本又不高,从技术上也比实施海滨拆卸容易得多。壳牌的具体方案是用输油管从储油罐中抽出原油,再把储油罐灌满海水,把里面污染的海水用泵抽到另一个油罐中密封,然后再把这个油罐沉入海底。

对沉没地点的选择也是经过再三考虑后确定的。壳牌制订了一项它认为简单易行而且明智的计划:将采油平台沉入距苏格兰西北海岸150英里处的海底。沉入位置的海底几乎没有海洋生物,淤泥中的溶解类盐会稀释原油的污染物,从而把污染物的影响范围可以限制在平台沉落地点的几百米之内,避免了由于运输或其他方式处置采油平台时所造成的潜在环境威胁问题。

壳牌向英国和挪威政府汇报了这个计划,并附带了这项计划的影响分析,在获得当地政府的批准后,壳牌就该项目对媒体作了一份公开声明。

3. 壳牌,住手!

然而,民众对壳牌这份精心设计的处置方案并不买账,各界的反应让公司高管非常震惊。

在获得挪威和英国政府批准后一周,壳牌的工作人员开始了废弃平台处理工作,他们首先要将平台内残存的原油抽出来以防止污染扩大。正当工作人员紧锣密鼓地按照计划开展工作的时候,1995年4月30日,绿色和平组织的人员出现在布伦特·斯帕尔石油平台的处理现场(图4-9)。

绿色和平组织是一家诞生于1971年的非政府组织,组织成立的起因是抗议美国在阿拉斯加的阿姆奇特卡岛进行核试验。当时12名组织成员乘坐一艘小渔船向美国政府发起抗议,渔船后来被美国海岸警卫队扣留,但是其行动造

图4-9 绿色和平组织的抗议者试图登上布伦特·斯帕尔平台

成了巨大反响,最终美国停止了在阿姆奇特卡岛的核试验。创始之初的激进行动很大程度上影响了绿色和平组织后来的行事风格,该组织后以"非暴力的直接行动"闻名于世。该组织成员通过亲临现场、亲自见证被破坏的环境来唤起世人对环境问题的关注。由于采取"直接行动",绿色和平组织成员的抗议活动常常带有"惊险刺激、个人英雄主义、戏剧性、稀奇古怪"的鲜明特色。在当时,绿色和平组织惯用激进的方式对抗大公司,在布伦特·斯帕尔事件中,他们延续了这一风格。

绿色和平组织的人员乘坐直升机降落到布伦特·斯帕尔石油平台上,他们身穿鲜艳的服装,在平台上悬挂了"壳牌住手(Stop Shell)"的大幅标语,同时还在风高浪急的平台甲板上面对媒体摄像机向全世界发出抗议,强烈谴责壳牌的这次深海处理方案。壳牌的船队采取了激烈的反击行动,工作人员向登上平台的绿色和平组织人员喷射高压水流,试图将绿色和平组织的人员赶下平台。

抗议持续了整整两天时间,原先冷冷清清的布伦特·斯帕尔平台附近到处是媒体的摄像机,平台事件被媒体连篇累牍地传播到各地,事情一时间变得复杂了。

除了海上平台现场的抗议活动,绿色和平组织的人员还对壳牌提供的资料进行了深度分析,发现了壳牌在平台处理分析报告中的一些漏洞,比如掩盖了一些不良后果、低估了污染物的有毒性、平台上的存货数量不准确、公司对环境影响的研究存在错误等。抓住这些把柄,绿色和平组织的人员在媒体上谴责壳牌的计划是"对环境不负责任的"。

公司对自己的方案进行了公开辩解,试图影响舆论。然而,壳牌错误估计了大众的情绪,在激烈的舆论冲突中,欧洲各大报纸的标题都把壳牌称为"对环境不负责任的公司",真正有关报废石油平台的退役问题反而不再是争论的核心,壳牌的态度以及双方争执的照片激怒了环境保护主义者,欧洲出现大规模的示威游行,几百万消费者开始对壳牌的产品进行抵制(图4-10)。

图4-10 绿色和平组织在壳牌加油站举行抗议活动

在壳牌针对绿色和平组织引发的抵制深海处理平台事件的讨论会上,再次对形势判断错误,部分高管认为这次危机是短暂的,公司执行董事海因茨·罗瑟蒙德发言认为公众的愤怒虽然是"空前的",但也不过是"象征性的"。虽然媒体对此事进行了曝光,但是英国和挪威政府官方对深海处理方案并未叫停,因此公司董事会一致认为不必对原计划进行更改。

壳牌决定继续执行原定计划的消息一公布，欧洲各国消费者的联合抵制就再度升级。布伦特·斯帕尔被和埃克森·瓦尔迪兹号(图4-8)被联系在一起，公司的形象严重受损，一些加油站甚至被投掷燃烧弹，各地分支机构的工作人员也受到死亡威胁，壳牌在德国的销售额当年减少了30%。欧洲媒体甚至使出浑身解数挖掘壳牌公司的"丑闻"。

一时间，工会、教会甚至政客，包括当时的德国环境部长默克尔和自由民主党总书记韦斯特韦勒等人也加入了批评壳牌的队列。时任德国总理科尔还把此事摆上世界经济首脑会议的议程。联合国环境规划署及全球100多个国家达成一致，采取法律措施阻止平台下沉。

最终，壳牌不得不声明放弃原处理计划，花重金将平台拉回挪威(图4-11)。绿色和平组织对自己精心组织、公众默契响应的这场环保战非常满意，在组织总部，人们大开香槟庆祝，德国媒体也欢呼"胜利"。

图4-11　布伦特·斯帕尔最终被拖回挪威

4. 究竟是谁的问题？

令人意想不到的是，3个月后绿色和平组织发表一份声明，称自己错误估计了布伦特·斯帕尔平台的储油量，而这个错误估计被媒体以偏概全地当作全部事实大肆传播。而媒体方面则认为，绿色和平组织把关注点放在储油量和未经证实的污染上，在一定意义上欺骗了媒体。后来，人们普遍认为，从环保的专业角度来看，壳牌有权在深海沉没平台。绿色和平组织片面地把事件放在油量和未经证实的污染上，一些媒体也感到被欺骗。

这一场争议问题究竟出在哪里？没有正确的答案。不管怎样，一场有争议的环保海战随着时间渐渐远去。在环保的大主题下，绿色和平组织获得了"20世纪最成功的环保战争"的胜利，壳牌则买了一个环保教训。

二、泥足深陷的尼日利亚

1. 陷入"资源诅咒"的尼日利亚

尼日利亚全称尼日尔利亚联邦共和国(Federal Republic of Nigeria)，有1.7亿人口，是非洲大陆上人口最多的国家，"每7个非洲人中就有1个是尼日利亚人"。尼日利亚一共有多达250个民族，以信奉伊斯兰教的北方民族和信仰基督教的南方民族为主，南方民族又分为东西两块。整个尼日利亚的"机构制度十分薄弱，民族团结意识淡薄，整个国家被强烈的宗教和种族认同分裂开来……尼日利亚的历史便成了一部暴力冲突史，各民族围绕权利及资源的分配，甚至国家本身展开了激烈的争斗。"

尼日利亚是非洲石油储量最大的国家之一，也是欧佩克第八大石油输出国(图4-12)。主要产油区位于尼南部伊博族和伊教族聚集的尼日尔河三角洲地区，这个面积2.7万平方千米的三角洲蕴藏着全国的95%以上的石油储量，"黑色黄金"吸引着全世界石油巨头的目光。英国殖民者当年实施"分而治之"的政策，在尼日利亚独立前后，让伊博族和伊教族独揽政府军政要务，西南部的约鲁巴族把握经济命脉，北方的豪萨和富兰尼族则拥有较多的地区自

壳牌发展启示录 | Lessons from Shell's Rise to Prominence

治权。1956 年拜耶尔撒州首先发现石油后，伊博族和伊教族人在 1960 年尼日利亚独立后希望独享石油财富，而其他民族则希望财富均占，民族间矛盾由此加剧。

图 4-12 尼日尔河三角洲星罗棋布的油田

壳牌 1937 年进入尼日利亚并开始油气勘探作业，从此，壳牌在尼日利亚经历了半个世纪的辉煌发展历史，到 2010 年，壳牌在尼日利亚的作业区块数量和石油产量几乎都占该国的 50%，而壳牌在尼日利亚的石油储量也占到公司总储量的一半左右。2019 年壳牌在尼日利亚的石油产量达到 565.9 万桶，天然气 2343.32 亿立方英尺，分别占壳牌总产量的 8.4% 和 7.5%。

然而，富饶的石油资源并没有让尼日利亚的多数民众过上更好的生活。20 世纪 70 年代，石油产业的繁荣导致尼日利亚政府严重忽视农业和轻工业的发展，国民经济开始越来越依赖于石油工业，曾经蓬勃的农产品出口业开始衰落，尼日利亚变成一个食品净进口国。20 世纪 90 年代，尼日利亚对石油工业的依赖达到了顶峰，石油占出口收入的 90% 以上，其他产业门类发展基本停滞。新创造的石油财富伴随着其他经济部门的萎缩，导致以农村地区为主的贫困规模加大。2000 年，尼日利亚的人均收入急剧下降到 20 世纪 70 年代中期的 1/4，甚至低于独立之初的水平。2002—2012 年，尼日利亚的贫困率达到 54.7%，尼日尔河三角洲地区尤为严重，这里 70% 的居民生活在农村地区，缺乏电力、医院、管道用水、机动车道路等基本的公共服务设施，更加让人意想不到的是，石油社区的贫困水平远远高于全国平均水平，至少有 95% 的居民陷入贫穷之中。

尼日利亚石油产业引发的另一问题是环境问题。据尼日利亚政府的统计数字，从 1970 年到 2000 年的 30 年中，发生了超过 7000 起漏油事故，经过官方确定的漏油地点超过 2000 处，许多泄漏甚至是几十年前就发生的，另外还有数千次更小的漏油未得到清理（图 4-13）。据卫星拍摄计算，仅 1986 年至 2003 年间，尼日利亚 2 万公顷❶的红树林已从地平线上消失，生态被严重破坏，连海鱼也因之变得稀少了。至于漏油原因，石油公司和当地居民总是各执一词——作为主要开发商之一的壳牌声称，大多数事故都是管道被当地居民破坏或偷窃导致的。当地居民则断定主因是开发商操作不当，并多次自发组织起来，抗议石油公司破坏生态，令他们的家乡成为"死地"。随之而来的，往往是当局的武力镇压。

---

❶ 1 公顷 = 10000 平方米。

图 4-13 被泄漏石油污染的尼日尔河三角洲

环境问题和贫困一起撕扯着尼日利亚。欠缺公平的利益分配机制、对国家产业经济的错误认知以及缺乏长远眼光的思维方式,让资源从财富变成了"诅咒"。破旧的基础设施、普遍性的贫困、高密度的人口,激发了当地人对于石油工业、地方和国家政府的怨恨。联合国开发计划署(UNDP)将尼日尔河三角洲地区描述为:"政府忽视、社会基础设施和公共服务匮乏、高失业率、社会剥夺、极度贫困、污秽和肮脏、冲突频发。"美国著名能源专家丹尼尔·耶金在《能源重塑世界》一书中指出:"世界上没有哪个地方比尼日尔河三角洲地区的治理难度更大。"

2. 生存运动组织与肯·萨罗·维瓦

政府贪腐、石油公司不作为、生活环境被破坏,让在贫困和黑暗中挣扎的人们选择了两条截然不同的反抗之路。一种是更无底线的盗窃,数以万计的尼日利亚穷人不断凿开油管,冒着生命危险盗取原油或成品油,然后转手到黑市销售,以此来谋生养家。每年都有数以千计的盗油者或被射杀或葬身于油管爆炸的火海中。还有一种是向着希望而生的反抗,肯·萨罗·维瓦(Kenule Saro-Wiwa)(图 4-14)创建的"奥格尼地区人民生存运动组织(Movement for the Survival of the Ogoni People,MOSOP,简称生存运动)"选择的就是第二种方式。

图 4-14 肯·萨罗·维瓦(Ken Saro-Wiwa)

壳牌发展启示录 | Lessons from Shell's Rise to Prominence

奥格尼人是尼日利亚一个小部族，人口大约50万，不到尼日利亚全国人口的百分之五，但其聚居区奥格尼地区（Ogoni region）是尼日利亚最重要的产油区之一，也是壳牌在尼日利亚的主要产区。肯·萨罗·维瓦是奥格尼人，1941年10月10日出生，是尼日利亚作家和环保活动家，曾获得瑞典正确生活方式奖（Right livelihood Awards）和戈德曼环保奖（Goldman Environmental Prize）。他是尼日利亚乃至非洲的主要文学家之一，撰写了很多有关政治和环境问题的儿童书籍、小说、戏剧、诗歌、文章以及书，他制作并导演了Basi and Company，这是一部开创性的情景喜剧，于1985年至1995年在尼日利亚电视台播出，后来在整个非洲联合发行。

生存运动组织成立初期，以和平方式要求壳牌和政府消除污染，但这一要求长期未能得到满足。肯·萨罗·维瓦直言不讳地批评壳牌在尼日尔河三角洲的活动，同时也批评尼日利亚军事管制政府的行为。1993年1月，奥格尼地区人民生存运动组织发动了针对壳牌的抗议示威，要求分享石油收入，实施政治自治，并把奥格尼地区的多起漏油和天然气火灾事故归罪于壳牌。1993年4月30日，壳牌的承包商在奥格尼人的田地里铺设管道时，被群情汹涌的民众包围。尼日利亚机动警察赶到之后对现场民众开枪，造成1名奥格尼人当场丧命，11人受伤。事后，有媒体称壳牌尼日利亚公司主管菲利普·沃茨爵士与尼日利亚过渡政府总统厄内斯特·肖内坎举行了密谈，"生存运动"很快被政府宣布为"分裂组织"而遭到取缔。

1994年5月，曾几次被短暂监禁的肯·萨罗·维瓦在家中被绑架，之后尼日利亚军政府对肯·萨罗·维瓦和其他8名生存运动领导人进行了审判，审判过程中，肯·萨罗·维瓦说："我和同事们不是受到审讯的唯一一批人，显然壳牌在尼日尔河三角洲发动的生态战争迟早将受到审判，他们的犯罪行为将受到惩罚。"最终这9人被以谋杀罪判处死刑，虽然人们普遍认为这一罪名是捏造的。

宣布审判裁决后，壳牌董事会主席科尼利厄斯·赫拉克特（Cornelius A. J. Herkströter）给尼日利亚国家元首发出了一封个人信函，呼吁其本着人道主义精神给予肯·萨罗·维瓦及其同案被告宽容。然而这封信显然未能在尼日利亚当局复杂的政治斗争中起到任何作用，1995年11月10号尼日利亚军政府处决了肯·萨罗·维瓦和其他8名生存运动领导人，当时尼日利亚总统萨尼·阿巴察亲自监督了死刑的执行。

"奥格尼九子"被执行死刑后，壳牌发布公告称"被告有权享有公正的法律程序。令我们深感遗憾的是，这种呼吁以及其他许多人的呼吁都没有听到。被执行死刑的消息使我们感到震惊和悲伤。"如同赫拉克特的个人信函一样，壳牌的这份毫无说服力的公告也未能将公司从混乱的局势中挽救出来。

事件引起了国际社会的愤怒，再次激发了公众对壳牌的反对运动，西方国家乃至部分非洲国家对肯·萨罗·维瓦事件迅速做出反应，纷纷谴责尼日利亚政府，有20多个国家甚至召回驻尼使节。其间，正在进行的英联邦会议决定暂停尼日利亚成员国资格，使得尼日利亚想要成为共和国的议案被搁置了3年之久。

此后，肯·萨罗·维瓦的儿子将壳牌告上法庭，指控它与政府勾结，向后者提供武器，并花钱买通军警向抗议者开枪。壳牌对指控全盘否认，只同意向9名受害者的家属支付1550万美元，以促进"和解进程"。当时的壳牌尼日利亚的主管布莱恩·安德森表示，公司虽然曾向尼日利亚军方提供援助，但要求军警开枪一说纯属子虚乌有。

虽然大石油公司对于当地联邦政府与州政府之间如何分配石油收入没有发言权，但他们

— 146 —

肯定是引燃暴动、贫穷、混乱的导火索之一。根据奥格尼人自己的统计，整个20世纪90年代，共有数千同胞在抗议活动中丧生。人权观察组织（HRW）也在20世纪末的一份报告里提到，尼日利亚人民"因试图表达对石油公司的不满而被残酷对待，有时候，他们还来不及提交诉状，就已遭恐吓、毒打或监禁。"

3. 越来越糟的环境问题

根据壳牌官方网站公布的有关漏油事件数据，在2007—2013年的7年间，壳牌在尼日尔河三角洲共发生漏油事件约1500起，平均214起/年，其中不法分子盗油引起的漏油事件约为1102起，作业事故引起的漏油事件为398起，占比分别为73%和27%；从漏油量看，7年间共漏油约32.45万桶，平均每年漏油4.64万桶，其中人为盗油造成漏油24.3万桶，操作事故导致漏油8.15万桶，占比分别为75%和25%。

2011年8月4日，联合国环境规划署在尼日利亚首都阿布贾公布了一份调查报告，这份报告是联合国环境规划署历时14个月，组织专家团队检测了122千米石油管线和200多处地点，查阅了5000多份医疗记录后形成的。报告称，尼日利亚尼日尔河三角洲的奥格尼地区遭受的石油污染对当地生态系统和人类健康构成了严重威胁，至少需要30年才能恢复。报告第一次为奥格尼地区的严重石油污染提供了科学证据，指出壳牌和其他石油公司在奥格尼地区造成至少1000平方千米污染。报告认为壳牌数十年来疏于管理是造成奥戈尼兰德地区污染的主要因素，而公司对漏油事件没有采取及时有效的措施，进一步导致情况不断恶化。

壳牌不得不经常停止受影响油田的原油生产，平均每天损失原油约15万桶。估计尼日利亚全国每天的原油产量损失在30万桶以上，约占总产量的14%。壳牌还要时常应对当地社区状告其原油泄漏对自然环境造成破坏的诉讼。尼日利亚当地法院一般多是判罚壳牌，使壳牌疲于应付似乎永无休止的环保事件官司。

2008年，壳牌位于阿可瓦·依博姆州依库特·阿达·伍度社区的一口停产油井井口设备发生原油泄漏。壳牌在事发数月后完成事故报告，采取了相应的抢救措施，并制止了泄漏进一步扩散。

2011年，尼日利亚4位农民与"地球之友"环保组织一起，将壳牌告到其总部所在地荷兰海牙法庭，控告壳牌漏油污染了土地和水体，使居民失去了收入，请求巨额赔偿。2013年1月30日，海牙法庭开庭审理时表示，壳牌石油公司应对其尼日利亚子公司的石油管道漏油造成的环境污染赔偿部分损失。这是荷兰跨国公司有史以来第一次因国外子公司业务而在本土成被告，这对跨国公司全球运营管理具有典型的判例意义。法院当天在庭审中宣布，针对4位尼日利亚农民和"地球之友"环保组织提起的诉讼，法庭分别立案5起。经过法庭审理，壳牌石油公司应对其中一起案件所涉及的环境污染及其造成的损失进行赔偿，赔偿数额将另行裁决。法庭同时宣判，其余4起案件，因壳牌已经遵守当地法律，并对第三方蓄意破坏造成的漏油事件采取了足够的预防措施，因此无须赔偿。

"地球之友"环保组织负责人海尔特·里特斯玛说："我们为胜诉的农民感到高兴。这是荷兰法律史上的一个重大突破。"

2008—2009年，壳牌位于河流州奥格尼镇博多社区的管道先后两次因爆裂向外喷射原油，约50万桶原油流向居住着15000人的社区。据联合国环境署估计，后期治污项目需耗时30年，花费数十亿美元。壳牌在承认对此次漏油事件负责的同时，谴责盗油、非法炼制和破坏油田设施的行为。经过长达 3 年的谈判，壳牌提议给博多社区 3000 万英镑作为补偿，以了结与社区的纠纷，但这一提议遭到了社区的拒绝。

该社区于 2011 年到英国伦敦高等法院起诉壳牌，索赔 3 亿英镑。伦敦高等法院于 2014 年 6 月 20 日开庭辩论，认定壳牌未有效地履行保护油田设施和预防漏油的责任，保护措施包括安装监测装置、原油泄漏监测系统和防止非法改造管道设备等。

2011 年 12 月 20 日，壳牌位于几内亚湾深海日产 20 万桶油和 41 万立方米天然气的邦加油田在一次常规油轮装载操作中发生漏油事件，导致约 4 万桶原油流入距三角洲海岸约 120 千米的海洋中，造成长约 185 千米、面积约 950 平方千米的海域受到污染。壳牌为此被迫暂停了该油田的油气生产。事件造成三角洲海岸和海面漂浮着厚厚的一层黑色油膜，严重影响渔民的生产，尼日利亚石油泄漏检测与响应管理局及时地下达了在该区休渔的指令。这一漏油事件可谓是尼日利亚近十几年来发生的最为严重的石油泄漏事故之一。

2012 年 7 月 18 日，壳牌尼日利亚勘探生产公司为了平息社会和媒体的指责，在新闻发布会上表示，壳牌一直在包括尼日利亚石油泄漏检测与响应局等政府部门的支持和监督下，专业地和尽心尽力地清理油污。

2012 年 7 月 23 日，尼日利亚石油泄漏检测与响应局和尼日利亚海洋与安全管理局分别向尼日利亚国会提交了有关邦加油田漏油环保事件报告，前者就海洋及其生物污染请求国会给予壳牌 50 亿美元的罚款，后者要求 65 亿美元的罚款，用于对沿岸 100 个社区的赔偿，两者要求罚款共计 115 亿美元，每桶漏油合 28.75 万美元。同日，尼日利亚国会的新闻及公共事务委员会主席扎卡里表示，壳牌要为发生在邦加深海油田的事故负责。尼日利亚议会将在 9 月份结束夏季休会期复会后，讨论邦加油田漏油环保事件报告，并就是否向壳牌施加罚款做出决定。在后续的听证会上，尼日利亚国会要求壳牌在一周内提交污油清理方案和环境评估报告。壳牌则强调自己为清理油污已经做出最大的努力。迄今，壳牌与上述两个政府部门和社区的纠纷仍在争辩之中，尚无定论。

综观上述壳牌环境事件案例，我们不难发现，漏油及其环境污染事件的发生，确实既有作业者壳牌对其生产设备监管不到位、维修不及时的责任，也有因资源国政府不重视油田社区的经济发展，造成当地居民贫穷，就业率低，社会治安混乱，不法分子肆意破坏石油设施的原因。

但无论何种原因，漏油事件一旦发生，就不可避免地导致不同程度的环境污染，进而激化作业者与政府和社区之间的矛盾，作业者就会官司缠身。壳牌为此不得不调整其在尼日利亚的战略布局，已经逐步地从尼日利亚陆上撤出并剥离在尼日利亚的成品油零售业务，可谓代价巨大。

4. 商业贿赂

OPL245 区块位于尼日尔河三角洲盆地深海海域，是尼日利亚最为有利的石油区块之一，估计储量达 92.3 亿桶。1998 年萨尼·阿巴察军政府执政时期，尼日利亚石油部长的丹·埃泰特将 OPL245 区块的勘探开发权授予了自己的公司马拉布（Malabu），这是一个刚成立不久，既无雇员、无办公地点，也无资产的"三无"公司。当时区块的签字费为 2000 万美元，马拉布公司实际仅支付了 200 万美元。随后，壳牌作为技术伙伴和作业者进入此区块，对有利区域进行了三维地震采集。1998 年萨尼·阿巴察去世，1999 年民选的奥巴桑乔政府上台后，于 2001 年取消了马拉布公司 OPL245 区块的许可证，将该区块通过招投标授给壳牌。壳牌与尼日利亚国家石油公司签署产品分成合同取得了该区块的作业权,该合同需要支付签字费2.1亿美元,但壳牌并没有支付签字费。壳牌担任该区块作业者4年后,开始了大规模勘探,先后部署5口探井,发现了扎巴扎巴和依坦两个油田。

马拉布公司随后起诉了尼日利亚政府和壳牌,经过一连串复杂的法律程序,2006年尼日利亚法庭重新将OPL245区块的许可证授予了马拉布公司。尽管壳牌在尼日利亚长期开展油气业务,对当地市场环境有着深刻的理解和敏锐的洞察力,但是新的法庭判决仍令壳牌措手不及。

壳牌提起了多项仲裁申诉与法律诉讼,包括2007年诉诸解决投资争端国际中心(ICSID),要求尼日利亚政府支付5亿美元的勘探赔偿金等。马拉布公司强势进入后,聘用了政、商和法律界知名人士为区块寻找新的投资者,包括苏联外交、俄罗斯石油、法国道达尔和中国石油等多家石油公司均表示对OPL245区块有浓厚兴趣,但又碍于马拉布公司与壳牌、尼日利亚政府之间的纠纷而选择观望。后来意大利埃尼公司介入让事态有了新的发展。经过多次会议磋商,各方最终于2011年达成了和解协议:埃尼和壳牌同意支付13亿美元购买该区块,马拉布签字同意放弃在OPL245区块的权利,壳牌撤销了所有法律诉讼与仲裁申诉。这笔交易被分成了两部分处理:尼日利亚政府将先从壳牌和埃尼支付的13亿美元中扣除壳牌欠付的2.1亿美元签字费,再将近11亿美元支付给马拉布公司。

这样,壳牌和埃尼就能够声称自己并未与埃泰特或马拉布公司直接达成交易。然而,烦琐的交易流程并未能改变两家公司实际上是用十多亿美元的价格从埃泰特手中购得了该区块,间接帮助马拉布公司以极为可疑并可能是非法手段获得的资产"转化为货币"这一实质。全球见证组织(Global Witness)公开的文件显示,这笔钱在转给了马拉布公司后,其中8.01亿美元转入5个所有权不详的空壳公司。这笔可疑的交易幕后真正的受益人至今成谜,因此,壳牌、埃尼、马拉布和有关尼日利亚政府官员分别受到了尼日利亚国会和经济金融犯罪委员会、荷兰、英国、美国和意大利法院的调查。

除了OPL245区块贿赂案,美国司法部和证券交易委员会也对壳牌开展了海外行贿丑闻调查,并针对其在尼日利亚的行为提出了指控。指控除壳牌外,还涉及瑞士大型货运和物流公司泛亚班拿集团(Panalpina Group)等公司(表4-4)。

表4-4 美国当局披露的泛亚班拿及其客户认缴罚金情况

公司名称	认缴罚金(万美元)
泛亚班拿(Panalpina)	8150
普力得国际公司(Pride International)	5610
壳牌尼日利亚公司(Royal Dutch Shell Plc. Nigerian)	4810
越洋钻探(Transocean)	2060
潮水国际海事公司(Tidewater Marine-International)	1570
诺布尔钻井公司(Noble)	810
其他	550

根据美国司法部和证券交易委员会的调查,上述公司为了加快货物和设备进口的审批进程、逃避进口商品关税、延期石油合同或获得更低税负,向尼日利亚政府官员行贿。货运代理泛亚班拿集团向美国法院承认了代表客户壳牌尼日利亚公司向尼日利亚海关官员行贿的事

实,贿赂案涉及尼日利亚各级政府及多项业务。该公司承认给某些政府官员每周或每月固定提供津贴,以确保"泛亚班拿及其客户获得最优惠待遇"。泛亚班拿称,壳牌尼日利亚公司高管特地要求他们提供假发票,希望以这些票据规避政府审计,掩盖行贿的事实。另外,在美国休斯敦的联邦法庭上,壳牌承认在尼日利亚深海 Bonga 项目中支付 200 万美元给尼日利亚分包商。壳牌清楚地知道,其中一部分钱用于行贿尼日利亚官员以绕过海关流程,给公司带来"不正当利益"。

2010 年,瑞士大型货运和物流公司泛亚班拿集团(Panalpina Group)、壳牌等与美国政府达成和解协议,同意支付共计 2.365 亿美元罚金。

三、俄亥俄州化工厂爆炸

1994 年 5 月 27 日,位于美国俄亥俄州东南部贝尔普雷(Belpre)的壳牌石油化工厂发生爆炸和多起大火(图 4-15),造成 3 名工人死亡,临时疏散了 1700 名当地居民,有毒化学物质污染了邻近的俄亥俄河下游 20 英里的水域。

图 4-15 1994 年 5 月 27 日,俄亥俄州壳牌贝尔普雷化工厂储罐区肆虐的地狱火

俄亥俄河从匹兹堡开始延伸,沿着俄亥俄与西弗吉尼亚州的边界流向密西西比河,由于水路发达,这里成了"工业高速公路"。贝尔普雷是位于俄亥俄河沿岸的一个小城市,距俄亥俄州哥伦布东南约 110 英里,宾夕法尼亚州匹兹堡西南约 150 英里。早在 20 世纪 50—60 年代杜邦、GE 和其他公司就在贝尔普雷地区建立工厂,并使用驳船来运输产品。1961 年,壳牌在贝尔普雷市沿美国 50 号高速公路建造了一个综合化工厂,占地约 15 英亩。此后工厂在 1980 年、1990 年扩建了两次。这家工厂以制造塑料及其原料闻名,特别是壳牌的 Kraton,一种用于汽车部件、电线、鞋类、黏合剂和电缆覆盖层的热塑性橡胶。

发生爆炸事故时,贝尔普雷市约有 6800 人。

1994 年 5 月 27 日星期五的清晨,正好是阵亡将士纪念日周末的前一天,壳牌工厂的 K-1 大楼在 6 点 25 分左右发生爆炸,随后起火,火势很快蔓延至化学品储存罐区域。6 点 30 分左右,一个爆炸碎片刺穿了约 600 英尺远的苯乙烯储罐,造成储罐爆炸并引发大火,另外 5 个装有共约 350 万加仑易燃产品的储罐也随即失火。美国职业安全与健康管理局(OSHA)事后的调查表明:"(壳牌)公司的 Kraton-D 聚合物装置中的一座 15000 加仑聚合物反应容器中发生灾难性化学反应,引发灾难性事故"。OSHA 解释说:"反应容器故障和由此引发的火灾，导致了装置被完全破坏"。OSHA 在贝尔普雷工厂发现了 42 起违规行为。

爆炸后，俄亥俄河中形成了长条状的二溴乙烷，浓度超过了联邦饮用水标准的 100 倍，并开始向下游移动。随着泄漏的化学品流向下游的密西西比州，俄亥俄州铁顿和朴次茅斯以及西弗吉尼亚州亨廷顿等城镇开始关闭取水口。到 6 月 7 日，俄亥俄州铁顿市只能依靠驳船带来新鲜的饮用水。

1994 年 11 月下旬，壳牌同意向 OSHA 上缴 300 万美元的罚款，这是俄亥俄州有史以来最大的公司罚款，也是自 1970 年该机构成立以来，OSHA 的第六大罚款。

四、管理模式变革

与各种利益相关者日益激化的矛盾，迫使壳牌公司对其传统管理模式和管理方法进行全面、深刻的反思，并直接推动了对管理模式的根本变革。

20 世纪 90 年代中期以前，壳牌公司的管理模式具有明显的"股权至上"特征，即公司生产经营活动以维护和增进股东利益为唯一目标，其他利益相关者的利益基本被忽视甚至否定。到了 20 世纪 90 年代中期，壳牌管理模式和公司文化具有明显的闭关自守和孤傲自大的特征，公司内部以及公司与外部利益相关者之间严重缺乏对话与合作氛围，并最终导致诸如布伦特·帕斯尔和尼日利亚肯·萨罗·维瓦事件此类管理危机的爆发。显然，传统的管理模式已经越来越不适应新时期竞争与发展的需要。

公司执行董事会开始研究公司在处理布伦特·帕斯尔平台和肯·萨罗·维瓦事件过程中表现出来的文化与管理缺陷。执行董事会认为，闭关自守和孤傲自大的公司文化导致公司在判断媒体、公众、消费者和其他利益相关者的可能反应上出现了严重的失误。在这种公司文化氛围中形成的管理模式具有十分明显的缺陷：忽视外部利益相关者；消极保守；缺乏沟通意识与技巧。业绩分析和文化批评有力地推动了变革共识的形成，在公司执行董事会的推动下，公司 50 位高级管理人员发表书面声明，要求公司进行管理模式变革。公司执行董事会还认为，局部变革难以解决公司当时面临的困难与挑战；公司管理模式必须经历一次脱胎换骨式的根本性变革。1996 年 3 月，公司高层管理会议首次明确提出了管理模式变革所要达到的具体目标：公司应该成为各种重要利益相关者(股东、客户、员工和公众等)公认的业绩最佳者。

在壳牌致力于培育利益相关者管理模式的一系列调整措施中，有两点值得关注：一是强化社会绩效管理。1996 年和 1997 年，壳牌对外事务管理基本放弃了分权模式，转而采取由公司总部集中控制的集权模式。改革后的外事管理部门一方面积极改善公司与各种利益相关者的关系，另一方面还出版内部刊物，公布公司在利益相关者管理、社会与环境政策等方面取得的成果、实施的政策创新等。外事管理模式的变革迅速取得了成效，一些原来有对抗情绪的利益相关者(消费者、环保主义者等)逐渐接受和理解了壳牌的一些理念。

二是确立新的商业原则。在部分股东和公司执行董事会的积极推动下，壳牌于 1997 年秋对其 1976 年制定的商业原则进行了重要调整和修改，新的商业原则除了强调要确保股东权益以外，还明确承诺要关注人权、环境保护和社会发展等更为广泛的利益相关者问题。

1998 年，壳牌首次编写并公布《壳牌可持续发展报告》(初期称为《壳牌报告》)，为各种利益相关者了解公司并参与管理提供信息与渠道(图 4-16)。该年度的《壳牌可持续发展报告》公布了公司发展战略和各项业绩，提出了公司整合各种利益相关者权益与公司商业利益

壳牌发展启示录 | Lessons from Shell's Rise to Prominence

的具体目标和措施。1999年,《壳牌可持续发展报告》的内容发生了重要变化。1998年,公司针对九大商业原则编写报告,1999年公司则主要针对利益相关者管理的三项核心内容——经济、环境和社会业绩——来编写报告。2000年的第三份《壳牌可持续发展报告》公布了经外部审计师严格审查的公司经济、环保和社会业绩;2001年的《壳牌可持续发展报告》公布了经过综合性(信息收集、整理以及报告制度)、评价过程和资料准确性三方面审计的公司经济、环保和社会业绩。

图4-16 壳牌首份《可持续发展报告》(1998年)

1998年首次公布《壳牌可持续发展报告》以后,公司立即着手开发实用的管理工具,以推动利益相关者管理与日常运营业务的全面融合。由不同部门和分公司员工组成的工作小组开发的可持续发展管理框架(sustainable development management framework)是其中最重要的一种"工具"。1999年2月,可持续发展管理框架通过各大分公司CEO分发到公司所有高级管理人员。

壳牌公司开发出七大类共16个涉及经济、环境和社会等方面的关键业绩指标(key performance indicators)。在所有16个指标中,有5个已经在《壳牌可持续发展报告》中得到了反映。这5个指标分别是资本收益、总体股东回报、关键环境资料、健康和安全资料以及温室气体排放量。从统计和度量特征的角度看,这七大类指标又可归结为两大类:一类是能够按常规方法统计和报告的指标,如声誉、品牌价值、环境绩效、诚信、员工满意度、职位的非歧视性等,这方面的绩效指标从2003年开始被列入《壳牌可持续发展报告》;另一类是难以统计和计量的指标,如利益相关者参与度和社会绩效等,这类指标仍处于不断完善之中。核心业绩指标体系的确定为公司利益相关者管理实践提供了明确、具体的评判标准。

第四节 新世纪,新困境(1999—2005年)

2001年9月11日上午8时46分(美国东部时间),两架被恐怖分子劫持的民航客机分别撞向美国纽约世界贸易中心一号楼和世界贸易中心二号楼,两座建筑在遭到攻击后相继倒塌,世界贸易中心其余5座建筑物也受震而坍塌损毁;9时45分,另一架被劫持的客机撞向位于华盛顿的美国国防部五角大楼,五角大楼局部结构损坏并坍塌,这就是震惊世界的"9·11"恐怖袭击。

"9·11"恐怖袭击事件重新定义了"国家安全"的含义,那些过去认为的非传统安全问题,如恐怖主义、跨国恐怖行动已成为人类社会面临的更直接、更现实的威胁,它的破坏力不亚于一场战争。这种破坏不仅影响着社会稳定、民众生命安全,也直接体现在了经济发展上。据美国商业部统计,在"9·11"恐怖袭击事件爆发的第三季度,美国经济增长速度为-1.1%,已经陷入低迷的美国经济正进入衰退阶段。国际金融市场剧烈波动,美国、英国、日本、中国香港股市都跌到近一年以来的最低点,外汇市场也出现了震荡,美元与欧元、日元的汇率波动幅度加大。

2003年3月20日，英美军队为主的联合部队以伊拉克藏有大规模杀伤性武器并暗中支持恐怖分子为由，绕开联合国安理会，单方面对伊拉克实施军事打击。史称伊拉克战争，又称为第二次海湾战争。地缘政治方面的不确定因素一直干扰和恶化着世界经济发展的环境，在战争带来的不确定因素和证券市场下跌的影响下，大多数西方国家的经济情况未见明显起色，主要发达国家的经济减速尤为明显，工业生产停滞不前，劳动市场疲软，消费增长放慢。与此同时，中国和印度等发展中国家正以势不可挡的姿态出现在国际经济社会中，经济体量大、发展速度快、人口规模大，这些因素都刺激着疲软的能源需求市场。

由于担心伊拉克战争的爆发以及战争可能会引发更多恐怖活动，国际市场石油价格开始上行，并一直居高不下。尤其是在美国宣布伊拉克战争基本结束后，市场发现战火虽然熄灭，留下的硝烟却让整个中东的局势变得更加变幻莫测，没有人能够准确判断硝烟会何时消散，又有多少变化在硝烟的掩藏下悄然滋长。这种不安定感让原油价格出现了大幅回升，并在21世纪的前10年一路上冲（图4-17）。

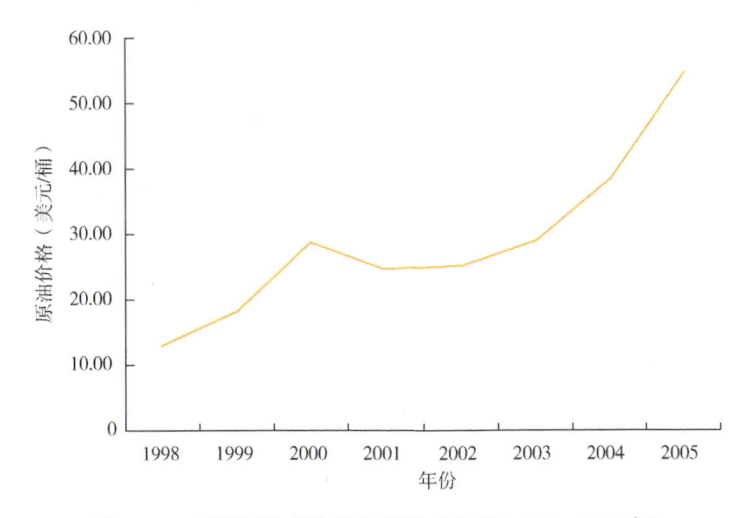

图4-17　国际原油布伦特价格波动曲线（1998—2005年）

铁幕倒下，冷战结束，东西方对抗成为20世纪的往事，随着21世纪到来的恐怖袭击、海湾战争似乎在宣告，地缘政治和冷战根本没有结束，只是舞台变了，能源市场的不确定性在加剧，能源争夺的竞争更胜以往。油价一涨再涨，所有石油公司都发现，环境不一样了。无论是意气风发还是泥潭深陷，21世纪都带来了一些不一样的东西。

对于壳牌来说，公司这次的反应似乎慢了一点。

一、新机遇：道阻且长

20世纪90年代初，随着以俄罗斯为代表的里海周边五国回归世界石油体系，里海石油大赛拉开了序幕。国际石油公司各显神通，调动各方资源逐鹿里海周边。壳牌在俄罗斯获得了萨哈林Ⅱ项目，在哈萨克斯坦进入了卡沙甘项目。

1. 被"伏击"的萨哈林Ⅱ项目

俄罗斯当时政治环境不稳定，领导人频繁更迭，腐败问题严重，安全风险高，规章制度晦涩难懂且朝令夕改，外来人很难摸清楚"谁是谁"以及"谁是谁的人"，但这些问题没能阻挡西方石油公司热情的步伐。就像美国石油巨头大陆石油公司首席执行官安琦·邓纳姆回忆说,"当你审视这一机会的时候,你会充满热情,这是一个天大的机会。"

俄罗斯开放了远东的萨哈林岛(旧称库页岛)陆上和大陆架。萨哈林岛以其丰富的油气资源被视为远东油库,是继西伯利亚之后,俄罗斯最有开发前景的油气区。这个岛位于俄罗斯远东的太平洋沿岸,日本以北,全长600英里,已经有一些小规模的陆上石油生产活动。这里的资源潜力,尤其是海上资源潜力十分可观。据专家预测,萨哈林大陆架赋存约10亿吨石油和凝析气、30万亿立方米天然气。美国联邦地质调查局(USGS)公布的数据表明,仅开发程度较高的北萨哈林盆地的石油远景储量就超过5亿吨(约40亿桶),其他待开发区域主要以天然气资源为主。更为有利的是,该岛处于外海,产出的石油可以直接出口到国际市场。因此,尽管该地区基础设施匮乏,油气开发技术挑战大,却还是吸引了各国的石油公司。

1994年4月,壳牌联合日本三井和三菱两家公司组成了萨哈林能源公司,拿到了萨哈林Ⅱ项目(Sakhalin-2)。1996年,埃克森美孚通过竞标拿到了萨哈林Ⅰ项目,并联合日本索德克公司、俄罗斯石油公司(Rosneft,以下简称俄石油)和萨哈林海洋石油天然气公司与俄罗斯政府签署了萨哈林Ⅰ项目的产量分成协议。

"萨哈林Ⅱ项目"包括比利顿-阿斯托赫斯油气田和卢斯克油气田,石油和天然气储量分别为6亿吨和7000亿立方米(另有数据表明该项目区的石油储量为1.4亿吨,天然气储量为4080亿立方米)。丰富的资源同时伴随着严峻的挑战。首先是自然环境问题,萨哈林Ⅱ项目位于偏远的、尚未开发的亚北极地区,这里冰山常年存在,一年中几个月的时间都是狂风天气,温度有时会降至零下40摄氏度以下,一年可正常工作的时间只有5个月。其次是技术难题,这是世界上最大的油气混合型项目,从规模和开发的复杂程度上讲,这个项目相当于5个世界级大型项目的总和!壳牌还面临额外的挑战——铺设两条500英里长的管线(一条油管线和一条气管线),管线要穿越一千多条大小河流,还要穿越一些冬季会冻结、夏季变湿地的地带。

所有来自环境、技术方面的挑战,最终都体现在了项目的投资额上。1999年,萨哈林Ⅱ项目一期投产,投资额为100亿美元,共开发了2个油田,可采储量为1.4亿吨原油和4080亿立方米天然气。萨哈林能源公司担任作业者,铺设了约800千米长的管线,产出的一半以上的天然气销售给日本电力、天然气公司。

一期项目的成功给了壳牌极大的鼓励,2003年公司启动了萨哈林Ⅱ项目二期。二期计划投资200亿美元,增加两座海上平台(图4-18),修建1800千米长的输气管道和俄罗斯第一座液化天然气(LNG)厂。管线将贯穿萨哈林南北,把萨哈林Ⅰ项目和Ⅱ项目的天然气运输到萨哈林岛南端,而在那里修建的LNG工厂计划投资100亿美元,年产LNG高达960万吨,投产后就是当时世界上最大的LNG厂,将向全世界,尤其是日本出售LNG。

正当壳牌意气风发向投入二期项目时,这个一直被寄予厚望的"上游项目核心"——萨哈林Ⅱ项目遭受了来自俄罗斯政府"伏击"。

2006年8月4日,俄罗斯自然资源部以可能发生泥石流为由,叫停了萨哈林Ⅱ项目的管道工程,向壳牌等参与项目的公司施压。双方陷入了持续5个月的谈判和博弈,最终,俄罗斯一方获得了胜利。12月21日,俄罗斯天然气公司(Gazprom,以下简称俄气)宣布,出资74.5亿美元收购价值220亿美元萨哈林Ⅱ项目的50%+1股股份,原本占股55%的壳牌被

图 4-18 壳牌在萨哈林岛大陆架上的离岸钻井平台

迫以 41 亿美元的价格出让了其中 27.5% 的股份,日本三井集团(Mitsui)让出 12.5%,日本三菱(Mitsubishi)让出 10%。这次交易让壳牌的油气储量减少了约 4 亿桶油当量,壳牌的一位发言人对此十分气愤,"他们花最低的价钱入伙,就好像自己是初始股东一样"。此外,壳牌等外国公司还要负担超支的 36 亿美元项目成本。

此后,萨哈林 II 项目才重新步入正轨并于 2009 年开始向亚洲和欧洲市场出口 LNG,项目最终成功投产。但 12 年的辛苦与 27.5% 的股份的损失,让壳牌的这场战役多少有些"输去三分英雄气"的意味。壳牌的管理者再次受到了质疑和批评。他们被认为很固执,而且对政治现状一直解读有误。壳牌前萨哈林岛项目承包商汤姆·马德罗姆(Tom Madderom)认为壳牌不够变通,"它不是去适应,而是一直在抗拒。他们聘请了许多律师,想要打赢官司。其实,你可以在俄罗斯运作项目并做到双赢——即使是这么大规模的项目。但你得跟这些人打好交道,而萨哈林能源投资公司显然对此并不在行。"

或许唯一可以让壳牌聊有慰藉的是,老对手 bp 在俄罗斯一样遭受了挫折。2003 年,bp 以 68 亿美元的价格购入 TNK50% 的股份,同时将其在俄罗斯的其他资产注入 TNK-bp。此后几年,由于俄罗斯国家能源改革,政策发生了重大变化,能源寡头影响力不断减弱,以俄石油、俄气为代表俄罗斯国有能源企业迅速崛起。2006 年,TNK-bp 接到俄罗斯审计署的警告,警告宣称 TNK-bp 未能按照许可条款完成年产 90 亿立方米天然气的要求,科维克金气田的目前产量只达到许可证指标的 1/6,TNK-bp 必须和俄罗斯政府达成新的开发协议,否则将会失去气田的作业许可。于是在 2006 年 3 月,TNK-bp 把科维克金气田 50%+1 股股份转让给了俄气,以换取该气田正式投入商业运营。2006 年 6 月,TNK-bp 把 96.86% 的乌德穆尔特油田以 30 美元的价格转让给了中国石油化工集团公司(以下简称中石化),11 月中石化再把乌德穆尔特油田 51% 的股权转让给了俄石油。作为交换,俄石油(占股 51%)将与 bp(占股 49%))一起联合开发萨哈林 IV 项目中的西施密特油田和萨哈林 V 项目中的东施密特油田。

2. "难产"的卡沙甘项目

如果说俄罗斯政府在极北之地伏击了壳牌,那么在里海北岸的卡沙甘项目,困住壳牌的因素就更加一言难尽。

哈萨克斯坦国土面积272.5万平方千米，是世界上最大的内陆国，曾是苏联加盟共和国之一。1991年12月16日独立，成立哈萨克斯坦共和国。哈萨克斯坦北邻俄罗斯，南与乌兹别克斯坦、土库曼斯坦、吉尔吉斯斯坦接壤，西濒里海，东接中国。至2009年年底，石油探明储量总计300亿桶，天然气探明储量总计2万亿立方米。

20世纪80年代，整个苏联经济停滞不前，哈萨克斯坦作为加盟共和国之一，也受困于资金匮乏、技术落后的窘境中，虽然拥有丰富的地下资源，却无力转变为国民收入。一位苏联石油部长曾写道，"勘探与生产设备落后，进入20世纪60年代以后就没有取得什么技术进步。"1991年独立后，为了获取开发近海油气资源的资金、装备和人才，哈萨克斯坦向外国公司开放了里海地区油气资源。

自1968年以来，世界已发现的最大单一油田也位于哈萨克斯坦，这就是距离里海东北海岸50英里的卡沙甘大油田（Kashagan Field）。据估计，其原油可采储量约为130亿桶（21亿立方米）。

卡沙甘体量实在太大，也太复杂，开发卡沙甘所需的资金投入之大，是任何一两家国际石油公司都无法独立负担的。本着利益共享、风险共担的原则，壳牌和其他公司一起组成了国际财团开始向这个巨大的项目进军。然而，让壳牌和其他公司没想到的是，在接下来的十几年里这个象征着巨大财富的油田变成了困住他们的泥潭。

困住壳牌的第一个因素，就是这个复杂的国际财团机构。

1997年11月，以意大 Eni-Agip 公司为首，壳牌等共计7家知名石油公司组成了国际财团，与哈萨克斯坦政府签订了北里海水域11个区块、总面积5600平方千米的产品分成协议，合同期40年。项目最初合同方为 Kazakhstan Caspian Shelf（哈萨克斯坦）、Eni-Agip（意大利）、壳牌（英国、荷兰）、BG（英国）、bp（英国）、Statoil（挪威）、Mobil（美国）和道达尔（法国）。1998年9月，这8家公司成立了 Offshore Kazakhstan International Operating Company（OKIOC）联合公司。联合公司中，bp和Statoil公司合为一家，7家股东均分项目权益，各占14.28%股份。同年，Kazakhstan Caspian shelf 将其在 OKIOC 中权益出售给日本国际石油开发株式会社（Inpex）和美国康菲公司（Conocophillips），两家各占7.14%（表4-5）。

表4-5 OKIOC最初的股权分配比例与变更

公司	所属国家	最初股权份额(%)	变更后股权份额(%)
Kazakhstan Caspian shelf	哈萨克斯坦	14.28	0
Eni—Agip	意大利	14.28	14.28
壳牌	英国、荷兰	14.28	14.28
bp	英国	9.52	9.52
BG	英国	14.28	14.28
Statoil	挪威	4.76	4.76
Mobil	美国	14.28	14.28
道达尔	法国	14.28	14.28
Inpex	日本		7.14
Conocophillips	美国		7.14

第四章 艰难征程（1990—2005年）

项目开始勘探工作后，蜂拥而入的大石油公司们很快发现，这里施工作业条件差、项目股权分散、资源国政策环境不稳定，收回投资将是一个漫长的过程。2001年，bp、Statoil和BG先后退出了项目。bp和Statoil的权益转给OKIOC，BG在项目中的8.33%权益被哈萨克斯坦政府通过哈萨克斯坦国家油气公司（KazMunaiGaz，KMG）强行购得，剩余的股权被财团股东平分，并保证将来转让给KMG。项目股东、权益比例、作业模式等不断发生变化，风险分担的模式让项目缺少真正的主导者，壳牌作为权益最高的股东之一，完全无法按照公司的利益推进项目，项目决策格外困难，无休无止地扯皮让每一方都深陷其中。

困住壳牌的第二个因素，就是项目本身的复杂性。

2008年年底，Eni-Agip、KMG、壳牌、道达尔、埃克森美孚各占16.81%，康菲和Inpex则分别占8.40%和7.56%组成国际财团北里海作业公司（North Caspian Operating Company B. V.，缩写NCOC），NCOC被确认为项目作业者。

NCOC提出了三个阶段开发卡沙甘油田的方案：第一阶段工业试采，产量为377万桶/日，之后可提高到45万桶/日，产出的约一半的伴生气被回注地层；第二阶段工业开采，产量达到100万桶/日；第三阶段产量达到峰值——50万桶/日，届时海上将有240口生产井。项目的第一阶段只开采卡沙甘原油，为使卡沙甘油田一期投入开发，82个公司参与了海上工程建设。壳牌负责了第一阶段的开采及生产作业，以及第二阶段开发方案编制、开采及海上工程建设。

卡沙甘油田的开发，首先要面对的挑战就是恶劣的气候及自然环境。卡沙甘油田处于里海北部伏尔加河和乌拉尔河入海口的浅水区，作业工区纬度高，自然条件恶劣，夏季酷热且风暴潮频发，冬季有长达5个月的冰期，运输和后勤供给难度极大。

除了自然环境严苛，油田本身的地质条件复杂，油气性质特殊，对开采工艺及设备要求高。卡沙甘油气田的产层埋深4200~5500米，具有异常高的地层压力（80兆帕）及地层温度（110~120摄氏度）。此外，原油和天然气中还含有高浓度的硫化氢（H_2S），高浓度的硫化氢有很强的毒性，会导致人嗅觉失灵，当人们意识到自己吸入了硫化氢时往往为时已晚。一旦发生泄漏，将会给附近70千米以内的里海沿岸居民带来严重的健康威胁。为解决这个问题，所有钻采设备都采用防硫材质，并且对开采出的硫化氢直接回注地层。与其他油田相比，所需油田开发工艺更复杂，资金投入规模更大，对设备的要求也更为严格。恶劣的气候条件、复杂的地理位置和开采工艺，使得卡沙甘油田无法使用传统的混凝土结构、固定导管架加平台的快捷作业方式，只能采用建造人工岛的方式钻井，这项工程用数百万吨灰岩填塞海底，除用钢结构桩加固外，还有钢制的防冰桩，在岛的外围还修建了防冰障。为满足冬季作业要求，所有海上工程材料均选用耐低温的特种钢材（图4-19）。

哈萨克斯坦薄弱的工业基础是困住壳牌和其他国际公司的第三个因素。

卡沙甘油田开发需要使用的高品质、现代化设备及材料，以当时哈萨克斯坦的工业建造水平无法生产。但为发展本国石油工业，提升本国企业的行业竞争力及市场地位，哈萨克斯坦政府通过法律手段对本国制

图4-19 卡沙甘油田

造企业给予扶持，强制要求在油气作业中采购、使用一定比例的哈萨克斯坦本国生产的物资、工程及服务，若完不成将给予处罚。NCOC 财团不得不最大限度地支持哈萨克斯坦国内生产企业，并保证在油气地面建设高峰期员工用工比例哈萨克斯坦占 80%。尽管如此，哈萨克斯坦薄弱的海洋石油工业基础以及当地企业生产的物资，仍无法满足该项目较高的工艺、技术、环保及安全要求。例如，在建设高峰期，虽然哈萨克斯坦有 15 家水泥厂，但没有一家能够生产 G 级油井水泥；哈萨克斯坦公司为卡沙甘油田生产的井口设备，由于不符合项目技术要求，不得不运到意大利进行再加工。这些都在不同程度上增加了项目实施的难度。

此外，由于里海环境污染日趋严重，环保要求日趋严格，项目环保风险也在日趋增加。

虽然物质基础匮乏，自然条件艰险，开发难度前所未有，投资成倍增长，但壳牌依旧坚守在卡沙甘项目上。然而，对于壳牌和其他参与卡沙甘油田的国际石油公司来说，这些都不是最艰难的，同萨哈林Ⅱ项目一样，最艰难的是资源国政府不断增强的控制力度。

根据与哈萨克斯坦政府签署的产品分成合同，卡沙甘油田应在 2005 年 6 月进行工业试采，但由于作业方资金和技术原因，工业试采推迟至 2008 年年底。哈萨克斯坦政府同意了延期申请，为此获得了 1.5 亿美元的补偿金。

2007 年 7 月，NCOC 宣布，因卡沙甘油田开发工程量巨大且技术难题多，再加上设备材料价格上涨、开发成本增加等原因，将该油田试采启动的时间由 2008 年年底再次推迟至 2010 年下半年，油田开发费用由 570 亿美元提高到 1360 亿美元。8 月 27 日，哈萨克斯坦政府宣布卡沙甘项目违反环保法，项目被迫暂停 3 个月。哈萨克斯坦政府表示，希望通过重新修改产品分成协议，提高利润油分成比例（由 10% 提高到 40%），增加哈萨克斯坦在项目中的权益。这一举动使 NCOC 与哈萨克斯坦政府之间产生矛盾，导致油田试采计划搁浅半年之久。

2008 年，经过艰难的谈判，NCOC 最终同意接受将 KMG 在项目中的份额由 8.33% 提高到 16.81%，达到与财团中大型外国公司同等份额的水平，而 KMG 仅支付了 17.8 亿美元。同年 6 月，NCOC 与哈萨克斯坦政府签署备忘录，将卡沙甘油田的工业试采日期由 2010 年进一步推迟至 2013 年。

最终在 2013 年 9 月 11 日，NCOC 宣布，世界上最大的能源项目之一——哈萨克斯坦卡沙甘油田进入试采阶段，并产出了第一桶油。而这次投产很快就因输气管道破裂被迫停止，直至 2016 年年底才重新投产。

卡沙甘油田的艰难投产，经历了十多年的工期延误，与之相伴的则是投资成本的严重超支，"烧钱"之势愈演愈烈，这对于 20 世纪 90 年代雄心勃勃开拓里海新世界的壳牌来说，是不曾预料到的。

3."垫伏"的 GTL

气—液转化（Gas To Liqui，以下简称 GTL）技术是将天然气转变为合成油，合成油再进一步转变为燃油及其他碳氢化合物。这个过程制备出的合成型原油分子基本上是由直链烷、烯烃组成，具有纯度极高、无硫、无氮、无芳烃和无金属元素等优点。合成油经过进一步炼制生产出的柴油、石脑油、石蜡及其特殊产物属于高清洁燃料，完全符合现代发动机技术的严格要求和世界各国日益苛刻的环境法规。

壳牌认为，按照对全球石油储量的估计，在原油消耗速率不断增长的趋势下，未来原油市场肯定会出现市场消耗量大于原油产量的日子，必须找到原油的替代品。与此同时，各国环保法规越来越严格，人们对于低硫燃料，尤其是低硫柴油的需求越来越旺盛，以 GTL 技术为代表的天然气深度开发利用技术不仅能够将储量丰富、难于运输的天然气资源转化为石油替代品，而且最终产品环境友好、性能优异，完全符合未来燃料发展趋势。

任何技术从萌芽到真正成熟投入规模应用，都有一定的周期性。壳牌在每一阶段，都会投入一部分资金和人员，进行超前谋划和技术储备。壳牌作为 GTL 技术的先行者，拥有专有的中间馏分合成(Shell Middle Distillate Synthesis，SMDS)工艺。

1993 年，壳牌在马来西亚的民都鲁建成了世界上第一座 GTL 工厂（图 4-20），日产能力 1.45 万桶。这是全球首次成功实现 GTL 商业化，证明了各项技术工艺流程的可行。民都鲁工厂生产的 35% 的天然气合成油出口到日本和韩国，其他出口到欧洲。由于生产 GTL 柴油需要非常昂贵的炼油厂设备，因此其价格比普通柴油要贵，当时仅有对环保要求较高的发达国家才倾向于购买。

图 4-20　壳牌在马来西亚民都鲁的 GTL 工厂

然而，这一被壳牌视为发展方向的产业在投产 4 年后进入了蛰伏期。

1997 年 7 月 2 日，泰国宣布放弃固定汇率制，实行浮动汇率制。在泰铢波动的影响下，菲律宾比索、印度尼西亚盾、马来西亚林吉特相继受到冲击，引发一场遍及东南亚的金融风暴。到 1997 年下半年，日元汇率持续大跌，日本的一系列银行和证券公司相继破产，东南亚金融风暴演变为亚洲金融危机，席卷整个亚洲并引发了俄罗斯卢布大跌和欧美股市动荡。期间包括马来西亚在内的东南亚各国经济严重受创，进而影响到了石油消费市场。

1997 年进入 12 月后，雾霾天气开始笼罩婆罗洲岛，细密的雾霾覆盖了民都鲁。民都鲁 GTL 工厂的员工们并没有特别留意天气会带来的影响。12 月 25 日这天正值西方的圣诞节，到处弥漫着假日轻松、喜悦的氛围。与此同时，空气中不断积累的可燃颗粒物通过空气分离装置的主要净化段之后，聚集在蒸馏塔的铝主蒸发器上，触发碳氢化合物燃烧，引起铝燃烧。燃烧产生热量使低温液体汽化，导致快速的压力积累，最终引发了 SMDS 蒸馏塔发生了严重爆炸，12 人受伤。

突如其来的事故和糟糕的经济形势，最终让壳牌不得不暂时关闭了引领着全球 GTL 发展的民都鲁 GTL 工厂，壳牌在这条象征着未来发展趋势的探索之路上进入了蛰伏期。

二、新问题：积羽沉舟

1. 世纪并购大潮中的旁观者

持续了10年的低油价对于每一家石油公司都是一段艰难的岁月，一批石油公司走到了破产边缘，抛售资产甚至成为某些公司唯一的选择，那些在低油价中维持了业绩的公司也虎视眈眈的觊觎着这一次机遇。最终，bp打响了并购的第一枪，引发了规模最大的"世纪大并购"。

1998年8月，bp宣布并购美国老牌独立石油公司阿莫科（AMOCO）。1997年bp的利润约为40.5亿美元，AMOCO为27亿美元，两家公司联合销售额1076亿美元。由于股票市场对这次合并持乐观态度，AMOCO股票从1997年8月初宣布合并前的40美元/股上升到了11月底的61美元/股，涨幅超过50%；bp的股价也同期从78美元/股升到了94美元/股，涨幅超过20%，并购之后bp-AMOCO的联合总市值升到了1480亿美元。

bp-AMOCO出世，除去国家石油公司外的世界石油界新三强就变成了：壳牌（年销售额1300亿美元，总市值1610亿美元），埃克森（年销售额1200亿美元，总市值1770亿美元），bp-AMOCO（年销售额1080亿美元，联合总市值1480亿美元）。bp的这次超级并购影响了整个行业的排序，各大石油公司的力量此消彼长，形成了业界分析人士所称的"超级石油巨头"。

对bp与AMOCO的合并最先做出反应的是埃克森。1998年12月，埃克森与美孚宣布合并成为"埃克森美孚"，新公司联合销售额超过1750亿美元，联合总市值为2380亿美元，超过壳牌，一下跃居世界石油工业界的第一位；壳牌排列第二；bp-AMOCO排列第三。在1998年短短的几个月内，世界三强两次重新排列，说明了并购活动的剧烈程度。

接下来又出现了一系列的重大合并事件，包括1998年11月30日宣布的法国道达尔130亿美元兼并比利时菲纳公司；1999年6月24日西班牙雷普索公司180亿美元收购阿根廷YPF公司；1999年9月13日道达尔菲纳公司以542亿美元收购埃尔夫-阿奎坦公司；2000年10月15日美国雪佛龙公司以350亿美元合并德士古公司；2001年11月18日，美国康诺克石油公司与菲利普石油公司对等合并成为康菲公司，涉及金额350亿美元。21世纪初期掀起的这次全球石油公司的大型合并高潮，让一些超大型石油公司登上了全球石油行业的大舞台。

美孚公司的总裁卢·诺托（Lou Noto）在埃克森和美孚宣布合并的新闻发布会上说："合并不是因为绝望而铤而走险，市场竞争已经变了，我们站在这里，正是为了适应这些变化。"各大石油公司都嗅到了变化的味道，在纷纷通过兼并、联合、收购提高公司的整体规模和运营能力，扩大市场占有率，强化国际化经营的时候，一向对市场和环境变化反应灵敏的壳牌，这次却表现得格外"沉稳"，公司错误判断了油价的长期走势，把大部分精力放在了产业结构的精简优化和低成本战略。对于行业对手们的大动作，壳牌时任集团董事会副主席兼CEO布宏达称："评价一家公司的优劣，主要看其财务表现如何，即给股东的回报如何……壳牌的规模大小正好，属于一流大公司。"虽然低成本战略和精简结构在任何时候都是无可非议的发展之路，然而后来的事实证明，当储量价格增速远高于成本增速时，壳牌选择的这条道路就显得比其他石油公司更加曲折（表4-6）。

表 4-6　1998 年三大石油公司实力对比

项目	壳牌	埃克森	bp
营业收入（亿美元）	1281	1224	712
资产额（亿美元）	1138	961	541
股东利益（亿美元）	600	437	232
净利润（亿美元）	78	84	40
油气日产量（百万桶）	3.7	2.7	1.25
油气储量（十亿桶）	19.4	13.8	8.7
炼油能力（百万桶/日）	4.3	4	1.8
雇员人数（万人）	10.5	8	5.6

数据来源：《财富（中文）》杂志 1998 年全球最大 500 家公司排行榜数据、Petroleum Intelligence Weekly 杂志 1998 年 12 月 7 日数据、bp 公司 1997 年年报。

2001 年世界石油市场兴旺，国际原油价格上扬，上游业务强势的石油公司全部营业额猛增。在 2001 年《财富》杂志公布的世界 500 强中，石油公司的排名普遍大幅度提高。合并后的埃克森美孚重新登顶《财富》杂志世界 500 强第一位，总营业额高达 2103.9 亿美元，创造了世界石油工业的新纪录。bp 从 2000 年的第 17 位跃居到第 7 位，不仅营业额高达 1480 亿美元，而且利润高达 118.7 亿美元，与壳牌十分接近（表 4-7）。而到了 2002 年，壳牌被 bp 超越，从曾经的第一变成了世界第三大石油公司。

表 4-7　1998—2004 年壳牌经营情况

年份	财富杂志500强排名	营业收入（百万美元）	利润（百万美元）	资产额（百万美元）	bp 排名	埃克森美孚排名
1998 年	5	128141.7	7758.2	113781.4	20	7
1999 年	3	93692.0	350.0	110068.0	19	8
2000 年	11	105366.0	8584.0	113883.0	17	3
2001 年	6	149146.0	12719.0	122498.0	7	1
2002 年	8	135211.0	10852.0	111543.0	4	2
2003 年	4	179431.0	9419.0	152691.0	5	3
2004 年	4	201728.0	12496.0	168091.0	2	3

数据来源：《财富（中文）》杂志网站统计数据。

可以看到，在世纪之交的几年里，埃克森美孚一直稳坐行业头把交椅，而通过并购扩大规模的 bp 发展神速，在度过了并购后的磨合期之后，真正实现了"弯道超车"。

后来有分析人士指出，壳牌在并购潮中独善其身，根本原因并不是壳牌宣称的公司规模刚好，而是壳牌特殊的双董事会结构。壳牌的业务由两个独立的、分别在荷兰和英国上市的公司所把持，两个公司都有自己的董事和需要遵循的法律。这种复杂性结构，是诱发官僚惰性、造成模糊不清责任界限的温床。当竞争对手通过大胆并购壮大自己的上游资产时，臃肿复杂的组织机构让壳牌反应缓慢，在使用股票购买资产时，无论是决策流程还是操作过程都

壳牌发展启示录 | Lessons from Shell's Rise to Prominence

非常困难,因此错失了大好的发展时机,排名也从世界第一滑落到第三。

2. 储量丑闻

储量,泛指矿产的蕴藏量。公司的油气储量,一般指通过评估确定的,在公司现有经济能力和技术水平下,所能够开采的地下的油气量。美国证券交易委员会(SEC)制定了油气储量评估规则(SEC 准则),要求在美国上市的油气公司必须根据 SEC 准则计算公司的油气储量,并在每年年报中公布这一数据。

除了储量规模,储量替代率和储采比的变化也备受关注。前者指公司每年新增的油气储量和当年采出油气量的比值,一般认为这一比值大于 1,说明储量保持了良好的接替形势,不存在"入不敷出"的问题;后者指公司的总储量与当年产量的比值,这个数据实际反映的是在没有新增储量的前提下,现有储量按照当前规模还可以开发多少年。储量规模及衍生的这两个相关指标,被认为是判断油气公司发展前景最重要的指标之一。尤其是在"资源易得"时代过去,油气需求在新兴经济体带动下呈现不可预估的增长趋势后,公司年报中公布的储量数据就成为华尔街的投资者评估石油公司是否具有可持续发展能力的重要指标。

20 世纪 70 年代陆续丧失原有油气资源地后,壳牌实施了战略转移,把资源重点放在了墨西哥湾、北海等地缘政治稳定的国家,以及俄罗斯、哈萨克斯坦这样的新开放的资源地。然而,海域拓展代价高昂,持续攀升的油价再次推动了国家石油公司的快速成长,壳牌这样的国际石油公司面临着越来越高的合作门槛。被寄予厚望的中亚地区的两个大项目一波三折,加上错过了在世纪大并购中调整储量规模和结构的机会,一时间,壳牌的储量形势变得堪忧。

一面是外界越来越重视储量指标,一面是公司越来越严峻的资源获取形势。2004 年,壳牌终于在这个问题上折戟了。

2004 年 1 月 9 日,壳牌出人意料地宣布更正 2002 年末的油气储量数据,将提交给 SEC 的 190 亿桶油气储量调低 39 亿桶,将其中 27 亿桶石油探明储量和 12 亿桶油当量天然气探明储量改为控制储量或边际资源(相当于预测储量)。

一石激起千层浪。壳牌在纽约和伦敦的股价应声下跌 7%,公司市值缩水 30 亿美元。SEC 宣布从 2 月 19 日启动针对壳牌的调查。

3 月初,壳牌董事会主席菲利普·沃茨(图 4-21)、负责勘探业务生产业务的高级主管沃尔特范·德·维杰威宣布辞职,原 CEO 兼化学品业务主管杰罗因·范德维尔(Jeroen van der Veer)接任董事会主席,董事兼天然气业务主管马尔科姆·布林德接任勘探业务生产业务主管。菲利普·沃兹是壳牌双董事会组织结构的最后一任董事长,因此也被媒体称为壳牌的"历史终结者",然而,菲利普·沃兹的离职并未能终结储量事件的升级。

3 月 18 日,壳牌第二次下调储量,将 2002 年年底的储量再次调低 2.5 亿桶,减少到 148.5 亿桶,同时宣布把向 SEC 递交年度报告的时间推迟到 3 月底,以便再次评估油气储量,而原定 4 月 23 日召开的股东大会也

图 4-21 菲利普·沃茨

推迟到 6 月 28 日。宣布当天，壳牌股票在伦敦股市下跌 3%，英国金融服务监管局（Financial Services Authority，FSA）和荷兰金融市场监督管理局分别宣布启动对壳牌的调查。

4 月 19 日，壳牌第三次宣布下调探明油气储量，再减少 3 亿桶。公司首席财务官朱迪·博伊顿（Judith Boynton）辞职。

5 月 24 日，壳牌第四次调减油气储量，再次下调 1.03 亿桶油当量。

至此，壳牌先后 4 次，共调减 45.5 亿桶，占原报告总储量 195 亿桶的 23%之多。

就在壳牌第四次宣布调低其油气储量后，标准普尔将它的长期信用评级从 AAA 降至 AA+，并且表示还可能会继续降级。标准普尔的解释说，壳牌虚报油气储量事件，以及公布公司的以往账务管理审计报告，都显示壳牌的治理结构"持续薄弱"，"违反美国证券交易委员会规则"（图 4-22）。而美国最大的养老基金 Calpers 也将壳牌列入"焦点公司"的名单，这个"焦点公司"的名单，是专门为那些财务状况差、公司治理有问题的公司准备的。不仅如此，此后的市场传闻也一直对壳牌不利，英国的《观察家》甚至引用壳牌内部人士的发言指出，壳牌正在为被道达尔收购做准备。而《经济学人》杂志也提醒壳牌："是时候想想那些原先想不到的事情了。"

图 4-22　储量丑闻期间报纸上讽刺壳牌的漫画

2004 年 7 月，SEC 宣布调查结果，认为壳牌违反《美国联邦证券法》和有关的 SEC 规定，对壳牌处以 1.2 亿美元的罚款，并责令壳牌投入 500 万美元建立综合性的内部守法制度和程序。同时，FSA 也认定壳牌违反了英国《2000 年英国金融服务和市场法》的有关规定，罚款 1700 万英镑。8 月 24 日，FSA 与 SEC 宣布了他们分别与壳牌最终达成的协议，壳牌将接受惩罚并支付罚金。

3. 影响有多大？

据能源咨询机构 Wood Mackenzi 的计算，2003 年壳牌的油气储量有机替代率从调整前的 105%下降到 57%，而埃克森美孚与 bp 分别为 116%和 152%。储采比（剩余可开采年限）从调减前的 13.6 年下降至 10.9 年，剩余可开采年限缩短了近 3 年。埃克森美孚与 bp 分别为 13.3 年、12.9 年。世界三大石油公司中，壳牌的储量是最少的。不仅如此，壳牌的油气开采成本高达 7.90 美元/桶，而埃克森美孚与 bp 分别为每桶 3.93 美元和 3.73 美元。证实储量的减少直接削弱了壳牌的竞争力，也让它在同埃克森美孚和 bp 的未来竞争中劣势尽显。图 4-23、图 4-24 所示的原油储产量变化趋势将壳牌的颓势暴露无遗。

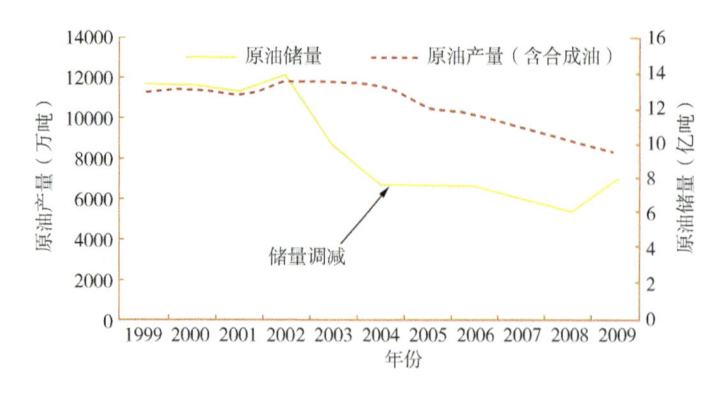

图 4-23　壳牌原油储量、产量变化图

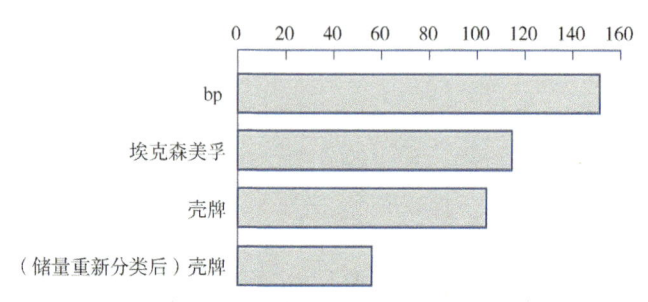

图 4-24　壳牌储量重新分类后的储量

数据来源：Wood Machenzie（翻译自英国《经济学家》杂志）

4. 谁应该负责？

以调减前的数据比较，三大公司的主要储量参数相差不多，表面上看，过去几年没有进行大规模合并的壳牌仍保持了较好的竞争能力，但作为主管勘探和生产业务的维杰威对自己的家底是心知肚明的。2004 年 4 月 19 日公布的一份壳牌内部调查报告透露，壳牌的前董事会主席菲利普和负责该公司石油勘探和生产的维杰威，至少在 2 年前，甚至 7 年前就知晓此事。2002 年他在写给董事长的电子邮件中就清楚地提到："我已经厌倦了这样不停地撒谎了，这样隐瞒很难应付了。"一个月后，在接受公司内部调查时，他说："这是给公司埋下了定时炸弹，但这不是我希望做的。"据说，事发前两年董事长菲利普·沃茨多次拒绝了向外界公布公司油气储量下降这一事实，他要求下属想尽一切办法维持储量增长数据，来达到维持投资者信心的商业目的。

不过，有专家认为，壳牌的储量也不完全是弄虚作假，它调低的储量不是无中生有，而是的确在壳牌的开发区域内，只是勘探级别较低，没有达到"证实"的程度，若进一步勘探，这部分储量有可能会成为证实储量。而按照 SEC 准则，这部分储量不应该被列在公布储量范围内。埃克森美孚洋洋自得地宣布它的证实储量评估标准很高："壳牌把澳大利亚 Gorgon 项目的储量登记在内，而埃克森却没有！"Gorgon 天然气项目是壳牌与埃克森、雪佛龙德士古等公司的合作项目，位于澳大利亚西北沿海的巴罗岛，是世界上最大的天然气项目之一。在 2004 年时，Gorgon 项目尚未正式启动，而这个项目位于壳牌公告中储量调整受影响最大的地区之一。

5. 为什么是壳牌？

对石油公司来说，储量调整并不鲜见。但如此大幅度地下调探明储量，是史无前例的。一石激起千层浪，壳牌的影响波及全球石油界和股市投资者，连相当保守的英国《经济学家》杂志也不由得痛心地质问：一家石油公司怎么竟然会在一夜之间失去 1/5 的储量？而且不是什么过时的石油公司，而是奉为楷模的现代石油巨擘、长期以管理卓越引以为豪的壳牌？

首先，储量虚增，根本原因是壳牌阶段战略判断失误的结果。2001 年，壳牌当时的董事长司徒慕德（Sir Mark Moody-Stuart）认为，2000 年的国际原油价格上涨只是暂时现象，不会持续太久。受此影响，壳牌一直致力于发展下游业务，上游业务比重持续下降。

但 2004 年以后，国际油价再次高涨。此时，壳牌才开始将战略调整为"加大石油和天然气开采的上游业务投资、提高精炼和市场营销等下游业务的利润"。战略的调整是有一定周期的，调整效果不会立刻显现。但国际油价快速增长，上游业务成为最受关注的板块，而储量指标又成为上游业务的风向标，为了维持公司在投资者心目中的形象，掩盖战略判断失误带来的后果，公司管理层选择了虚报储量。

其次，壳牌内部管理体系不完善、不合理是造成储量虚增的直接原因。壳牌的管理人员奖金激励政策是与储量挂钩的，这就造成了管理人员造假的主观动力因素；但同时，在壳牌内部，储量划分和衡量方面缺乏统一标准，壳牌旗下的各个业务公司都使用各自的一套标准，缺乏按统一储量分级标准确定探明储量，也难于进行储量评价监督，为储量造假创造了客观可能性。主观、客观因素叠加，最终导致了超过 20% 的未证实储量的虚报。而这之前，埃克森美孚、bp 和其他石油公司已在本公司范围内统一了储量计算规则。

再次，壳牌独有的双董事会组织结构也存在弊端，经常会出现董事会之间意见难以达成一致，造成决策效率低下，这也是壳牌最让人诟病的地方。壳牌没能抓住 20 世纪末的产业兼并机遇，各大石油公司和其他竞争对手马不停蹄地在海外兼并重组、展开油气资源竞争时，壳牌却困于决策节奏缓慢而止步不前。早在 20 世纪 90 年代末，壳牌就开始与俄气为结成战略联盟进行谈判，但直至储量丑闻爆出时，双方仍然在谈判中，而 bp 已经在俄罗斯完成了两项并购，组成了 TNK-bp，最后成为唯一一家进入俄罗斯油气核心地带的公司，壳牌却只能远走条件艰苦、风险巨大的萨哈林。

在壳牌保守而臃肿的组织结构下，两家母公司各自为政，造成经营权、决策权分散。一个有趣的例子就是，2001 年第一季度，荷兰皇家与壳牌运输达成一致，要进行一次股票回购。壳牌运输在回购刚刚启动不久就取消了这项活动，而荷兰皇家却按原计划继续回购。这种公司治理结构，还会让投资者在察看壳牌集团的业绩报告时产生疑惑，因为业绩报告中并没有集团本身的每股利润等情况，而是分别给出荷兰皇家与壳牌运输各自的利润情况。给投资者的感觉是，这似乎并不是壳牌集团的业绩报告，而是各母公司的业绩报告，并且集团公司给予管理者的股票期权也是两家母公司各自的股票。

这种治理结构下，执行董事会只是整个集团名义上的管理机构，实际上权力并不大。尽管人事权掌握在母公司手中，整个集团的实际经营权却分散在各个子公司中。有人比喻说，如果埃克森美孚像一个中央集权国家，壳牌则更像是一个松散的联邦。其结果就是，壳牌领导者在决策的制定和贯彻的效果上要比埃克森美孚差很远。

第五节 小结与讨论

对壳牌而言，20世纪90年代初至2005年是一段比较艰难的时光。尽管深水油气勘探开发和LNG业务都处于全球领先地位，但2000年以前的低油价让公司陷入惨淡经营的境地。2000年以后，公司面临了很多新问题，错失了一些新的机遇。这些问题积小成大，积羽沉舟，让壳牌陷入了前所未有的困境。20年后我们再回首壳牌这一段发展历程，不得不承认，曾经有效的双董事治理结构在环境迅速变化的新世纪里变成了沉疴痼疾，让壳牌丧失了灵敏和迅捷。

一、发展与业绩

1994年至1998年，壳牌的业务遍布全球130多个国家/地区运营，核心业务包括勘探与生产、石油产品、化工、下游天然气和发电、可再生能源。这期间壳牌的油气产量保持持续增长（图4-25），但由于油价一直在下跌，公司的经营状况惨淡，至1998年随油价一起跌入谷底。1998年当年公司的核心业务仅有石油产品一项盈利（图4-26），1999年公司盈利能力恢复，资产投资回报率再次上升至12%以上（图4-27）。

图4-25　1994—1998年壳牌分区域原油产量

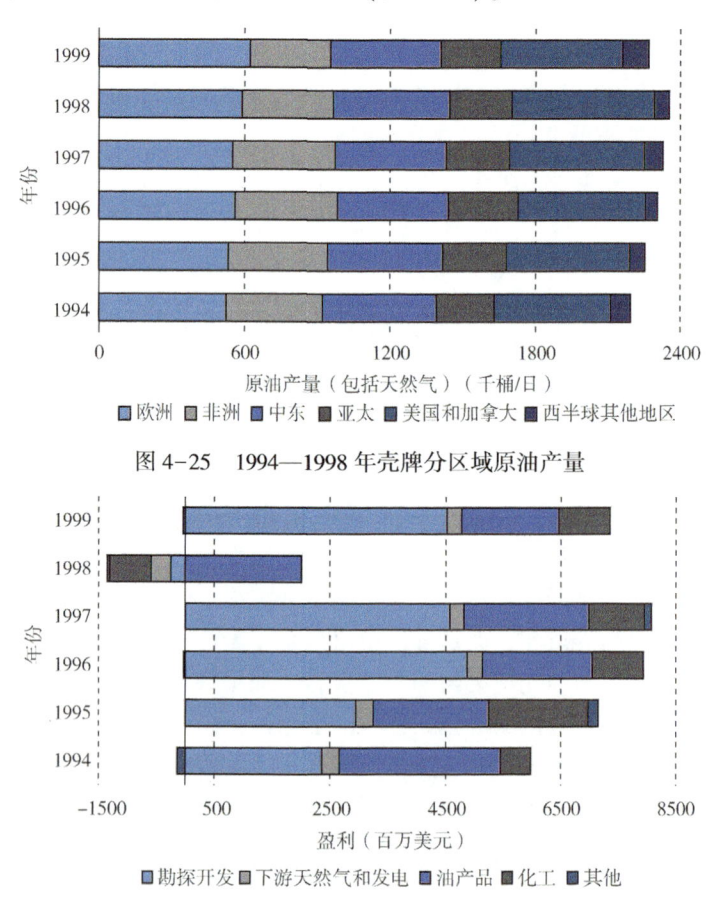

图4-26　1997—1999年壳牌各业务板块盈利情况

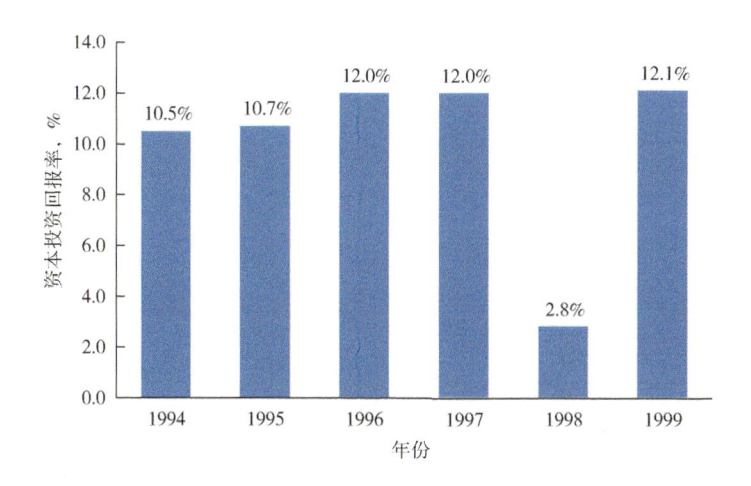

图 4-27　1994—1999 年壳牌资本投资回报率

1998 年之后，油价开始回升，壳牌的财务业绩也不断上升。1998—2004 年，公司营业额从 936.9 亿美元增加到了 2686.9 亿美元；除东南亚金融风暴和全球性经济不景气因素导致 2001 年营业额比上一年有所下降以外，其余各年均比上一年有较大幅度的增长，其中 2000 年、2002 年和 2004 年分别比上一年增长 41.6%、32.7% 和 33.2%；同期公司利润总额从 1998 年的 3.5 亿美元增长到了 2004 年的 181.8 亿美元。

然而与其他 4 家国际大石油公司相比，这一时期的壳牌表现并不算出色。世纪大并购之后的 bp 和埃克森美孚走上了更加高速发展的快车道。壳牌近 2700 亿美元的营业收入较 bp 和埃克森美孚还是要略逊一筹，在 5 大国际石油公司中排中位（表 4-8）。资产额、净利润和股东利益都屈居埃克森美孚之下，投资资本回报率是 5 大公司中的第四位。就 1995—2004 年 10 年间的股东总回报率而言，壳牌也是 5 大国际石油公司里最低的（图 4-28）。

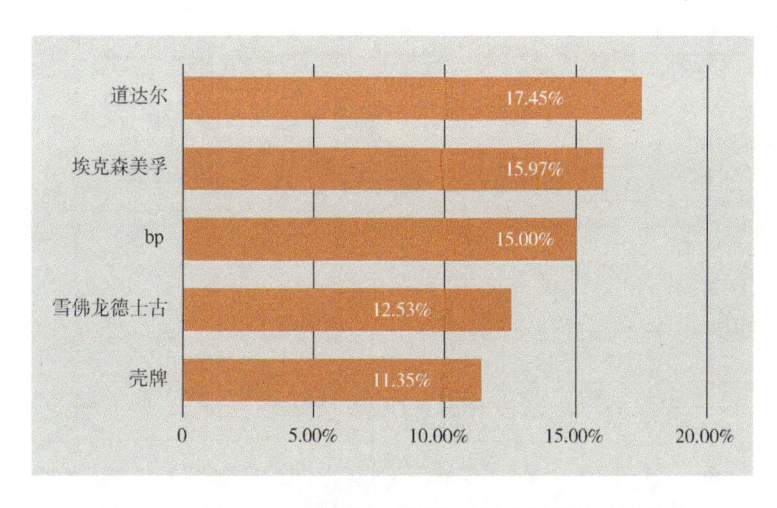

图 4-28　1995—2004 年度五大国际石油公司股东总回报率
数据来源：壳牌可持续发展报告 2004

壳牌发展启示录 | Lessons from Shell's Rise to Prominence

表 4-8　2004 年 5 大国际石油公司经营业绩

项目	bp	埃克森美孚	壳牌	道达尔	雪佛龙
营业收入(亿美元)	2850.59	2707.72	2686.90	1526.10	1479.67
资产额(亿美元)	1912.08	1952.56	1928.11	1143.93	932.08
股东利益(亿美元)	766.56	1017.56	845.76	424.89	452.30
净利润(亿美元)	153.71	253.30	181.83	119.55	133.28
资本回报率(%)	16.6	23.8	20.1	24.0	25.8
雇员人数(万人)	10.29	8.59	11.4	11.1	5.6

数据来源：各公司年报。

到 2004 年，壳牌的原油产量为 217.3 万桶/日，在五大国际石油公司中位列第三；天然气产量为 88 亿立方米/日，位列第二(图 4-29)。

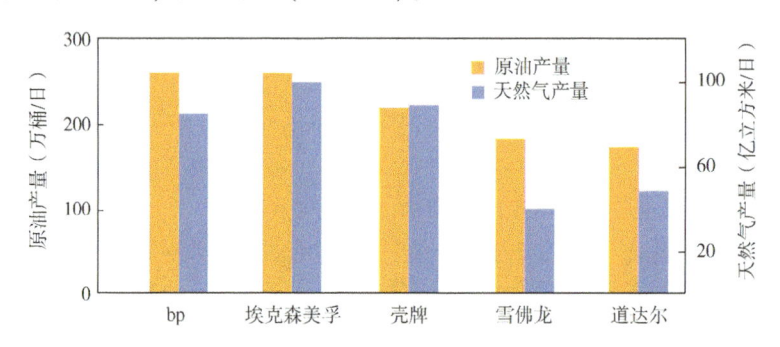

图 4-29　2004 年 5 大国际石油公司原油与天然气产量

这一时期，壳牌饱受来自媒体和公众的批评，在经历了环保战争、商业贿赂、爆炸案等事故之后，壳牌开始重视环境保护和社会效益。尽管生产和经营规模不断扩大，但公司的温室气田废气排放量和剩余天然气燃烧量一直维持在较低水平(图 4-30)。

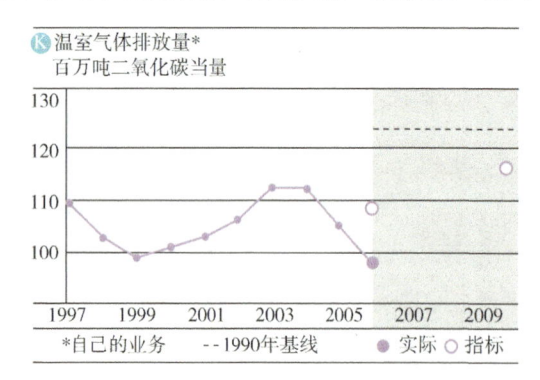

图 4-30　1997—2006 年壳牌温室气体排放量和剩余天然气燃烧量

2000 年以后，壳牌扩大了社会投入，用于资助社区建设和各种社会公益项目的社会性投资从 2000 年的 0.85 亿美元增长到了 2004 年的 1.06 亿美元；女性高级管理人员比例由 1998 年的 4.9%增长到了 2004 年的 9.4%；死亡事故(本公司员工和承包商的员工)由 1998 年的 63 人次降低到了 2004 年的 37 人次(图 4-31)。

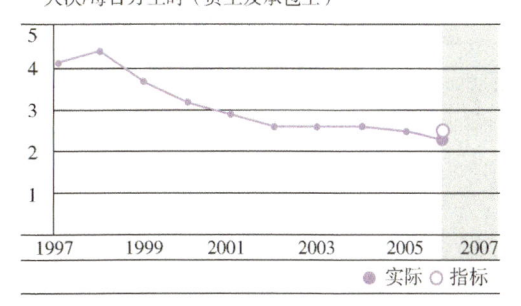

图 4-31　1997—2007 年壳牌死亡和工伤事故率

总体而言，壳牌这一时期仍然保持在了第一梯队内，但发展的亮点在锋芒毕露的 bp 和庞大的埃克森美孚面前，多少有点儿黯然失色。

二、讨论：如何处理企业的外部关系？

20 世纪 90 年代之后，国际石油公司面临的一个重要转变就是公众越来越关注企业的社会责任感，一个公司在这方面做的是否到位，成为他们能否被公众接受的必要条件之一。

1. 如何处理信息不对等下的公共关系危机

以布伦特·斯帕尔平台事件为例，在壳牌眼中，本来合法、合理、合规的平台退役计划，是如何引发了这场"20 世纪最野蛮的环保战争"呢？现在再分析，可以看出这是一次典型的因信息不对等引起的公共关系危机。

当某一集体或个体拥有较多的公共信息和秘密信息，而另一群体或个体则相对拥有较少的信息甚至空白信息，信息不对称状态便形成了。让我们从这个角度来回顾布伦特·斯帕尔平台退役引发的这场环保战争。

布伦特·斯帕尔的退役本质上是一个技术问题和商业问题。壳牌提供了一个技术上可行、经济上可负担、风险可控、满足环保要求的解决方案，并且得到了相关管理部门批准。按照壳牌的理解，这样的方案应该会得到公众的认可。但是壳牌没有想到的是，民众具有日益强烈的环保意识和愿望，但是却欠缺环保专业知识，壳牌低估了这种因民众的愿望与专业知识之间的巨大差距能产生的影响。公司犯下的第一个错误是没有一开始就向民众详细公布布伦特·斯帕尔退役的方案，让公众了解到这一方案的合理性和合规性，导致了普通消费者对于方案的一知半解。由于情况一时不明，社会上会出现信息真空，这时，谁先说话就填补了这一信息真空，而先发布的言论往往具有"先入为主"的作用，在后续发展中引导大众和舆论的方向。

在壳牌尚未意识到这一问题的存在时，环保战争的另一方，绿色环保组织向公众发布了一些错误的数据和夸大的信息，这些数据和信息比起壳牌专业细致而烦琐的方案更为简单易懂，也更为触目惊心，瞬间就激起公众舆论对壳牌的声讨。

此时，作为敌对的双方，壳牌公布的方案和绿色和平组织公布的数据存在差别，但是大部分的普通民众没有专业知识理解晦涩的术语，但是他们可以理解诸如"会有 5000 吨废料倾倒入海"这样简洁明了的说明，那么不论实际的数据是不是 5000 吨就变得不重要了，重要的事情变成了有废料要倾倒。民众将设计周全的方案简单理解成在深海倾倒废弃物将会污染生

壳牌发展启示录 | Lessons from Shell's Rise to Prominence

态环境,在这种对信息不完全了解的背景之下,民众的情绪冲动在绿色和平组织有意识的引导下被舆论左右,激发出"壳牌在海洋中倾倒废物破坏生态环境"的认知。这种认知一旦形成,就会先入为主,壳牌后续的解释都可能会被理解为"狡辩""谎言""资本家的说辞"。绿色和平组织用激进的、表演性质的直接行动吸引大众的注意力,然后再用错误的数据和夸大的言论引导舆论,将公众的怒火从一个商业行动引到了壳牌这家公司的身上。于是布伦特·斯帕尔事件就逐渐升级成一场针对壳牌的公关关系危机。

从发生危机的主体的角度——壳牌来看,这次的公共关系危机可定义为一种对企业构成巨大威胁并使其面临严重损失的无法预测的突发事件。这样的公共关系危机具有不确定性、破坏性、蔓延性、传播性,但这种公共事件还有一个特点,就是可逆转性。遗憾的是,壳牌没有在第一时间做出关键性决策,采取积极合适的应对措施,这场公共关系危机最终没能逆转,而是像瘟疫一样迅速扩散开来。

下面让我们来看看,在哪些环节是可以控制事件的发展的。

事件发生前。1975年世界各国签订了《防止由于倾倒废物和其他物质而污染海洋》的伦敦公约,公约明确规定了哪些行为是不允许的,而壳牌此次平台退役不属于公约禁止行为,所以壳牌相信自己的所作所为是守法的,也是对公众负责任的;壳牌也就深海倾倒计划向英国和挪威政府征求了意见,并得到了批准;公司在综合考虑技术、成本、风险等问题后也为自己选择了一个符合法律要求的方案。此外,壳牌还广泛征求了各方利害关系人以及股东的意见。严格来讲,公司在技术层面和操作层面所做的工作无可指责,但是却忽略了如何获取公众的理解和认可这一重要环节。壳牌没有在一开始就公布详细的方案,只是发布了声明。正是因为详细的方案和说明在最为关键的初始阶段没有被公布出来,绿色和平组织给出的数据极具针对性,口口相传的信息又无法证实,致使公众对信息的了解不够,在舆论引导下造成了公众的不安,进而愤怒。

事件发生时,壳牌高管过于自信,甚至是傲慢的态度,也是导致危机未能得到控制的重要原因。在舆论一边倒的情况下,壳牌没有进行太多的危机公关,更没有试图扭转舆论风向,仍然坚持执行既定方案,错过了逆转事态的机会。

而最根本的原因还在于,壳牌没有意识到自己身为一个行业领头羊的社会责任。一份递交英国议会的抗议材料让壳牌意识到事件背后的真正动机,因为公众担心壳牌的深海处理方式会导致其他公司纷纷效仿,将对深海生态环境造成长期的不良影响。

此外,壳牌没有想到的是,他们的决策会因为同一时期其他石油公司的劣迹,如埃克森·瓦尔迪兹号油轮泄漏事件而夭折。这表明大型石油公司对于敏感问题的处理会带来持续的长期影响,同时在很多时候,石油公司的形象并不是单一而独立的,而是代表着整个行业,壳牌作为行业领军者,其举动会被其他石油公司效仿并带来可能的连锁反应。

如果我们国内的石油公司遇到类似的公共关系危机应该怎么处理呢?

第一,要快速反应,第一时间公布真实信息,避免因大量的谣言的叠加传播加剧信息的不对称。时间是消减媒体、公众与危机主体之间信息不对称的关键因素。危机发生之初,在第一时间做出合适的反应,既不能采取"鸵鸟"政策回避问题,也不能保持沉默"无可奉告";更不能推诿责任,开脱自己。即便不能给予媒体完整、满意的回答,也应尽量公布已知的和可公开的信息,给公众和媒体留下真诚可信的印象。

第二,要公开透明,坦诚担责。面对危机,采取公开透明的媒体应对策略,可以有效避免流言蜚语，为缓解危机或化解危机创造良好的舆论环境。信息公开必须是及时甚至是实时的、平等的、有序的、完整的、准确的、便于公众获取的。在信息公开的基础上，还要有坦诚的态度，即不回避问题和错误，及时向公众说明情况并致歉，不向公众说谎。任何危机的发生都会使公众产生种种猜测、怀疑，处理不好还会引起媒体的特别关注和炒作。突发事件发生后，石油公司大不必急于鸣冤叫屈，据"理"力争，因为这样会加深公众的不信任。面对媒体曝光或炒作，冷静、坦诚和负责任的态度更有利于消除公众或消费者的疑惑，将不利影响降至最低程度。壳牌就是在这一点上做得不够，一直以为自己合理合法合规，因此就方案进行了辩解，坚持执行，无视民众的抗议，正是这样的态度激怒了更多的消费者。

第三，应弄清表态的目标受众是公众和媒体，而非专家、学者或上级领导。所以表态内容应该针对他们的特点有的放矢。具体地说，就是首先要让公众听得懂。涉及专业性问题时，尽量避免行话、术语，而是使用带有感情色彩、简洁明了、形象生动的语言，才能有效获取媒体、公众对危机主体的理解和同情。在壳牌这次的公共危机中，目标受众其实是广大的消费者，壳牌却一直将目光盯在了上层，因为英国和挪威政府官方对深海处理方案并未叫停，因此公司董事会一致认为不必对原计划进行更改。但其实决定了壳牌最终处理方案的是百万消费者的联合抵制，华尔街日报甚至评论说"经济战可能是进行生态战的最佳方式：绿色和平组织的策略引发了对壳牌的抵制，壳牌大幅降低的汽油销售量促使该公司改变了想法。"

如何获得更多非专业人士的理解和支持，已经成为石油公司做好自己专业领域内的事之外，能长久发展下去的一个重要条件。

2. 如何处理好与各类资源国利益相关者的关系

"在埃克森美孚的欧文总部，公司首席政治风险分析师罗斯玛丽·福赛斯每年都要修订一次她绘制的全球政治风险图，她用明亮的红色将尼日利亚标注为'过渡期'国家，这就说明该国内部的政治风险很高。福赛斯还绘制了几幅图标示全球海盗及类似犯罪行为的发生地，尼日利亚在这张图上差不多也站到了最顶端。"这是《石油即政治》一书中的一段描述，用它来描述尼日利亚很是恰当。

由于尼日利亚国有石油公司的技术力量薄弱，尼日利亚的石油资源长期依靠国际石油公司进行勘探开发。壳牌、埃克森美孚、雪佛龙德士古、埃尼、道达尔这五大国际石油公司控制了尼日利亚石油生产的90%以上份额。这五大国际石油公司凭借石油技术垄断、先进管理经验、雄厚的资金实力，美国和欧盟国家的政治支持，以及与尼日利亚政府的合作关系，在尼日利亚的石油开发中处于绝对的优势地位，对当地政治经济发展也具有举足轻重的影响力。但与之相对的是，尼日利亚当地社区和石油公司之间的紧张关系。

20世纪70年代，壳牌通过提供小额信贷、现金支付、农业项目、修建学校、医院、保健中心、公路、码头等"公司慈善性质"的援助项目，被动回应"公司—社区"间的紧张关系。然而，直到20世纪90年代中期之前，这样的"慈善式"援助项目投入其实是非常少的，更多反映的是企业管理者的主观决策，首要出发点是"确保运营安全"，以获取商业利益、维护公司的声誉。由于缺乏总体协调和有效管理，这种社区援助项目没有真正给社区带来实质性的发展，也导致当地社区对壳牌的敌意逐渐加剧。20世纪90年代中期以来，壳牌与社区之间的冲突逐步升级成有组织的武装冲突，攻击石油设施、偷盗石油、劫持公司员工等暴力事件频繁发生，至肯·萨罗·维瓦事件达到高潮。当然，肯·萨罗·维瓦事件是一场毋庸置疑的悲剧，它的发生本可以被预见和被改变。

肯·萨罗·维瓦事件之后，1997年壳牌董事会设立社会责任委员会，主要职责是以董事会的名义审查壳牌的政策与行为，这包括壳牌的总体经营准则、壳牌行为准则、HSE政策、可持续发展政策以及其他可能关系到公共问题的政策。社会责任委员会听取报告或对以上行为进行审查，为壳牌的可持续发展报告提供信息并进行审查，同时要保持与外部审查委员会的沟通和交流。

与之相对应的是，壳牌在社区发展项目的资金投入上大幅增加，重点加大了对基础设施、健康、教育和农业的支持力度。1996年，壳牌在社区项目上的投入大约为2200万美元；到2006年，壳牌公司共投入5300万美元用于社区发展项目，另有7600万美元按照法律规定支付给尼日尔河三角洲发展委员会（NDDC）。2009年，壳牌公司用于社区发展项目的投资达到5800万美元，另有1.57亿美元支付给尼日尔河三角洲发展委员会，额外还有4500万美元支付给了尼日利亚教育基金。同时，在社区发展责任的履行方式上从最初的"单方面的公司慈善活动"转向"注重当地社区的参与"。2000年6月创建了壳牌基金会，目的是针对由于能源生产和消费而产生的社会和环境问题制定可持续的解决方案，帮助受全球化影响的贫弱社区，促进其发展。

壳牌在尼日利亚的经历提醒我国石油公司，这种与资源国社区互相敌对的状况不仅会导致国际石油公司的石油收益大幅缩减，更会严重损伤公司的国际声誉。石油公司在海外开展业务时，不仅要考虑本国的利益，也应该考虑到资源国当地的利益，以可持续发展为目标，兼顾经济、社会、环境三大责任。需要指出的是，履行企业社会责任实质上是企业价值创造的新引擎，与企业战略和利益的实现息息相关，因此需要将责任理念全面融入公司战略和管理体系中来。

而与尼日利亚这样资源丰厚但是政治孱弱混乱的国家不同，俄罗斯是一个政治上强势的合作伙伴，壳牌在这样的国家遇到的是另一种问题。壳牌的萨哈林Ⅱ项目没有俄罗斯伙伴，于是自项目二期开始，萨哈林Ⅱ项目就遭遇了种种非难。

《财富》杂志毫不掩饰对壳牌的批评，以《壳牌的失败》为题的评论说："壳牌和它的合作伙伴沦为了俄罗斯人用不道德手段赢得谈判胜利的牺牲品，这是个不争的事实。公司丢了项目的控制权，这也在很大程度上体现了前沿性国际能源项目的高风险。当然，也是因为壳牌公司在同强权的交锋中犯了错误，导致辛苦了12年却丧失了无法估量（数以十亿计）的日后收益。"

萨哈林Ⅱ项目和卡沙甘项目有着共同的特点，即项目前景很好、难度巨大、不确定性明显。壳牌在哈萨克斯坦也遇到了和俄罗斯类似的问题，项目股权的变化导致项目进展受挫。

里海地区的油气资源开发和各国的野心紧密交织在一起，其影响因素之多，我们在这里不做深入分析，只从油气公司与资源国政府的关系一个维度进行一些简单探讨，为我国的石油公司提供一些可供借鉴的经验。

首先，在进入一个高风险投资可能带来高回报的新兴市场时，以平等伙伴的身份进行合作。壳牌在进入里海地区时，给俄罗斯和哈萨克斯坦带来了政府亟须的资金和技术。壳牌尖端海上勘探技术、大型综合项目管理技术、天然气液化技术以及油气行业最严格的健康、安全和环境管理体系标准，都有助于资源国的油气行业的发展。然而，需要注意的是，壳牌在最初是以高高在上的姿态进入的：萨哈林Ⅱ项目中没有俄罗斯的油气公司参加，卡沙甘项目中，西方财团联手主导，哈萨克斯坦政府只能作为小股东参与。股权上的不平等必然带来利益分配上的不平等，导致了项目后来诸多的不确定性。因此，我国石油公司在进入政治强势油气资源国时，积极寻求与政府方面的合作，以平等伙伴的身份进行合作，扩大开放建立多元和互利的合作关系，这样不仅有助于促成交易，还可以减少合作中的不确定因素。

其次，寻找合作双方更多的利益契合点，增强互信互助。对壳牌来说，参与里海地区的石油天然气开发可以让公司获得更多的油气资源；对俄罗斯来说，与国际顶尖的石油公司合作意味着它可以获得更多财力、人力和技术输入，来推动该地区低利用率资源的开发。因此，双方在项目合作上有着共同的利益点。但是仅仅是一个项目的利益分成肯定是满足不了俄罗斯或者哈萨克斯坦的需求，因此为了在博弈中增加胜算，石油公司需要不断提升其在整个地区能源开发方面发挥作用的概率，通过取其利益、避其所限的方法，充分利用全球化的益处，建立自身优势。例如，壳牌其实忽视了，他们同样可以给俄罗斯的合作伙伴提供更广泛的国际合作机遇。

在全球化背景下，石油公司跨国经营面对着更加复杂的竞争环境以及更加多元化的利益诉求，注重与利益相关方的沟通，建立多层次、多渠道的利益相关方沟通参与机制，是处理好与资源国政府关系的重要手段。我国石油公司在油气勘探开发国际舞台上是后来者，既要与大型国际能源公司展开严酷竞争，又要在优先考虑自身利益的同时，兼顾资源国的利益，积极履行企业社会责任，提升国际形象，着眼于未来，才能把海外投资项目做大、做久。

三、启示：如何管理储量

1. 储量是石油公司最核心的资产

油气储量是石油公司的核心资产，油气产量反映了公司当前的获利能力，储量代表未来的收益能力。对于国际石油公司来说，充足的可采储量是其未来收入的重要保障，也能使公司在进行资本支出时更有底气。储量也是石油公司的生命线，是其价值的重要体现。对于投资者而言，可采储量的规模是决定其投资信心的风向标，对公司在股市上的表现及声誉影响巨大。在金融市场上，股东们在评估公司价值时更注重于其发展前景的可信性，可采储量及储量替代率成为衡量发展前景的关键因素。郑玉华等用 2008 年、2012 年和 2016 年 3 个年度的数据分别代表了油价剧烈波动、高油价和低油价的不同情景，研究了美国上市油气公司储量和产量及其他因素对公司市场价值的影响，通过对三个年度的实证分析显示：油气储量和产量对美国油气公司市场价值的影响逐渐增强，特别是储量价值与公司市场价值的相关系数更高。在 2012 年代表的高油价时期，油气公司市场价值的 99% 可以由储量、产量、储采比、资产收益率和偿债能力解释，但是在油价较低的 2016 年，除了储量和产量外，其他的影响因素均不显著。

储量的巨大影响无形中给国际石油公司带来了压力，高级管理层将追求储量替代率和产量增长作为公司管理的最重要目标。正因为此，壳牌的管理者们才会不惜谎报数据也要维持公司拥有较高储量的假象，这也警示我国的石油公司，加强行业自律，注重公司信誉和形象建设，进一步改进和加强储量的管理。

2. 储量管理管什么？

储量对于油公司如此重要，那么储量管理应该管什么？

第一，管内控。一方面，油气储量埋藏于地下，无法直观测量，这是壳牌能够发生储量造假事件的前提条件。另一方面，储量对油公司，尤其是资本市场考察油公司时，又有着至关重要的意义。这两方面叠加，导致壳牌"储量危机"爆发，这次危机本质上属于一起自我暴露后被 SEC 调查认定的储量虚报事件，因核减规模大、出乎市场预期，最终引发了一系列灾难性后果。虽然在美国上市并接受 SEC 监管的油气公司，包括我国三大石油公司在内，一般都聘请了外部的独立储量评估师提供针对储量的审计服务。但这种外部审计目的明确，仅仅用于合规披露，很难保障公司储量体系的健康成长。这种环境下，储量的内控管理就格外重要。只有真正扎实做好储量内控体系建设与合规风险管控，才能最大程度的保障储量价值，降低因储量引发的外部风险和经营风险。

第二，管生产。储量作为资产，有两种途径可以实现增值。一种是创造产品，即经过开发等工业流程，把地下储量变成地面的石油、天然气产品，进入市场后获取价值。这种途径是我国石油企业擅长并一直在做的，但如何在储量投入开发前就做好价值评估，通过价值评估结果对项目进行排队，优化公司投资，并结合油价等外部环境的变化进行动态调整，使得公司投资收益最大化，这是我国石油公司目前需要从理论到实践进一步完善的。

第三，管交易。储量价值实现的另一种途径，就是通过区块出售等方式直接获取价值。国际石油公司出售储量区块有三种可能，一是根据公司的业务布局需要对公司的资产池进行调整和优化，二是在低油价下购入的储量区块，再在高油价下出售套现获取高额利润，三是低油价下通过出售非核心资源获取现金流，维持公司发展。无论哪种情形，储量都是公司提升价值的重要手段。目前我国石油公司在国际上买的多，卖的少，区块买回来后通常都是采用第一种升值手段，通过第二种方式获利的案例鲜少。

未来随着国内油气行业改革深入，我国石油公司将国内的风险勘探区块、低效油气田、难采资源等进行资产化，引入其他资本合作勘探开发；或将取得的技术资料作为资产与其他资本合资进行联合勘探开发；甚至直接进行区块在不同市场主体之间流转，都将成为常态。管好储量资产，通过第二种途径实现储量的升值是国内石油公司的必修课。

参考文献

安丰全. 2004. 解读壳牌"油气储量更正"风波[J]. 中国石油石化，(6)：53-55.
陈博. 2014. 肯·萨罗维瓦事件[J]. 世界环境，(6)：7.
陈卫东. 2004. 陈旧的公司结构——壳牌公司调减储量的祸根[J]. 中国石油石化，(5)：35.
初福君，林伦. 2000. 不合并也能赢——壳牌的回答[J]. 中国石油，7(2)：56-57.
[美]丹尼尔·耶金. 2012. 能源重塑世界[M]. 朱玉犟，闫志敏，译；严克风，闫建涛，校译. 北京：石油工业出版社.
单洪青，秦庆军. 2000. 世界大石油石化公司跨世纪发展战略剖析[J]. 国际石油经济，8(5)：20-25，70.
贾文凤. 2003. GTL 技术现状及应用前景[J]. 国际化工信息，3(6)：1-5.
金苹苹. 2004 壳牌困局：油气储量注水引发危机[EB/OL]. (2004-09-11) [2021-04-13]. http://finance.sina.com.cn/jygl/20040911/17221017017.shtml.

李鹏，李青阳，杨晓玥.2020.油气企业核心资产经营绩效评估与价值管理模式[J].中国石油企业，28(8)：73-76.

李文.2012.国际大石油公司社会责任理念与最新责任管理实践[J].国际石油经济，20(9)：38-44.

李新.2007.国外石油公司的组织结构及管理模式[J].石油科技论坛，26(5)：44-46.

刘红光，许萍，张小宏，等.2019.典型石油公司油气储量资产管理策略及启示[J].当代石油石化，27(5)：46-52.

刘舒考.2014.壳牌在尼日利亚的环境污染事件及启示[J].国际石油经济，22(9)：56-60.

刘舒考，张广本.2016.国际石油公司尼日利亚商业贿赂案例分析[J].国际石油经济，24(4)：62-66.

木乙.1996.萨罗-维瓦事件的前前后后[J].世界知识，63(5)：21-23.

朴英姬.2017.国际石油公司社会责任与尼日利亚的可持续发展[J].西亚非洲，38(1)：113-138.

齐铁健.2007.壳牌GTL独秀全球[J].中国石油石化，28(13)：46-47.

石文.2007.黑金的诅咒[J].跨世纪(时文博览)，15(6)：22-24.

[美]史蒂夫·科尔.2017.石油即政治：埃克森美孚石油公司和美国权利[M].杨蝉宇，译.上海：文汇出版社.

孙键，王敏生，于晓燕，等.2014.壳牌：科技投资助力技术创新[J].中国石化，31(8)：88-90.

王才良，周珊.2011.石油巨头——国际石油公司兴衰之路(下)[M].北京：石油工业出版社.

[美]威廉·恩道尔.2008.石油战争：石油政治决定世界新秩序[M].赵刚，旷野，戴健，译.北京：知识产权出版社.

徐海燕.2006.壳牌并购能否走出困境[J].中国外资，15(4)：20-22.

于民.1999.近年西方国际石油公司的发展战略[J].石油化工技术经济，16(4)：11-16.

于民.1999.石油经济研究报告集[M].北京：石油工业出版社.

[英]约翰·布朗，菲莉帕·安德森著.2011.超越商海：bp石油总裁约翰·布朗自传[M].毕崇毅，译.北京：机械工业出版社.

郑玉华，孙泊宁，杜琛仪，等.2019.油气公司市场价值的决定因素分析——基于美国上市油气公司的实例研究[J].天然气与石油，37(2)：119-126.

中国石油集团经济和信息研究中心.2002.世界石油工业综述2001[R].

Abrahm Lustgarten.壳牌的失败[EB/OL].(2007-04-01)[2021-04-13].http://www.fortunechina.com/magazine/c/2007-04-01/content_2145.htm.

Amnesty I. 2009. Nigeria：Petroleum，Pollution and Poverty in the Niger Delta[R].

Dennis Lynch. Shell May Be Liable For 2008-2009 Nigerian Oil Spills[EB/OL].(2014-06-20)[2021-04-13].https://www.ibtimes.com/shell-may-be-liable-2008-2009-nigerian-oil-spills-1608034.

Infineum. Our History [EB/OL]. https://www.infineum.com/en-gb/about-us/history/

Kingston K G, 2011. The Dilemma of Minerals Dependent Economy: The Case of Foreign Direct Investment and Pollution in Nigeria[J]. African Journal of Social Sciences, 1(1): 1-13.

Mirvis P H, 2000. Transformation at Shell: commerce and citizenship[J]. Business and Society Review, 105(1): 63-84.

Paul F, 2011. Deirdre Lapin and Paula Rossiasco, Securing Development and Peace in the Niger Delta: A Social and Conflict Analysis for Change[R]. Woodrow Wilson International Center for Scholars.

PAUL STEVENS. International oil companies: the death of the old business model[R/OL][2021-04-15]. Energy, Environment and Resources, May 2016. https://www.chathamhouse.org/sites/default/files/publications/research/2016-05-05-international-oil-companies-stevens.pdf.

Shell Nigeria. Oil Spill Data [EB/OL]. [2021-04-13] https://www.shell.com.ng/sustainability/environment/oil-spills.html.

Shell. SAKHALIN-2[EB/OL]. [2021-04-13]. https://www.shell.com/about-us/major-projects/sakhalin.html.

The Economist. Another Enron? [EB/OL]. (2004-03-11) [2021-04-13]. https://www.economist.com/business/2004/03/11/another-enron.

The Economist. Humiliation. [EB/OL]. (2004-04-24) [2021-04-13]. https://www.economist.com/leaders/2004/04/22/humiliation.

The Economist. Shell shock [EB/OL]. (2004-01-17) [2021-04-13]. https://www.economist.com/business/2004/01/15/shell-shock.

The Pop History Dig. "Shell Plant Explodes" 1994: Belpre, Ohio [EB/OL]. [2021-04-13]. https://www.pophistorydig.com/topics/shell-oil-belpre-explosion/.

The Pop History Dig. "The Brent Spar Fight" Greepeace: 1995 [EB/OL]. (2020-04-15) [2021-04-13]. https://www.pophistorydig.com/topics/greenpeace-shell-brent-spar/.

T. M. Bourgeois, 1994. Auger Tension Leg Platform: Conquering the Deepwater Gulf of Mexico. International Petroleum Conference and Exhibition of Mexico[J], 10-13 October, Veracruz, Mexico.

United Nations Development Programme (UNDP), 2013. Human Development Report 2013 [R]. New York, 216.

United Nations Environment Programme, 2011. Environmental Assessment of Ogoniland [R]. Nairobi, KENYA, 262.

Wikipedia. Kashagan Field [EB/OL]. (2021-03-21) [2021-04-13]. https://en.wikipedia.org/wiki/Kashagan_Field#Oil_production.

Wikipedia. Shell Nigeria [EB/OL]. (2021-04-08) [2021-04-13]. https://en.wikipedia.org/wiki/Shell_Nigeria.

Lessons from
Shell's
Rise to Prominence

壳牌发展启示录

第五章

百年壳牌
（2006—2013年）

国际油价自 2000 年开始持续攀升，石油公司上游业务利润大幅增长，炼油和化工毛利也一直维持较高水平，市场一派繁荣。自然资源对全球经济的推动达到了史无前例的程度。在高油价加持下，各大石油公司都开足马力增加上游项目，北美的油砂、页岩油气等在低油价下的边际效益或无效益项目，因市场开放、社会环境稳定，也受到各类石油公司的追捧，非常规热潮席卷全球。

"储量危机"事件后，壳牌一边大刀阔斧搞内部改革，一边大力发展上游业务。2006 年壳牌迎来了自己的百年华诞，2008 年公司营业收入超过埃克森美孚，荣登 2009 年财富杂志 500 强榜首，再次成为能源行业乃至整个全球商业的王者。

第一节　改革，迎难而上（2005—2008 年）

2004 年的储量危机给壳牌集团带来了沉痛的教训，产生了很大的负面影响，幸好 2000 年以后持续攀升的高油价给困境中的壳牌开辟出腾挪躲闪的空间。壳牌抓住时机，在撕开自我变革的裂隙后，雷厉风行将改革推进到公司的从上到下、从短期到长期、从价值观到战略的方方面面。

一、改革治理结构

1. 单一董事会结构的确立

"储量危机"丑闻让壳牌市值缩水上百亿美元，原本就对双董事结构长期不满的投资者借机发难。此时的壳牌面前只剩下两条路：要么成为竞争对手并购的对象，让别人来改变自己；要么痛定思痛查清自己的问题，自我改革。

2004 年 10 月 28 日，壳牌宣布改革公司治理结构，将原董事局委员会（Committee of ManagingDirectors，CMD）改为执行委员会（Executive Committee），原 CMD 成员成为执行委员会成员，艾德·雅各布斯（Aad Jacobs）任董事长，杰罗因·范德维尔（Jeroen van der Veer）任 CEO。执行委员会作为改革期间的过渡机构，全面负责公司架构改革。

经过艰苦漫长的重组谈判，2005 年 6 月 28 日壳牌召开股东大会，高票通过了控股母公司的改组合并计划，彻底结束了长达 98 年的"双董事会"治理结构。股东大会批准合并后，两家母公司股价应声上扬，涨幅超过 3%。合并定于 2005 年 7 月 20 日开始实施，但股票换置方案十分复杂，一直到 2006 年才真正完成。

新公司名为荷兰皇家壳牌有限公司（以下仍简称壳牌），在英国成立，总部设在荷兰海牙。新公司只有一个单一级别的董事会，董事长与 CEO 由不同的人担任：原诺基亚公司董事长兼首席执行官约尔玛·奥利拉（Jorma Ollila）任董事长（图 5-1），杰罗因·范德维尔继续任 CEO（图 5-2）。公司还增设了几位重量级的非执行董事，任命独立董事罗德·奥科斯伯（Lord Oxburgh）为非执行主席，负责监管管理层及公司的经营活动。

图 5-1　壳牌新任董事长约尔玛·奥利拉
(Jorma Ollila)

图 5-2　壳牌改组后的首任 CEO 杰罗因·范德维尔
(Jeroen van der Veer)

新任董事长约尔玛·奥利拉1950年出生于芬兰，1978年进入花旗银行驻英国总部工作；1985年加入诺基亚公司（Nokia Corporation，以下简称诺基亚），1992年至2006年间任诺基亚首席执行官，1999年至2012年间任诺基亚董事会主席。可以说，约尔玛·奥利拉见证了诺基亚成长为全世界最大智能手机制造商的整个过程。

CEO 杰罗因·范德维尔1947年出生于荷兰乌特赫特，1971年加入壳牌，曾担任壳牌英国的液化天然气（LNG）销售经理、壳牌荷兰帕尼斯炼油厂经理、壳牌国际的非洲地区协调官、加拿大联络官、壳牌荷兰的执行董事、壳牌美国化工总裁和首席执行官等职务，1997年开始担任壳牌执行董事。

改革后壳牌最高管理层结构为：董事会设1名董事长，5名执行董事和9名非执行董事，董事长为非执行董事。董事会下设4个由非执行董事组成的委员会：审计委员会、提名与继任委员会、薪酬委员会和社会责任委员会。CEO 领导执行委员会，对整个公司的经营业务负责，在股东大会和董事会职责范围之外的所有事务中有最终决定权。

单一的董事会和非执行董事，促进了企业内部信息的畅通，提高了公司决策效率，改善了公司领导层的威信。更重要的是，这一治理结构较原来的双董事会结构能更充分地保障股东权益，使企业管理更全面地受到监督。

单一董事会结构，让荷兰皇家和壳牌运输在合并98年后实现了最终的完全统一。

2. 重组业务部门

为了让壳牌真正拥有高效、现代的公司治理结构，彻底消除"荷兰皇家"和"壳牌运输"两家公司的影响，提高不同级别管理层之间沟通的畅通性和公司治理机制的有效性，公司不仅改革了董事会，还重组了业务部门。

重组前的壳牌有6个业务部门：勘探与生产、天然气与发电、炼油产品、化工、可再生能源、其他业务部门，重组之后整合为三个部门：上游业务，下游业务，可再生、氢能与二氧化碳业务。上游业务包括了原来的勘探与生产、天然气与发电两个部门，下游业务包括了原来的炼油产品和化工两个部门，可再生能源和其他业务都归于可再生、氢能和二氧化碳业务（图5-3）。

重组后的公司架构更简洁，决策流程更顺畅，强化了问责制度，更能以业绩为导向。

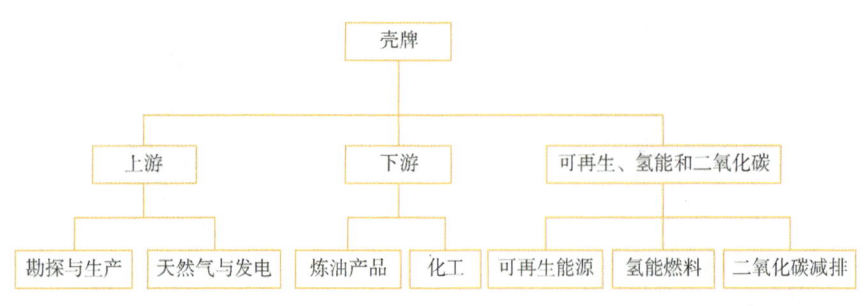

图 5-3　调整后的壳牌业务结构

二、规范储量管理

从哪里跌倒，就从哪里爬起来。夯实储量基础成为新一届领导人的首要任务。临危受命的杰罗因·范德维尔上台伊始特别强调了三点：储量、交易、文化/结构。作为首要目标，壳牌对储量管理制度进行了大幅改革。

第一，改革了储量分级与申报制度，制定了公司储量审查程序，增加内部质询与外部审计。集团审计委员会负责管理董事会每年签署的储量报告，聘请专业事务所每年定期对壳牌的储量评估结果进行审计，并对外公布审计结果。壳牌更加重视油气储量资产的日常管理及相关信息披露，将其作为单独的补充材料在年度报告中详细列示。这么做一方面可以借由外部专业人士的肯定来增强投资者对壳牌的信心，另一方面也对企业内部的储量管理起到监督作用，保证企业内部储量评估的合规性。

第二，设立全球石油勘探和生产储量委员会，承担公司储量信息收集、评估、报告编写及披露等相关工作。储量委员会由公司财务执行副总裁负责，成员既包括公司高级领导，也包括平均从业时间超过 25 年、涵盖金融、法律、工程技术、上游的各业务领域的专家。储量委员会成员一般为利益不相关方，待遇和奖金不与储量评估结果挂钩。同时还取消了员工个人业绩记分卡中有关储量的考核指标。此外，壳牌明确要求储量委员会的储量的批准程序，必须能经得起同行的质疑。

第三，修改壳牌储量指南，删去所有与 SEC 准则冲突或模棱两可的内容。

第四，增加储量管理人员，尤其是外部专家的数量；启动了针对公司全球勘探和生产从业人员的培训计划，为全面贯彻落实 SEC 准则和公司新的储量指南提供了支持和保障。

第五，建立完备的信息反馈制度。每一位员工都有权利和义务对其他员工（包括上级）的错误进行指正。壳牌的信息反馈制度保证了员工的匿名权力和反馈的有效性，旨在通过这套制度，让员工监督与非执行董事、社会公众监督一起形成对董事会的全面监督。

然而，储量并不会因为公司内部管理制度的改革而凭空增长，储量的获取还需要依靠实实在在的资金和工作量的投入。因此，壳牌提出了新的上游发展目标：发现更多油气储量，加大对勘探开发部门的投资。2004 年勘探开发投资额为 96.7 亿美元，2005 年为 117.7 亿美元，2006 年更是达到了 170.8 亿美元，3 年年均增长率高达 33.6%（图 5-4）。至 2006 年，壳牌储量总计增加了 16.38 亿桶油当量，包括 3.67 亿桶石油和凝析油、737.3 万亿立方英尺天然气，较 2005 年提高 9%，储量替代率达到 126%。

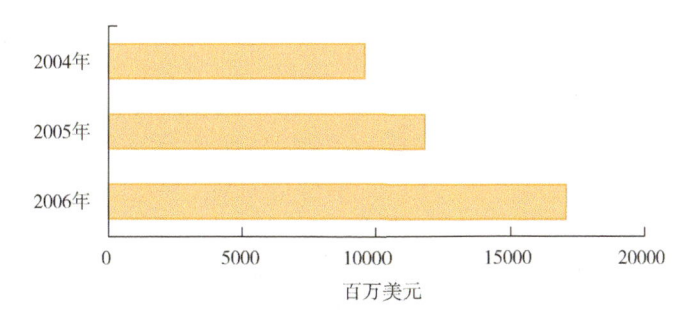

图 5-4　2004—2006 年壳牌勘探开发投资额
数据来源：壳牌公司年报

三、修订商业原则

20 世纪 90 年代以来，油气公司在公众眼中形象普遍不佳。在布伦特·帕斯尔平台事件、肯·萨罗·维瓦事件、储量丑闻后，壳牌的企业形象更是跌至谷底。重组完成后，杰罗因·范德维尔在理顺了组织结构之后，就开始修订企业理念，通过转变企业商业原则，间接体现公司经营理念的改变，提升公司在承担社会责任方面的形象。

2005 年，壳牌对《壳牌商业原则》进行了大规模修订。新的商业原则中明确提出：**可持续发展是壳牌的核心理念之一；公司致力平衡多方利益，在商业决策中经济目标最大化不再作为唯一标准，还要综合考虑环境保护、社会效益等各种因素；同时壳牌继续完善企业社会责任组织管理机构，在机构内部设立社会责任委员会，增设外部评价委员会，内外部双管齐下、一齐发力。**

这次的商业原则修订强调了三个方面：一是可持续发展，二是多方利益平衡而不是经济目标最大化，三是承担社会责任。这三个方面的经营理念的修订，力图体现出一个追求长远发展、和谐发展的负责任的大公司形象，也代表着公司价值观重大转变。《壳牌商业原则》被纳入公司战略规划中，要求全体员工在工作中遵守。至今，壳牌仍然坚持在每年年报公布后，发布集团可持续发展报告、可持续发展国别报告、重点项目可持续发展报告等，接受外界监督。

承担社会责任、致力可持续发展不只是一句简单的口号。可持续发展理念提出以来，壳牌持续加大了对"壳牌美境行动"、壳牌大学生能源调查项目、青少年能源可持续发展教育项目等公益活动支持力度。公司用于支持环境建设和各种社会公益投资的资金从 2000 年的 0.85 亿美元增长至 2015 年的 1.22 亿美元，而对环境保护、解决污染等公众关注的问题上更是大手笔投入。

四、维护"人才蓄水池"

"储量危机"后壳牌被丑闻席卷，持续受到美、英、荷三国监管部门及美国司法部门的轮番调查，并被恼怒的投资者告上法庭。公司员工因此承受了巨大的压力，也有很多困惑。"在如此多的对壳牌专业性的质疑声中，员工倍受打击，我们的商业规则也被质疑。事发后的员工意见调查显示，尽管员工士气没有像我们想象的那么糟糕，但员工对公司领导的信任度显著下降，而这种信任度在过去曾是相当高的。"为减少优秀人才的流失，保证整体军心不动摇，壳牌人力部门加大了对"人才蓄水池"的维护。

公司先是实施了一项名为"企业第一"的计划，让员工不仅思考如何完成好自己的职责，也要考虑自己的工作将如何影响公司其他业务。这一计划也激发了领导层进一步审视自己的职责和作用。这种自我审视让公司得到一个惊人的发现：各部门、各业务板块的员工之间，从未实现全球化的齐心协力合作，大家都被限定于自己的工作范围内，整个公司是分裂的。

针对这一情况，壳牌开发了"全球竞争力框架"员工成长工具。这个工具可以看作是全体员工的职业成长地图，它提供了公司所有岗位技能的清晰描述，让分布在 120 个国家的每一个员工都能够准确了解他们目前所在的职位需要哪些技能、未来的职业发展路径，以及为实现自己的职业发展目标还需培养哪些技能；建立了正式和非正式的反馈系统，并在每 18~24 个月对员工满意度和贡献度进行一次系统评价。另外，"全球竞争力框架"设立了报酬和奖励体系，鼓励团队合作和个人贡献者，形成了更清晰、公平和开放的绩效管理体系。

为了让更多员工能得到发展机会，公司与资深员工和那些有领导潜质的年轻人进行沟通和交流，开展岗位轮换和众多"了解自己"的活动。在培养领导者方面，公司建立了"经验导航器"，为那些有志于成长为高级领导者的员工提供经验，告诉他们成长为高级领导者，需要参与管理团队、讨论业务、具有本国以外工作经验、承担预算职责、处理工会事务、管理并培训较大的团队。

壳牌还进行了渐进式的人员调整。公司员工从 2004 年的 11.3 万人逐步下降到了 2008 年的 10.2 万人。但与之相对应的是，公司每年支付的员工报酬从 2004 年的 80.37 亿美元增加到了 2008 年的 105.81 亿美元（图 5-5）。员工人数减少而公司支付的薪酬数目增加，意味着每个员工获得的报酬增加了。

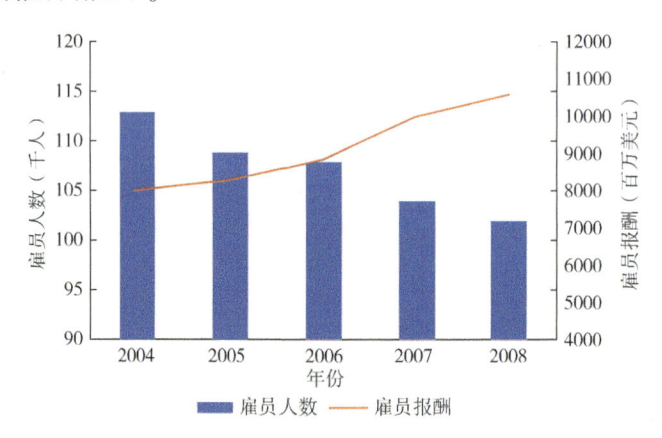

图 5-5 2004—2008 年壳牌雇员人数与雇员报酬变化

数据来源：壳牌公司年报

第二节 复苏，稳步前行

杰罗因·范德维尔在 2005 年壳牌年报中写道：2005 年是复苏之年（2005 was a year of recovery）。治理结构、企业文化的调整和人力资源的维护都是为了消除发展掣肘，剩下的就是实干。壳牌用之后几年的时间向世界证明，忧患和危机不是只能将一个企业毁掉，有时也能让它更加强大。

壳牌的业务发展重点从下游业务调整为"加大对石油和天然气开采的上游业务投资、提高炼油和销售等下游业务的利润",提出了"更大规模的上游业务,更盈利的下游业务"的发展战略。

一、更大规模的上游

2004—2006年3年间,壳牌勘探与生产部门的总投资由96.7亿美元增至170.8亿美元,增幅高达78.5%;2007年上游投资额(包括油砂项目)更是增长至213.82亿美元,占整个集团投资的79%,达到近10年的最高值(图5-6)。

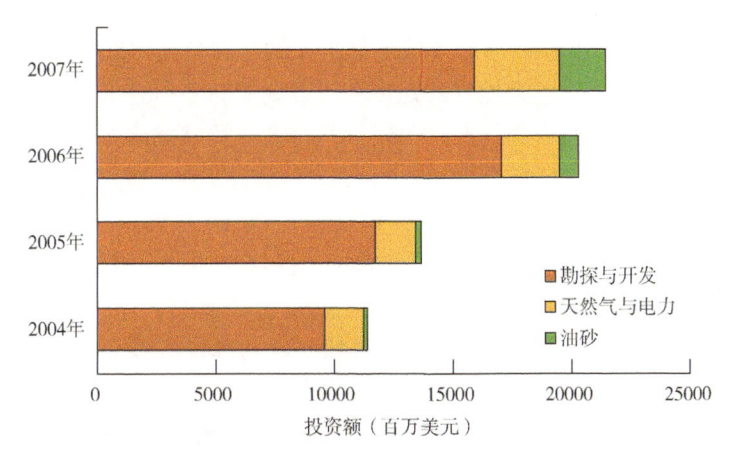

图5-6　2004—2007年壳牌上游投资额
数据来源：壳牌公司年报

壳牌强调上游业务的增长要立足于"大项目战略"。除了持续关注萨哈林Ⅱ和卡沙甘这类投资开发周期较长的大项目之外,范德维尔带领壳牌充分发挥公司在深水项目方面的优势,集中精力完成了包括尼日利亚邦加(Bonga)油田、挪威奥门·兰格(Ormen Lange)气田等几个价值数十亿美元的重大油田开发项目。

1. 尼日利亚第一个深水油田：邦加(Bonga)油田

邦加油田发现于1995年,位于尼日利亚近海的OML118勘探许可区,距离陆地约120千米,占地面积约60平方千米,平均水深1000米(3300英尺)。2002年尼日利亚政府批准了邦加油田的开发计划,由壳牌尼日利亚勘探开发有限公司(Shell Nigeria Exploration and Production Company,缩称SNEPCo.)(55%权益)担任作业者,埃克森美孚(20%权益),尼日利亚AGIP(12.5%权益)和埃尔夫石油尼日利亚有限公司(Elf Petroleum Nigeria Limited,12.5%权益)组成的联合体共同负责项目的设计实施和运营,这也是尼日利亚第一个深水项目。

壳牌在对开发方案进行再三比选后,最终决定采用FPSO+水下井口联合开发模式(图5-7)。水下采油树采出的原油通过立管回接到FPSO,在FPSO上处理并储存,之后再由穿梭油轮运走。邦加油田生产的天然气被输送到位于邦尼岛的尼日利亚液化天然气有限公司(NLNG,壳牌持股25.6%,详见第三章),经液化后出口到欧洲和全球其他市场。

图 5-7　壳牌邦加 FPSO

FPSO+水下井口联合开发模式节约了数十亿美元的基础设施建设费用，模块化制造安装工艺节省了大量的建设时间。更为重要的是，在尼日利亚局势不稳定的情况下，各大石油公司都为尼日尔河三角洲糟糕的安全状况焦头烂额，这套开发方案让项目远离了尼日尔河三角洲，壳牌石油公司经理约翰·斯塔布斯说："FPSO 为我们提供了极大的灵活性。"

邦加 FPSO 甲板长 300 米，楼高 12 层，相当于 3 个足球场的大小，充满油后重达 30 万吨，是世界上最大的 FPSO 之一。邦加 FPSO 采用了模块化制造工艺，船体由三星重工在韩国建造，使用拖船拖曳通过苏伊士运河，航行了 2.4 万千米后，在英格兰北部的沃尔森德（Wallsend）完成组装，最后在尼日利亚与其他模块一起完成整船的安装和调试。

基桩、立管和当时世界上最大的重约 870 吨的单点系泊系统浮标的基桩是在尼日利亚设计和制造的。这也支持了尼日利亚本国的油气制造工业的发展。项目启动时，尼日利亚只有少数承包商具备参与项目建设的技术能力或资质，但到 2010 年年底，邦加油田约 90%的核心员工都是尼日利亚人。可以说，邦加油田项目帮助尼日利亚培训了第一代深水油气田开发工程师。2005 年 11 月项目投产，日产石油 20 万桶，天然气 1.5 亿立方英尺，将尼日利亚全国的石油产能提高了 10%。

除此之外，壳牌 2010 年在尼日利亚邦加油田实施了以油气藏开发 4D 动态监测为目标的海底节点（Ocean Bottom Station Nodes，OBN）地震资料采集和处理工作，OBN 技术比使用拖缆（TS）和海底电缆（OBC）地震勘探更适合于有 FPSO 和复杂管线存在的海域。这也是壳牌第一次大规模商业化应用这一技术。

2. 挪威最大的工业项目之一：奥门·兰格项目

1997 年发现的奥门·兰格气田是挪威海域最大的天然气田，储量高达 3970 亿立方米。气田位于挪威克里斯蒂安松（Kristiansund）西北 120 千米（75 英里）的大陆架上，海底深度在 800~1100 米（2600~3600 英尺），储层位于海底以下 2000 米处。这就意味着开发奥门·兰格气田，需要先穿越 1000 米的海水后，再在海床上钻进超过 2000 米才能到达天然气储层。北海飓风频发、暗流涌动，恶劣的气候条件加大了气田的开发难度和风险。直到 2000 年之后，挪威国家石油公司才下定决心着手开发奥门·兰格气田。

挪威壳牌（Norske Shell）是项目的合作开发商之一，持有 17.8%的股权，其他合作方包括：挪威油气收益管理公司（Petoro AS，36.5%）、挪威国油（Statoil，25.3%）、英力士（IN-OES，14.0%）以及埃克森美孚（6.3%）。

深海油气生产设施投资巨大，开发团队需要对技术风险和投资方案进行慎重考虑。常规的 FPSO、张力腿平台和 Spar 平台都极易受到海流和飓风的影响，而奥门·兰格气田常年狂风肆虐，采用这些设施开发奥门·兰格气田很难保证项目在全生命周期内的平稳运行。最终，工程师们提出了一个充满创意的大胆设想——把平台安装在海底。这样，无论海面风急浪高，固定在海床上的"钻井基盘"（drilling template）都能风雨不动（图 5-8）。这个设想几经论证后，最终得到了投资者支持。

图 5-8　奥门·兰格气田水下钻井基盘示意图

施工团队于 2004 年 4 月开始工作。在波涛汹涌的北海安装重达 1000 吨的钻井基盘，最大的挑战是定点。海面微小的误差在经过 1000 米垂深到达海底就会被成倍放大，是真正的"失之毫厘，谬以千里"。承担吊装海底钻井基盘任务的是起重量达到 14000 吨的巨型起重船"迪亚拉夫号"，项目组为它的出场支付了 2100 万美元。"迪亚拉夫号"不负众望，钻井基盘着陆误差仅为 40 厘米。沉放作业完成后，需要从海面将钻具顺隔水导管下放至海底钻井基盘，再进行钻井作业，承担这一任务的是 Seadrill 公司的"West Navigator"钻井船，它的最大作业水深为 2500 米，最大钻井深度达到 9000 米。钻头通过水下基盘引导进入预定井眼位置，并以此为起点钻进 2000 米直至气藏位置。完成钻井作业后，海底钻井基盘开始控制气井生产。项目平均每天产气量能达到 7000 万立方米，最高单井日产量达 300 万立方米。

奥门·兰格气田开采出来的天然气含有大量的二氧化碳、硫化氢、水、重烃、汞等杂质，必须进行处理。周边没有天然气处理厂，于是项目选择在古森小岛上一个宁静的小村庄——奈汉姆纳（Nyhamna）建设了一座天然气处理厂（图 5-9）。为了把天然气从气田输送至加工厂，还配套建造了长约 120 千米的海底管线。

天然气处理过程中会产生大量的凝析油，为了解决凝析油的存储和运输问题，从 2004 年 9 月起，施工团队花了 18 个月在奈汉姆纳附近的山体中挖掘了容量达 23 万立方米的洞穴储存凝析油。

经过奈汉姆纳处理厂净化后的天然气从另一条长达 1166 千米的海底管线——兰格德勒管线（Langeled pipeline，原名 Britpipe）运输到英国伊辛顿天然气码头。由于一次加压无法让天然气穿越 1000 多千米的遥远距离，与管线配套完成的还有海上中继站——史雷普纳平台（Sleipner Riser）。史雷普纳平台不仅为兰格德勒管线增压以弥补沿程压力损失，还肩负了项目产出天然气向英国和挪威两国的输送调配任务。

壳牌发展启示录 | LESSONS FROM SHELL'S RISE TO PROMINENCE

图 5-9　奥门兰格气田位于奈汉姆纳的陆上天然气处理终端

兰格德勒管线是当时全球最长的海底油气管道，南段——自史雷普纳平台至英国伊辛顿——于 2006 年 10 月 1 日开始输送天然气，2006 年 10 月 16 日由时任英国首相托尼·布莱尔和挪威首相延斯·斯托尔滕贝格在伦敦一起主持了管道开通的庆祝仪式。由奈汉姆纳到史雷普纳平台的北段管线于 2007 年 10 月开通。兰格德勒管线全线开通之后，在 2007 年 10 月 6 日，挪威国王和王后参加了在莫尔德足球场举行的奥门·兰格气田正式投产仪式，哈拉尔德国王亲手拉下了象征投产的蓝色拉杆，宣布气田正式投产（图 5-10）。

图 5-10　挪威哈拉尔德国王启动奥门兰格气田投产仪式（2007 年 10 月 6 日）

奥门·兰格气田开发项目是迄今为止挪威最大的工业项目之一，建设高峰期时有来自 50 多个国家的约 2 万名工人。投产前，项目由挪威国家石油公司负责，2007 年 11 月 30 日投产之后交由挪威壳牌担任作业者和运营商。奥门·兰格气田供给英国的天然气占英国年消费量的 20%。

3. 聚小成大的"章鱼之神"：纳基加油田群

纳基加（Na Kika）油田群位于美国路易斯安那州新奥尔良东南部密西西比峡谷，包含了 5 个油气田，分别是 Kepler、Ariel、Fourier、Herschel 和 East Anstey。与其他海上油田巨大的储量不同，这 5 个油气田储量规模都有限，单独开发不具备经济性。但这 5 个小油气田距离较近，工程师们提出将 5 个油气田的水下井口接到同一个平台进行开采的设想（图 5-11），共用一套设备能极大降低基础设施投资，提升开发效益。经过认真论证后，壳牌最终认为这项方案可行。

2000 年 9 月，壳牌同 bp-AMOCO 合作，两家公司各占 50% 股权，采取"捆绑"开发的方式联合开发纳基加油田群。壳牌在浮动平台设施、Kepler、Ariel、Fourier、Herschel 油田中拥有 50% 的权益，在 East Anstey 油田拥有 37.5% 的权益。试生产以前由壳牌作业，进入生产阶段后转交给 bp-AMOCO 运营。

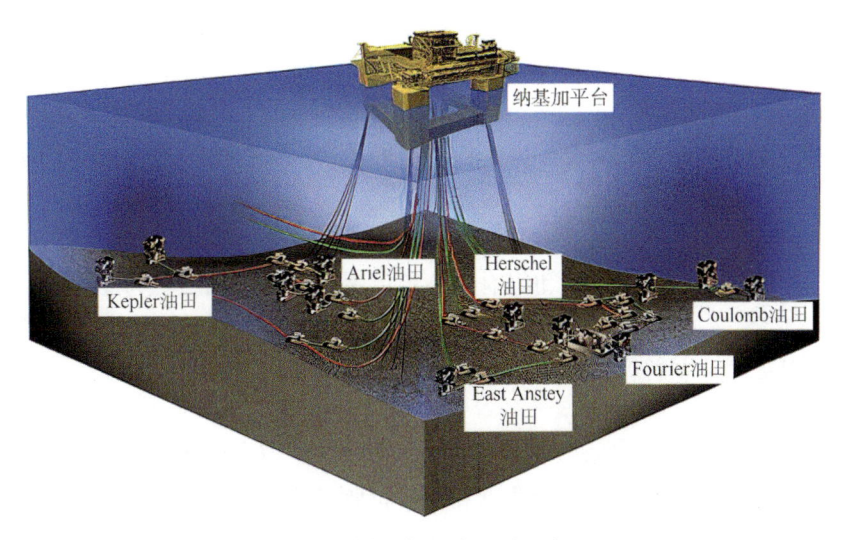

图 5-11 纳基加平台设计示意图

纳基加平台是一座固定的永久性停泊、浮动式平台（图 5-12）。平台坐落于四根宽 56 英尺、高 142 英尺的方形钢柱之上，钢柱之间由 4 个宽 41 英尺，高 35 英尺的矩形钢浮桥连接。平台上部的尺寸为 335 英尺乘 290 英尺，重量达到 2 万吨，排水量为 6.4 万吨，由 ABB Lumus Global 设计、韩国蔚山的现代重工（HHI）生产制造。平台由悬链式系泊系统固定，该系统包括 16 条从平台位置延伸 6600~8300 英尺距离的锚链。5 个油气田的海底开发井井口回接到平台上，采出的油气在这个平台上经过处理后，通过长 75 英里的 Okeanos 集气系统（Okeanos Gas Gathering System）管道输送到 Main Pass 260，再经 bp/壳牌 Destin 管道系统（bp/Shell Destin pipeline system）输送到岸上。

图 5-12 纳基加平台

2005 年，位于平台东侧约 40 千米的第六个油田 Coulomb 也连接到了纳基加平台，壳牌拥有 Coulomb 油田 100% 的权益。这样整个纳基加项目的总投资达到了约 14 亿美元，其中大约 50% 的成本用于平台设施、管道的制造和安装，25% 的成本用于海底组件的制造和安装，25% 用于钻探和完井。

Na Kika 这个名字取自波利尼西亚语，意思是"章鱼之神"。纳基加平台的布局也类似于章鱼：位于中间的平台仿佛是章鱼的身体，通向 6 个海底区域的管线就好像章鱼向外伸出的触手。油田的工作水深 1770~2360 米，刷新了当时的深水作业纪录，完成了全球第一次深水多储层钻井，也是第一个使用 SMART 技术在多区域井中实现智能完井的区块。这套当时水深最大的锚链固定半潜式浮式生产系统，获得了 2004 年外海技术会议（DTC）的"杰出成就奖"。

4. 照亮盐下构造：找到 Mars（火星）油田

在墨西哥湾 Mars 油田开发之前，壳牌一直走在全球深水勘探领域的前沿，壳牌的工程师们也都满怀着骄傲和信心:"我们认为我们完全了解了墨西哥湾 Mars 油田以西 Deimos 勘探区的盐下地质"。但是,2004 年的一口探井向壳牌证明了,人类对深海从来没有"完全了解"过。这口探井带出的岩屑上有油气显示,表明距离目标很近了,但最终未能获得油气发现。这也表明,虽然使用了当时最先进的地震处理技术,工程师们仍旧无法准确解读地震图像上的所有曲线。

造成这一问题的"罪魁祸首"是盐。这些细小的颗粒经过漫长的地质时代在海底沉积成为一层厚度不均的盐壳,盐壳折射和衍射原始地震波,使地震信号处理中出现了无效数据。为了解决这一问题,一方面壳牌改进地震解释方式,开发出更准确的算法,加强计算机的数字处理能力,以提高地震解释的准确性;另一方面,采用新的地震勘测方式,进行第二次深水海底地震勘察。

这种被称之为"全方位角"的地震勘察方式使用了不同方向和角度的地震波来避开盐壳的影响,"照亮"盐下地层构造,让壳牌获得了更清晰的成像和更详细的油藏构造数据。

两方面的技术改进,让壳牌在 2009 年,在距离上一次探井仅几百米的地方,找到了 Mars(火星)油田。

Mars 不仅成为壳牌在墨西哥湾的又一个里程碑式的大油田,还是壳牌新技术和新勘探方法的"实验室"。壳牌的研究部门骄傲地宣布,在探索 Mars 过程中形成的研究成果,推动了深海盐下勘探技术的发展,为深海盐下构造油气田的开发提供了新的思路,提高了墨西哥湾后续开发的经济性。

2007 年,壳牌启动了两个新的大型海上石油项目:美国墨西哥湾的 Perdido Hub 项目和巴西沿海的 BC-10,这两个项目都是深海盐下构造油气田。

Perdido 项目有 5 家石油公司(壳牌、bp、雪佛龙、尼克森和优尼科)参与,各家公司按不同比例持股各个油田和主控平台,由壳牌任作业者(表 5-1)。Perdido 平台连接了距离超过 50 千米的 3 个油田——Great White、Sivertip 和 Tobago,拥有当时世界上最深的深海油井,实现了美国墨西哥湾的一个新的地质储层——古近纪的首次商业化生产。

表 5-1 Perdido 项目各方权益

油田名称	各公司权益(%)					
	壳牌	雪佛龙	bp	尼克森(Nexen)	优尼科(Unocal)
GreatWhite	33.34	33.33	33.33	—	—
Sivertip	40	60	—	—	—
Tobago	32.5	30	—	10	27.5
主控平台	35	37.5	27.5	—	—

2008 年 8 月 18 日,Perdido 平台在墨西哥湾的超深水域就位,平台安装了钻机、完整的油气处理设施以及远程海底井控制系统(图 5-13)。Perdido 采用作业深度最深的单柱形平台设计,能在水下 2300~2800 米的地方进行深水作业。平台高度约为 555 英尺(约 170 米),和埃菲尔铁塔的高度相差无几,重量则相当于 1 万辆大型汽车的重量相加。2010 年 Perdido 平台投产,日产水平达到 10 万桶石油和 2 亿立方英尺的天然气。

图 5-13　Perdido 海上油气平台

平台拥有自己的水处理系统、餐厅、娱乐室和健身室。员工舱配有电视、电话和互联网。由于 Perdido 平台位于墨西哥湾深水区域，到最近的海岸需要乘坐 90 分钟的直升机或者 24 小时的轮船，鉴于卡特里娜飓风和墨西哥湾漏油事故的惨痛经历，壳牌加强了 Perdido 平台上的安全设备。与壳牌其他墨西哥湾设施相比，Perdido 平台额外包括了壳牌最大的救援船、耐爆炸的生活区以及更多的火灾和气体探测器。此外，Perdido 的直升机停机坪可容纳两架直升机，每架最多可容纳 22 名乘客，是墨西哥湾通常使用的直升机容量的两倍以上，以便在遭遇飓风时可以更快地疏散工人。Perdido 项目的成功开发让壳牌获得了美国国际石油天然气展览会颁发的 2012 年杰出成就奖。

BC-10 是巴西 Parque das Conchas 深水开发项目的简称，项目位于巴西圣埃斯皮里图州近海坎波斯盆地(Campos Basin)的北部，距离海岸约 120 千米。BC-10 位于坎波斯盆地的 1500~2000 米的水深中，包括 5 个油田，分别是 Ostra, Argonauta B-West, Abalone, Argonauta O-North 和 Nautilus。壳牌拥有项目 50% 的权益并担任作业者。项目分为三个阶段进行开发，第一阶段开发了 Abalone, Ostra 和 Argonauta B-West 三个油田，第二阶段开发了 Argonauta O-North，第三阶段开发了 Nautilus 油田。

BC-10 项目所有的海底钻井都连接到停泊在水深约 1800 米水中的 FPSO——Espírito Santo 号。Espírito Santo 号设计的油气日处理能力为 10 万桶原油和 5000 万立方英尺天然气。BC-10 是第一个采用海底油水分离和海底水下泵抽汲开采技术的深海盐下开发项目，它的成功开发为壳牌赢得了国际石油技术大会颁发的 2012 年杰出项目集成奖。

二、更盈利的下游

公司在某一个阶段可投入的资金不可能大规模增长，"更大规模的上游业务"意味着壳牌将更多资金投入到上游大项目中，那么"更盈利的下游业务"就意味着壳牌不得不围绕"利润"对下游业务进行压缩和调整。

壳牌下游板块包括"油品"和"化工"两个业务部门，主要业务有炼油、化工产品的生产、销售和运输等。

1. 油品业务

国际油价持续飙升，各大国际石油公司都对下游业务进行了一定程度的资产优化。壳牌是五大国际石油公司中对下游重组和调整力度最大的公司，调整的目标是压缩政治经济环境不稳定地区的业务，扩大在新兴市场的投资，区域布局向核心市场集中，巩固和提升在高增长或热点地区的市场竞争地位(图 5-14)，实现业务的集约化、高效化发展。

图 5-14 2004—2005 年壳牌下游资产组合调整示意图

对于美国和欧洲等发达国家市场，壳牌重点剥离规模较小的炼油厂，通过加强资产集约来降低区域成本、提升利润率。2005 年壳牌以 17 亿美元的价格出售了在爱尔兰、北爱尔兰、罗马尼亚、加那利群岛、东加勒比和几内亚比绍的零售和商业燃料销售业务，同年又出售了葡萄牙的 Bakersfield 炼油厂和 LPG 业务，并向沙特阿美出售了昭和壳牌 5% 的股权。2007 年，壳牌将美国洛杉矶炼油厂(Los Angeles Refinery)、威明顿产品终端(Wilmington Products Terminal)以及洛杉矶和圣地亚哥周边约 250 个加油站和供应协议打包以 16.3 亿美元的价格出售给了特索罗石油公司(Tesoro Corp.)。同年还剥离了在保加利亚、捷克共和国、德国、西班牙、瑞士、罗马尼亚和美国的液化石油气(LPG)业务。2008 年，壳牌再次以约 15.75 亿美元的价格出售了法国 Petit Couronne、Reichstett Vendenheim 和 Berre-l'Etang 三家炼油化工联合工厂，合计剥离的产能高达 30 万桶/日。

对于非洲市场，由于当地政治、经济环境不稳定，商业竞争法律法规不完善，壳牌撤出了这里的下游市场，2006 年以 3.5 亿美元的价格剥离了在乌拉圭、巴拉圭、哥伦比亚、厄瓜多尔、布隆迪、卢旺达、喀麦隆、加勒比海和巴布亚新几内亚的销售业务，仅留下石油勘探、润滑油等高端业务。

对于中国等新兴市场，壳牌认为这些国家法律法规相对完善，正处于由垄断向自由竞争的转型期，是难得的"黄金市场"，采取了急速扩张策略。除了在中国扩张成品油零售市场，壳牌还在 2004 年成为第一家获准在印度从事成品油零售的外商企业，2007 年又成功进入印度尼西亚成品油市场，2007 年 3 月与 OJSC 联盟集团在乌克兰组建合资零售公司，经营 150 多座加油站。随着在新兴市场的急速扩张，2007 年壳牌在全球拥有 4.6 万家加油站，形成了世界上最大的单一品牌燃料零售网络。

经过 2004 年到 2007 年的调整，壳牌的油品加工与销售业务都实现了规模收缩(图 5-15)。油品销售量由 7600 千桶/日缩减到 6625 千桶/日，年均递减 4.5%；炼油能力由 4199 千桶/日减少到 3953 千桶/日，年均递减 2.0%。但受油价不断上涨的利好影响，油品销售收入从

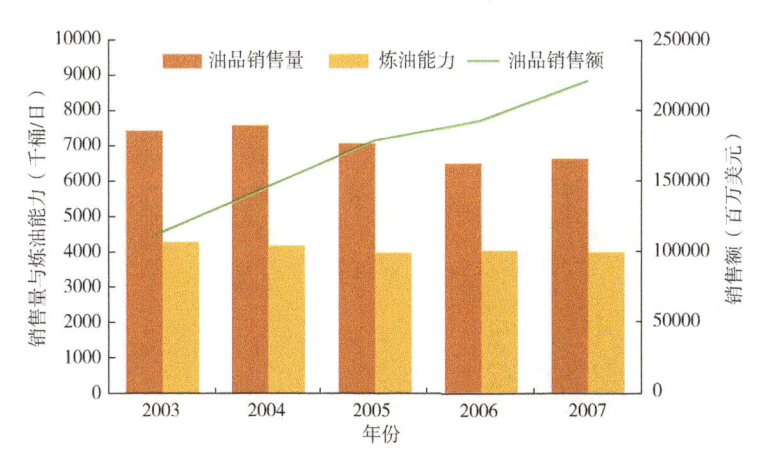

2004年的1451亿美元增加到了2007年的2200亿美元,年均增幅高达14.9%。

图 5-15 2003—2007年壳牌油产品加工与销售情况
数据来源:壳牌公司年报

2. 化工

进入21世纪以后,壳牌将化工业务的重点集中在优势产品上,同时继续向产品差异化、专业化方向发展,突出布局亚太和中东地区。

在欧洲地区,壳牌化工产品生产集中在法国、德国、荷兰和英国。为了提升在这一区域的化工资产的长期竞争力,壳牌对资产进行了优化。2004年壳牌以44亿欧元的价格出售了与巴斯夫(BASF)合资的聚烯烃企业——巴塞尔(Basell),2008年7月将荷兰Pernis生产基地的多元醇产能从15.5万吨/年增加到了25.5万吨/年。调整后壳牌在欧洲地区的化工产品生产能力变化较大的是乙烯,从2010年的187.8万吨/年下降到了2013年的165.9万吨/年,乙二醇和苯乙烯的生产能力略降,前者从17万吨/年下降到15.5万吨/年,后者从75.5万吨/年下降到了72.5万吨/年。

壳牌加强了北美化工业务的集约化,2008年5月波多黎各Yabucoa石化原料工厂宣布停止生产运营,2008年11月美国的Deer Park化工生产基地停止了溶剂生产。

壳牌对亚太地区新兴经济主体的市场消化能力充满信心。2000年壳牌石油化工有限公司(CSPCL)与中国海洋石油总公司(CNOOC)(两者权益均为50%)成立合资企业——中海壳牌石油化工有限公司(简称中海壳牌)。中海壳牌是当时中国国内投资额最大的中外合资石化企业之一,也是落户广东省惠州市大亚湾石化园区的第一家大型企业。一期项目(南海石化)于2006年年初投产,主要设施包括11套生产装置和与之配套的公用工程、码头、储运以及环保设施。2012年之后中海壳牌乙烯产量突破100万吨/年,烯烃和其他衍生品总产量达到270万吨/年,主要供应中国市场。

2006年10月,壳牌在新加坡的Puko Bukom新建了乙烯裂解装置、在裕廊岛新建了MEG(Mono-ethylene Glycol,乙二醇)工厂、在毛长岛新建了一套丁二烯萃取装置。这些新的化工生产工厂和毛长岛炼油厂集成在同一个厂区,形成了一个整合的炼油和石化综合体,被称为壳牌东方石油化工联合体(Shell Eastern Petrochemicals Complex),每年的产能可以达到80万吨乙烯,75万吨乙二醇,15.5万吨丁二烯和45万吨丙烯(图5-16)。壳牌东方石油化工联合体是壳牌化工有史以来最大的投资,"增强了壳牌在扩大的亚洲石化市场中保持领

图 5-16 位于新加坡 Puko Bukom 的壳牌东方石油化工联合体

先地位的雄心"。

通过一系列调整，壳牌化工产品线更为清晰，营利性也随之提升。2007年，壳牌乙烯产能为621.6万吨，化工产品销售量达到2255.5万吨。虽然销售量和产能都略有下降，但是壳牌化工业务刷新了盈利纪录，营收达到了459亿美元，较2006年增加了51.6亿美元；利润为20.5亿美元，较2006年增长了9.87亿美元。

三、更有力的现金引擎

1. 天然气一体化

环境压力与日俱增，节能减排成为工业生产的大势趋，清洁的天然气成为国际石油公司的"兵家必争之地"。调整之后壳牌有两个与天然气有关的业务部门：勘探与开发部门和天然气与电力部门，前者主要负责天然气的勘探、开发，后者的业务范围则涵盖了所有与天然气贸易相关的中、下游相关设施运营、天然气与电力的营销。

壳牌对天然气业务的重视程度，从其储量、产量指标中也可体现出来。21世纪以来，壳牌的天然气储量在油气总储量中的占比是五大国际石油公司中唯一保持在50%以上的，在2008年最高点时甚至超过了60%（表5-2）。

表 5-2 2005—2008年五大石油公司天然气储量占比

公司名称	2005年	2006年	2007年	2008年
埃克森美孚	50.7%	50.2%	50.7%	47.8%
壳牌	55.3%	58.8%	59.1%	62.8%
bp	46.5%	44.7%	43.5%	43.0%
雪佛龙	32.8%	32.8%	34.2%	34.4%
道达尔	40.6%	41.8%	44.7%	45.4%

数据来源：各公司年报；埃克森美孚、壳牌和bp的储量含油砂、沥青和合成油。

在LNG贸易方面，2008年，壳牌LNG销售量为1310万吨，比2004年（1020万吨）增长22.4%（表5-3），壳牌独立完成及参与的LNG贸易量占全球贸易总量的1/3以上。

表 5-3 壳牌2004—2008年LNG销售量　　　　　　单位：万吨

国家	2004年	2005年	2006年	2007年	2008年
澳大利亚	200	260	260	260	260
文莱	180	270	190	190	180
马来西亚	190	200	210	230	230
尼日利亚	240	230	330	420	420
阿曼	210	210	220	220	220
合计	1020	1070	1210	1320	1310

数据来源：壳牌年报。

LNG 运输是一项非常专业的业务，为避免液化后的天然气挥发，需要在整个运输过程中将天然气保持在零下 160 摄氏度以下。壳牌国际贸易和运输公司（Shell International Trading and Shipping Company，缩称 STASCo.）的主要业务就是提供全流程的 LNG 海运服务，包括船队管理、船员配备及技术建议。截至 2008 年年底，壳牌拥有 9 艘 LNG 运输船，参与了全球 20 支 LNG 运输船队的运营，运输能力达到 12330 亿立方米，覆盖了全球约 1/4 的 LNG 海运业务。此外壳牌还有 5 艘 LPG 运输船，运输能力为 3990 亿立方米（表 5-4）。

表 5-4 壳牌自有 LNG 和 LPG 运输船运输能力（2004—2008 年）

项目		2004 年	2005 年	2006 年	2007 年	2008 年
LNG	运输船数量（艘）	7	7	10	11	9
	运输量（亿立方米）	9420	6620	13700	16460	12330
LPG	运输船数量（艘）	3	2	2	3	5
	运输量（亿立方米）	1960	1360	1660	2120	3990

数据来源：壳牌年报。

LNG 输送到接收站后需要储存或者再气化，以气体形态通过管道输送到终端用户。壳牌利用其在 LNG 技术方面的专长及在商业、贸易、金融和管理方面的综合能力，几乎与世界上所有的大型 LNG 接收站都建立了联系。至 2008 年年底，壳牌参与了欧洲、印度和美洲的 9 个 LNG 再气化终端项目，权益产能 18.7 百万吨/年（表 5-5）。

表 5-5 壳牌参与的 LNG 再气化终端项目（截至 2008 年年底）

项目名称	位置	壳牌产能权益（百万吨/年）	投产年份
Huelva	西班牙	0.2	1988
Cartagena	西班牙	0.2	1989
Barcelona	西班牙	0.2	1969
Hazira	印度	2.2	2005
Altamira	墨西哥	3.3	2006
Cove Point	美国	1.8	2003
Costa Azul	墨西哥	3.8	2008
Elba Island	美国	2.8	2006
Elba Expansion	美国	4.2	2010

天然气的另一种运输方式是管道运输。壳牌在墨西哥湾、北海和非洲等地区拥有或参股了多个天然气管道输送系统，包括荷兰的 Gasunie、德国的 BEB、Ruhrgas、Thyssengas、比利时的 Distrigas 以及非洲的 West Africa 天然气管道项目。

2005 年到 2010 年期间，壳牌最大的两个天然气一体化项目分别是卡塔尔天然气 4 项目和菲律宾马兰帕亚深水天然气发电项目。

2005 年 2 月，壳牌同卡塔尔石油公司（Qatar Petroleum）签署了卡塔尔天然气 4 项目协议，整个项目为期 25 年，壳牌在该项目中持有 30% 的权益。

卡塔尔天然气 4 项目是一项大型天然气综合开发项目，包括天然气开发、处理、液化、运输、贸易以及利用（图 5-17）。整个项目设计包括：产能为天然气 14 亿英尺^3/日、凝析油

壳牌发展启示录 | Lessons from Shell's Rise to Prominence

7万桶/日的气田开发项目，产能为7.8百万吨/年的天然气液化装置，以及将生产出的LNG运输到以北美为主的预定市场的运输项目。壳牌参与了卡塔尔天然气4项目从上游基础设施建设到运输再到贸易和再气化的所有环节。

图5-17 卡塔尔天然气4项目天然气处理工厂

在菲律宾的马兰帕亚（Malampaya）深水天然气发电项目中，壳牌进一步将产业链延伸到终端利用——建设天然气发电厂上。

马兰帕亚（Malampaya）气田位于菲律宾巴拉望岛（Palawan）西北65千米的近海处，是一个深水凝析气田。1998年壳牌通过资产置换从西方石油公司手中获得了马兰帕亚气田的所有权益。之后壳牌提出了马兰帕亚深水天然气发电项目（Malampaya Deep Water Gas-to-Power Project）方案，这是在综合考虑了菲律宾国内能源需求、马兰帕亚气田资源量、环境基础等因素后，形成的一项集深水天然气开发、燃气发电于一体的综合方案。项目由菲律宾能源部（DOE）牵头，壳牌菲律宾勘探有限公司（Shell Philippines Exploration B.V.）拥有45%权益并担任作业者，雪佛龙马兰帕亚公司（Chevron Malampaya LLC.）拥有45%权益，菲律宾国家石油公司（Exploration Corporation）拥有10%权益。

马兰帕亚气田开发出的天然气被输送到附近的浅水生产平台进行处理，再通过一条504千米（313英里）的水下管道输送到岸上的天然气厂。这条输气管线一半位于水深超过600英尺的海域，是世界上最长的深水输气管线之一。2001年10月16日，随着输气管线水下部分铺设完成和3座电厂成功投产，马兰帕亚项目第一阶段投入商业运营。马兰帕亚项目生产的天然气为菲律宾最大的岛屿吕宋岛的5个发电厂提供燃料，这5个发电厂的总装机容量达到3211兆瓦，满足了菲律宾全国20%的电力需求。

马兰帕亚深水天然气发电项目成为菲律宾历史上最大、最重要的工业尝试之一（图5-18）。2013年壳牌为了弥补了第一阶段投产天然气田的产量递减，启动了马兰帕亚项目的第二、第三阶段。第二阶段新增了两口生产井，项目的产量达到了4.29亿英尺^3/日。

对于壳牌来说，将天然气应用到电力领域是未来的一大发展方向。壳牌在2007年的可持续发展报告中称："无论在哪种能源情景中，到2015年左右，全世界的用电量将至少是现在的3倍。我们的战略不是成为一个发电巨头或入主煤炭行业，而是提供更多的天然气，推广煤气化和二氧化碳捕集和封存技术（CCS），以及降低可再生能源发电的成本。"

图 5-18　马兰帕亚海上平台

2. 天然气制油(GTL)再闪耀

油价不断攀升，2000 年 6 月，搁置了 2 年的马来西亚民都鲁 GTL 工厂重新投入运营，天然气制油项目也受到了越来越多大石油公司的青睐。然而探索新的领域，总是"几家欢喜几家愁"。2004 年 7 月，埃克森美孚和卡塔尔石油公司签署了第一个 GTL 项目合作协议，预算投资 70 亿美元。但油气工程建设成本随油价飙升而水涨船高，埃克森美孚的 GTL 项目的建设成本开始脱离控制，项目的进程受到极大影响。2007 年 2 月，不堪重负的埃克森美孚不得不宣布放弃卡塔尔数十亿美元的 GLT 项目，转而开发保障卡塔尔国内天然气供应的项目。紧接着阿尔及利亚也因成本过高停止了 GTL 工厂建设计划，康菲则推迟了在卡塔尔建设 GTL 工程的投资计划。

在一片退出大潮中，壳牌凭借着在这方面的经验和超强的大项目管控能力坚持了下来。

2006 年 7 月壳牌启动了位于卡塔尔的珍珠(Pearl)GTL 项目，2007 年 2 月卡塔尔王储 Sheikh Tamim bin Hamad Al-Thani 铺设了项目开工建设的第一块砖。整个项目总投资高达 180 亿美元，是卡塔尔有史以来投资规模最大的能源项目。气源来自世界最大的非伴生气田——North Field 气田。气田从卡塔尔海岸一直延伸到海湾，开发系统包括 22 口开发井、2 个位于约 30 米水深处的无人井口平台和两条向岸延伸约 60 千米的管线，管线与位于拉斯拉凡工业城的珍珠 GTL 工厂相连(图 5-19)。

图 5-19　世界上最大 GTL 工厂——卡塔尔珍珠 GTL 项目

珍珠 GTL 工厂核心技术是壳牌专有的中间馏分合成（Shell Middle Distillate Synthesis，SMDS）工艺。1993 年该工艺在马来西亚的民都鲁 GTL 工厂投入商业运营，经过 30 多年的发展实践，这套工艺更为成熟，运行也更经济，处理速度更快捷。经过处理的纯净天然气（或甲烷）进入 GTL 加工系统与氧气结合，最终转化为一系列 GTL 液体产品，包括 GTL 汽油、煤油、石脑油、洗涤剂用石蜡和润滑油基础油，天然气净化后的副产物——硫，则被制成颗粒，运至临近的化工厂生产氢硫酸、肥料或其他产品。

珍珠 GTL 项目的全部建设工程都由壳牌负责，建设高峰期工人数量达到 5.2 万人。2010 年年底工厂主体建设完成，2011 年 3 月 23 日，第一批天然气从海上输送到珍珠 GTL；6 月 13 日，首批商业 GTL 合成汽油出厂。2011 年 11 月 24 日，第一船珍珠 GTL 工厂生产的天然气合成油（GTL）产品润滑油基础油出货运抵美国休斯敦港。珍珠 GTL 全面运营后，每天处理的天然气量达到 16 亿立方英尺，日产 GTL 达 14 万桶，天然气液体和乙烷 12 万桶。

珍珠 GTL 工厂全阶段流程共有 3500 多项专利，值得一提的是整个过程中对能量的循环再利用。系统可以捕获气制油过程中散发的能量，再将其转化为蒸汽，用以驱动工厂的压缩机转化为电能。同时，工厂规模巨大的水循环系统可以处理冷凝水，再用于蒸汽生产和冷却，处理规模可达 45000 米^3/日。

杰罗因·范德维尔的继任者彼得·沃瑟（Peter Voser）在评价 GTL 项目时表示："我们正坚定地走在开创天然气制油产业的道路上（We are on a clear pathway towards the startup of gas to liquids production）……这一里程碑式的进展表明创新的技术和强大的合作伙伴关系可以帮助世界满足日益增长的能源需求。"

四、更清洁的能源

1997 年，壳牌的第五大核心部门——可再生能源部门成立，标志着壳牌正式将可再生能源纳入公司战略业务发展序列。此后壳牌的可再生能源业务经历了培育、调整、发展的过程，公司在纷繁众多的可再生能源种类中，根据自己的特长和积累做出最符合公司能力和战略的选择。

1. 太阳能：快速跃进，果断退出

1877 年第一个硒太阳能光伏电池制成，到 1977 年全球太阳能光伏产量突破 500 千瓦。在经过 100 年的漫长探索后，太阳能光伏产业进入快速发展阶段，此后 40 年时间内，全球太阳能光伏装机容量以 40%的年均增长率急速发展。1979 年，全球太阳能光伏装机总量首次达到 1 兆瓦，1998 年突破 1 吉瓦，不到 20 年的时间增长了 1000 倍。进入 21 世纪，太阳能光伏装机容量继续突飞猛进，2007 年全球太阳能光伏装机容量近 10 吉瓦，在不到 10 年的时间里增长了 9 倍。

20 世纪 80 年代壳牌收购了荷兰一家名为 R&S Solar 的太阳能光伏组件生产商，拉开了进军太阳能光伏领域的序幕。2000 年壳牌、西门子太阳能及一家德国公共事业公司成立合资公司，2002 年壳牌买下另外两家合资方的全部股份，将公司太阳能产业发展为从硅片生产、技术研发到下游太阳能光伏系统销售的纵向一体化公司，生产规模达到 60 兆瓦，员工达到 1100 人，在全球电池和太阳能板生产商中仅次于夏普、bp Solar 和日本京瓷（Kyocera），位列第四。

然而，随着技术的不断突破，太阳能光伏组件价格明显下降（图 5-20），2005 年后全球

专业太阳能企业大规模发展。2006年,德国和部分欧洲国家的光伏强制上网电价补贴政策极大地刺激了太阳能光伏产业的发展,硅作为光伏组件的原材料开始供不应求。为了保障原材料的持续供应,壳牌的原材料供应商希望壳牌出资帮助其扩大产能,但壳牌没有同意。紧接着壳牌太阳能的原材料供应出现短缺,当年壳牌太阳能美国工厂的开工率仅为50%。

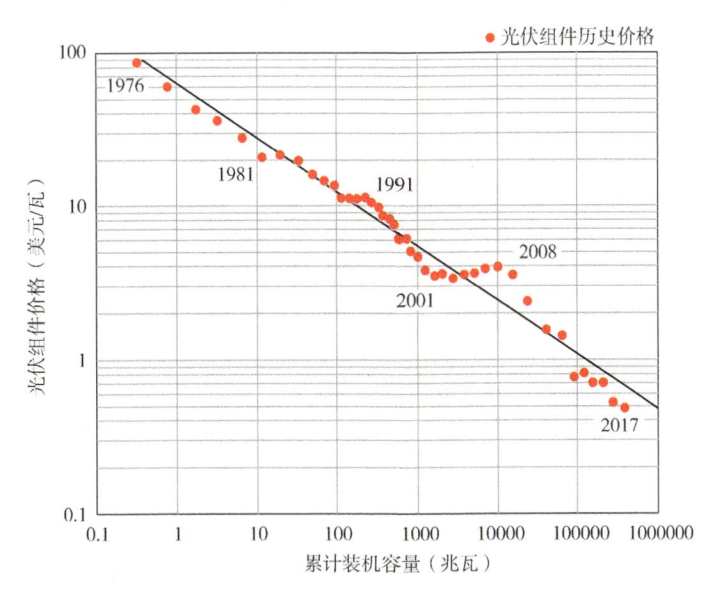

图5-20 1976—2017年太阳能光伏组件价格

数据来源:Bloomberg New Energy Finance

产业的迅速发展和决策的失误,让壳牌丧失了在太阳能技术和成本方面的优势。2006年壳牌不得不剥离了以晶体硅技术为主的太阳能光伏制造业务,将其出售给了德国太阳能光伏模块制造商Solar World AG,转而专注于铜铟二硒化物(CIS)薄膜技术。2006年10月,壳牌与Saint-Gobain合资在德国成立了一家20兆瓦应用CIS薄膜技术的太阳能板生产工厂。但是情况并没有好转,2009年8月壳牌最终决定退出这一领域。

2. 更清洁的电力

风能是壳牌在可再生能源领域发展的重点业务。

荷兰有"风车之乡"的美誉,风力利用历史悠久。为应对高昂的能源价格和可能出现的能源短缺,荷兰政府全力支持风力发电。壳牌和荷兰最大的电力供应商——纽昂(Nuon)电力公司(双方各占50%权益)联合开发了位于北海埃赫蒙德的风力发电场(Egmond aan Zee Offshore Wind Farm),项目总投资超过2亿欧元。

埃赫蒙德风力发电厂不仅是荷兰第一个海上风能项目,也是世界第一家将大型风机全部置于20米水位的海上风电场。风电场由36台风力发电机组成,这些发电机距离海岸最近10千米,最远达18千米,全部采用计算机远程自动控制。每台风机高度达155米,风机主干直径达4.2米,总装机容量为108兆瓦。壳牌在风电厂建造过程中充分发挥了公司在海洋施工、大型项目融资和管理方面的技术和经验,还采用了世界先进的海底钻探、打桩、电力及光纤管线铺设等技术。2006年10月5日,这个巨型风电方阵开始输出第一千瓦时的清洁电力,发电规模满足了当地十几万户家庭用电之需,成为荷兰发展清洁能源的战略标志之一。作为埃赫蒙德风力发电厂重要的投资方,为宣传清洁的风电,壳牌在埃赫蒙德镇建立了北海风电场信息展示中心,参观者在展示中心透过声、光、电装置和图文资讯可以详细了解风电原理和风电场建造的全部过程。

2006年壳牌风能决定和美国公司Dominion(双方占50%权益)联合开发弗吉尼亚州的Mount Storm风电场,2008年装机容量为264兆瓦的Mount Storm陆上风力发电工程正式投入运行。随着Mount Storm风电场的投产,壳牌在全球参与的风电项目总装机容量达到1100兆瓦,壳牌所占份额约为550兆瓦,可以满足近25万个家庭的电力需求。

3. 更清洁的燃料

壳牌在清洁燃料方面布局了生物燃料和氢燃料两项业务。

第一代生物燃料是以甘蔗、玉米等粮食作物作为原料,由于大量使用粮食,人们普遍担心生物燃料会与农业发生用地、用水等资源的争夺。第二代生物燃料改用稻草、木材废料、藻类等非可食用有机材料制成,转化技术也与第一代有很大不同。

壳牌探索了第二代生物燃料的技术研发和产业化生产路径。2004年壳牌与加拿大Iogen公司合作建设了以稻草为原料生产乙醇的生物燃料示范工厂,目的是评估稻草转化乙醇方案的可行性并探索相关建设标准。2007年壳牌与美国Codexis公司合作开发了一种"超级酶",用来提高非食物生物质向生物燃料的转化效率。2007年壳牌还与HR Biopetroleum合资成立了Cellana公司,在夏威夷建设试验厂,将海藻转化成可被用作生物燃料原料的生物质。海藻不仅富含植物油,而且可以在海水池中养殖,基本不使用肥沃的土地和淡水,所以将海藻作为生物质原料受到了很多公司的认可。2008年壳牌与德国CHOREN公司合作的以木屑为原料生产燃料的工厂投产,这是世界上第一家采用这一技术的商用示范厂。同年,壳牌还与美国Virent公司合作,研发将植物中的糖直接转化成汽油的技术。

壳牌20世纪90年代就涉足了氢能领域,重点放在加氢站的建设和运营,以及氢能汽车的商业化方面。2003年壳牌与美国能源转换设备公司成立合资企业,成功将50辆氢燃料电池汽车推向市场,这些汽车自带车载贮氢罐,并以罐中的氢燃料作为车辆动力来源。壳牌还与通用汽车公司合作,2005年年初在华盛顿投用了第一个加氢站,6台通用公司Hydrogen3燃料电池汽车首次在此加氢。

欧洲、日本、北美因其严格的环保标准,被业界认为是氢燃料的3个主要市场,壳牌是第一家在3个市场都修建了示范性加氢站的能源公司。除了上述3个主要市场,2007年11月壳牌氢能业务进驻中国,与同济大学、上海市政府和中国科学技术部合作,为上海的第一座加氢站提供了技术咨询和部分资金。

五、更重视中国市场

这一时期壳牌的一项重要战略调整就是进军亚洲和中东,尤其是中国市场。这是时隔近100年后,壳牌再次将视线转向这个潜力巨大的东方市场。

2003年壳牌中国有限公司(以下简称壳牌中国)成立,负责管理中国大陆和香港的业务,陈逸嘉担任首任主席。2005年9月林浩光接替陈逸嘉成为壳牌中国新的董事会主席(图5-21)。

图5-21 原壳牌中国董事会主席林浩光

第五章 百年壳牌(2006—2013年)

1954出生的林浩光是马来西亚人,在壳牌奖学金资助下,1978年从伦敦大学帝国学院毕业。随后,林浩光加入了壳牌。1985年,林浩光在公司的再一次资助下,赴日内瓦国际管理学院深造,获得了MBA学位。此后,他先后在公司的财务部、业务发展部工作。1994年到1996年期间,林浩光出任壳牌天然气业务在中亚—俄罗斯及萨哈林项目的发展经理。

林浩光上任之后,给壳牌中国定下的发展路线图是:以自身优势开拓上游市场,于中游市场寻求合作机会,并在中国市场不断开放之时逐步进入下游领域。在林浩光带领下,壳牌中国进行了一系列的变革,中国能源界将之戏称为"林氏维新"。

1. 开拓上游市场

20世纪90年代壳牌就开始寻求和中国三大国有石油公司在中国本土的合作。凭借出色的海洋勘探开发技术和天然气领域的杰出成绩,壳牌很快找到了和中国海油的合作机会。

20世纪90年代,壳牌、康菲石油与中国海油达成协议,共同开发南海西江油田(壳牌拥有35%的权益)。西江油田位于香港以南150千米的南海海域,开发方案包括建设西江24-3、西江30-2两座作业平台和"南海开拓号"FPSO。西江24-3作业平台位于南海珠江口盆地15/22合同区块的南部,水深100米,于1994年投产。西江30-2作业平台,距离西江24-3平台约12km,位于同一合同区块东北部,水深99米,于1995年10月投产。两个平台共用"南海开拓号"FPSO装置。至2005年,两个油田年产量达到364万吨,壳牌因此成为在中国原油产量最高的国际石油公司。

除了中国海油,壳牌与中国石油也开展了合作。1999年4月,壳牌中国与中国石油签署了意向书,共同开发位于山西和内蒙古交界处的长北天然气田,壳牌担任作业者。长北气田位于陕西北部的毛乌素沙漠,距离西安超过1000千米,含气面积1588平方千米。气田埋藏深、含气层致密,地质结构复杂。1999年9月,双方签订正式合作开发协议,但由于各种原因,并未开展实质性工作。2005年5月17日,壳牌与中国石油联合宣布正式启动长北天然气项目,双方签署了《产品分成合同》,壳牌以作业者和承包商的身份签署了钻井合同和工程总承包合同意向书,主要基础设施建设包括中央处理厂、内部管线、50余口水平井和多分支井(图5-22)。整个项目投资6.2亿美元,合同期20年,壳牌产量分成比例为50%。

图5-22 长北项目主要合同授标仪式(2006年5月17日)

2006年12月14日，长北项目30亿立方米产能建设的主体地面工程建成并投入运行，项目开始向陕京二线供气。2007年3月1日，长北气田比合同原计划提前一年正式投产进入商业运行阶段。到2017年年底，长北气田已经连续10年保持天然气商品量30亿立方米/年的稳产，平均单井累产气量突破6亿立方米，最高单井累计产量达到22.5亿立方米。

长北项目大获全胜，社会效益和经济效益都备受瞩目。良好的业绩带来了后续的合作，2017年中国石油确定了与壳牌的长北项目接续合作方案。长北天然气项目2期区块面积约1690平方千米，主体工程包括气田开发工程和天然气净化工程，分2018—2021年和2022—2024年两个阶段开发，方案设计到2024年达到峰值产量23.6亿米^3/年。2018年8月20日，长北2期项目首口双分支水平井CB19-512井开钻，12月23日完井，初试日产达到70万立方米，标志着长北天然气项目2期正式投运。

而此前，在2002年，壳牌持股的澳大利亚西北大陆架合资公司(The Northwest Shelf Venture)获得了中国第一份为期25年的LNG供应合同。根据该合同，西北大陆架合资公司从2006年起为中国第一个LNG接收站——广东大鹏LNG接收站每年提供300万吨液化天然气。

2. 破冰下游市场

壳牌一直非常重视中国的下游市场，早在20世纪90年代中期，壳牌就积极寻找机会进入终端市场。1997年3月壳牌在华北地区投资的第一个项目——天津国际石油储运有限公司(以下简称津国油)成立，由壳牌中国(40%)、中国航空油料总公司(42%)与天津港石油化工码头公司(18%)三方共同出资。同年，壳牌又与天津农垦集团共同投资组建天津壳牌石油有限公司。1997年4月18日，第一座按照壳牌国际标准改造后的加油站正式在天津潘庄开业。但当时中国政府在石油领域对外开放的问题上十分谨慎，壳牌很难真正打开中国市场。

2000年之后，中国经济进入全面快速发展阶段，能源和基础原材料工业投资加速。2003年到2008年的6年间，全国的基础产业和基础设施建设投资年均增长24.5%，比同期国民经济年均增长速度高8个百分点；能源工业投资年均增长27.3%，其中煤炭采选业和石油加工及炼焦业年均增长分别高达44.6%和43.1%。与此同时，交通运输建设突飞猛进，由铁路、公路、民用航空、水运和管道组成的综合交通运输网络四通八达，2008年铁路营业里程增至近7.97万千米，公路里程增至373万千米(含农村公路)，其中高速公路由1988年的0.01万千米增至6.03万千米，增长了602倍；民用航空运输线路长度为246万千米，是1949年的216倍，沿海规模以上港口货物吞吐量达42.96亿吨，是1980年的19.8倍；管道输油(气)里程5.83万千米，是1958年的292倍。"五纵七横"国道主干线初步形成，公路等级明显提高，路况显著改善，都加速了汽车产业的发展。到2008年年底，中国私人汽车拥有量为3501万辆，而1985年仅为28.49万辆，增长了189倍。

工业和交通运输业的迅猛发展，带动了成品油、润滑油和沥青需求的大规模增长，中国成为一个有着无限发展潜力的市场。但直到2004年壳牌才有了进入这个黄金市场的第一个机遇。

机遇来自中国加入世界贸易组织(World Trade Organization，WTO)和中国石油、中国石化等国家石油公司在海外上市。根据加入WTO时的承诺，中国将在2004年开放成品油零售市场，2007年开放成品油批发市场，这让壳牌看到了以独资或控股形式进入中国油品市场的曙光。2000年，利用中国石油和中国石化海外上市的机会，bp、埃克森美孚和壳牌三家国际石油公司获准与国内企业合资经营加油站。2004年8月28日，壳牌中国和中国石化合资组建了在中国大陆的第一家成品油销售公司——中国石化壳牌（江苏）石油销售有限公司（简称江苏壳牌），壳牌中国持有40%的股权。江苏壳牌凭借成熟的运营模式，很快扩大了自己的网络，到2009年年底，江苏壳牌在江苏运营的加油站达到400座，成品油年销售量近200万吨。江苏壳牌的成功为壳牌在中国成品油销售领域提供了范例，之后，四川壳牌、重庆东银壳牌、延长壳牌、广州壳牌等壳牌与中国各石油公司合资的销售公司陆续成立，以壳牌自有品牌和双品牌两种方式合作建立加油站，到2012年7月，壳牌在中国大陆的加油站已超过600座。

中国快速发展建设时期，除了成品油，润滑油和沥青市场也在急剧增长。为了占领这两个不断扩大且潜力无限的市场，2006年壳牌同时在润滑油和沥青领域发起进攻。

2006年9月壳牌中国宣布收购"北京统一石油化工有限公司"和"统一石油化工（咸阳）有限公司"75%的股份，成立壳牌统一（北京）石油化工有限公司（以下简称壳牌统一）。壳牌统一在北京、咸阳和无锡成立了三家润滑油调配厂，年产能达60万吨，壳牌由此成为仅次于中国石油、中国石化两大国企，在中国润滑油市场上排名第三的企业，也是国际石油公司中在中国润滑油市场占有率最高的。而中国市场对壳牌的润滑油业绩也带来了相当大的影响，2006年壳牌润滑油销售总量超过450万吨，占全球市场的12%，比2005年增长了5%。全球知名市场研究分析家克兰（Kline）公布的独立分析报告显示，对中国统一润滑油的收购让壳牌在2006年成为全球最大的润滑油销售商。2008年中国超过德国，成为壳牌全球润滑油业务的第二大市场，2009年壳牌在亚洲最大的润滑油调配厂在珠海投产。壳牌润滑油业务首席执行官大卫·皮瑞特表示："中国将是全球润滑油工业新的增长点。因此，在中国这样重要的润滑油市场的成长对于保持我们的国际领先地位至关重要，这也符合我们的更赢利的下游产品战略——即通过在高增长市场的资产组合取得更赢利的下游业务。"

在布局润滑油的同时，壳牌通过收购科氏材料中国（香港）有限公司（以下简称科氏中国）打开中国沥青市场的大门。

美国科氏工业集团（Koch Industries）是全球最大的非上市公司，业务遍及多个领域。其子公司美国科氏材料公司是世界最大的专业道路沥青生产厂和供应商之一，在道路沥青产品研发和生产应用方面占据领导地位。1999年6月科氏中国成立，在中国投资建立了鄂州、广州、镇江、西安、天津、三水、泸州和郑州8个沥青产品有限公司和北京沥青技术研发中心。到2003年，科氏中国为中国20多个省、市和地区生产和供应的各类沥青产品超过80余万吨，其中SBS改性沥青达50万吨，占中国近一半的市场份额。

2006年3月壳牌宣布收购科氏中国。这次收购让壳牌在中国的沥青业务规模扩大了一倍以上。2007年12月，壳牌又收购了泰玛仕建材（上海）有限公司。在完成一系列收购和投资后，2008年1月壳牌宣布正式启动壳牌品牌下的沥青混合料业务，成为中国国内最大的改性沥青和乳化沥青供应商。2010年壳牌中国获得了中国沥青行业杰出贡献奖。

3. 开创在中国的化工业务

1998年，壳牌化工在全球范围内的最大单笔投资——中海壳牌南海石化项目获得批准。项目位于广东省惠州市大亚湾，由壳牌南海有限公司（50%）、中国海洋石油总公司（45%）和广东省、惠州市（省市共5%）合资建设，项目总投资40.5亿美元。时任中国国家总理李鹏和荷兰首相维姆·科克(Wim Kok)出席了1998年2月在荷兰海牙举行的中海壳牌南海项目签字仪式。2006年南海项目建成投产，项目主体包括年处理能力500万吨的炼油装置和年产45万吨的裂解装置，采用了重油深度加氢转化技术等13项壳牌专利技术(图5-23)。2012年项目一期乙烯产量突破100万吨/年，年产各类化工产品270万吨。

图 5-23　建成后的中海壳牌南海化工
图片来源：壳牌官网

2018年5月2日中海壳牌南海二期项目正式投产，这次扩建新增了一套产能120万吨/年的乙烯裂解装置及其衍生品生产装置、苯乙烯/环氧丙烷和多元醇装置。壳牌专有的OMEGA、SMPO和多元醇技术在内的多项全球行业领先技术被应用在二期项目中，拓展了项目的产品范围，提升了总体能效。二期项目投产后，中海壳牌乙烯总产能增加至220万吨/年，成为中国在运行的最大单体乙烯生产工厂，每年向市场提供600多万吨高品质、多元化的石化产品。

2020年5月17日，惠州市人民政府、中海炼化、壳牌达成了进一步扩展中海壳牌石化基地的战略合作协议，三期项目规划建造一个年产能150万吨的乙烯裂解装置，并将首次在亚洲应用线性α烯烃技术。

4. 引入煤制气技术

20世纪50年代，壳牌开发了以渣油为原料的壳牌气化工艺(SGP)，由此拉开了壳牌的石化燃料气化技术研发序幕。20世纪70年代初期，在渣油气化的基础上，壳牌研发形成了粉煤气化技术(SCGP)。该技术从1972年开始进行中试，但直到2001年在荷兰正式投入商业化运行，前后共经历了30多年的开发历程。2001年壳牌(占股50%)和中国石化(占股50%)成立合资企业，在湖南省岳阳市建设一座生产能力达2000吨/日的煤气化厂，这家煤化气工厂采用壳牌的煤气化技术，把煤转化成煤气，代替石脑油作为中国石化旗下的洞庭氮肥厂生产氮肥的原料。2003年煤气化厂开工建设，2006年3月投产。之后壳牌的煤气化技术和设备在中国不断扩大应用市场，截至2009年，壳牌与中国15家企业签订了19台煤气化设备及技术转让合同，有9台制造合成氨，8台制造甲醇，2台制氢，气化炉能力为900~4000吨/日，中国由此成为壳牌煤气化技术的最大市场。

六、百年壳牌

2006年，对于壳牌来说，是特别的一年。这一年公司真正厘清了股权，完成了重组。这一年，壳牌还迎来了自己的100周年华诞。

100年的时间让壳牌从一家往返于海上的贸易商和一家马来西亚雨林中的油气生产商发展成为石油行业翘楚，标准石油弥散在历史的烟雾中，埃克森美孚依然是竞争对手，却再也不是能扼杀壳牌的"主宰者"。壳牌骄傲地宣称,在这一年"壳牌公司生产的石油和天然气占全球总产量的2.5%、3%;在所有国际石油公司中,壳牌拥有规模最大的液化天然气(LNG)能力,所生产的LNG用来发电的话,能够满足3100万个家庭的电力需求;平均每4秒就有一架飞机加注壳牌的航空燃油;壳牌掌握着世界上最大的成品油零售网络(4.5万个加油站),平均每秒为200辆汽车加油;壳牌也是世界上最大的运输用生物燃料销售商之一。"

油价还在继续上涨。尽管2007年美国次贷危机引发全球金融危机,国际油价随之大幅震荡,但2008年全年平均布伦特油价仍然达到了97.1美元/桶,同比增长38%;2008年美国亨利中心天然气平均价格为8.9美元/千英尺^3,同比增长28%。

壳牌整体向上游倾斜、上游向大项目倾斜,并进一步推进天然气一体化业务的战略,在持续几年的高油价下充分体现了其威力:2009年壳牌将沃尔玛(Wal-Mart)从《财富》世界500强排行榜第一名的位置上拉了下来,荣登500强榜首。据美国《财富》杂志2009年公布的数据显示,壳牌2008年的营业收入为4583.61亿美元,位列世界500强的第一位(表5-6)。这是在石油行业中,近几十年来仅有埃克森美孚曾经获得的成绩。

表5-6 2008年五大国际石油公司经营状况

2009年排名	公司名称	国家/地区	营业收入(百万美元)	利润(百万美元)
1	壳牌	荷兰	458361	26277.0
2	埃克森美孚	美国	442851	45220.0
3	bp	英国	367053	21157.0
4	雪佛龙	美国	263159	23931.0
5	道达尔	法国	234674	15500.4

第三节 变与不变的博弈

一、高油价背后的隐忧

1. 上不去的产量

2008年壳牌重回财富500强榜首,当年勘探开发业务销售收入达到208.41亿美元,创造了历史新高。然而问题也开始显现:2008年壳牌在勘探开发业务的投资高达247亿美元,同比增长59%,然而317万桶/日的油气产量却同比下降了2%。也就是说,投资增长并没有拉动产量增长,甚至与产量增长呈反比——是基础设施建设的成本提高了,是新投入的资源禀赋在变差,还是公司的战略出现了问题?

2009年壳牌油气产量仅为314.2万桶油当量/日(表5-7),同比降低3.3%,也是壳牌油气产量连续第4年下跌,远远背离了年初制定的3%~4%的增产目标。

表 5-7　2005—2009 年五大国际石油公司油气总产量

公司名称	油气总产量（千桶油当量/日）					2009 年/2008 年变化(%)
	2005 年	2006 年	2007 年	2008 年	2009 年	
埃克森美孚	4065	4237	4180	3921	3932	0.3
bp	4014	3926	3818	3838	3998	4.2
壳牌	3518	3473	3315	3248	3142	-3.3
雪佛龙	2375	2558	2593	2503	2678	7.0
道达尔	2418	2285	2316	2262	2202	-2.7

除了原油产量，原油加工量也在下降。自 2005 年至 2009 年间，壳牌的原油加工量从 398.1 万桶/日下降到 306.7 万桶/日，年均降幅 5.1%，下降幅度也是五大国际石油公司中最大的（图 5-24）。

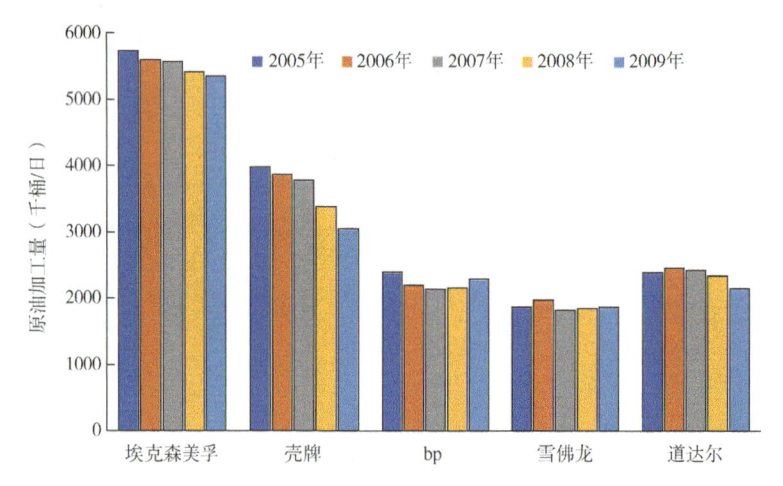

图 5-24　2005—2009 年五大石油公司原油加工量变化趋势

与原油产量和加工量一起下降的还有销售量。2009 年，壳牌的油品销售量为 615.6 万桶/日，较 2005 年减少了 90.1 万桶/日，5 年年均降幅 2.7%，下跌速度仅次于埃克森美孚（图 5-25）。

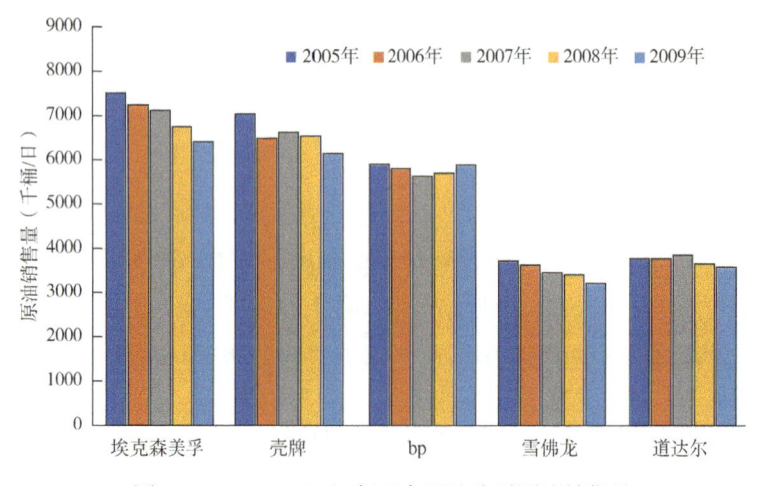

图 5-25　2005—2009 年五大石油公司原油销售量

2. 下不来的成本

根据剑桥能源发布的上游资本成本指数(Upstream Capital Costs Index，UCCI)，2005年到2007年期间，全球上游资本成本指数从110上升到180。IEA同期发布的上游投资成本指数(Upstream Investment Cost Index，UICI)则从2005年的148上升到了2007年的190(图5-26)。两个指数印证了一件事，那就是全球各大石油公司的单位上游生产成本都达到了当时的最高水平。

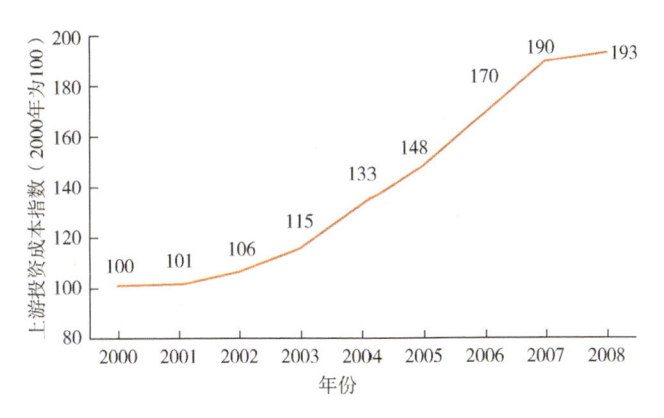

图5-26 国际能源署上游投资成本指数
数据来源：IEA Database and Analysis

到2008年8月，国际大石油公司上游生产成本上升趋势逐渐受控，多数公司生产成本结束了持续多年上升势头，开始下降，唯独埃克森美孚和壳牌的单位生产成本仍在上升。其中，壳牌的生产成本由2005年的5.54美元/桶上升到了2009年的9.88美元/桶，涨幅高达78%(图5-27)。

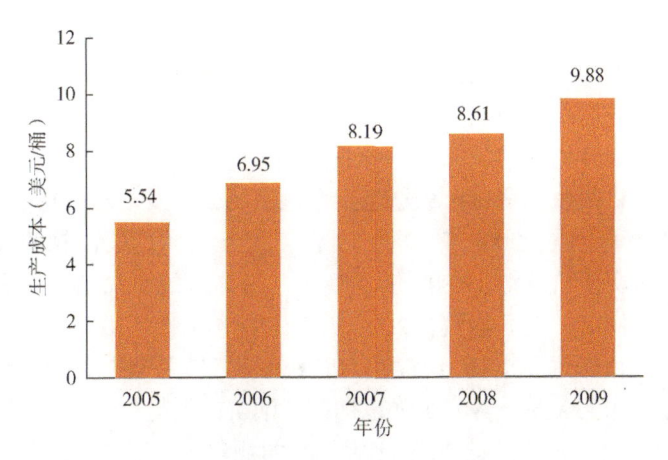

图5-27 壳牌生产成本(2005—2009年)
数据来源：壳牌公司年报

原材料价格上升、石油服务设备和石油服务价格上涨、深水大项目的油气生产条件日益恶劣等不利因素是各大国际石油公司共同面临的导致成本增长的主要问题。对于壳牌来说，为了弥补储量危机而急于扩大上游业务规模、快速铺开大项目的做法，放大了这些不利因素的影响，最终导致投入、产出之间的剪刀差不断拉大，当壳牌认识到这一问题时，成本控制变得非常困难。

3. 看不清的市场

2000年3月28日,欧佩克开始采用"价格带"的政策:将7种原油一揽子平均价格控制在22~28美元/桶的范围内,如果国际油价连续20天低于或超出这一价格带,欧佩克就自动减少或增产50万桶/日。2000年到2003年的4年间,这一政策成功地把国际石油价格相对平稳地维持在每桶22~28美元的区间内(图5-28)。

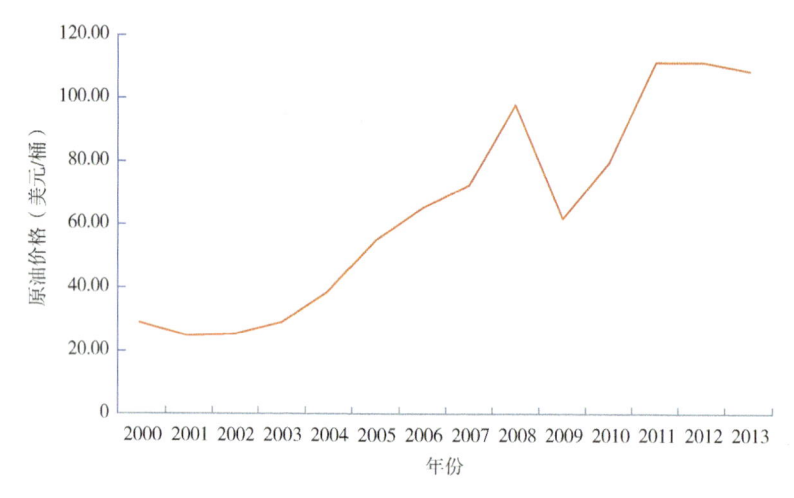

图 5-28 2000—2013年布伦特原油价格走势图

自2003年开始,世界经济进入新一轮的繁荣期,2004年全球经济更是取得了5%的增长率,创造了30年的新高。石油需求量随着经济增长开始猛增,增加量高达每日300万桶,完全超出了欧佩克产量调节的能力范围。于是油价如脱缰野马一般迅速脱离价格带,不断攀升。WTI现货原油平均价格从2003年的31.06美元/桶增至2007年的72.26美元/桶。这段时间原油价格走势虽然在一路上涨,但总体平稳,最高点也没有超过80美元/桶。考虑到日益增长的生产成本,业内仍普遍认为这一价格是处于理性区间内的。

但从2007年11月开始,油价开始一路向上冲刺,上升势头之猛极其罕见。2007年美国爆发次贷危机,危机很快从房贷市场蔓延到金融市场,引发了新一轮金融危机。油价开始震荡,并出现了断崖式下跌,2007年12月19日,降至33.87美元/桶的谷底。

金融危机引发游资投机退潮。2008年下半年,纽约市场原油期货基金多头持仓量一度出现净空头的状态。同时,美元指数自2008年7月中旬以来由70快速回升至83左右,3个半月反弹了18.5%。由于国际市场上石油等初级产品交易大都以美元标价,美元与初级产品价格具有典型的负相关关系,美元走强也加剧了油价的下行。

2009年第一个季度,油价延续2008年后半程的颓势,一直在谷底徘徊。从第二季度开始,随着欧佩克减产、伦敦G20金融峰会召开、各国推出救市政策,油价出现宽幅波动上升的姿态,波动范围为35~80美元/桶。到下半年,油价相对平稳震荡,维持在70~85美元/桶。2009年的年均原油价格61.67美元/桶,比2008年创纪录的97.26美元/桶下降了37%(图5-28)。国际油价结束了自2001年以来前所未有的7年连续年增长态势,首次出现下跌。

幸运的是,以中国、印度、俄罗斯、巴西、南非"金砖五国"为代表的新兴经济体很快走出了金融危机的阴影,经济强劲复苏。"金砖五国"也成为拉动油气消费增长的主要力量,全球能源市场出现了"消费东进"热潮，其中中国能源需求在2007年超过欧盟，2010年超过美国成为世界最大能源消费国（图5-29），2013年则超过了整个北美，成为世界上最大的能源消费国、生产国和进口国。

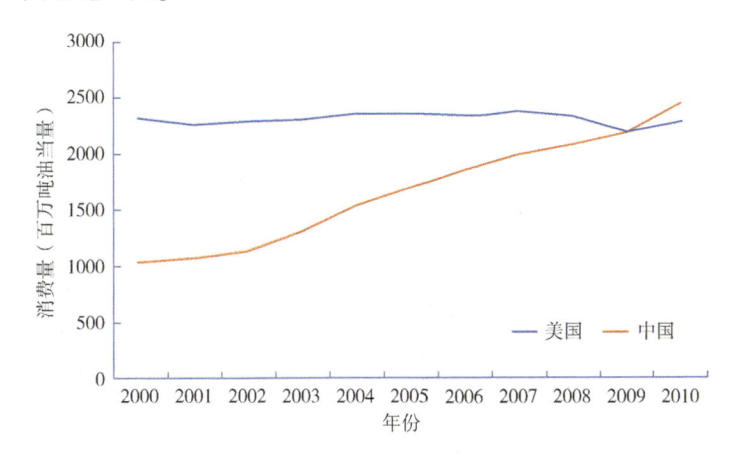

图5-29 中美两国一次能源消费量对比

国际油价也随着新兴经济体的高调复苏再现攀高之路。2010年到2013年，WTI年度均价从79.6美元/桶上涨到108.8美元/桶；布伦特（Brent）均价从79.5美元/桶上涨到111.57美元/桶，且在2011—2013年间稳定在90~120美元/桶的高位区间（图5-28）。

这前所未有的高油价是怎么出现的呢？

一般而言，决定油价上涨或是下跌的根本原因是供求关系，投机炒作和美元贬值等因素虽然会放大原油价格上涨或下跌的幅度，但只能加剧油价波动，不能创造油价趋势；地缘政治等不确定因素通过扰动供求进而影响油价，通常被认为是基于国际石油市场供需力量基本面博弈之上的。供需、投机、美元贬值、地缘政治风险、心理预期等因素之间没有严格的界限，并且可相互作用、相互转化。总体来看，国际油价剧烈波动是多因素综合作用的结果，但供求关系仍然为基本面。然而丹尼尔·耶金在《能源重塑世界》中提到关于2007年以后的油价飙升，"2007年年末至2008年年初，推动石油价格上涨的因素，从需求基本面彻底变成了别的东西，资产价格的过度增长说得更口语化一些就是泡沫。"

二、变革

2009年的全球经济危机和油价震荡，导致壳牌出现了10年来首次季度亏损：当年第一季度，壳牌业绩同比大跌62%。

高油价还能持续多久？到底是真的需求强劲还是油价泡沫？无论是哪一种答案，壳牌都意识到过高的油价掩盖了生产经营中的矛盾，是时候做出一些改变了。

2009年5月27日，壳牌正式宣布了包括高级管理层人员变动和业务重组在内的公司重组计划。

1. 新任掌门人：彼得·沃瑟

杰罗因·范德维尔在2007年时曾经宣布自己将在2009年退休，公司内部对继任人选产生了众多讨论。天然气与发电业务板块的负责人琳达·库克成为人们话题中最热门的人选，大家纷纷猜测她将成为壳牌历史上第一位女性CEO。琳达·库克掌管着壳牌利润增长最快的部门，曾是 2002 年美国《财富》杂志评选出的全球最具影响力的 50 位女性之一。另一位热门人选是执行董事马博德，他是勘探和生产部负责人，也是一位经验丰富的实干家，特别善于同各国政府打交道。但是壳牌 2004 年的谎报储量丑闻，给马博德职业生涯的发展蒙上了难以拭去的阴影。

出乎业内人士意料的是，2009 年 7 月 1 日壳牌宣布公司原首席财务官彼得·沃瑟 (Peter Voser) 取代现任首席执行官杰罗因·范德维尔成为公司新一任掌门人（图 5-30）。种种猜测归于平静，这位来自财务部门的、拥有瑞士国籍的首席执行官打破了壳牌这个百年老企业的惯例，成为公司任命的第一位来自英国和荷兰以外国家的 CEO。

彼得·沃瑟 1982 年从苏黎世应用科技大学拿到工商管理学士学位后就加入了壳牌，第一份工作是壳牌瑞士分公司的内部审计员。

图 5-30　彼得·沃瑟 (Peter Voser)

1984 年彼得·沃瑟升任瑞士分公司账目管理部门总监，随后又负责管理瑞士分公司的营销信息系统。1988 年，在瑞士表现出色的彼得·沃瑟被调到壳牌伦敦总部，供职于壳牌国际石油公司美洲和远东部门，主要负责这些部门的财务工作。1990 年，对壳牌在美洲业务有了充分了解的彼得·沃瑟被派往阿根廷，先后担任阿根廷分公司副总裁、经营和物流业务负责人。1995 年，彼得·沃瑟被调往智利，担任壳牌智利分公司的首席财务官。1997 年，彼得·沃瑟回到了伦敦，担任壳牌集团首席审计师，1999 年成为壳牌欧洲石油产品公司的首席财务官，2001 年升任壳牌集团石油产品部门的首席财务官。

为了照顾长期居住在瑞士的妻子和孩子，2002 彼得·沃瑟离开壳牌跳槽到总部设在瑞士的 ABB 集团担任首席财务官。

2004 年，壳牌深陷储量丑闻，受到老东家的邀请，彼得·沃瑟回到壳牌担任首席财务官，和杰罗因·范德维尔紧密合作，让壳牌走出了储量丑闻的阴影。

2009 年正值全球金融危机和油价下滑的特殊时期，任命彼得·沃瑟为 CEO 对壳牌是有积极意义的。出身于财务部门的沃瑟，具有深厚的金融管理背景。同时，他对壳牌的各个业务部门都没有倾向性，他能从财务和资本运营的角度清楚地看到壳牌在哪些领域要进一步投资，哪些领域应该退出，"石油工业正处在发展的十字路口，客观、准确地制定投资组合是彼得·沃瑟的专长。"在壳牌宣布沃瑟将接任杰罗因·范德维尔担任 CEO 的当天，公司的股票上涨了 12%。

2. 重组与裁员

彼得·沃瑟面临的最大问题是：2005 年以来，大项目计划让公司资本支出规模过于庞大，成本压力剧增；2008 年以前的高油价掩盖了这些问题，但当 2009 年国际油价巨幅下滑后，壳牌盈利能力受损，债务规模攀升，所有隐藏在油价后面的问题都被暴露出来。

首席财务官出身的彼得·沃瑟上任后，发起了旨在控制成本的"变革 2009"（Transition 2009）计划。

首先，业务部门再次被重组（图5-31）。对于重组，彼得·沃瑟认为："重组可以增强公司的责任感，提高壳牌在实施新项目和发展新技术方面的能力，减少成本支出，加快决策速度。"为了提高效率，降低成本，上游板块从原先的勘探与生产、天然气与发电以及油砂3个部门合并成美洲上游和国际上游两个部门。美洲上游主要负责北美和南美的油气勘探与生产，国际上游则负责世界其他国家和地区的业务。原先属于替代能源的风能业务也被划分到上游板块，以便和发电业务更好协同发展。下游板块除继续保持原先的炼油、销售和化工业务外，还包括贸易和除风能以外的替代能源。

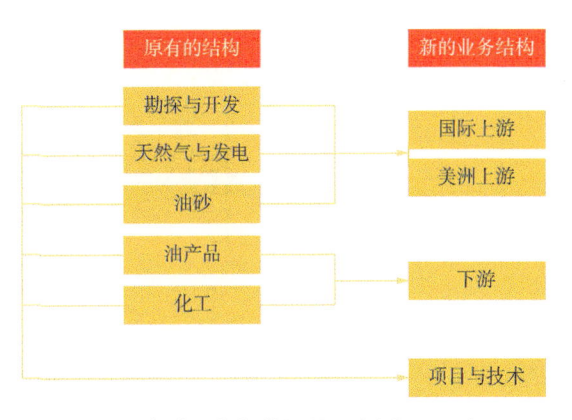

图5-31 壳牌业务板块调整示意图（2009年）

此次关于业务部门调整的最大变化在于，壳牌还成立了一个新的业务部门——项目与技术部门，整合了壳牌上、下游板块的主要项目交付、技术服务和技术开发、安全和环保等职能。成立这个部门的主要目的是推进项目交付效率，提升支持和服务能力，实现大项目的成本控制。

其次就是裁员。在宣布上游业务部门重组的同时，公司裁减了750名公司高管中的150人；2009年9月5日，壳牌再次宣布裁员近千人，全年共计裁减了5000个工作岗位，压缩成本达到20亿美元。

彼得·沃瑟在就任后的一次采访中谈到："我希望公司在我的管理下保持简洁。对我来说，执行必须具有竞争性：战略和运营绩效要绝对清晰。在实现业绩方面，要有重点、速度和问责机制。每个人都要了解对他们的工作要求，都需要评估业绩，同时也拥有处理最优先事务的资源，甩掉一切不必携带的东西。"

3. 战略沿袭与调整

为了提升效率和盈利能力，彼得·沃瑟调整了公司的业务结构和人员结构，却沿袭了杰罗因·范德维尔时期的战略方向，公司总体发展战略为"强化上游，巩固下游，加强液化天然气业务，精简化工业务，开发可再生能源"。彼得·沃瑟保持了投资水平，与杰罗因·范德维尔时期的战略一样，公司投资仍然保持上游增长、下游削减的基本结构。2009年，壳牌约有80%的投资是给了上游业务。

为了让壳牌的油气产量止跌回升，彼得·沃瑟加大了在非常规天然气领域的拓展力度，到2013—2015年，公司LNG、深水油气、重油、致密气/含硫天然气和天然气合成油（GTL）的产量占油气总产量比例从当时的不到40%提高到70%（图5-32）。同时，为了让整个公司的投资更为稳健，彼得·沃瑟做出的一项较大的调整：暂缓对油砂等投资大、风险高项目的投资。

下游方面，彼得·沃瑟加大了调整力度，剥离了全球15%的炼油业务（约2800万吨/年），发展重点转向高增长区域和高利润产品。对下游的投资策略从"通过提高炼油厂的效率和安全性来维持我们的资本计划，并增强我们的竞争地位"变成"保持相对稳定的资本投入"。这期间，壳牌先后出售了希腊和新西兰炼油资产、新加坡石化公司和卡塔尔石油聚烯烃公司49%的股份，以及瑞典、英国、德国、芬兰和非洲的油品销售业务。

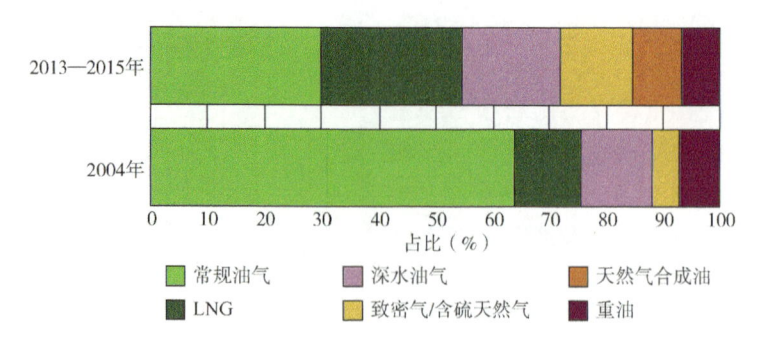

图 5-32　壳牌油气产量构成变化
数据来源：壳牌公司年报

在新能源领域，壳牌收缩了投资领域，暂缓了投资的脚步。2009 年 8 月壳牌出售了光伏合资公司 Avancis 50% 的股份，并表示今后不再增加对风能、太阳能及水力发电等可再生能源的投资，新能源业务的重点将转向生物燃料、碳捕集和存储等项目。

总体看，出身于财务和审计业务的彼得·沃瑟，试图抛开油价光环以一种冷静的眼光去审视壳牌的业务，但是在进行了业务板块调整和裁员等动作后，他却并没有对业务方向做出实质性调整，而是持续保持了向上游倾斜的投资策略和总体投资水平。也就是说，彼得·沃瑟的变革，修正了壳牌前进的方式，却没有改变前进方向。

三、彼得·沃瑟的探索

从 2009 年任职壳牌 CEO，到 2013 年卸任，彼得·沃瑟在业务发展方向上，主要做了 3 件事：加大天然气业务力度、加大非常规业务规模、向新的领域——北极进军。

1. 气—油公司的确立

2011 年，壳牌的海洋液天然气产业又增加了一座里程碑。这一年壳牌对澳大利亚"序曲浮式液化天然气（Prelude FLNG）"项目（壳牌拥有 100% 权益）做出了最终投资决定。这是世界上第一个 FLNG 设施，也是当时世界上最大的海上浮动设施（图 5-33）。

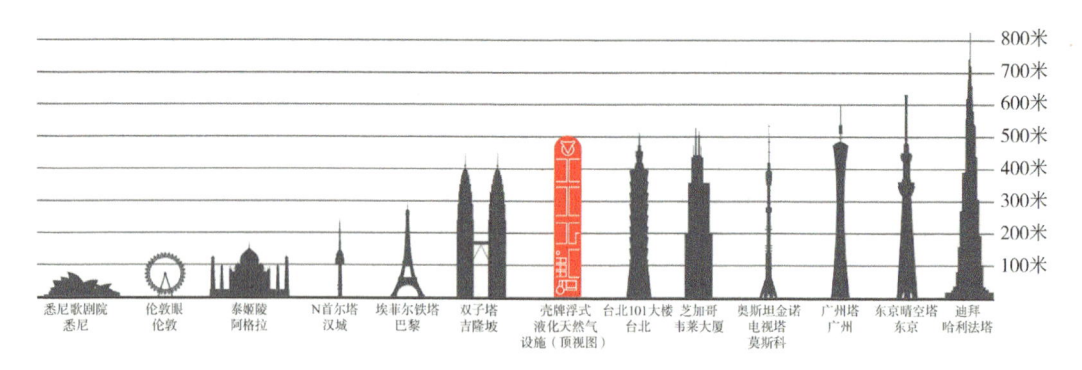

图 5-33　FLNG 设施的规模

Prelude FLNG 设施停泊在距离澳大利亚最近的陆地约 200 千米的远海中，能够承受 5 级飓风（卡特里娜飓风级别）。Prelude FLNG 从船头到船尾长 488 米，长度超过 4 个首尾相连的足球场（图 5-34）。这座 FLNG 的建造使用了约 26 万吨的重钢铁，约为悉尼海港大桥的 5 倍。储罐的容积相当于 175 个奥运会比赛标准泳池，满载后整个设施重约 60 万吨，大约是最大航空母舰的 6 倍。Prelude FLNG 年处理的液化天然气量可以满足香港全年天然气消费量的 117%。

图 5-34　Prelude FLNG

海上油田生产出的天然气直接输送到 Prelude FLNG 设施船上进行净化、冷却、液化。远洋 LNG 运输船再从 Prelude FLNG 卸载 LNG（冷却至零下 162 摄氏度，体积缩小 600 倍）及其他产品运输到全球各地。壳牌上游国际执行董事 Malcolm Brinded 表示："我们创新的 FLNG 技术解决了海上天然气田开发成本过高的问题。继续该项目的决定对 LNG 行业来说是真正的突破，极大地满足了全球对最清洁燃烧矿物燃料的需求。FLNG 技术是一项激动人心的创新，是对岸上 LNG 的补充，有助于加快天然气资源的开发。"

随着命运多舛的萨哈林 II 项目在 2009 年终于投产，紧接着珍珠 GTL、卡塔尔天然气 4 等一批重大天然气项目也相继投产，壳牌天然气产量在 2010 年超过历史高点的 2002 年，时隔 7 年后产量重新回到 90 亿英尺^3/日以上（图 5-35）。

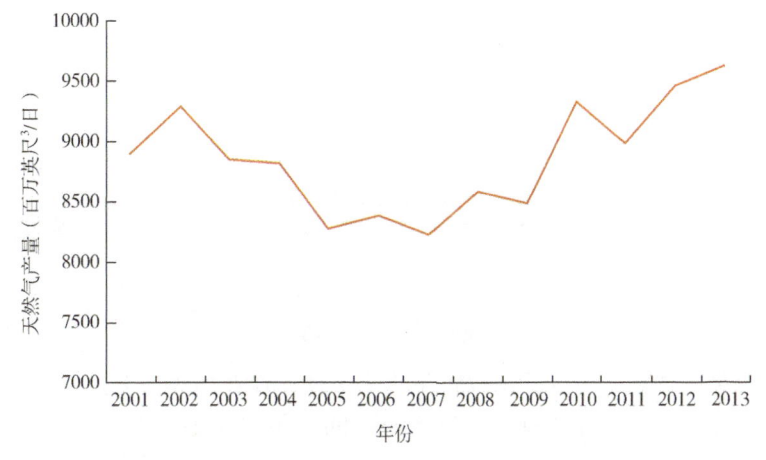

图 5-35　壳牌天然气产量变化（2001—2013 年）
数据来源：壳牌公司年报

2011 年壳牌天然气产量首次超过原油产量，同时原油产量下降速度有所减缓。在天然气产量增长加快、原油产量下降放缓的带动下，壳牌油气总产量从 2005—2008 年的年均产量增长 -2.6%，转变成为 2009—2012 年的 1.25%，仅低于收购了 XTO 的埃克森美孚（图 5-36）。

图 5-36　2005—2013 年壳牌天然气产量和总产量变化趋势

2012 年布局多年的天然气一体化业务发挥出良好的盈利能力，天然气业务收入占壳牌全部业务收入的 40%，并贡献了超过 20% 的现金流。

除了产量，壳牌的 LNG 液化能力也自 2003 年以来以年均 8% 的速度递增，至 2012 年超过 2000 万吨/年（图 5-37）。而壳牌所有的世界上最大的 LNG 海运船队，也加大了公司在这一领域的灵活性和选择权。

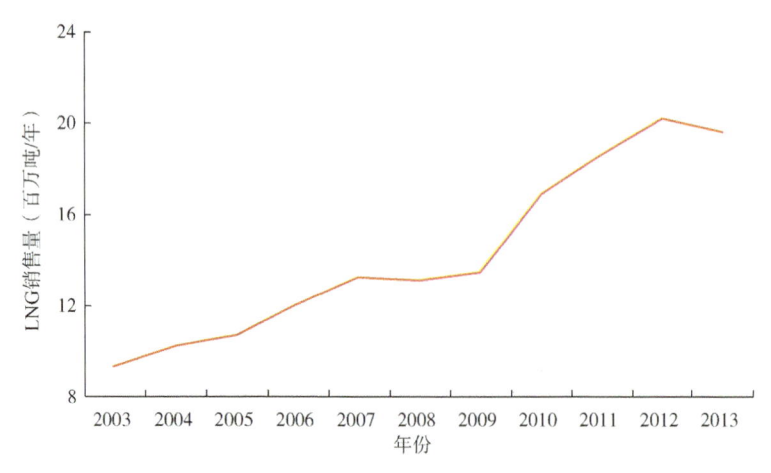

图 5-37　2003—2013 年壳牌 LNG 销售量变化

数据来源：壳牌公司年报

值得一提的是，彼得·沃瑟并不仅仅加大了天然气业务的规模，他也提升了对天然气一体化业务的投资优化力度。在彼得·沃瑟主政期间，壳牌放缓了对澳大利亚 LNG 项目做出最终投资决定的步伐，推迟了 Arrow 项目的最终投资决定，重新评估了 Browse LNG 项目；将中短期 LNG 的重点开发项目集中在澳大利亚的 Prelude、Gorgon 项目和美国的 Elba 项目；在美国，壳牌选择了投资低的 Elba LNG 项目，放弃了 Freeport 项目，终止了美国 GTL 项目。Browse LNG、Abadi、Canada LNG 和 Arrow 项目被确立为公司的储备项目，未来不会同时开发这 4 个项目。

至 2012 年，壳牌天然气业务遍布世界近 30 个国家，产量达到 96 亿英尺³/日，占油气总产量的52%，成为名副其实"气油并重"的公司。而天然气业务的强劲表现也给壳牌的管理层注入了一剂强心剂，彼得·沃瑟在当年的年报中骄傲地宣称："让我重点介绍一个已经成为行业领导者并且具有巨大潜力的领域：包括LNG和天然气制油（GTL）在内的一体化天然气项目。我预计壳牌在天然气一体化项目中的实力将成为未来几十年收入和现金流的驱动力之一。"

2. 扩大非常规油气

20世纪50年代初壳牌在得克萨斯州南部开发致密气，这是壳牌在非常规领域最早的探索实践。进入21世纪后，壳牌的非常规业务主要集中在北美非常规页岩油气和加拿大油砂。

壳牌通过一系列收购活动为公司配置了北美非常规资源。2006年壳牌获得美国科罗拉多西北部Piceance盆地3个页岩油气区块；2010年5月底，壳牌再次宣布以47亿美元的价格收购美国天然气开发商East Resources，获得了美国马塞勒斯（Marcellus）页岩区大约125万英亩的页岩气勘探开采权；2012年壳牌又以19.35亿美元的价格获得Chesapeake公司在美国的页岩油资产。一连串的收购活动让壳牌获得了包括加利福尼亚州重油、美国东北部的宾夕法尼亚州为中心的马塞勒斯（Marcellus）页岩、得克萨斯州南部的鹰滩（Eagle Ford）页岩、得克萨斯州西部的特拉华二叠纪盆地（Delaware Permian Basin）、科罗拉多州西北部的Sand Wash盆地和Niobrara页岩、堪萨斯州的密西西比石灰岩在内的美国陆上非常规资源。至2013年，壳牌美国非常规油气的产量几乎与墨西哥湾的油气产量相当，各占壳牌美国的半壁江山。美国也成为壳牌仅次于荷兰的第二大天然气产地和最大的石油产地（表5-8）。

表5-8 2009—2013年壳牌美国原油和天然气产量

年份	原油（千桶/日）	天然气（百万英尺^3/日）
2009	273	1061
2010	237	1153
2011	211	967
2012	222	1067
2013	237	1081

加拿大是壳牌非常规油气业务的另一个重要基地。截至2012年年底，壳牌在加拿大的油砂开发项目主要有4个，分别是位于Athabasca的阿萨巴斯卡油砂项目（Athabasca Oil Sands Project，缩写为AOSP）和Ells River项目，以及位于Cold Lake的Orion和Peace River项目。

1999年，壳牌正式宣布了AOSP项目的最终投资计划。AOSP项目包括位于阿尔伯塔省麦克默里堡附近的Muskeg River露天开采项目（Muskeg River Mine，缩写为MRM）、位于阿尔伯塔省埃德蒙顿附近的Scotford矿区斯科特福德油砂改质厂（Scotford Upgrader）项目以及连接两个项目的305英里的Corridor管道，项目证实储量85亿桶油当量，采用露天开采方式，是壳牌油砂项目的代表。1999年，雪佛龙和加拿大西部油砂公司各自收购壳牌阿萨巴斯卡油砂项目20%的权益，并各自支付壳牌20%的项目已支出费用（1.3亿美元）及建设投资（25.3亿美元）。2002年8月，MRM生产了第一批沥青，同年，AOSP成为世界上第一家获得ISO 14001认证的石油和天然气公司。2003年，斯科特福德油砂改质厂生产了第一批原油。

2012年壳牌宣布要在AOSP油砂项目建设世界上第一个碳捕集与封存项目，2015年11月9日，ASOP项目的二氧化碳捕获项目奎斯特CCS（Quest Carbon Capture and Storage，缩写为CCS）建成投入商业运行，奎斯特CCS将每年从油砂作业中捕获约100万吨二氧化碳——大约相当于25万辆小汽车的碳排放量。奎斯特CCS项目将捕集斯科特福德油砂改质厂每年1/3的二氧化碳排放，被捕集的二氧化碳经一条65千米长的管道运输后，再穿过多个不透水的岩层被注入地下2000多米深的砂岩储层中。奎斯特CCS是全球首个应用于油砂作业的商业化二氧化碳捕获埋存设施。

壳牌在加拿大的另外3个油砂项目都采用了热力采油方式进行开发。Ells River项目储量为11.25亿桶油当量，雪佛龙为作业者，2012年尚未投产，壳牌在该项目中的权益比例为20%。Orion项目和Peace River项目都是壳牌100%股权项目，2012年日产量分别为5000桶油当量和8800桶油当量。

壳牌加拿大油砂储量从2003年开始一直在增长，2013年占到公司全球油气证实储量的16.1%；但同时，受制于加拿大严格的环境保护法规，油砂开发成本一直很高，开发流程也非常严格，到2013年壳牌在加拿大的油砂产量为14.5万桶/日，仅占公司全球油气产量的4.5%（图5-38）。

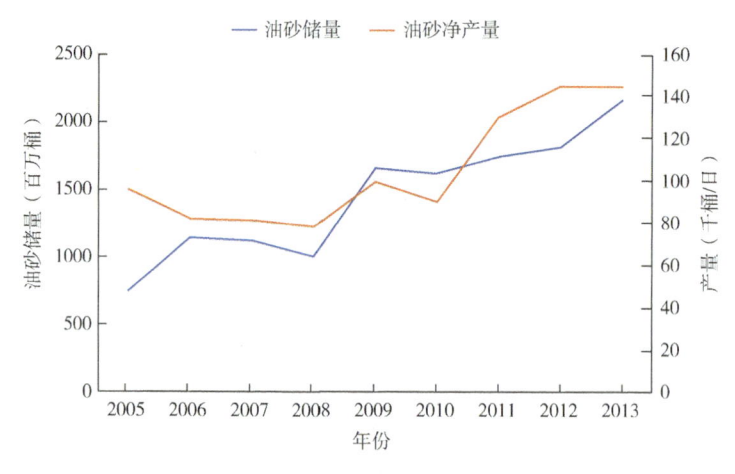

图5-38 壳牌加拿大油砂储量与产量（2005—2013年）
数据来源：壳牌公司年报

3. 探索北极

2008年5月美国地质调查局（United States Geological Survey，缩写为USGS）完成了环北极油气资源评价（CARA）评估，认为北极未被发现的常规油气储量总计超过4100亿桶油当量，包括石油990亿桶、天然气47.3万亿立方米、凝析油70亿立方米。这些储量约占全球未发现天然气储量的30%、石油储量的13%、油气当量储量的25%。石油主要分布在从格陵兰岛东岸经巴伦支海、俄罗斯北冰洋沿岸，过白令海峡延伸到阿拉斯加北坡的一个反向"C"字形带上，俄罗斯是最大的资源拥有者。除此之外，北极地区还蕴藏了大量的可燃冰资源（图5-39）。2009年俄罗斯地质与地球物理学（Russian Geology and Geophysics）也发表了一份评估报告，认为北极各盆地组成了世界上最大的石油超级盆地之一，21世纪后半叶北极石油超级盆地可能提供与波斯湾或西西伯利亚盆地群相当的能源。

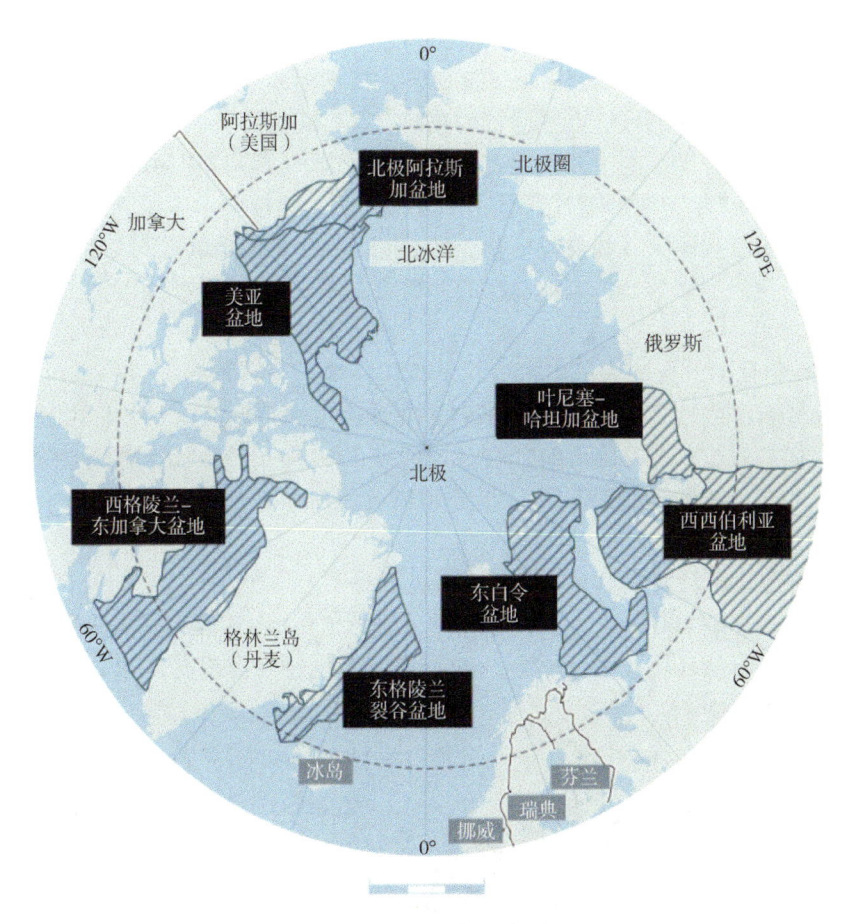

图 5-39 北极圈示意图
图片来源：The Economist

人类对北极地区油气资源的勘探开发已有 100 多年的历史。1900 年人类首次在阿拉斯加钻井并发现了石油，但产量并不足以支持工业生产。1956 年壳牌在阿拉斯加南岸的 Wide 海湾开展了地震勘探。之后，北冰洋沿岸的美国、加拿大、苏联、挪威都在北极地区陆续开展了一系列的勘探活动。最大的发现来自 1968 年的阿科石油（ARCO）和标准石油，这两个公司在阿拉斯加北部斜坡一口探井发现了北美最大的普拉德霍湾油田。随后，壳牌和 bp 在波弗特海发现了自由（Liberty）油田。1988 年苏联时代后期，人们在苏联境内的巴伦支海海域发现了 Shtokman 气田，该气田的天然气资源量约达到 3.8 万亿立方米。而加拿大的北极地区 18 世纪就在陆地上发现了油气。帝国石油公司（Imperial Oil）在 20 世纪 20 年代开始早期的勘探钻井，并在西北地区发现了 Norman Wells 油田；1997 年投产的位于纽芬兰海岸外的海伯尼亚（Hibernia）油田是加拿大最大的近海石油项目。2000 年挪威第一个位于北极的油田——Goliat 油田被发现，由埃尼集团（ENI）运营。2007 年，Snøhvit 油田和 Albatross 油田投产，并在 Melkoya 岛上建成了当时唯一一座建在北极高纬度地区的 LNG 工厂。格陵兰岛海上石油天然气的勘探可以追溯到 20 世纪 70 年代，USGS 在 2008 年开展的北极资源调查显示，该岛周围的 3 个主要盆地共有 520 亿桶油当量的潜在油气资源量。虽然开采潜力巨大，但由于自然环境恶劣，钻井一直没有成功。不过许多参与格陵兰岛开发的国际石油公司都表示了对未来勘探前景的期待。2009年4月北极理事会专门通过了《海上油气开采指南修订版》(以下简称《指南》),提出了北极地区能源开采技术标准。"《指南》推荐了一些可供选择的标准、技术与环境方面的最佳方案、管理政策以及对北极海上油气开采活动的监管等。同时,北极理事会敦促各国在制定北极地方法规中,将这一《指南》作为最低标准。"

时间来到了2012年,油价攀升到前所未有的高度,钻探技术有了新的突破,易开采的常规油气资源基本都被国家石油公司控制。像20世纪70年代勇敢走向海上一样,壳牌迈出了朝向北极的步伐。不幸的是,壳牌这次的北极之旅未能像当年的深水之旅那样,开辟出一片广袤天地。

20世纪90年代初,壳牌为了集中公司资源支持墨西哥湾项目,暂停了对北极的探索,但并未放弃极北资源之地。2005年壳牌拿到了北冰洋美国控制区的钻井许可证,并花费21亿美元拍下北极海底200多万英亩的"地产"。但是2010年bp墨西哥湾漏油事故发生后,美国政府叫停了北极地区的石油勘探,一直到2012年夏天,在法院和监管机构的支持下,壳牌回到了北极。

库鲁克号(Kulluk)钻井驳船是壳牌重返北极的重要工具之一。这是一艘直径266英尺的圆形钻井驳船,可容纳100名工人在极端气候环境下工作(图5-40)。进入北极之前,为使其适应北极严酷的自然环境,壳牌耗资2.92亿美元对已经服役超过20年的库鲁克号进行了改装。

图5-40 搁浅在Sitkalidak岛的库鲁克号钻井驳船
照片来源:美国国家地理杂志,Jim Paulin,AP拍摄

改装完成后的库鲁克号被部署在阿拉斯加北冰洋沿岸地区,同另外一艘钻井驳船诺贝尔发现者号(Noble Discoverer)一起承担着为壳牌在阿拉斯加北部浮冰海域寻找大型新油田的任务。

然而,北极恶劣的天气迫使壳牌缩短了钻井计划,2012年10月库鲁克号在波弗特海(Beaufort Sea)的卡姆登湾(Camden Bay)结束了当季钻井工作。按照计划,公司派出Aiviq号拖船拖曳着库鲁克号从波弗特海航行至阿拉斯加荷兰港(Dutch Harbour),再由荷兰港拖曳到华盛顿西雅图,在那里进行维修和翻新。2012年12月21日,已经抵达荷兰港的库鲁克号和Aiviq号拖船起航前往西雅图,这次航程约2000英里,时速约5英里,预计需要耗时

3~4个星期。遗憾的是，这次的航程并没有走到终点。12月27日，Aiviq号与美国海岸警卫队取得联系，称拖船与库鲁克号相连的拖曳缆绳在大浪中断裂，库鲁克号漂离原定航线。12月31日，失去控制的库鲁克号在大洋湾北端的Sitkalidak岛和Partition Cove之间搁浅。经过几天的救援，2013年1月6日库鲁克号终于从Sitkalidak岛的浅滩上被拖曳出来。经过海岸警卫队的安全评估后，库鲁克号被重新安置在Aiviq号上，由Aiviq号将其拖曳到约45海里以外的Kiliuda湾中较深的水域里。最后，库鲁克号被拖到亚洲，等待维修或者废弃。壳牌不得不宣布推迟2013年的钻探工作，并暂停2014年的阿拉斯加勘探计划。

事后，美国海岸警卫队对这起事故进行了调查，调查报告中称，库鲁克号之所以在阿拉斯加海岸搁浅，原因是"壳牌对于北冰洋冰冷、风暴频发的水域评估和风险管理不足"。壳牌决定在2012年12月最后几天穿越冬季风暴频发的阿拉斯加北部是非常不明智的，而这个不明智的决定部分是"为了避免数百万美元的纳税义务"，因为根据该州法律，如果驳船留在阿拉斯加水域，政府将于2013年1月1日开始收税。

除了极北之地暴烈的天气状况，壳牌在北极的探索还遇到了来自环保法律、绿色和平组织和当地渔民的阻挠，例如计划从2007年开始的波弗特海钻探工作就遭遇了以捕鲸船长爱德华·伊塔(Edward Itta)为首的抵制。2012年诺贝尔发现者号钻井船上的发电机也因不能满足当地氮氧化物和氨的排放要求，壳牌不得不向美国环境保护署重新申请在楚科奇(Chukchi)的钻探许可。

库鲁克号搁浅事故最终迫使壳牌在2015年9月宣布放弃该地区的原油勘探计划。"石油公司总是说他们能征服北极，可惜北极并不这么认为"。北极之旅道阻且长，这次探索给壳牌留下的是账目上的红色数字和未能执行完毕的合同，不知道下一次壳牌会在什么时候以什么方式再踏上这一征程。

第四节　小结与讨论

一、发展与业绩

杰罗因·范德维尔带领壳牌走向了扩大上游、优化下游的发展路线，彼得·沃瑟接任后，延续了这一战略。为了提升公司运行效率，彼得·沃瑟发起了"变革2009"，同时也延续了之前的大项目计划，大刀阔斧向非常规、FLNG，甚至是北极挺进。遗憾的是，公司的效益并未能一路高歌猛进。

1. 业务结构改变

2005—2013年间，在"更大规模的上游业务，更盈利的下游业务"战略的指导下，壳牌的业务结构发生了很大变化。油气产量、炼油能力、油品销售量三者的比例从2005—2007年的1∶1.1∶2调整为2008—2010年1∶1∶2，再到2011—2013年的1∶0.9∶1.9(表5-9)。"天然气驱动战略"取得了很大进展，LNG销量快速上升，在整个业务布局中的占比却越来越重，成为壳牌生产和盈利的重点。

表 5-9　壳牌生产能力变化(2005—2013 年)

年份	油气产量 (千桶/日)	油气储量 (百万桶)	LNG 销量 (百万吨)	油品销量 (千桶/日)	炼油能力 (千桶/日)	化工品销量 (千吨)
2005	3470	11312	10.7	7057	3981	22826
2006	3438	11942	12.1	6484	3862	23137
2007	3281	11920	13.2	6625	3779	22555
2008	3248	10903	13.1	6568	3388	20327
2009	3142	14132	13.4	6156	3067	18311
2010	3314	14249	16.8	6460	3197	20653
2011	3215	14250	18.8	6196	2845	18831
2012	3262	13556	20.2	6235	2819	18669
2013	3199	13932	19.6	6164	2915	17386

2. 盈利预警

2008 年以后，壳牌的营业收入一直位列五大国际石油公司之首，"变革 2009"计划实施之后，壳牌的营业收入在 2011 年达到 5 年内最高峰 4845 亿美元。2013 年壳牌集团总营业收入为 4596 亿美元，比 2011 年减少了 249 亿美元，但相比其他国际石油公司，壳牌的营业收入一直处于领先位置。2006 年到 2012 年期间壳牌的利润波动较大，但基本稳定在五大国际石油公司第二的位置，然而，2013 年利润额为 163.7 亿美元，较 2011 年的 308.3 亿美元减少 144.6 亿美元，年均跌幅高达 27.1%(图 5-41)。与其他国际石油公司相比，2013 年壳牌的净利润更是在 5 家国际石油公司中跌至第 4，仅高于道达尔(图 5-42)。2014 年年初壳牌发布了 2013 年度第四季度盈利预警信号，认为受油气价格及下游产业环境疲软等因素影响，公司第四季度利润将不及预期。这是壳牌 10 年来首次发出盈利预警，发布后立刻引起了石油行业的普遍关注和强烈反响。

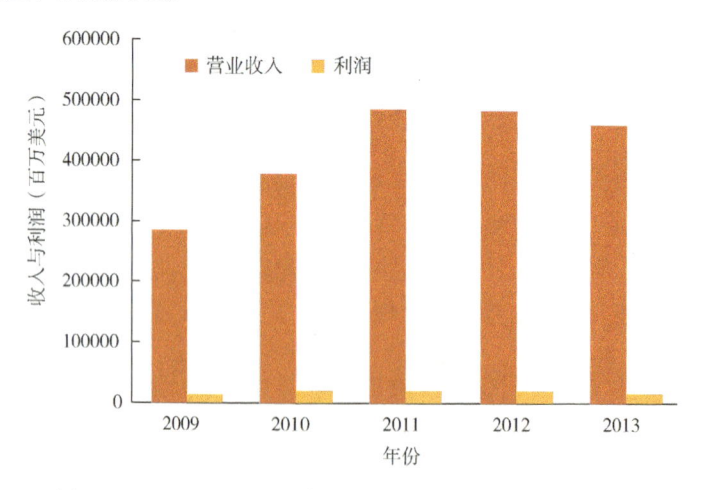

图 5-41　2009—2013 年壳牌营业总收入和利润值变化趋势
数据来源：壳牌公司年报

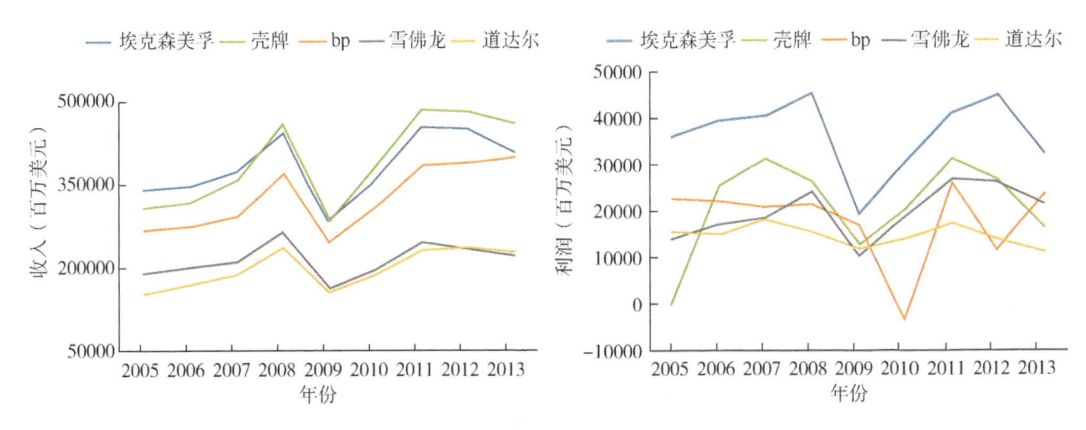

图 5-42　2005 年以来五大国际石油公司营业收入及净利润情况

3. 盈利能力下降

从利润的构成看,2005 年至 2013 年,上游依然是壳牌最重要的利润贡献板块。虽然受到油气产量和油价波动影响,上游利润在公司总利润的占比也有起伏,但在 2009 年之后基本稳定在 77%~84% 之间(图 5-43)。

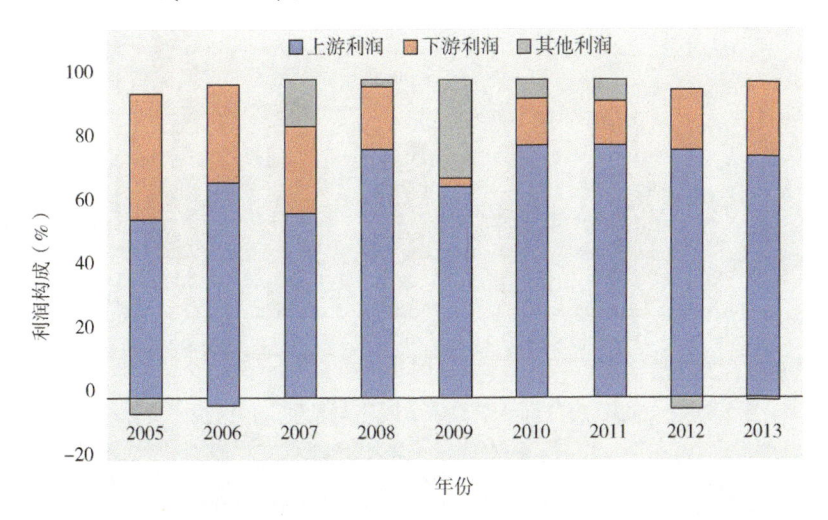

图 5-43　壳牌利润构成(2005—2013 年)
数据来源:壳牌公司年报

与上游巨大的利润规模不一致的是,上游的盈利能力一直在下降。这一阶段,壳牌的上游投资项目遍及全球各地,且投资数额巨大。2013 年上游净投资额增长至 2009 年的近 2 倍。随着净投资额的大幅增长,上游投资和利润之间的"剪刀差"也越来越大(图 5-44)。

在上游业务的拖累下,壳牌整体年度盈利能力大幅下降,且降幅远远超出人们的想象。2013 年壳牌净资本投资(Net Capital Investment)规模达到 443 亿美元,较 2012 年的 298 亿美元增长 145 亿美元,增幅超过 200%。然而,公司的投资资本回报率(ROACE)却从 2005 年的 25.6% 下降到了 2012 年的 13.6%,2013 年更是跌至 7.9%(图 5-45),在五大国际石油公司中居于末位。2009 年至 2013 年壳牌的 5 年平均投资资本回报率仅仅高于当时正在为墨西哥湾漏油事故缴纳天价罚款和巨额赔偿金的 bp(图 5-46)。

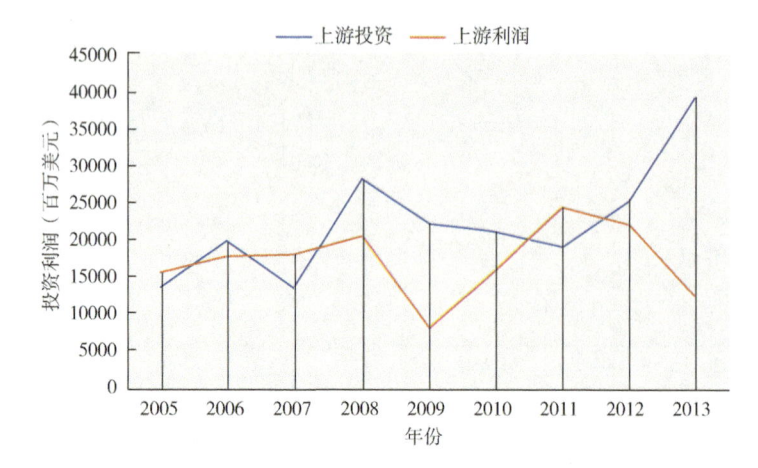

图 5-44　2005—2013 年壳牌上游投资与利润变化趋势
数据来源：壳牌公司年报

图 5-45　2009—2013 年壳牌净资本投资与投资资本回报率变化趋势
数据来源：壳牌公司年报

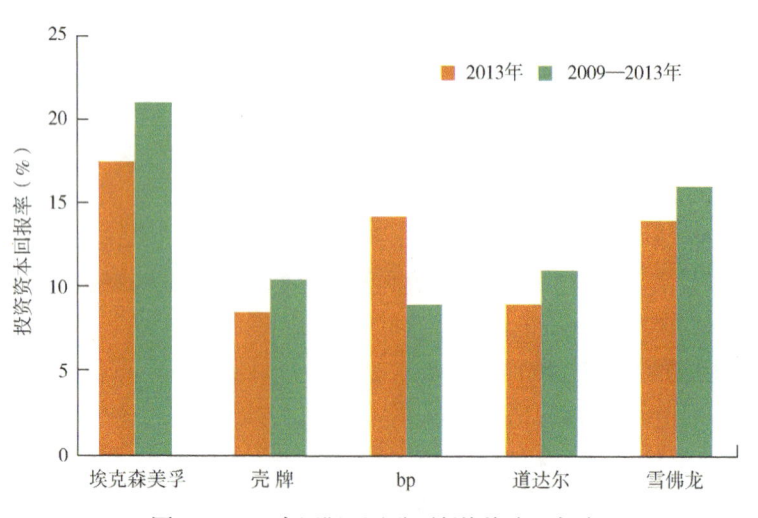

图 5-46　五大国际石油公司投资资本回报率

盈利能力的下降影响了公司的股价。受2008年经济危机的影响，壳牌股价在2009年3月初跌至谷底，后又逐步回复到2008年之前的水平，整体与美国标准普尔500指数同步。但在2012年年底之后，壳牌股价在全球主要股票市场的表现欠佳，低于股票指数涨幅（图5-47）。2013年壳牌公司每股收益为2.66美元，较2012年的4.34美元下降了近40%。

图5-47　2005—2013年壳牌股价变化

二、讨论：壳牌盈利预警原因

壳牌官方认为2013年公司的财务状况不佳，主要由于下游产业低回报、美国低气价和尼日利亚安全境况恶化。"公司在石油制品和北美资源区块投资有800亿美元之多，这些投资的财务回报显然不能令人满意，这两个领域糟糕的表现，严重拖累了公司的盈利表现。究其原因，有宏观经济原因，也有勘探效果不尽人意的原因。"

纵观这一阶段壳牌的发展，可以认为壳牌的盈利能力下降不仅仅是特定宏观环境下、某些特定项目失败所导致的，最根本的还在于公司这一阶段过于激进的追赶战略。

1. 激进的追赶战略

壳牌高层在战略决策上的失误是公司盈利能力急速下降的根本原因，这一点无法回避。"我们改变不了客观环境，但是我们必须深刻检讨，过去的发展战略是否使得公司过度地暴露在了这些高风险的领域？"

壳牌的困境可以追溯到21世纪之初，当时壳牌在世纪大并购中坚持采取了保守战略。在那短短的3年间，"石油七姊妹"消失了两家，国际石油工业架构完成了大重组。紧接着国际原油价格迎来了持续7年高涨，从每桶20多美元一路上涨到了140美元，石油工业迎来了前所未有的"景气"时代。然而在2004年以前，壳牌决策层基于对未来油价不会大幅攀升的判断，对于上游业务重视不够，公司发展的重点一直集中在中下游。这造成了壳牌上游业务发展相对其他国际大石油公司滞后，一定程度上导致了储量危机的发生，给壳牌的发展蒙上阴影。

2004年以后，壳牌为了弥补储量的不平衡，在高油价下提升效益，采取了"公司发展以扩大上游规模为主、上游发展以开发大项目为主"的求快、求大的激进战略。壳牌将目光瞄准世界油气潜力区，积极向深水油气、非常规油气等新领域进军。从投资构成上看，80%以上的投资用于上游业务，天然气业务呈现快速增长趋势。下游投资规模相对稳定，但业务规模在持续小幅度收缩。

2008年金融危机来临，公司决策层认识到规模的迅速增长伴随着成本和投资的失控，让公司的可持续发展面临风险。于是CFO出身的彼得·沃瑟走马上任并提出了旨在控制成本的"变革2009"计划。彼得·沃瑟对公司的新增投资项目进行了一定程度的优化，但同时也做出了更大胆的探索，如北美非常规、北极等。

从理论上讲，在高油价时期重视上游的决策并没有错，但是石油天然气是个投资回收周期很长的行业，壳牌这种在油价上行期间，试图短期、快速弥补与其他国际石油公司在上游业务的激进大项目策略，无疑会增加公司的运营风险。

2. 丧失了战略的柔性

我们在第三章里讨论过壳牌情景规划与柔性战略的建设，但是很显然在2004年前后的很长一段时间里，壳牌失去了之前引以为豪的敏锐判断，在高油价下丧失了战略应时而变的柔性，壳牌的战略变得越来越刚硬。

理论上，企业的战略柔性取决于两个因素：一是构成企业不同系统的资源具有的柔性；二是企业灵活运用这些资源的柔性，即资源柔性与协调柔性。

企业的资源柔性程度越高，资源的可用范围越大，转换资源用途的成本和难度越小，时间越短，因此组织很容易，激活现有资源，组织变化也越容易。这一时期的壳牌，由于追求上游业务规模的快速扩张，把重点放在了大项目上。在"更大规模的上游"战略指导下，2004年到2013年，壳牌在加拿大油砂、美国页岩油气、墨西哥湾深水、澳大利亚LNG、北极勘探、卡沙甘项目等一系列大项目上砸下了大笔的资金。高油价下，大项目在原材料成本、技术服务价格、工期控制上的难度也是不断提升的。大项目本身除了大投入、高风险，还意味着一旦进入，公司无论是调整还是调头都很困难，相当于被"绑架"。总体而言，大项目布局让壳牌丧失了资源的柔性。

此外，壳牌这一时期为了保障上游项目，不断压缩下游产业规模。与之前壳牌一直引以为傲的"能源商人"身份相比，这一时期的壳牌更多地向"勘探开发公司"转移。一体化石油公司与勘探开发公司相比，就在于上下游结合的业务结构在抵御油价风险方面的能力更强，也就是更具有柔性。而壳牌的变化恰恰削弱了公司在这方面的优势，公司灵活利用各种资源的能力也随之下降。

战略柔性的缺乏都导致了壳牌的企业能力从业务柔性向业务刚性转变，所以在油价出现波动后，公司盈利能力也深受影响。

3. 折戟北美非常规

按照壳牌的官方说法，触发2013年盈利预警的直接原因就是北美的非常规油气。

截至2013年年底，壳牌在北美上游业务累计动用资本680亿美元，其中投资页岩油气资源的资本为240亿美元，占总投资的40%。在北美75万桶/日当量产量中，天然气占了约40%。但由于气价太低，天然气收入只有总营业收入的11%，拖累了公司的整体业绩。至2013年年底，公司对北美页岩油气投资坏账处理已有37亿美元。

伍德麦肯兹曾对包括壳牌在内的在国际石油行业有重要影响的17家石油公司在美国的页岩油气经营做过调研，发现北美页岩油气在壳牌的油气储量发现方面虽然做出了很大贡献，但其经济效益却是亏损的，位居17家公司后列。也就是说，壳牌在北美页岩油气投资方面的策略整体是失败的，这些储量是用超出一般油气勘探成本的代价取得的。

有过类似遭遇和命运还有壳牌的老对手埃克森美孚。2006年开始，非常规油气在美国发展呈加快态势，埃克森美孚为此调整了发展战略，将投资重点由中东适度回调至本土，斥资410亿美元以全股票方式购买了美国页岩气巨头XTO公司。但是经过几年的实践，埃克森美孚在2020年宣布将进行计入170亿~200亿美元的非现金支出，减记的大部分资产包括在XTO交易中收购北美页岩气田，埃克森的"巨额天然气资产减记"被认为是管理层"迄今最明确地承认XTO交易是一个重大失败——这其实是毫无疑问的。"

而事实上，从2006年到2010年前后，技术上水平井和水力压裂技术的突破让从页岩中开发油气成为现实，高油价下，资本涌入油气行业，独立石油公司可以通过发行企业债、以油气储备为担保获取银行贷款等方式获取资金。技术和资本的结合带来的"页岩革命"让美国一批中、小型独立石油公司获得了高额利润，这也是埃克森美孚和壳牌都入局北美页岩油气的原因。但为何这两个国际巨头会在此遭遇滑铁卢呢？究其原因，在于经营方式。独立石油公司在页岩油气开发中采取的是"短、平、快"的模式，快速融资、快速钻井、快速达产、快速回收资金。"依靠资源量举债、扩大生产、期货市场卖出远期产量、上市融资或者举债、再买地圈资源、再扩大生产、再卖出远期产量"，是北美中小页岩公司的典型玩法。而大石油公司猛地扎入页岩油气领域，受北美的土地管理模式、页岩油气的资源特点等因素影响，在别的区域形成的"规模越大，成本越低"的经验短期内无法发挥作用，与灵活的独立石油公司相比，大石油公司管理流程更复杂、人员成本更高，这些都决定了大石油公司无法在初期获得"页岩红利"。据统计，2013年前后，国际巨头们在北美页岩油气的成本大概是70~80美元/桶，大的独立石油公司成本60~70美元/桶，而新兴的中小油公司成本可以控制在50~60美元/桶甚至更低。显而易见，壳牌和埃克森美孚在这一阶段无论从技术还是管理模式上，都未能形成符合页岩油气开发规律的成熟做法，这才导致了大幅失利。

而在加拿大油砂领域，这一时期虽然壳牌的油砂产量逐年增长，油砂行业销售收入大体也呈逐年上升趋势，但加拿大油砂行业的财务绩效（以净资产收益率为指标）和股市绩效（以市净率为指标）却双双呈现逐年下滑趋势。油砂行业各项支出一直呈逐年攀升状态，各类型作业方式下的油砂开采成本均呈攀升趋势。有统计显示，油砂原位开采与露天开采两种方式全周期保本成本均高于70美元/桶，在开发成本方面，与其他油种相较处于劣势。壳牌的阿萨巴斯卡油砂项目包括Muskeg River露天开采项目、斯科特福德油砂改质厂、奎斯特CCS项目以及连接两个项目的305英里的Corridor管道。壳牌在1996年进入阿萨巴斯卡油砂项目时，最初计划资本支出为25.3亿美元，而在项目建设完成90%阶段，资本支出已经达到36亿美元，远远高于预计投资金额。失控的投资和过高的成本不断挤压公司的效益空间，最终在油价稍出现波动后公司就显得捉襟见肘。

三、启示：石油公司如何平滑价格周期波动

国际油价自1990年到2013年，经历了从低到高，再到超高的周期。低油价下油气行业

惨淡经营，不少公司被并购或破产，消失在了历史大潮中，高油价下一批新的公司诞生、大公司更是生机盎然。能源行业是长周期、高风险、高投入行业，这个问题很大，我们在这里借着壳牌在高油价周期中的表现谈一些认识。

1. 辨析油价形成动因

我们在前面讨论过，供需是影响油价的基本面，地缘政治和金融因素会放大油价波动，当三者形成共振，油价则会出现"过山车"现象。在21世纪初期直到2013年的这一轮油价变化，三者的影响都非常显著。

首先，世界经济在21世纪初进入了高速发展的阶段，据统计，2004年世界经济增长率达5%，各国对原油的需求日益增高，石油工业领域开始迎来了"需求全球化"的时代，新兴经济体的需求上升影响到了全球的供求关系。从2004年起，全球油价大规模走高，但欧佩克对亚洲金融危机仍心存阴影，迟迟没有扩大产能，国际石油进入了供不应求的阶段，油价节节攀升。石油价格自2000年的20美元/桶，一路飙升至100美元/桶，甚至在2008年曾短时间内攀升至145美元/桶的顶峰。

2008年次贷危机后，石油价格开始了新一轮的攀升。这一轮的上涨仍旧是受供需调节为主，但同时也叠加了地缘政治影响。在供应方面，多个石油出口国出现地缘政治事件，2010年的"阿拉伯之春"运动，2011—2013年叙利亚内乱；2011年，利比亚发生内战；2012—2015年，伊朗由于核协议问题受到经济制裁，石油贸易受限。在产油国政治动荡、欧佩克减产协议的共同影响下，国际石油供给不断紧缩。而需求方面，世界经济逐渐摆脱了次贷危机的阴影，走向了复苏，对石油的需求的也逐渐提高。新兴发展中国家，尤其是中国和印度，对石油的需求大幅度增加，非OECD国家对石油的需求一跃超过OECD国家。在此供给紧缩、需求旺盛、地缘政治事件频发的形势下，国际油价震荡走高。

但是，在这两轮的高油价阶段，石油金融衍生品的发展将供需关系的影响成倍放大，石油不再只是一个用来给汽车和飞机加油的实务商品，而是变成了一种金融资产。越来越多的资金借助各种各样的基金和金融工具流向石油市场，鉴于它们的杠杆作用和复杂性，这些金融衍生工具的累计风险和系统性影响在不断增大，并进一步推高了原油的价格。

石油价格飙升引发了一场激烈的争论——油价的攀升究竟是供需关系的结果，还是人们的预期和金融市场在作怪？答案是两个都有，供需关系的力量非常巨大，但随着时间的推移，这股力量被金融市场放大，所以高油价是基本面拉动向泡沫转变的过程。丹尼尔·耶金评价这一轮油价走高，说到"石油市场发生的一切有多少可以归因于供需基本面，有多少可以归因于现货市场的活动，又有多少是金融化和金融市场活动的结果？事实上，并不存在明确的界限。价格是在现货市场和金融市场共同作用下形成的。"

这个过程中，在前一段把盈利中心转变到上游，大幅提升上游战略地位是没有问题的。但当油价上涨从实转虚，以泡沫为主的时候，如果没有严格的"投资纪律"，最终就造成很多高成本、低回报项目上马，拉低公司盈利能力。

油价的变化受各种因素错综复杂影响，想要做出准确判断非常困难，但是石油公司或者产油国作为市场主体，对需求变化的感知是最灵敏的。丹尼尔·耶金在《能源重塑世界》一书中给出了一个例子：2008年5月中旬，时任美国总统乔治·布什在访问沙特阿拉伯时，要求沙特阿拉伯提高产量以缓解高油价带来的压力,当时沙特阿拉伯的日产量已经提高了30万桶,但是却找不到客户。"如果你想要更多的石油流通,你必须找到买家",沙特阿拉伯石油部长纳依米说——可见,烈火烹油的石油价格背后,隐藏着的是已经超过极限的市场。所以,尽管没有人能对油价的波动做出准确判断,但石油公司应该具备辨析油价影响因素和基本走势的能力。

2. 严守投资纪律

巴菲特的黄金搭档、伯克希尔·哈撒韦公司副董事长查理·芒格(Charlie Munge)在谈到成功投资的经验时,非常看重投资纪律。"在进行投资时,我向来认为,当你看到某样你真正喜欢的东西时,你必须依照纪律去行动。"在他看来,成功源于严谨投资、尊重投资纪律。

在经过20世纪初期头10年的过热发展后,无论是百年老店还是业界新贵,几乎所有石油公司都在一定程度上放松了上游项目的投资标准。不断提升的油价掩盖了技术、运营和成本方面的问题,原先不被看好的项目被各大公司纳入自己的投资组合。讽刺的是,当油价高潮褪去,为了支付墨西哥湾漏油事故巨额赔偿和天价罚款,而不得不在其他几大巨头收购资产、扩张项目的时候被迫严格遵守"投资纪律"的 bp,成了五大国际石油公司中成本控制最好、适应低油价最快的。

此后,"投资纪律"一词也被越来越多的应用于石油公司战略分析中,越来越多的公司和从业人士认识到,油气行业不仅是投资密集型行业,而且项目的周期很长,投资效果难以短时间显现,加上市场条件、地下资源等因素的干扰,如果不能严守投资纪律,会将动辄数千万美元甚至几十亿美元的项目暴露于无法控制的风险中,风险累积到一定程度,就会严重影响的公司生存和发展。

壳牌的盈利预警也警示我们国内的油气公司,高油价下更应该严守投资纪律。芒格在阐述如何坚守投资纪律时,提到了四点。第一,正确评估风险,给假定的风险提供适当的补偿。第二,采取逆向思维模式,严格自律。第三,严格分析,使用科学的方法和有效的清单能将错误和遗漏降至最低。第四,合理配置是投资者的首要任务。是否有更好的使用方法(机会成本),是衡量是否已经最大程度和最优使用资本的标准。油气企业的投资与之有异曲同工之妙,在公司发展战略框架下,谨慎评估风险、逆向思考、严格分析、合理分配企业资源,科学优化投资配制。"有所为,有所不为",不盲目,不激进,才能提高投资质量,增强公司的盈利能力和可持续发展能力。

3. 用好金融工具

金融因素放大了油气价格波动,加剧了石油企业的从业风险,但作为一面双刃剑,利用好金融工具也会帮助石油企业抵御因价格波动造成的损失。以墨西哥为例,墨西哥在21世纪初期开始利用套期保值工具对冲油价风险。2009年次贷危机引起的油价下跌让墨西哥赚了51亿美元,之后在2015年到2016年的油价下跌中,墨西哥赚了近100亿美元。

我国的石油公司也已经开始探索利用衍生金融工具对冲油价风险,但是由于缺乏经验,出现了一系列因不当使用衍生金融工具而导致巨亏的经典案例。这些案例让中国的石油企业在衍生金融工具面前望而却步。有人认为金融工具带有"赌博"性质,但实际上合理运用期权、期货、远期这些看上去有些"赌性"的衍生金融工具并不是赌博,反而是在管理风险,若彻底将他们弃之不用，完全在现货市场碰运气才是真正的赌博。在动荡的国际金融环境下，在我国与世界经济不断融合的过程中，石油企业无法逃避商品价格变动，学习并合理运用衍生金融工具规避风险是我们的一堂必修课。

参考文献

陈卫东.2014.壳牌公司盈利预警的启示[J].能源，28(4)：48-49.

范志刚，吴晓波.2014.动态环境下企业战略柔性与创新绩效关系研究[J].科研管理，35(1)：1-8.

高建，董秀成.2008.国外跨国石油公司技术创新体系现状与特点分析[J].科技进步与对策，31(3)：112-116.

国务院国有资产监督管理委员会.中国石油和壳牌启动长北天然气田开发项目[EB/OL](2005-05-17)[2021-04-21].http://www.sasac.gov.cn/n2588025/n2588124/c4103090/content.html.

壳牌中国.2011.壳牌在中国——技术与创新[R].北京：9.

李卫宁，占靖宇，吕源.2019.变革型领导行为、战略柔性与企业绩效[J].科研管理，40(3)：94-103.

刘庆琳.2005.从壳牌重组看公司治理[J].中国石油企业，31(11)：113-115.

罗佐县.2014.壳牌"盈利预警"的成因与对策及其启示[J].中外能源，19(6)：12-16.

汪家铭，莫洪彪.2011.壳牌煤气化技术在国内的应用与技术创新[J].化肥设计，49(4)：1-6.

张正刚.2018.国际石油公司发展太阳能光伏业务的探索实践与启示[J].国际石油经济，26(8)：61-69.

Damian Miller. 2013. Why the oil companies lost solar[J]. Energy policy, (60): 52-60.

Hydrocarbons Technology. Na Kika Project [EB/OL] (2021-04-21). https://www.hydrocarbons-technology.com/projects/nakika/.

Jon Birger. Why Shell is betting billions to drill for oil in Alaska [EB/OL]. (2012-05-25) [2021-04-21]. https://fortune.com/2012/05/24/why-shell-is-betting-billions-to-drill-for-oil-in-alaska/.

Jon Birger. 壳牌阿拉斯加采油船搁浅带来的启示[EB/OL].(2013-01-07)[2021-04-21]. http://www.fortunechina.com/business/c/2013-01/07/content_137475.htm.

OCEANA. 2013. Kulluk AccidentFact Sheet: Timeline of the Kulluk Grounding[R]. 3.

Offshore Technology. Na Kika Oil and Gas Fields, Gulf of Mexico[EB/OL]. (2021-04-21). https://www.offshore-technology.com/projects/na_kika/.

Royal Dutch Shell plc. 2007. Delivery and growth: Annual Report and Form 20-F for the year ended December 31, 2006 [Z]. London: 240.

Royal Dutch Shell plc. 2008. Delivery and growth: Annual Report and Form 20-F for the year ended December 31, 2007 [Z]. London: 222.

Royal Dutch Shell plc. 2008. Delivery and growth: Financial and Operational Information 2003-2007. [Z]. London: 68.

Royal Dutch Shell plc. 2009. Delivery and growth: Annual Report and Form 20-F for the year ended December 31, 2008 [Z]. London: 208.

Royal Dutch Shell plc. 2009. Delivery and growthFive-Year Fact Book: Royal Dutch Shell Plc Financial And Operational Information 2004-2008. [Z]. London: 92.

Royal Dutch Shell plc. 2010. Annual Report: Royal Dutch Shell plc Annual Report and Form 20-F for the year ended December 31, 2009 [Z]. London: 192.

Royal Dutch Shell plc. 2010. Five-Year Fact Book: Royal Dutch Shell plc Financial and Operational Information 2005-2009. [Z]. London: 88.

Royal Dutch Shell plc. 2011. Annual Report: Royal Dutch Shell plc Annual Report and Form 20-F for the year ended December 31, 2010 [Z]. London: 192.

Royal Dutch Shell plc. 2011. Investors' Handbook: Royal Dutch Shell plc Financial and Operational Information 2006-2010. [Z]. London: 88.

Royal Dutch Shell plc. 2012. Building An Energy Future Investors' Handbook: Royal Dutch Shell plc Financial and Operational Information 2007-2011. [Z]. London: 92.

Royal Dutch Shell plc. 2012. Building An Energy Future: Royal Dutch Shell plc Annual Report and Form 20-F for the year ended December 31, 2011 [Z]. London: 192.

Royal Dutch Shell plc. 2013. Building An Energy Future: Royal Dutch Shell plc Annual Report and Form 20-F for the year ended December 31, 2012 [Z]. London: 192.

Royal Dutch Shell plc. 2014. Annual Report: Royal Dutch Shell plc Annual Report and Form 20-F for the year ended December 31, 2013 [Z]. London: 200.

Royal Dutch Shell plc. 2014. Investors' Handbook: Royal Dutch Shell plc Financial and Operational Information 2009-2013. [Z]. London: 88.

Shell. 2011. Shell in Nigeria Bonga Deep Water Project[R]. 2 pages.

Shell. Energy Transition Report[R]. 79.

Shell. Mars B [EB/OL] (2021-04-21). https://www.shell.com/about-us/major-projects/mars-b.html.

Shell. ORMEN LANGE [EB/OL] (2021-04-21). https://www.shell.com/about-us/major-projects/ormen-lange.html.

Shell. Parque das Conchas [EB/OL] (2021-04-21). https://www.shell.com/about-us/major-projects/parque-das-conchas.html.

Shell. Perdido [EB/OL] (2021-04-21). https://www.shell.com/about-us/major-projects/perdido.html.

Taylor, Bernard. 2006. Shell Shock: why do good companies do bad things? Corporate Governance: An International Review, 14(3): 181-193.

The Economist. Another Enron?[EB/OL].(2004-03-11)[2021-04-13].https://www.economist.com/business/2004/03/11/another-enron.

The Economist. Humiliation.[EB/OL].(2004-04-24)[2021-04-13].https://www.economist.com/leaders/2004/04/22/humiliation.

The Economist. Shell shock[EB/OL].(2004-01-17)[2021-04-13].https://www.economist.com/business/2004/01/15/shell-shock.

The Royal House of Norway. The King opened Ormen Lange.[EB/OL](2007-12-10)(2021-04-21).https://www.royalcourt.no/nyhet.html?tid=34480&sek=26939.

Lessons from 壳牌发展启示录
Shell's
Rise to Prominence

第六章

航向未来

2014年，国际油价泡沫破灭，油气行业在经历了15年的高油价后步入新一轮寒冬。与油价寒冬一起到来的是更加汹涌的能源转型浪潮。"'铁器时代'代替'石器时代'，不是因为没有石头了，是因为铁器已经产生了。新能源的产生也不是因为没有传统能源了，而是新能源技术突破了"。各大石油公司开始在低油价下部署自己的能源转型业务。2019年，油价回暖，bp率先宣布"净零"计划，几大国际石油公司迅速跟进，在加大油气产量、回归增长模式的同时，纷纷宣布自己的能源转型愿景。然而，仅仅一年后，2020年初新冠肺炎疫情来袭给刚刚恢复的油气产业踩下刹车，全球经济和消费骤停，油气需求急速降低——没有人能清楚预料到这次波及全人类的灾难最终给石油公司带来了什么。

壳牌这艘航行了百年的大船，在历史的波涛中将再一次锚定航向，扬帆起航。

第一节　转　　变

一、转变之年

1. 油价寒冬来临

2014年6月到2015年1月，油价腰斩，纽约油价（WTI）、布伦特（Brent）油价暴跌58.6%，国际油价出现断崖式下跌，为期3年之久的"油价寒冬"大幕就此拉开。2015年1月到2016年1月，油价如过山车一般三涨三跌，低位震荡，最终到达历史低位26.55美元/桶（WTI），年均价为48.71美元/桶，比2014年降低了47.8%，油价泡沫被彻底戳破，持续3年多的高油价盛世灰飞烟灭（图6-1）。2016年1月至2016年底，油价触底后反弹，进入了新的震荡期，全年平均油价43.6美元/桶。

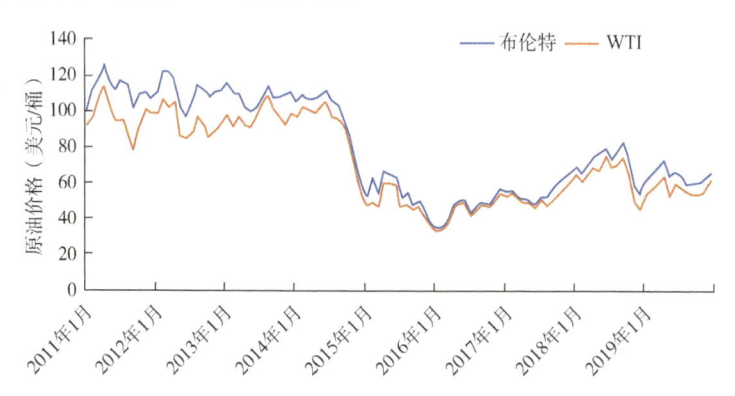

图6-1　2011年1月至2019年12月世界原油价格变化趋势图

是什么导致油价崩塌？需求方面，2014年到2016年，世界经济仍处在国际金融危机后的深度调整过程中，全球经济开始复苏，但复苏步伐相对缓慢，美国经济好转势头虽较为明显但独木难支，欧盟国家复苏缓慢，受世界经济形势低迷的影响，国际化和中国工业化带来的繁荣日渐减弱。世界能源消费放缓，能源需求低迷，2015年世界一次能源消费仅增长1.0%，与2014年增速相似，远低于近10年平均值。

与疲软需求相反的是，这一阶段的供给一直保持旺盛。一方面，2014年美国页岩油气进入快速发展阶段，页岩油产量快速增长，在极大增加全球石油供应量的同时，也提高了美国能源自给水平，最终促成了美国"能源独立"（图6-2）。另一方面，欧佩克坚持不减产的立场，产油大国俄罗斯和沙特阿拉伯均增加了产量，造成国际市场上原油供应过剩。

图6-2 2009—2019年美国原油和天然气产量变化
数据来源：bp能源统计年鉴2020

供需基本面的失衡刺破了泡沫，地缘政治因素的短期震荡也没能挽回油价一路溃败的狂跌之势，追涨杀跌的金融资本更加剧了这种趋势。

"市场决定价格、价格决定成本、成本决定利润、利润决定生存和发展"。价格作为促进资源配置的一只无形的手，上涨可以带动资本投入，下跌则是一种淘汰机制，促进整个行业重置。和行业中艰难度日的所有公司一样，壳牌也必须在行业寒冬中寻找"活下去"的合适方式。

2. 黑马范伯登（Ben van Beurden）

2014年5月，在发布了10年来首次盈利预警后不到半年，壳牌宣布彼得·沃瑟离任。这一消息震惊了整个石油天然气行业，就连彼得·沃瑟自己也对这个决定感到非常突然。

替代彼得·沃瑟出任壳牌CEO的是范伯登（Ben van Beurden）（图6-3）。出生于1958年的范伯登是荷兰人，1983年从荷兰戴尔夫特大学毕业，获得化学工程硕士学位，随后加入壳牌。

图6-3 范伯登

范伯登在壳牌的上游、下游都拥有丰富的职业经历，在运营和商务领域担任过多种职务。2005年1月，他调任美国休斯敦，担任炼油和化工生产运营副总裁。2006年12月，范伯登任壳牌全球化工业务执行副总裁，任职期间基本每笔业务都能创造较高利润，成功地将壳牌石化业务转亏为盈。此外，范伯登一直管理着壳牌的LNG业务长达10年，在2004年公司陷入油气储量危机期间，他成功地将壳牌推上了全球LNG市场的领军位置，至2012年壳牌251亿美元的利润中约94亿美元来自LNG业务。2013年1月到9月期间，范伯登担任壳牌下游业务董事，同时负责壳牌在欧洲和土耳其的业务。2013年1月，范伯登成为壳牌全球执行委员会的成员。

范伯登就任壳牌CEO的消息让很多人为之惊讶，因为他并不是当时最热门的CEO候选人。之前分析人士和股东大多认为壳牌新CEO会在首席财务官西蒙·亨利（Simon Henry）、壳牌美洲上游部门负责人马文·欧德姆（Marvin Odum）、美洲以外其他上游部门负责人安德鲁·布朗（Andy Brown）三人中选出。与这三位相比，范伯登更为低调内敛，因此当范伯登凭借曾在壳牌上游和下游多个部门工作过的经历雀屏中选时，媒体惊呼他为"壳牌黑马"，直言"He Was a Surprise Choice for CEO."

对于中国石油界来说，范伯登为人所知是始于中海壳牌南海石化项目，这个位于惠州的大型石化项目让壳牌在中国的炼化业务发展得风生水起。

二、应势而变：能力保卫战

与彼得·沃瑟首先调整组织机构和人员不同，范伯登上任之后把调整的重点放在了公司战略上。"主要是通过战略调整增加自由现金流和收入，构建世界级的投资组合。同时，降低碳强度，公司业务向天然气等清洁能源转移。确保行业的领导地位及影响力，成为最有价值的竞争对手，并为社会创造价值"。

从这段文字看出，范伯登带领下的壳牌在保住石油和天然气行业领导者地位的同时，加大向低碳清洁能源转型的力度。壳牌保留了"现金引擎""增长优先"和"未来机会"三个战略主题板块，但三个战略主题中的内容有所调整，如：2015年壳牌的"现金引擎"由常规油气、天然气一体化、油砂和油产品四项业务组成，但是到了2016年，壳牌将油砂从现金引擎中去除了（图6-4），2017年3月，壳牌宣布出售加拿大油砂的大部分权益，此后油砂业务不再进入壳牌的战略主题。

战略方向的调整代表着企业能力的相应变化。对于油气企业的能力，范伯登是这么理解的："作为企业，要确保在价格周期内的每一个时点都具备竞争力。根本而言，就是降低资产盈亏平衡价格，无论油价是每桶40美元、50美元、100美元还是150美元，都能保持盈利的能力"。

范伯登提出壳牌要捍卫自己的企业"能力"。"必须准备好投资，准备好能力，保证在任何价格和成本的水平上都有竞争力。"为了打赢这场"能力"保卫战，范伯登带着壳牌顺势而变，打了一套组合拳。

1. 变化1："无目标"的谨慎投资策略

范伯登取消了原定的2012—2015年现金流和资本支出计划，宣布今后公司将保持"无目标"状态，更多地关注自身价值体现，采取谨慎投资策略。在这一投资策略下，壳牌自2014

年开始延期或取消了一批大项目,特别是高成本的重油、页岩油气、深水勘探开发等项目,以及个别化工项目(表6-1)。

2015年

现金引擎:现在	增长优先:2016+	未来机会:2020+
现金分红+资产负债表 有竞争力+有弹性 强劲、稳定的回报和自由现金流	2020+成为现金引擎 在优势领域获得经济增长 ROACE+自由现金流路径	资产价值+上行 盈利之路 风险管理
常规油气,天然气一体化, 油砂,石油产品	深水,化工	页岩油气,新能源

2016年

现金引擎:现在	增长优先:2016+	未来机会:2020+
现金分红+资产负债表 有竞争力+有弹性 强劲、稳定的回报和自由现金流	2020+成为现金引擎 在优势领域获得经济增长 ROACE+自由现金流路径	资产价值+上行 盈利之路 风险管理
常规油气,天然气一体化, 石油产品	深水,化工	页岩油气,新能源

图 6-4 壳牌战略调整布局示意图

表 6-1 壳牌撤资或延期项目的情况

业务板块	领域	项目名称	变动情况
上游	深水	Appomattox	2015年做出最终投资决定
		Vito	延期,2018年做出最终投资决定
		Bonga South West	延期到2017年之后做投资决定
	天然气	Arrow Greenfield LNG	撤资
		Elba LNG	出售
		Browse LNG	延期,2016年做出最终投资决定
		USGTL	取消
		Wheatstone LNG	出售
		Abadire design	延期到2017年之后
		MLNG Dua	出售
		LNG Canada	延期,2018年做出最终投资决定
	常规油气	Bab	撤资
		Bokor	延期,2016年做出最终投资决定
		Vald'Agri Ph2	延期,2017年做出最终投资决定

— 233 —

续表

业务板块	领域	项目名称	变动情况
下游	化工	AlKaraana	取消
		Geismaralphaolefins	2015 年做出最后投资决定
		Pennsylvania Chemicals	延期，2016 年做出最后投资决定
		Nahai 2nd Crocker	延期，2016 年做出最终投资决定
	石油产品	Scotfordde-bottleneck	2015 年做出最后投资决定
		Pernisde-asphalting	2015 年做出最后投资决定

数据来源：壳牌 2016 年 2 月业绩发布材料

上游方面，壳牌取消了 5 个天然气项目和 1 个常规油气田项目，退出开发乌克兰海上气田谈判，放弃了挪威奥门兰格气田的海底天然气压缩项目以及美国路易斯安那州的 GTL 项目；不再投资澳大利亚昆士兰州 Arrow 天然气项目和阿布扎比 Bab 天然气田开发项目。下游方面，由于化工市场环境不景气，项目需要的投资又很高，壳牌和卡塔尔石油公司于 2015 年初宣布取消卡塔尔的 Al-Karaana 项目。

伴随着上述项目的优化调整，壳牌的资本支出大幅减少。2014 年壳牌资本支出 373.39 亿美元，2015 年降为 288.61 亿美元，同比下降 22.7%，2017 年下降至最低点 236.55 亿美元(图 6-5)。

图 6-5 2014—2019 年壳牌资本支出变化
数据来源：壳牌公司年报

2. 变化 2：提高资产效率

壳牌的能力保卫战第二项重要举措是提高资本效率。为提高公司现有资产的综合效率，壳牌提出了两项措施，一是剥离低效、非核心资产，二是降低公司运营成本。

剥离低效资产及非核心资产，不但能提升公司总体资产运营效率，也能实现现金流回笼，在油价急剧变化的环境下，有利于公司的持续发展。壳牌在 2014 年初宣布将在两年内剥离 150 亿美元的资产以回笼资金。实际上，2014 年到 2016 年 3 年期间，壳牌合计剥离了 255.43 亿美元资产。之后在 2017 年和 2018 年又分别剥离了 173.4 亿美元和 71.02 亿美元的资产，这样在 2014—2018 年 5 年间，壳牌合计剥离了近 500 亿美元的资产(表 6-2)。

表 6-2　2014—2018 年壳牌资产剥离情况

业务领域	剥离资产（亿美元）					合计（亿美元）	占比
	2014 年	2015 年	2016 年	2017 年	2018 年		
天然气一体化	48.19	2.69	3.52	30.77	31.24	116.41	23%
上游	57.7	24.78	17.26	115.42	21.98	237.14	47%
下游	44.1	22.82	28.89	27.03	17.18	140.02	28%
其他	0.2	5.11	0.17	0.18	0.62	6.28	1%
合计	150.19	55.4	49.84	173.4	71.02	499.85	100%

数据来源：壳牌公司年报。

上游板块在 2014—2018 年 5 年间共计剥离 237.14 亿美元的资产，占总剥离资产的 47%。剥离重点是非常规油气、深水资产和地缘政治风险较大的项目。

非常规油气方面。2014 年壳牌将北美页岩油气资源项目的占用资本从 250 亿美元缩减至 200 亿美元，美洲上游业务支出削减 20%，并裁减了该地区陆上油气勘探业务 30% 的员工；出售了在美国鹰滩（Eagle Ford）探区 100% 经营权益；并用位于怀俄明州的 Pinedale 资产交换 Ultra 石油公司在 Marcellus 和 Utica 页岩区 15.5 万净英亩土地的勘探权限和 9.25 亿美元现金；以 12 亿美元现金价格出售路易斯安那州的 Haynesville 资产。"从 2014 年开始，页岩油气将在我们的战略中扮演不同的角色。我们现在将它们视为长期而不是近期的机遇，在努力改善财务业绩的同时，我们正在减少北美投资组合中这些机会的数量。"2016 年壳牌剥离了加拿大深盆（Deep Basin）地区的 14.5 万英亩净土地和甘迪（Gundy）地区的 6.1 万英亩净土地的页岩气勘探权益。2017 年，壳牌出售了 Athabasca 油砂项目（Athabasca Oil Sands Project，AOSP）中 60% 的权益，以及美国西得克萨斯州特拉华二叠纪盆地 East Haley 地区约 5300 英亩的矿产勘探面积及相关生产资产。2018 年，再次出售了美国二叠纪盆地约 10500 英亩非核心净矿产土地，主要是未开发资产。

深水资产的调整集中在澳大利亚、巴西和尼日利亚。壳牌以 30 亿美元的价格出售了澳大利亚伍德赛德（Woodside）项目 9% 的权益，公司的权益从 23% 降至 14%，同时以 15 亿澳元的价格出售了在惠斯通合资企业（Wheatstone-lago joint venture）中 8% 的权益以及正在开发中的惠斯通 LNG（Wheatstone LNG）项目 6.4% 的权益。在巴西，壳牌以 12 亿美元的价格将担任作业者的 BC-10 项目 23% 的股份出售给了卡塔尔石油国际公司（Qatar Petroleum International），以 2 亿美元的价格出售了 Espirito Santos 盆地 BM-ES-23 特许经营权 20% 的非作业者权益。在尼日利亚，以 6 亿美元的价格出售了 OML 24 和相关陆上设施 30% 的权益，2015 年继续出售了 OMLs 71 和 OMLs 72 的资产。2016 年壳牌出售了墨西哥湾的 Brutus 张力腿平台、Glider 海底生产系统以及相关管道的 100% 权益、Kaikias 项目 20% 的权益。2018 年，深水资产的调整延伸到亚洲，壳牌将泰国 Bongkot 海上油田 22.2% 的权益出售给了 PTT 勘探与生产公共有限公司（PTT Exploration&Production Public Company Limited）。

2014—2018 年，壳牌下游业务板块共计剥离了 140.02 亿美元的资产，占总剥离资产的 28%。这次剥离的重点不仅局限于欧洲等成熟市场，在亚洲市场同样采取了选择性资产剥离。壳牌在 2014 年将位于捷克、挪威、土耳其、澳大利亚的共计 8 家炼厂资产全部剥离。2015 年出售了 185 家英国加油站、法国 Butagaz 的液化石油气（LPG）业务，还将挪威的商业燃料以及供应和分销物流业务都转移至 ST1 Nordic Oy(ST1)，壳牌保留零售品牌许可；2016年，壳牌将丹麦的销售业务出售给了 Couche-Tard，并宣布退出丹麦、意大利和澳大利亚部分下游业务。在亚洲，将昭和壳牌(Showa Shell)31.2%的权益出售给了出光(Idemitsu)，仅保留了3.8%的权益。将在马来西亚壳牌炼油厂(Shell Refining Company in Malaysia)中的51%股权出售给了马来西亚恒源国际有限公司(Malaysia Hengyuan International Limited)。2017年，壳牌将巴西天然气分销公司 Comgás 的权益出售给了 Cosan，交换 Cosan 的股票加现金。在沙特阿拉伯，出售了在 Al Jubail 的 SADAF 石化合资企业中50%的股份。将 Vivo Energy 的20%权益出售给了 Vitol Africa B. V. (Vitol)，同时作为交易的一部分，与 Vitol 续签了长期品牌许可协议，以确保壳牌品牌在非洲的16个以上国家中仍然可见。在澳大利亚，出售了航空燃料业务。在香港和澳门，将液化石油气营销业务出售给 DCC Energy。2018年，将包括布宜诺斯艾利斯炼油厂在内的阿根廷下游业务剥离给了 Raízen，后者是壳牌(50%)和科桑(50%)的合资企业。将壳牌化学日本有限公司的全部股份出售给了上野；使上野成为壳牌化学在日本的品牌分销商。将在巴基斯坦精炼有限公司(PKL)中的29%的股权转让给了巴基斯坦国家石油公司，在卡拉奇炼油厂保留4%的股权。

虽然天然气一体化经营是壳牌的利润中心和增长中心，但壳牌同样贯彻谨慎投资和资产优化战略，剥离了多个非核心天然气资产。2014—2018年，壳牌在澳大利亚、新西兰和北海等地区共计剥离天然气一体化业务资产116.41亿美元，占总剥离资产的23%。2015年在新西兰以2亿美元的价格将 Maui 凝析气田管道83.75%的权益出售给了第一州立投资公司(First State Investments)。2016年出售了北海 Maclure 油气田7.59%的权益和 Anasuria FPSO 项目权益(包括 Guillemot A, Cook 和 Teal 油田)。2017年，出售了新西兰 Kapuni 气田的50%权益，同时宣布了北海一揽子资产出售计划，包括 Buzzard, Beryl, Bressay, Elgin-Franklin, JArea, Everest, Lomond 和 Erskine 油田以及 Greater Armada 油田的权益，以及 Schiehallion 油田10%的权益。除此之外，壳牌出售了加蓬所有的陆上石油和天然气运营及相关基础设施：包括5个壳牌担任作业者的油气田(Rabi, Toucan/Robin, Gamba/Ivinga, Koula/Damier 和 Bende/M' Bassou/Totou)，4个非作业者的油气田(Atora, Avocette, Coucal 和 Tsiengui West)的权益，以及自拉比(Rabi)到甘巴(Gamba)和甘巴南部码头(Gamba Southern export terminal)的管道系统。2018年，出售了在希腊 Attiki Gas Supply Company S. A. 和 Attiki Natural Gas Distribution Company S. A. 中的49%权益。将印度 Mahanagar Gas Limited 的权益从32.5%减少到10%。将在马来西亚 LNG TigaSdnBhd 的15%权益出售给了砂拉越州财政部(Sarawak State Financial Secretary)。2018年在爱尔兰，出售了在 Corrib 天然气项目中45%的权益。在英国，出售了在 Triton 项目群中的权益，包括英国北海中部资产：Bittern(壳牌权益为39.6%)，Triton FPSO(壳牌权益为26.4%)，Gannet E(壳牌权益为50%)和 Belinda/Evelyn(壳牌权益100%)。

这些资产的出售，不仅使壳牌的业务更为精简和集中，也有效地缩减了公司的运营成本。运营成本是壳牌总营业支出绩效的衡量标准之一，包括生产和制造费用、销售、分销和管理费用、研发费用3项。2014年以来，壳牌的运营成本呈现出缓慢下降的趋势，从2014年的452亿美元，下降到了2019年的379亿美元，年均递减2.9%(图6-6)。

减少投资、出售资产、控制运营费用三项措施下壳牌的自由现金流得到较大改善。2015年公司的自由现金流为74亿美元，2016年由于收购 BG 而造成了自由现金流为负值，但是之后三年现金流量有大幅回升，至 2019 年为 264 亿美元。与此同时，平均使用资本回报率（return on average capital employed，ROACE）也得到了改善，从 2015 年的 1.9% 上升到了 2019 年的 6.7%（图 6-7）。

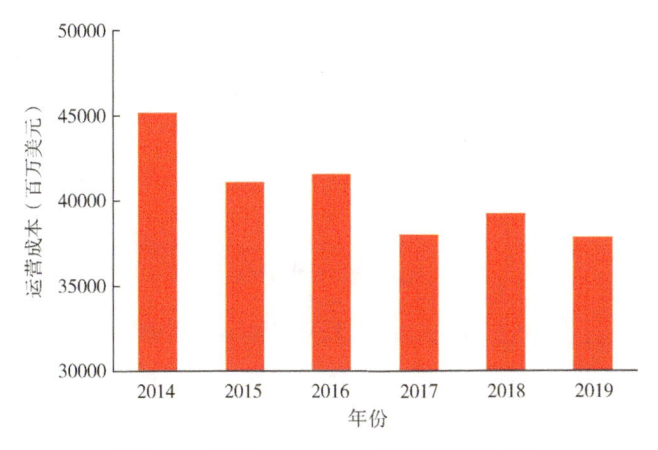

图 6-6　壳牌 2014—2019 年运营费用变化
数据来源：壳牌公司年报

图 6-7　2015—2019 年壳牌自由现金流和 ROACE 变化
数据来源：壳牌公司年报

3. 变化 3：构建世界级投资组合

改善财务绩效，提高资本效率，不仅仅是为了在油价寒冬中生存下来，更重要的是"准备好能力"实现公司"构建世界级投资组合"的战略目标（图 6-8）。

节衣缩食不是壳牌的作风，危中谋机才是百年老店的做派。2015 年 4 月壳牌宣布了一件大事：收购 BG。通过收购获取 BG 的优质资源，从而深化公司的天然气一体化战略、发挥深水优势，增强协同效益——这就是壳牌谋划的世界级投资组合。

2015 年 4 月 8 日，壳牌和 BG 董事会宣布合并计划：壳牌以每股 BG 股票兑换 383 便士现金和 0.4454 股 Shell 股票的比例对 BG 进行收购，这一价格较 BG 股票最近 90 天的平均价高出 52%。2016 年 1 月 27 日，壳牌股东投票批准了该合并方案。1 月 28 日，BG 股东投票通过了合并方案。2 月 11 日合并方案经法院核准通过，4 日后也就是 2016 年 2 月 15 日正式生效。至此，壳牌达成了对 BG 的创纪录金额约 820 亿美元的收购交易。这次收购是自 1998

```
                战略                                          操作

    将投资组合集中于弹性头寸 ---------                ---------  重置成本和资本支出
                                      构建
                                    世界级投资组合
    投资优势项目         ---------  FCF/股票+ROCE增长  ---------  一流的项目执行+运营能力
                                    持续的财务管理

    整合价值链          ---------                ---------  坚持不懈地专注于HSSE
                                                              和运营许可
```

图 6-8　壳牌构建世界级投资组合战略
数据来源：壳牌可持续发展报告

年埃克森(Exxon)收购美孚(Mobil)以来油气行业规模最大的收购交易，也是油价低迷近三年后，油气行业石破天惊的"转型之作"。范伯登对这次交易评价为"对壳牌来说这是一个值得纪念的时刻，完成收购后，新公司在油价波动时将具备更强的抗压能力，对股东和投资者来说，公司的可预测性和吸引力也会更高。此外，我们的储量、产量，甚至现金流都将显著提高。"

被收购的 BG，全称英国天然气集团(BG Group，BG)，是一家集勘探、开发和国际贸易为一体的综合性天然气公司，业务遍及五大洲 28 个国家，是英国最大的能源公司之一，资产总额超过 480 亿美元。

与历史超过百年的壳牌等一众老牌石油公司相比，BG 非常年轻。1997 年，当时的英国天然气公司(British Gas plc.)一分为二，英国本土的燃气和供气业务独立，重组形成了 Centrica 公司；上游油气业务和国际下游业务组合成了 BG plc。1999 年 BG plc 再次重组，并改名为 BG Group plc。2000 年 BG Group plc 进一步拆分为莱迪思(Lattice)集团和 BG 集团。莱迪思主要负责天然气下游业务，拥有 Transco(英国的天然气运输商)、Advantica(天然气工程和咨询)以及房地产和运输公司等。BG 集团的业务则集中在天然气上游业务相关的业务，2007 年 BG 在纽约交易所上市。

从成立到被收购，BG 的历史不足 20 年，在这段短暂的发展历程中，BG 创造的成绩在业内受到极高评价。

首先，在 2011 年之前，BG 的各项财务数据，包括平均占用资本回报率(ROACE)、股东总回报率(TSR)、经营现金流预期增长等指标都遥遥领先于大石油公司或者至少不相伯仲。虽然在 2011 年之后，公司经营呈现下滑趋势，但在面对 2014 年油价大跌时，BG 的经营状况依然不输壳牌(表 6-3)。

从资源型企业最重要的发展指标——储量自然增长来看，BG 是综合油气公司里储量自然增长做得最好的公司之一。凭借强悍的勘探能力和独到的眼光，2012 年之前，BG 基本以一年发现两个 5 亿桶以上储量油田的节奏扩张着自己的储量规模，这在行业里几乎无人能及。早在 1995 年，BG 的前身英国天然气集团就已经进入巴西，获取了除本土公司以外最大、最好的油气区块，而直到 2006 年巴西石油公司在巴西的 Santos Basin 找到了一系列大型和超大型油田后，国际石油公司才蜂拥而至，巴西的盐下石油资源也因此大热。2008 年 BG 进入了澳大利亚 Queensland Curtis LNG——世界上最早的煤制气用于液化出口的项目，2010

年前后,澳大利亚的天然气开始吸引全世界的目光,石油公司纷纷涌入。此时的BG又开始了坦桑尼亚的探索,通过自主勘探发现了储量规模达到15万亿立方英尺气田,并凭借自己在LNG领域的经验掌控了坦桑尼亚未来LNG产业的主导权,之后在2011年前后,莫桑比克和坦桑尼亚近海发现了大量的气田,再次吸引了国际石油公司的目光。

表6-3 2008—2015年壳牌和BG主要财务指标对比

主要财务指标		2008年	2009年	2010年	2011年	2012年	2013年	2014年	2015年
平均使用资本回报率(ROACE,%)	壳牌	18.3	8	11.5	15.9	12.7	7.9	1.9	7.1
	BG	33.4	13.5	12	11	10.2	10.2	4.6	9.7
股东总回报率(TSR,%)	壳牌	-33.5	22.6	17	17.1	-0.2	8.6	-3	-29.9
	BG	44.8	12.3	8.4	0.7	12.1	2.7	-1.4	-7.9
资本负债率(%)	壳牌	5.9	15.5	17.1	13.1	9.2	16.1	12.2	14
	BG	7.1	17	20.1	27.1	24.2	24.8	29.2	25.3

数据来源:壳牌和BG公司年报。

至2015年底,公司拥有的SEC证实储量为33.28亿桶油当量(图6-9)。尽管规模远不及壳牌、bp等能源巨头,但BG的勘探开发业务比起其他石油公司来说少而精,对一些问题地区和过热地区都很谨慎,很少去做大溢价收购,比如在美国动静就很小,而且远离了安哥拉、尼日利亚和俄罗斯等政治风险较高的问题地区。

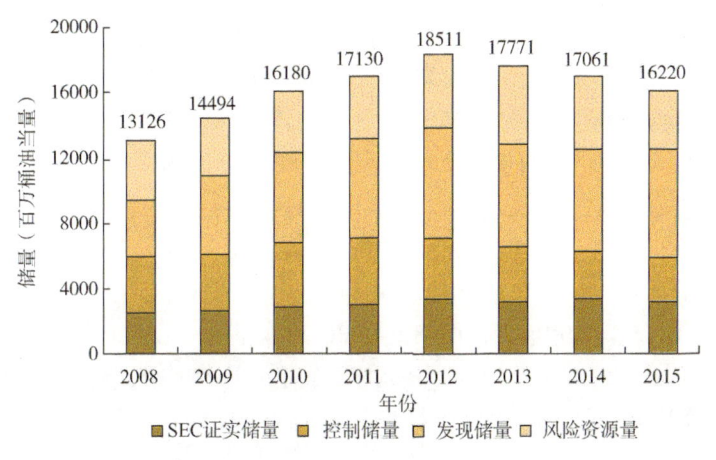

图6-9 2008—2015年BG储量构成
数据来源:BG 2015年年报

"BG从不起眼的埃及和北海天然气资产开始,每一步都走得很扎实,也走对了方向,逐渐形成了今天的气候。BG是最近10年综合来看大型石油公司里自然增长做得最好的,没有之一。"

此外,BG还拥有强大的天然气全产业链业务,尤其是LNG业务。BG作为天然气公司起家,对LNG市场的理解深,介入早,且拥有液化、采购、船运、销售全产业链,是LNG业务整合度最好的公司之一。2015年,LNG交付量为1790万吨,这一年壳牌的LNG销售量为2260万吨(图6-10)。

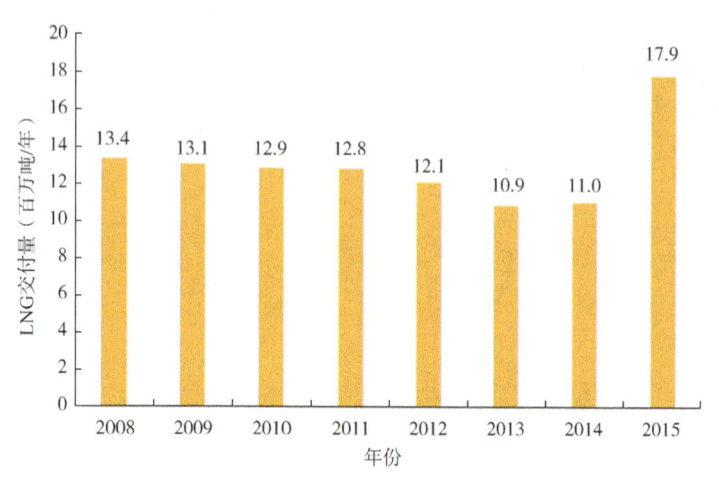

图 6-10 2008—2015 年 BG 公司 LNG 交付量
数据来源：BG 公司年报

但是，自 2012 年起，BG 的财务状况开始变差（表 6-4）。"所谓成也巴西/澳大利亚，败也巴西/澳大利亚"，巴西和澳大利亚这两个地方在油气行业的发展上都"走了一些弯路"。BG 在巴西的主要资产是盐下区块，然而巴西规定所有的盐下区块都必须由巴西国家石油公司（Petrobras）主导，外资企业在巴西的勘探和开发项目投资必须有一定比例用于采购巴西本国的器材和人工，此外巴西还有发展中国家常见但"对于石油贸易要命的资本管制"。巴西政府的低效和官僚作风都给 BG 带来了很大麻烦，而最大的合作伙伴——巴西国家石油公司是巴西政府政企合一的国有企业，不仅统管巴西石油的勘探、开发、生产、运输，还参与石油政策的制定、执行。更糟糕的是，2015 年 3 月，巴西国家石油公司涉及大规模贪污受贿案，调查牵涉 54 名具有豁免权的政治人士。这一切都导致 BG 在巴西的投资项目被不断延期。

澳大利亚与巴西不同，这里的商业环境相当优越，但是地广人稀，本地专业人才匮乏，且物价高昂，BG 的项目也一直在超支和延误。

大项目延期、超支、油价寒冬，再加上在 BG 工作了 40 年、当了 12 年 CEO 的弗兰克·查普曼（FrankChapman）在 2012 年退休，BG 的经营业绩开始下滑，有关 BG 的坏消息屡屡传出，油气产量开始停滞不前，国际评级机构穆迪将对 BG 的评级展望从"稳定"下调至"负面"。

2014 年第四季度，BG 的亏损额达到了 50 亿美元。BG 的两个业务板块：上游、LNG 运输与贸易在 2012—2014 年间的主要生产数据都有一定程度的下滑，储量基本上没有增加，LNG 交付量从 2012 年的 12.1 百万吨下降到 2014 年的 11.0 百万吨，油气总产量从 657 千桶/日下降到 606 千桶每日（表 6-4）。2014 年 BG 年报显示，当年公司营业利润下滑 14%，油气产量下滑 4%，股价也出现了大幅下跌，股东回报率也一路走低（图 6-11）。

虽然公司的经营遇到了问题，但 BG 毫无疑问拥有着世界级的高质量资产。"（壳牌收购 BG）是一笔出色的战略交易。如果你认为油价的长期前景将是 80~100 美元/桶，那么在油价为 50 美元/桶时收购 BG 是一次绝佳的机会。"

表 6-4　2011—2015 年 BG 公司主要数据

项目		2011 年	2012 年	2013 年	2014 年	2015 年
营业收入(百万美元)		17849	19200	19311	19949	16302
资产负债率(%)		27.2	24.3	24.8	29.2	25.3
股东总回报率(英镑/近7年每百股)		110.5	63.4	84.6	30.7	34.9
员工总人数		6472	6568	5248	5143	4717
SEC 证实储量(百万桶油当量)		3162	3405	3329	3452	3329
LNG 交付量(百万吨/年)		12.8	12.1	10.9	11.0	17.9
产量(千桶/日)	油	165	173	98	136	205
	凝析油			93	86	91
	气	476	484	442	384	408
	合计	641	657	633	606	704

数据来源：BG 公司年报。

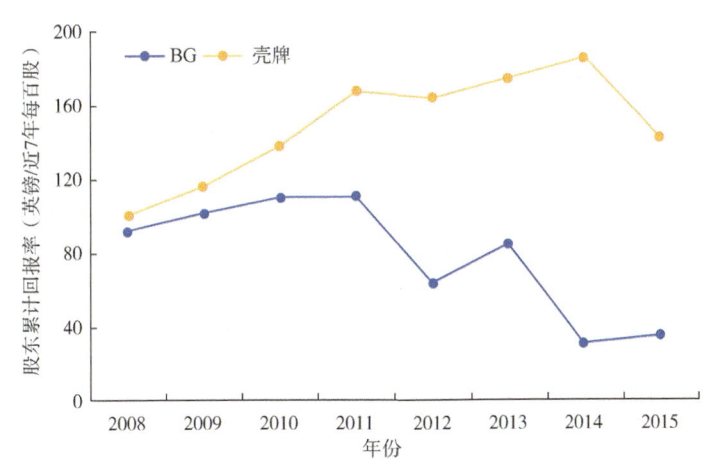

图 6-11　壳牌和 BG 股东累计回报率(2008—2015 年)
数据来源：壳牌和 BG 公司年报

三、BG 带来的转变

壳牌收购 BG 是公司对航向的一次校正，也是 2000 年之后全球能源行业最大一笔收购，无论对壳牌还是对整个行业来说都具有里程碑的意义。

1. 高效收购后的整合

美国麦肯锡公司做过一项调查，如果以股东财产增值为衡量标准，只有 23% 的兼并购是成功的。美国《财富》杂志（2002）的调查也发现，有 3/4 的兼并购活动所产生的收益不足以弥补其成本。成功与否和兼并购后的整合工作息息相关。为了确保收购整合成功，壳牌从宣布收购计划开始，就确定了整合的 4 项目标。

首先，持续平稳业务开展，安全运营不受影响。为实现这一目标，壳牌开展了四方面的工作。第一，提前准备，做好计划。并购初期，交易完成的最终日期尚未确定时，壳牌就提前做好了交易完成后的所有准备工作，制定了从交易完成的第一天到公司整合彻底完成期间的工作计划。第二，明确各项业务负责人。为了让员工对整合工作有充分准备，壳牌提前明确了各个节点负责人及其职责，确保每个涉及业务整合的员工在整合工作开始后，都知道自己所属区域的业务负责人及其职责。第三，编写过渡时期工作指南。总部向这些负责人发布了过渡时期工作指南，确保整个整合工作能够顺利进行。第四，个性化实施。公司整合计划和实际实施是两个完全不同的过程，需要两种不同的方法来管理每个阶段。在这两个过程中，壳牌针对 BG 不同的区域运营公司选择了不同的规划方法，而不是一刀切。执行整合的工作人员要分析当地运营公司自身的机遇和挑战，并找到最有效的方案，而不只是采用一种通用的方法。

其次，最大化留住优秀人才。整合过程中，壳牌始终优先考虑怎么做才能利于新合并公司的发展，并让员工感受到公平，得到尊重。为此，壳牌制定了透明的员工选聘流程，而不是根据不同公司对员工的偏好来决定去留。最终，原 BG 公司 3/4 的员工融入了壳牌。"对于此次整合，不能只说看到整合取得的成果，而是要用心感受，要看到底有多少员工对他们的经历满意，有多少人还愿意转变角色加入壳牌，这对壳牌来说，才是确定整合是否是世界级的检验标准"。

再次，发现并利用协同效应和价值优势。壳牌首次宣布交易时，设定了 25 亿美元的协同效益目标。随着整合工作的深入，这一目标也不断增加，最终达到了 45 亿美元。

最后，学习并发扬 BG 的优势。BG 被认为是能源行业最具活力的油气公司之一，壳牌对 BG 的工作方式有着很高的认可度，并希望将其在管理、运营方面的独到之处引入壳牌的工作中。合并开始后，BG 和壳牌的整合团队就一起寻找总结 BG 获得成功的那些与众不同的特征。最后团队一共确定了 100 多种不同于壳牌的经验做法，在不断尝试后，其中超过 90% 的做法融入了壳牌的运营中。

壳牌在 14 个国家开展业务整合，截至 2016 年底，在交易完成 10 个月后，有着不同发展规划和基础设施的两个公司逐渐成为一个公司。整合过程比壳牌内部和外界的许多分析师的预期更快、更稳定。

2. 高性价比的资源配置

"世纪大并购"后，高油价催生了各类石油公司的疯狂扩张，资源国进入门槛也随之不断提高。到 2015 年，可预见的新的油气资源要么在技术风险高的地方，如深水、北极，要么分布在政治风险高的地方，如中东、西非。对于壳牌来说，寻找新的机会难度远高于过去。

2015 年 1 月之后，BG 的股价下跌超过 50%，但 BG 的上游资产遍布世界各地，不仅质量好、分布均衡且大部分远离风险较高的地区（图 6-12）。此时通过收购 BG 的股票，获取 BG 所持有的高质量油气资源，远比壳牌自己去勘探需要付出的代价低得多，这也是壳牌在这个时候收购 BG 的根本原因——壳牌很难用低于收购价的资金配置出堪比 BG 规模的资产组合。

得益于收购 BG，壳牌的资源基础得到了很大改善（图 6-13，表 6-5）。2016 年壳牌储量增长至 132.5 亿桶油当量，同比增长 13%，储量替代率高达 212%；石油、天然气产量同比增长 24%、15%，产量在五大国际石油公司中跃居第二，仅次于埃克森美孚。

图 6-12　BG 公司上游业务分布图(2014 年)

数据来源：BG 公司年报

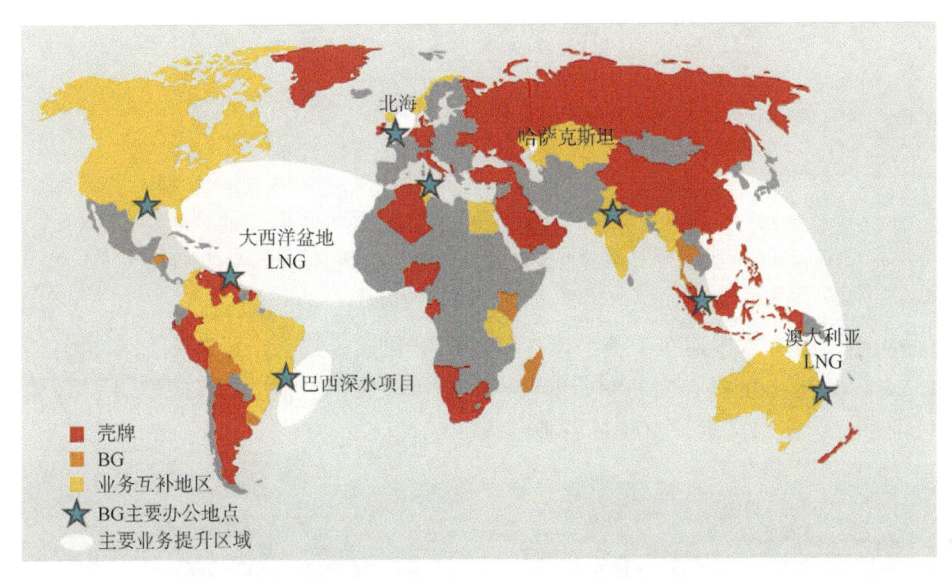

图 6-13　收购 BG 之后壳牌的上游业务版图

表 6-5　五大国际石油公司 2015—2016 年日产量及探明储量

指标		壳牌	埃克森美孚	bp	道达尔	雪佛龙
日产量（万桶油当量）	2015 年	295.4	409.7	323.9	234.7	262.2
	2016 年	366.8	405.3	326.8	245.2	259.4
	同比增长	24%	−1%	1%	4%	−1%
探明储量（亿桶油当量）	2015 年	117.5	247.6	171.8	115.8	111.7
	2016 年	132.5	199.7	178.1	115.2	111.2
	同比增长	13%	−19%	4%	−1%	−0.4%
	储量替代率	212%	−223%	153%	93%	95%

— 243 —

3. 高质量的天然气业务组合

壳牌收购 BG 的交易中，天然气的地位比石油更加重要。

壳牌的天然气业务收入从 2013 年起就超过了公司收入的 50%，2013—2015 年，天然气业务平均资本回报率为 13%，为公司贡献了超过 30% 的现金流，远远超过了同期公司的平均资本回报率 8%（图 6-14），成为提振公司业绩表现的重要业务板块，是公司战略中名副其实的"现金引擎"。

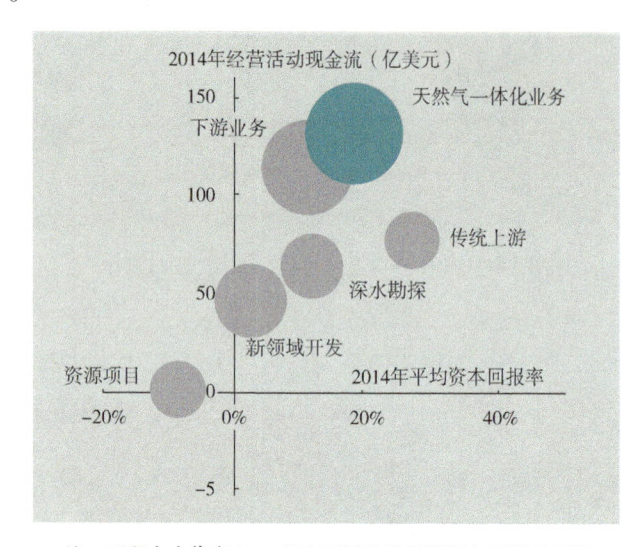

注：面积大小代表 2014 年末不同业务平均资本回报率高低

图 6-14　2014 年壳牌各板块经营活动现金流及平均资本回报率对比

数据来源：壳牌公司年报

BG 的天然气业务基本遍布了整个天然气生产链和供应链，市场范围基本涵盖了五大洲（图 6-15）。LNG 业务的整合度和专业度在全球屈指可数，拥有世界级规模的 LNG 船队和成熟的销售渠道，为公司贡献了 40% 的营业收入。

图 6-15　BG 公司 LNG 业务分布图（2014 年）

资料来源：BG 公司年报

从地域分布看,壳牌与 BG 在全球 15 个国家能够形成业务互补,收购之后双方现有生产装置和接收终端形成优势互补,壳牌在澳大利亚和大西洋盆地构建两大 LNG 供应和贸易网络,进一步增强 LNG 供应和贸易能力,壳牌也成为全球最大的 LNG 生产商。此外,BG 在东非和澳大利亚的未开发资产,也让壳牌的天然气业务更具有竞争力。

收购完成后的 2016 年,壳牌天然气储量在油气总储量占比达到 55.5%,是五大国际石油公司中占比最高的;天然气产量 114.6 亿英尺^3/日,占油气总产量的 49%,也是五大国际石油公司中占比最高的。在 LNG 运输能力方面,整合后的壳牌拥有全球最大的 LNG 运输船队。LNG 贸易量随之增长,2016 年贸易量达 5700 万吨,占全球 LNG 总销量的 20%,成为全球第一大 LNG 供应商。

4. 高契合度的深水项目

深水油气勘探是壳牌收购 BG 的另一大重点。壳牌深水油气勘探开发技术领先,并在墨西哥湾、巴西、尼日利亚和马来西亚拥有巨大的未开发油气资源,公司也一直把深水作为未来发展的核心动力之一。

收购 BG 后,壳牌获得了在巴西的大量深水资产(图 6-16)。整合完毕后,壳牌在巴西近海拥有多块油田的权益,有 10 艘运营中的 FPSO、4 艘在建 FPSO,油气年产量达到了 1.11 亿桶,巴西一举超过美国成为壳牌第一大油气产地。壳牌计划未来 10 年后,公司的海上石油产量上升到近 60 万桶/日,远高于收购前的 15 万桶/日。

图 6-16 收购 BG 带来的巴西盐下深水业务的增长

5. 高效协同的效益

壳牌收购 BG,除了获取资源、形成规模性业务组合,也压缩了供应链成本。过去 10 年里,高油价和新兴国家高速增长的能源需求把很多石油公司都绑到了粗放扩张的快车上,各项成本不断增长。在这种看似烈火烹油的发展态势下,要确保股东收益可以稳步增长,壳牌也面临了不小的压力。收购 BG 之后,壳牌利用协同效应和价值优势,实现压缩成本的目标。

壳牌首次宣布交易时,认为通过资产整合可以减少勘探支出、运输和营销费用,提高管理运营效率等,实现每年 25 亿美元的协同效益目标。比如在澳大利亚东北部的昆士兰,两家公司的大型 LNG 项目位置比较接近,共享基础设施就能减少各自支出。到 2015 年 12 月,壳牌认为协同效益可增加到 35 亿美元。2016 年 6 月,随着并购整合工作的深入,协同效益目标再次增加，达到 45 亿美元（图 6-17）。

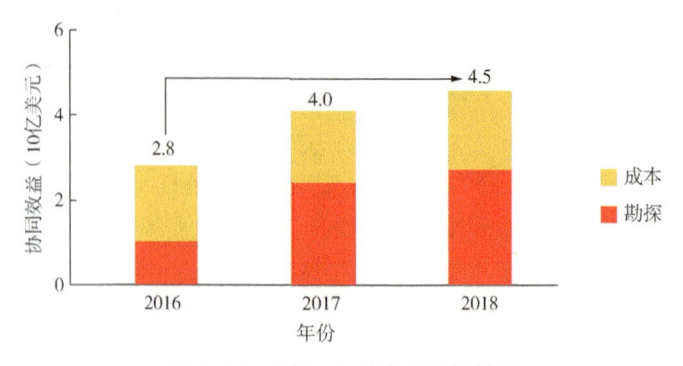

图 6-17　收购 BG 带来的协同效益

收购 BG 之后，范伯登在《国际商报》上发表了名为《壳牌集团：期待在华下一个百年》的署名文章，更是直截了当把这次收购称作壳牌航向转变之举："2016 年 2 月 15 日，全球能源产业一个全新的企业诞生。在数十年来最严峻的市场条件下，壳牌集团与 BG 完成合并，形成"1+1>2"的合力，构筑一家具有非凡实力的新企业。这项合并为壳牌注入新的活力，并将为公司的进一步转型充当跳板。壳牌计划构建一个更精简、更灵活、更具竞争力的公司，专注于优先增长领域，即液化天然气和深水油气业务……在为壳牌工作的 32 年里，我常听到人们说，这家公司就像一艘远洋油轮，每次转弯都要花上漫长的时间。此次合并标志着壳牌真正完成了航向的转变，且正开足马力全速驶向未来。"

石油公司在制定发展战略、调整产业结构时要遵循行业发展规律，但更重要的是要立足企业的发展实际，走特色发展道路。一如范伯登所说："只有大胆的、具有前瞻性的交易才能改变行业格局（Only the bold, strategic moves shape our industry）。"

四、业务布局

2016 年收购 BG 完成之后，壳牌提出了"重塑壳牌（Reshaping Shell）"计划，明确提出未来 3 年内，剥离 300 亿美元的非核心资产，同时通过限制投资、继续降低成本、提高资本效率等措施，将壳牌重塑为一家目标更清晰、业务更具弹性、形态更为简洁的高效率公司（图 6-18）。

创建世界级投资组合		2013—2015年年均	2019—2021年年均
	ROACE	8%	约10%
	有机自由现金流	每年50亿美元	每年20亿~25亿美元
	布伦特油价	约90美元	约60美元
改善指标：FCF/股票；ROCE；净债务	资本效率：较2013年的支出减少一半，减少450亿美元	更简洁的公司：减少约10%的产量，退出5~10个国家	投资组合增长：产量增长1百万桶/日现金流增长100亿美元

图 6-18　壳牌转型目标规划

1. 上游

上游业务包括常规油气、深水油气和页岩油气。其中，常规油气是壳牌这一阶段的现金引擎，深水油气是增长优先业务，页岩油气属于未来机会。

承担公司现金引擎重任的常规油气勘探开发投资组合包含陆上和海上（包括浅水和深水环境）的油气资产。这部分资产的回报率高，能够提供充足的现金流，主要分布在北海、尼日利亚、马来西亚、阿曼和文莱等较成熟的盆地。壳牌一方面加大老油田扩边勘探投入、提高采收率等手段，延长常规油藏的开采期，确保公司油气储产量的稳定；另一方面也通过购买、合作等方式新进入了埃及、伊拉克、意大利和哈萨克斯坦等地区，这些新的常规油气资产改善了公司油气资产组合，改变油气产量的地域分布。

高投入、高风险的深水项目被列入"优先发展"战略中。虽然时下不能给公司带来高回报率，但公司依然用大量现金流去支持这些未来的财富。

深水油气开发主要集中在美国墨西哥湾、巴西、尼日利亚和马来西亚。在取消和延后了一批大项目之后，公司做出最终投资决策（FID）的深水油气项目平均盈亏平衡价格都低于30美元/桶。2014—2018年期间，壳牌投产的深海油气的大项目包括位于美国墨西哥湾的Cardamom项目、MarsB项目、Stones项目、Coulomb项目、Appomattox项目和Kaikias项目；位于尼日利亚的Bonga North West项目、位于马来西亚的Gumusut-Kakap项目和Malikai项目、位于菲律宾的Malampaya项目二期、位于巴西的Parque Das Conchas项目三期、Berbigão项目和Lula系列项目等等。这些深海油气项目的陆续投产，极大地提升了壳牌的油气产量。

其中，墨西哥湾是壳牌在美国的主要生产地区，占壳牌美国石油和天然气产量的54%，2018年的平均产量份额为29.9万桶油当量/日。壳牌是墨西哥湾7个生产平台（MarsA，MarsB，Auger，Perdido，Ursa，Enchilada/Salsa和Stones，壳牌权益从38%到100%不等）的作业者，此外还在23个油田——Nakika（壳牌权益为50%）和Caesar Tonga（壳牌权益为22.5%）——拥有非作业者权益。2018年，壳牌拥有100%权益的Coulomb第二期投产，Coulomb油田将联入Nakika生产平台。5月Kaikias深水项目投产，这个项目壳牌拥有80%，与Uras平台联动生产。

在这些大项目中，值得一提的是2016年壳牌在墨西哥湾的第一台FPSO与Stones油田一起投入生产（图6-19），日产量为5万桶油当量。Stones项目水深约2900米（9500英尺），是当时世界上最深的油气项目，位于新奥尔良市东南320千米左右的Walker Ridge区域，壳牌拥有100%权益。

图6-19 位于Stones油田的Turritella号FPSO装置

Stones 工程在设计、施工中都强调了项目的经济性，全部工程完成时节省了大约 10 亿美元的费用。FPSO 的开发方式增强了对海上恶劣天气的适应性：一旦遭遇严重的暴风和飓风，FPSO 可以与生产设施断开连接，行驶到安全的区域。当恶劣天气过去后，FPSO 可以复位并恢复安全生产。壳牌的上游业务经理 Andy Brown 说："Stones 是一个最新的范例，展现了我们开发全球深水资源的关键要素：领导力、能力和专业知识。不断积累使用创新技术的经验有助于我们开发全球各地的深水资源。"

截至 2018 年底，壳牌在尼日利亚有 4 个深水区块的权益和 4 个浅水区块。2014 年 8 月，壳牌位于尼日利亚的 Bonga North West 项目投产，该项目位于几内亚湾尼日利亚海岸约 120 千米处，深度超过 1000 米（3300 英尺），高峰时期的产量达到 4 万桶油当量/日。

壳牌的另一个深水油气业务中心位于亚洲，集中在菲律宾和马来西亚。菲律宾的马兰帕亚深水天然气发电项目（Malampaya Deep Water Gas-to-Power Project）是一项集深水天然气开发、燃气发电于一体的综合项目（见第五章）。在马来西亚投产的 Gumusut-Kakap 平台项目是该国第一个深水项目，位于 1200 米（3900 英尺）水深的 Sabah 海域，壳牌担任作业者并持有 33% 的权益。Gumusut-Kakap 于 2014 年 10 月投产，最高日产量可达 14.8 万桶，占马来西亚油气总产量的 25%。Malikai 是壳牌在马来西亚的第二个深水项目，也是马来西亚的第一个张力腿平台，位于马来西亚沙巴州约 100 千米（60 英里）处，水深约 500 米（1640 英尺），最高产量为 6 万桶/日。壳牌担任作业者并持有项目 35% 的权益。

上游业务中变化最大的战略项目是非常规油气项目。2006—2012 年，受"在非常规油气资源领域建立实质性存在"战略的推动，壳牌在北美进行了总计约 230 亿美元的资产收购。然而，从 2012 年开始壳牌上游板块美洲地区连续 3 年亏损，2015 年亏损额达到 115.34 亿美元。因业绩较差，再加上低油价，迫使公司在 2015—2017 年剥离了大部分页岩气业务，重组了其北美资源业务投资组合，这意味着壳牌虽然没有完全放弃北美页岩油气，但也间接承认了在非常规领域投资的失败。到 2018 年底，壳牌页岩油气资源主要位于美国（二叠纪盆地、马塞勒斯和尤蒂卡）、加拿大（Montney 和 Duvernay）和阿根廷，此外还有在中国的致密气和澳大利亚的煤层气资产（图 6-20）。

经过资产组合优化、项目剥离之后，壳牌在美国的页岩油气主要集中在二叠纪盆地，2018 年壳牌在特拉华州主要盆地拥有约 26 万英亩净勘探面积，产量为 14.7 万桶/日，单位运营成本（Unit operating costs）与 2017 年相比降低了约 10%，项目开发交付周期较 2016 年减少了约 40%。壳牌也是该盆地最大的生产商之一。

在阿根廷，壳牌在 Neuquén 盆地的 5 个区块担任作业者，在道达尔担任作业者的两个区块 La Escalonada 和 Rincon La Ceniza 拥有 45% 权益。至 2018 年底，壳牌在阿根廷的区块总面积约为 16.2 万英亩，日产量为 3000 桶石油当量。

在加拿大，壳牌的非常规能源开发集中在不列颠哥伦比亚省的 Groundbirch 和阿尔伯塔省 Montney 和 Duvernay，至 2017 年，壳牌在 Groundbirch 的业务范围约为 23 万英亩。在阿尔伯塔省，壳牌 2013 年、2014 年的油砂开采的成本高达 87.24 美元/桶和 81.83 美元/桶，低油价下完全不具备经济性。2017 年，壳牌出售了 ASOP 项目 60% 的权益，只保留了部分油砂项目的少量权益（图 6-21）。到 2018 年，壳牌油砂的储量为 6.61 亿桶，远远低于 2014 年的 17.63 亿桶，产量也从 2014 年的 145 千桶/日下降到 2018 年的 53 千桶/日，在壳牌总产量中的占比从 5.9% 下降到 1.6%。

图 6-20　壳牌页岩油气资源分布地图（至 2018 年底）

图 6-21　ASOP 项目油砂矿开采现场

在另一种非常规能源——煤层气方面，壳牌的投资集中在澳大利亚。2008 年 6 月，壳牌以 7 亿美元购买了 Arrow 能源公司在壳牌澳大利亚昆士兰煤层气开发许可证 30%的权益；2010 年 8 月，中国石油与壳牌合资以 35 亿澳元收购澳大利亚煤层气公司 Arrow Energy 的全部股权，这也是中国企业进军海外煤层气业务的首例，之后壳牌在 Arrow Energy 持股 50%。

通过提高老项目的效率，补充高价值的新项目，剥离无效益资产，壳牌的油气开发平均成本从 2015 年的 14 美元/桶当量减至 2019 年的 7 美元/桶当量，降低了一半，上游业务的效益也随之大幅提升。

2. 下游

壳牌的下游包括石油产品和化工产品两大类业务。低油价下，原料油成本随之下降，下游利润抬升，石油产品成为壳牌的现金引擎之一，而化工业务则属于增长优先战略项目。

壳牌的油产品主要包括两个业务：炼油与贸易、市场销售。

炼油业务方面，壳牌2018年在全球有21个炼油厂，蒸馏能力达到291.3万桶/日，炼厂效率为91%。公司炼油能力约40%分布在以美国墨西哥湾沿岸为中心的美洲，36%分布在以莱茵河沿岸为中心的欧洲，24%位于以新加坡为核心的亚洲。

贸易方面，壳牌的贸易与供应部门是全球最大的能源贸易商之一，在伦敦、休斯敦、新加坡、迪拜和鹿特丹设立了办事处，在30多个国家/地区开展业务，贸易终端超过了140个。贸易与供应部门还管理着壳牌的40艘LNG运输船和10艘油轮，以及240多艘从其他公司长期租用的油轮和LNG船。

销售业务包括零售、润滑油、燃料油和管道业务。2018年，壳牌的油产品销售量为678万桶/日，在75个国家/地区拥有超过4.4万个加油站，是全球最大的油气零售商。

值得一提的是壳牌的润滑油业务。2018年，壳牌在全球拥有31家润滑油调配厂、4家基础油生产厂、9家润滑脂生产厂和3个GTL基础油储存中心和位于美国休斯敦、德国汉堡、日本厚木以及中国上海的4家世界级水准的润滑油技术研发中心。2018年壳牌的成品润滑剂总销售量约为450万吨(约合50亿升)，占据了全球13%的市场份额，连续13年称雄全球润滑油市场。

另外，石油产品业务部门还有一项特殊的业务——美国的管道业务。壳牌的全资子公司Shell Pipeline Company LP在美国拥有并经营10个储油库，每年通过墨西哥湾和美国5个州的约6000千米的管道输送超过15亿桶的原油和油产品。此外，壳牌还在1.3万千米的管道中拥有权益。

壳牌的化工业务包括乙烯、丙烯和芳烃等各种基础化学品，以及苯乙烯单体等中间化学品的生产。2018年，壳牌乙烯年生产能力约为650万吨，各类化工产品的销售量约为1764万吨。这一时期，由于全球大部分地区化工市场不景气，壳牌并未过多关注新的化工项目，重点放在对现有炼油基地进行产能扩建、改进效率、增强一体化程度以及扩充原料来源，包括将荷兰Pernis炼厂的90%股权扩大至100%、升级新加坡布孔岛的乙烯裂解装置和建设中国惠州中海壳牌项目二期等。

3. 天然气一体化与新能源

壳牌的天然气一体化板块负责管理壳牌的LNG、GTL和新能源等业务。

作为全球最大的LNG生产商和销售商，壳牌2018年LNG液化量为3430万吨，LNG销售量为7120万吨。2018年LNG权益产能达到4240万吨/年，在五大国际石油公司中一骑绝尘，是位列第二的埃克森美孚产能的两倍(图6-22)。

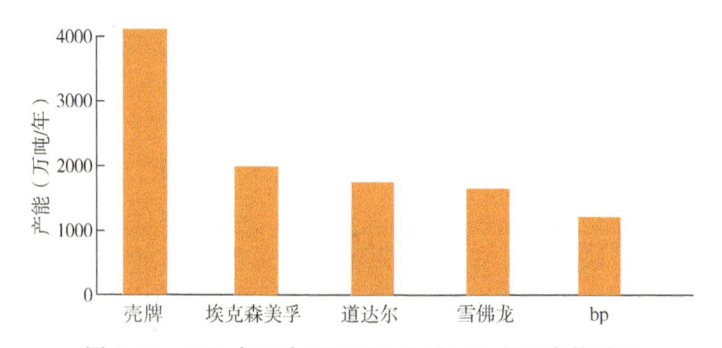

图6-22 2018年五大国际石油公司LNG权益产能对比

壳牌在澳大利亚、尼日利亚、文莱、卡塔尔、埃及、阿曼、俄罗斯和阿根廷等天然气生产国运营了 19 个 LNG 项目，同时，在美国、欧洲以及新加坡等主要天然气消费区域经营了 15 座再气化终端(图 6-23)。2017 年壳牌的 LNG 贸易客户主要是日本、韩国、中国大陆和中国台湾这几个亚洲国家和地区，其 LNG 贸易量占公司全年 LNG 销售量的 50%。壳牌又开发了印度、智利、约旦、科威特、埃及和阿根廷等新兴市场，并在美国、欧洲、新加坡、澳大利亚、巴西和墨西哥将客户类型拓展至天然气和电力营销商，2018 年壳牌在全球的 LNG 市场增长至 25 个，客户近 70 位。

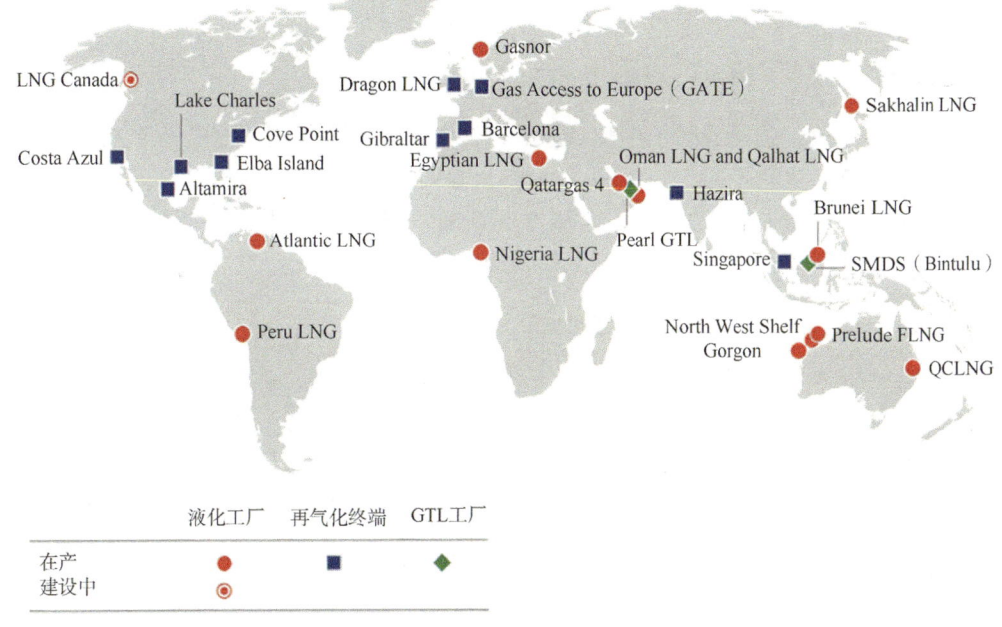

图 6-23　壳牌天然气一体化板块资产分布地图(至 2018 年底)

壳牌的 LNG 贸易模式随着客户的变化而不断变化。2015 年以前，壳牌的 LNG 主要供应亚洲和拉美国家。这些国家资金充足，对货源稳定性要求高，壳牌大多采取的是锁定价格的长期合约模式。2016 年以后随着新市场的不断延伸，部分新兴市场需求不稳定，客户违约风险高，为了规避风险，壳牌采取了高价格的短期购销合同模式。当然，为稳健起见，壳牌还是签了部分中长期协议，例如 2017 年和科威特石油公司签了(200~300)万吨/年 15 年购销协议，与萨尔瓦多 Energía del Pacífico 签了 50 万吨/年 LNG 供应电厂协议(图 6-24)。此外，壳牌还提高了现货销售比例，凭借着供应点多、对市场变化反应迅速，在 LNG 市场上获取了超高利润。

卡塔尔珍珠 GTL 项目投产后，壳牌在之后的几年里都未有新的 GTL 投资项目。2018 年壳牌与阿曼政府签署了谅解备忘录(MoU)，其中包括 GTL 项目，这也成为壳牌重新布局 GTL 业务的一个信号。

2016 年 5 月，壳牌整合了生物燃料、氢能、风能等业务，统一划归由天然气一体化事业部管理。对于这次"回归"式整合，壳牌认为"恰逢其时"。壳牌天然气和新能源事业部总裁 Maarten Wetselaar 说："壳牌重新布局新能源业务是深思熟虑后的战略决定，跟 15 年前首次涉足新能源投资时的环境相比，现在所处时机更佳。"整合后的新能源业务重点布局了新

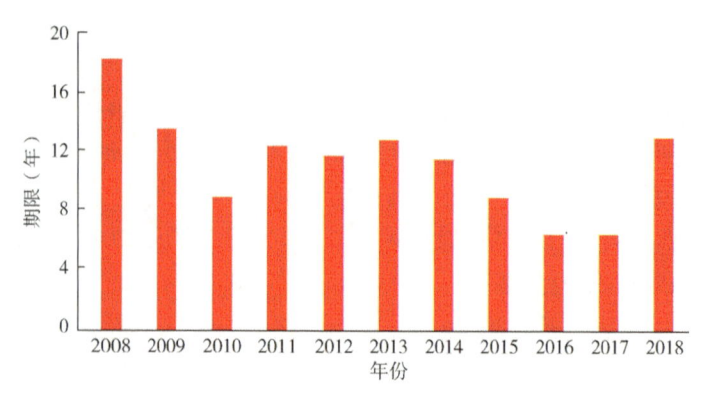

图 6-24　2008—2018 年壳牌 LNG 合同平均期限

燃料和电力两个领域,强调通过数字化和互联网服务为能源终端用户提供各类解决方案。

新燃料业务包括生物燃料、氢能和电池电动汽车快速充电三项具体业务,电力业务则聚焦于太阳能和海上风力发电。2016 年到 2018 年期间,壳牌的新燃料和电力业务区域迅速扩大,主要布局在北美、德国、荷兰、挪威等发达国家(图 6-25)。

图 6-25　2001—2018 年壳牌新能源部门投资、收购和风险投资示意图
数据来源:壳牌投资者手册

五、低油价下的利润"超车"

2014 年至 2018 年的 5 年间,是石油行业异常困难的五年。国际原油价格探底后微弱回升,石油公司利润空间受到极大挤压,纷纷收缩上游业务,原油产量开始下滑。上游支出减少,带来了两方面的影响:一方面是石油公司自身要在短期营利性与长期可持续发展之间做出艰难权衡;另一方面,投资减少逐渐影响到产业链上的工程技术服务市场,大量与上游产业相关的公司也出现亏损、裁员、重组。而这一切加剧了市场对油气业务的唱衰,石油公司融资更加艰难,一些勘探开发公司开始破产。

1. 生产状况

2014—2015 年,壳牌的证实储量从 130.81 亿桶下降到 117.47 亿桶,油气产量由 2399

千桶/日下降到 2323 千桶/日。2016 年收购 BG 后，公司的证实储量和油气产量都有了大的增长，储量增加了 13%，总产量增加了 24%（图 6-26，表 6-5）。但是之后随着"重塑壳牌"计划的开展，壳牌大规模剥离非核心资产，仅 2017 年一年，就出售了 20.58 亿桶的储量。2017 年和 2018 年，公司储量逐年递减，至 2018 年底证实储量下降至 115.78 亿桶，是 5 年来的最低值。

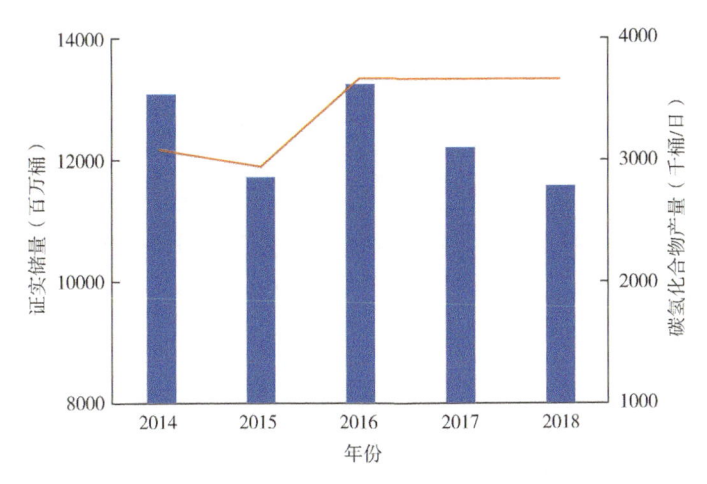

图 6-26　2014—2018 年壳牌证实储量与碳氢化合物产量

产量构成在经过了大规模的调整之后，在 2016 年之后基本稳定，即天然气的产量在总产量中的占比稳定在 50% 左右，是五大国际石油公司中天然气产量占比最高的，同时由于战略调整，油砂产量占比从 5% 下降到了 1%（图 6-27）。2017 年至 2018 年，油气产量并未因储量削减而降低，稳定在 366 万桶/日。

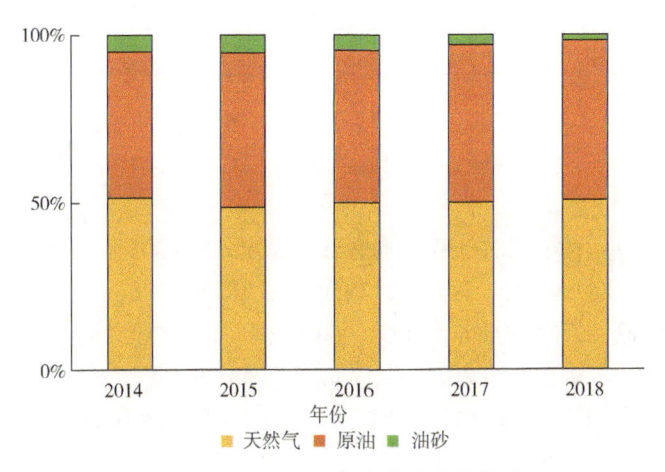

图 6-27　2014—2018 年壳牌产量构成

与其他四家国际石油公司相比较，2018 年壳牌的油气总产量居第三，与名列第二的 bp 产量差距微弱，天然气产量是五大国际石油公司中最高的。壳牌在 2018 年的原油加工量为 264.8 万桶/日，在五大国际石油公司中居第二位，原油销售量为 678.3 万桶/日，依然稳坐全球最大石油销售商的宝座（表 6-6）。同时，公司的生产结构依然保持着原油销售量>原油加工量>原油生产量。

表 6-6 2018 年五大国际石油公司产量数据

公司	原油产量（万桶/日）	天然气产量（亿立方英尺/日）	油气总产量（万桶/日）	原油加工量（万桶/日）	油产品销售量（万桶/日）
埃克森美孚	226.6	94.05	383.3	427.2	551.2
壳牌	180.3	108.05	366.6	264.8	678.3
bp	219.1	86.59	368.3	172.5	593
雪佛龙	178.1	68.89	293.2	161.1	265.5
道达尔	156.6	65.99	277.5	185.2	180.1

2. 经营业绩

自 2012—2013 年连续两年问鼎世界 500 强榜首之后，2014—2018 年的 5 年间，受公司业务结构的影响，壳牌一直稳坐最大国际石油公司的宝座，营业收入是五大国际石油公司最高的（表 6-7）。

表 6-7 2014—2018 年五大国际石油公司的经营业绩　　　　　单位：亿美元

公司	2014 年 营业收入	2014 年 利润	2015 年 营业收入	2015 年 利润	2016 年 营业收入	2016 年 利润	2017 年 营业收入	2017 年 利润	2018 年 营业收入	2018 年 利润
埃克森美孚	3825.97	325.2	2462.04	161.5	2050.04	78.4	2443.63	197.1	2902.12	208.4
壳牌	4313.44	148.74	2721.56	19.39	2400.33	45.75	3118.7	129.77	3883.79	233.52
bp	3586.78	37.8	2259.82	-64.82	1866.06	1.15	2445.82	33.89	3037.38	93.83
雪佛龙	2037.84	192.41	1311.18	45.87	1075.67	-4.97	1345.33	91.95	1663.39	148.24
道达尔	2120.18	42.44	1434.21	50.87	1279.25	61.96	1490.99	86.31	1841.06	114.46

虽然营业额一骑绝尘，但壳牌的利润值却没有那么出色，2014 年壳牌的利润额不足埃克森美孚的 1/2，2015 年更是跌至五大国际石油公司中的第四位，仅高于亏损的 bp，是埃克森美孚 1/9 左右。

随着油价的进一步下跌，2016 年雪佛龙出现亏损，bp 基本保持了盈亏平衡。而壳牌的经营业绩也探底，营业收入 2400 亿美元，利润 45.7 亿美元，仅为 2014 年的 55%、31%。

2017 年油价反弹，同时伴随整合 BG、调整战略、优化业务这一套组合拳打下来，公司各项运营数据也开始复苏。到 2018 年，壳牌实现利润 233.5 亿美元，超过了 2014 年，是 5 年来公司盈利最高的一年，也超越埃克森美孚，成为国际石油公司中利润值最高的公司。

3. 哪个业务板块在赚钱？

那么究竟是什么让壳牌在低油价时期实现了利润值的超车？在低油价下究竟是哪个业务在赚钱？

分业务板块来看，低油价下，下游和天然气一体化业务是公司利润的"压舱石"。其中，天然气一体化板块虽然也和油价的变化呈明显的相关性，在油价最低的 2015—2016 年收益也最低，并随着油价的回升收益也逐步回升，但与上游业务相比，天然气一体化板块利润更为稳定,受油价的冲击更小。同时,2018年油价开始回暖,全年布伦特油价超过70美元/桶,壳牌上游业务盈利大幅提升(图6-28)。

图 6-28 2014—2018 年壳牌三大业务板块收益变化
注：下游为 CCS 收益（即以当前供应成本为基础的收益，earnings on a current cost of supplies basis）
数据来源：壳牌公司年报

下游的收益则更为稳定。壳牌的下游板块有两个业务部门——油产品和化工,也就是我们常说的炼油和化工。在这一阶段的战略布局中,油产品即炼油业务是现金引擎,而化工是未来增长,战略定位直接影响到对这两项业务的投资。以最艰难的2015—2016年为例(表6-8),2015年壳牌对下游的投资为51亿美元,其中油产品业务为34亿美元,占下游投资额的67%,化工业务为19亿美元,占下游投资额的33%；2015年下游的收益为97.5亿美元,石油产品收益占2015年收益的83%,化工收益占17%。2016年两项业务之间的差距有所缓解,壳牌当年下游的资本投资为61亿美元,其中油产品36亿美元,占下游投资额的59%,化工业务25亿美元,占下游投资额的41%。收益方面,2016年的下游收益为72.4亿美元,石油产品占2016年收益的77%,化工占23%。

表 6-8 2015—2016 年壳牌下游业务投资与收益

业务部门	2015年 投资额（亿美元）	占比	收益（亿美元）	占比	2016年 投资额（亿美元）	占比	收益（亿美元）	占比
油产品	34	67%	80.9	83%	36	59%	55.7	77%
化工	19	33%	16.6	17%	25	41%	16.7	23%
下游投资	51	100%	97.5	100%	61	100%	72.4	100%

可以看出,在下游板块的业务部门中,油价下跌,石油产品的原料成本降低,利润空间加大,而同期全球化工产能趋于饱和,激烈的竞争进一步压缩了利润空间。这也证明了,对于国际石油公司来说,上下游一体化的协同效应可以有效地降低油价的冲击,保持公司稳定运营。

第二节 转 折

2019年全年平均布伦特油价64美元/桶,虽然较2018年有所回落,但业界普遍认为,这一轮调整后油价将长期稳定在60~70美元/桶。对于经过重塑的壳牌而言,这个油价水平足够公司获取规模利润。然而,正当壳牌和行业内所有公司一样,开始踏上"重回增长"之路时,2020年,在21世纪第三个10年的开年之际,新冠疫情重创全球经济,超低油价随之而来,所有石油公司被迫进入转折之年。

一、遭遇新冠疫情

2020年1月30日,世界卫生组织宣布由新型冠状病毒引发的疫情构成"国际关注的突发公共卫生事件",当日国际油价重挫2%。新冠疫情很快成为一张全新的考卷铺开在各个国家和各行各业面前,所有的人都被迫坐在考卷前。新冠疫情是一次"黑天鹅事件",不但打乱了世界经济增长、全球化进程,也改变了人类出行方式,给油气行业按下了暂停键。

1. 考验1:原油与天然气消费量的绝对下滑

2020年是现代全球能源史上最为动荡的一年。受全球新冠肺炎疫情影响,各地能源需求下降,一次能源消费量同比下降4.5%,为1945年以来的最大跌幅。

其中,石油消费下降占一次能源消费净减少量的近3/4,是造成这一跌幅的主要因素。2020年,全球石油总消费量为4006.7百万吨,石油消费量创纪录地减少了910万桶/日,降幅9.3%,创近10年石油消费总量新低(图6-29)。2020年平均石油价格(即期布伦特现货价)为41.84美元/桶,为2004年以来的最低价。

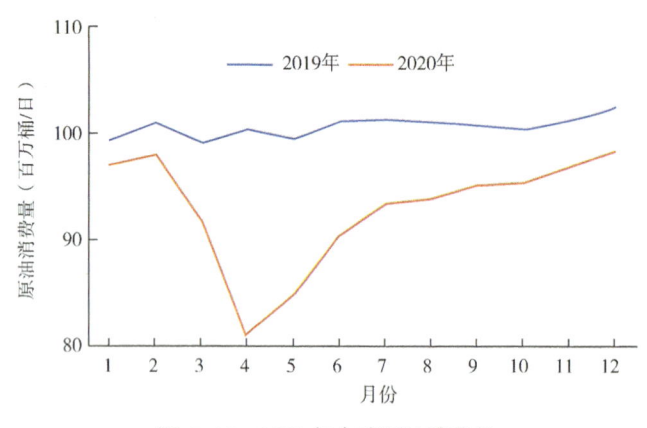

图6-29 2020年全球原油消费量

全球天然气业务也受到重创,天然气价格跌至多年低点:2020年美国亨利枢纽平均价格为1.99美元/百万英热单位,为1995年以来的最低水平;亚洲LNG价格(日韩基准)则跌至历史最低点,为4.39美元/百万英热单位。天然气消费量减少810亿立方米,降幅2.3%。尽管如此,由于原油消费量的锐减,天然气在一次能源中的占比仍持续上升,创下24.7%

的历史新高。其中，LNG 供应量增长 40 亿立方米，增长率 0.6%，远低于过去 10 年 6.8% 的平均增速。

2. 考验 2：全球经济信心受挫

2020 年，受新冠疫情突发、极端自然灾害频发及贸易保护主义影响，世界经济出现负增长。各种不确定性急剧升高，投资者信心受挫，市场恐慌情绪蔓延，全球金融市场出现大幅波动。

3 月 9 日，美股在开盘后经历暴跌，标普 500 指数触发第一层熔断机制，这是继 1997 年 10 月亚洲金融危机期间美股首次熔断后的第二次熔断，然而这只是此轮金融市场大幅动荡的开端。随后在 3 月 12 日、16 日和 18 日短短一周内相继发生了三次熔断事件，引发世界范围内的资本市场动荡。值得一提的是 3 月 12 日的熔断事件，美股开盘后仅 6 分钟，三大股指集体跌破 7%，触发熔断机制，交易暂停 15 分钟。据不完全统计，同一天，还有泰国、菲律宾、韩国、巴基斯坦、印度尼西亚、巴西、加拿大、墨西哥、哥伦比亚、斯里兰卡等 10 个国家的股市发生熔断。其中，巴西 IBOVESPA 股指大跌 15%，触发当周第三次熔断、当日第二级熔断；加拿大股市股指跌幅达 9.2%，触发第一级全市场熔断，多伦多证交所暂停股票交易，恢复交易后股指跌幅一度扩大至 10.5%。欧洲很多股市没有设立熔断机制，但同样遭遇重挫。3 月 12 日，欧洲央行宣布维持三大利率不变，出乎市场预料的是，被视为市场恐慌指标的欧洲斯托克 600 指数跌幅扩大至 10%，为历史最大单日跌幅；德国 DAX 指数、法国 CAC40 指数跌超 10%；英国富时 100 指数跌近 10%。比特币当天跌破 5000 美元/枚，24 小时跌幅达 37%。

以美国为代表的主要经济体纷纷采取宽松政策，出台经济刺激与纾困的财政措施，但世界经济仍颓势难挽。进入 2020 年下半年，中国抗疫的成功以及全球疫苗研发的积极进程为民众带来了希望，全球金融市场开始恢复增长。

根据联合国经济和社会事务署统计，2020 年全球经济下降 4.3%，下降程度是 2009 年全球金融危机期间的 2.5 倍多。其中，发达经济体经济降幅高达 5.6%，发展中经济体萎缩 2.5%。在疫情导致全球供应链和旅游业大规模中断的背景下，加上主要经济体之间持续的贸易紧张关系和多边贸易谈判的僵局，在疫情之前就已经限制了全球贸易，全球贸易收缩 7.6%。

3. 考验 3：国际油价首次出现负值

疫情在全球范围全面暴发后，许多国家采取居家隔离的方式阻断疫情，生活生产方式的改变让原油需求大幅萎缩，2020 年 4 月份油价暴跌至历史 20 年低位。2020 年，全球石油需求比上年减少 880 万桶/日，石油供应同比减少 660 万桶/日，降幅双双创下历史之最。由于世界石油需求降幅显著大于供应降幅，全年市场平均供应过剩量达 270 万桶/日，全球石油库存水平也创历史纪录。

当年大萧条席卷世界之时，牛奶被倒掉的戏码，以另一种方式在当时的原油市场上演了。2020 年 4 月 20 日纽交所 5 月交货的轻质原油（WTI）期货价格暴跌 305.97%，历史首次跌入负值，收于每桶 -37.63 美元，盘中最低报每桶 -40.32 美元。这是纽约商品交易所 1983 年开设轻质原油期货交易以来从未出现过的现象。负油价并不意味着原油本身一文不值，而是将原油输送到炼厂或油库存储的成本已超过了石油的实物价值。美国境内，石油生产商的储油空间基本都被填满了，定于 4 月 21 日开始实物交割的 WTI 5 月原油期货合约突然之间

"无处安放",于是出现了原油期货史上最疯狂的抛售。

金融市场的动荡和大宗商品的抛售让美国两党摒弃分歧,快速通过财政纾困法案救助美国企业,效果超出市场预期。之后的3个月,没有出现太多不确定性,通胀预期回升。由于出行限制,原油消费的基本面依然羸弱,而高企的原油库存仍然是现实,9月后美国上一轮财政纾困计划到期,新一轮计划迟迟不能落地,这些都让被强行拉升的油价再次开始震荡。

11月23日公布的美国Markit PMI超预期复苏,增强了市场对经济复苏的信心。12月初,通胀预期站上9月份以来高点,12月3日布伦特原油价格随之突破前期高点,并于12月10日站上50美元/桶(图6-30)。

图 6-30 2020年原油价格走势

4. 考验4:全球油气发现储量大幅减少

2020年,全球共获得179个油气发现,主要来自中东、非洲和拉美地区,新发现油气储量19.5亿吨油当量,同比大幅下降30%。其中,石油新增探明储量同比下降11%,天然气新增储量同比下降43%。超过1亿吨油当量的发现仅有4个,全部位于深海。受限产和需求下降影响,当年全球油气产量均出现下滑。其中,原油产量为42.0亿吨,同比下降6.3%;天然气产量为4.0万亿立方米,同比下降1.4%。

全球勘探开发投资支出3018亿美元,同比减少1507亿美元,降幅为33%。全球工程技术服务市场规模约为1922亿美元,较2019年萎缩近30%。

5. 考验5:清洁能源逆势增长,石油公司面临能源转型挑战

全球能源清洁化进程由增量阶段进入提质阶段。2020年,在煤炭、石油等传统化石能源消费负增长的同时,非水可再生能源的表现亮眼,但规模有限,发展的重点在于新建非水可再生能源装机的入网与消纳。氢能利用受到国际能源界的高度关注,不少国家制定了氢能规划并开始付诸行动。

然而,2020年,国际石油公司的经营业绩遭受重创,经历了有史以来最糟糕的二季度,上半年五大国际公司合计亏损541.74亿美元;原油加工量、油品销售、营业收入、资本支出分别下降10%、16%、38.28%和15.2%;油气产量下降1.4%;出现了罕见的全产业链同降的情况。三季度走势分化,壳牌、道达尔开始扭亏为盈,而埃克森美孚、bp、雪佛龙继续亏损。国际石油公司股价走低，埃克森美孚、雪佛龙以及道达尔股票先后下探至历史低点，埃克森美孚甚至首次被移出道琼斯工业平均指数。

国际大石油公司迅速调整经营策略，大幅削减投资规模，及时下调产量目标，同时采取一系列措施，加大成本管控力度，降薪裁员、调整股息、减记资产。同时，各大国际石油公司制定了个性化智能化的绿色低碳转型路径。

二、生存之战

在"疫情+低油价"的双重冲击下，所有石油公司都面临生存的压力。尤其是油价自2017年开始逐渐复苏，不少公司都计划"重回增长"目标，壳牌在2016年完成对BG的并购后，提出要专注于提升投资回报和增加自由现金流，通过投资有竞争力的项目、降低成本和大幅剥离非核心业务，将壳牌重塑为一家适应性更强和业务聚焦的公司。

2019年，壳牌提出的战略目标包括：企业平均资本回报率（ROACE）在2019—2021年达到10%；实现到2035年公司的能源产品的净碳排放量在现有基础上降低20%；提高低碳能源的竞争力，促进能源格局的转换。而公布的相应举措则主要包括：2018—2020年实现平均每年资本投资250亿~300亿美元；继续推进公司的运营和财务转型，减少债务，2019—2020年公司计划每年继续剥离50亿美元的资产；到2020年自由现金流将可达到每年250亿~300亿美元；到2025年，壳牌的油气产量将从2017年的360万桶油当量/日增至380万桶油当量/日以上。但是随着疫情的到来，随之而来的考验让壳牌和其他国际石油公司一样，不得不修正目标，改变措施，努力打赢这场生死之战。

1. 大幅削减资本性支出

疫情发生之后，为了应对急转直下的环境，壳牌制定了一系列应急性质的措施。首先公布了资本支出削减计划，将预定的250亿美元资本支出下降到200亿美元，降幅20%。实际上，其2020年全年现金资本支出为178亿美元，较2019年的239亿美元减少了25%。

壳牌并不是唯一一家削减支出的公司，2020年五家公司公布的计划削减支出金额达到280亿美元，较年初计划削减25%。埃克森美孚和雪佛龙的削减幅度达到30%（见表6-9）。

表6-9　国际石油公司总体削减支出计划

公司	年初计划（亿美元）	变更计划（亿美元）	削减金额（亿美元）	削减幅度（%）
埃克森美孚	330	230	100	30
壳牌	250	200	50	20
bp	150	120	30	20
雪佛龙	200	140	60	30
道达尔	180	140	40	22.2
合计	1110	830	280	25

数据来源：各公司网站

削减资本性支出的首要手段就是推迟启动大项目。油气大项目一般投资大、建设周期长，在特殊时期延迟对大项目投资决策，是国际石油公司削减资本性支出一贯使用的手段。此次壳牌推迟了北海和墨西哥湾的深水油气项目及加拿大LNG项目，与壳牌一样，其他国际石油公司延迟投资决策的项目类型一般也是深海油气勘探开发项目和LNG项目，例如，埃克森美孚推迟了圭亚那 Payara 项目、莫桑比克 LNG 项目的最终投资决定（表 6-10）。

表 6-10 2020 年主要国际石油公司公布的推迟项目

公司	项目名称	类型	区域
埃克森美孚	莫桑比克 Rovuma LNG 项目	LNG 项目	非洲
	圭亚那 Payara 项目	深海油气	南美
壳牌	加拿大 LNG 项目	LNG 项目	北美
	北海 Jackdaw 天然气项目	深海天然气	欧洲
	北海 Cambo 油田	深海油气	欧洲
	Shearwater 天然气基础设施枢纽项目	天然气基础设施	欧洲
	墨西哥湾 Whale 项目	深海油气	墨西哥湾
bp	Cherry Point 炼油厂的启动日期	炼油厂	北美
	印度尼西亚 Tangguh LNG 项目	LNG 项目	亚洲
雪佛龙	美国二叠纪页岩区块钻探生产活动	非常规	北美
	深水项目	深海油气	全球

数据来源：各公司网站。

削减资本性支出的第二个重要手段是减少对低效项目的投资，调整的重点集中在非常规油气领域。美国页岩油气盈亏平衡成本为 40 美元/桶左右，疫情发生之后，油价暴跌，基于对未来油价趋势总体判断，各大石油公司都把北美非常规油气项目和加拿大油砂项目的投资作为削减重点，而壳牌在并购 BG 之前，为了筹措现金流已经对公司的非常规资产进行了一轮调整，所以在 2020 年并未提出针对非常规油气项目的新的调整计划。但埃克森美孚、bp 和雪佛龙都对非常规资产进行了规模较大的调整，其中 bp 宣布减少 10 亿美元的页岩业务投资，较原计划减少 25%。

退出项目是削减支出的第三个手段。2020 年，壳牌宣布决定退出美国查尔斯湖 LNG 项目（Lake Charles LNG project）、西伯利亚亚马尔半岛的北极石油联合项目。道达尔取消了加纳油气收购项目。其中，查尔斯湖 LNG 项目原是 BG 的大项目，在 2015 年获得了联邦能源管理委员会（FERC）的批准，项目是和 Energy Transfer 公司合作，旨在将 Energy Transfer 公司现有的进口终端转变为位于路易斯安那州查尔斯湖的 LNG 出口设施，项目设计的液化能力高达 1645 万吨。但由于油气资源是石油公司的核心资产，即使油价大幅降低，市场需求短时间内难以恢复，石油公司真正退出的项目也并不多。

2. 削减成本性支出

壳牌到 2021 年较 2019 年减少 30 亿~40 亿美元运营成本，主要措施是降低了炼厂和化工厂的利用率。从五大国际石油公司公布的运营成本削减目标来看，基本在 10 亿~30 亿美元（表 6-11）。

国际石油公司虽然强调要通过增加数字化程度、提升工作效率等方式实现运营成本的减少，但实际上见效快的措施主要有两个方面：一是关闭低效、无效油气产量；二是裁减人员，降低人工成本。

表 6-11　五大国际石油公司削减运营成本目标

公司	削减运营成本目标
埃克森美孚	计划 2020 年减少 15% 的现金支出
壳牌	到 2021 年较 2019 年减少 30 亿~40 亿美元运营成本，降低炼厂和化工厂的利用率
bp	到 2021 年底在 2019 年现金成本的基础上，减少 25 亿美元
雪佛龙	2020 年减少 10 亿美元运营成本
道达尔	2020 年减少 10 亿美元运营成本，减少 10 亿美元能耗成本，降低 2020 年公司高管薪酬

数据来源：各公司网站。

在疫情之前，石油公司对于未来产量的规划相对乐观，增幅达 3%~5%，但是在疫情之后，壳牌预计未来几年石油产量将保持负增长，将 2025 年产量预期从 380 万桶/日降低到 306 万桶/日，年均递减 2%（表 6-12）。到 2020 年，壳牌的上游单位开发成本自 2015 年以来已经下降 50% 以上，平均盈亏平衡价格约为 30 美元/桶，平均预期回收期为 7 年左右。

除壳牌之外，其他几家国际石油公司都相应调减了 2020 年和未来 5 年的油气产量目标。

表 6-12　五大国际石油公司产量预期调整前后对比

公司	当前产量（万桶/日）	调整前 2025 年产量预计（万桶/日）	增速（%）	调整后 2025 年产量预计（万桶/日）	增速（%）
埃克森美孚	376	500	3	376	0
壳牌	339	380	4	306	-2
bp	245	312	5	200	-4
道达尔	287	366	5	317	2
雪佛龙	308	358	3	358	3

数据来源：各公司网站。

2020 年，五大石油公司都公布了各自的裁员计划，计划裁员比例在 10%~15% 之间，规模在 0.6 万~1.4 万人，同时还会配合冻结加薪、取消奖金等措施来控制人工成本。2020 年 5 月，壳牌表示计划采取员工自愿离职补偿的举措，同时削减的还有外部招聘规模、外派员工人数。至 2021 年 3 月壳牌公布 2020 年财报时宣布，2021 年底壳牌的员工人数与 2019 年底保持持平，但是一共有 1500 名员工在 2020 年选择了自愿离职；同时宣布希望在 2022 年底之前再减少 7000~9000 个工作岗位。

3. 多种措施创造现金流

疫情之后，五大国际石油公司均公布了资产出售计划，以 LNG 项目和海上区块为主，包括少量炼厂和管道资产，既有实体资产，也有股权。从各公司拟出售资产计划看，壳牌及道达尔的出售项目最多，涉及页岩气、炼油厂、LNG 项目及设施、管道等资产；道达尔及埃克森美孚以出售海上油气田区块为主；bp 除了海上油气田，还计划剥离石化资产；雪佛龙计划出售油田及输油管线。通过出售资产，道达尔计划 2020 年在全球范围内筹资 50 亿美元，埃克森美孚计划到 2021 年筹资 150 亿美元，到 2025 年实现 250 亿美元的资产剥离（表 6-13）。

表 6-13　主要计划资产出售项目

公司	资产名称	类型	所在区域	交易方及金额
埃克森美孚	阿塞拜疆 ACG 油田	海上油田，股权	阿塞拜疆	待定
	美国墨西哥湾、英国北海、德国、尼日利亚、马来西亚、印度尼西亚、罗马尼亚、阿塞拜疆、越南、乍得和赤道几内亚的上游资产	资产，股权	美洲、亚洲、中东等	待定
	英国北海业务	资产，海上油田	欧洲	待定
壳牌	加利福尼亚的马丁内斯炼油厂	资产，炼油厂和库存	美国	PBF Holding Company LLC (PBF)，12 亿美元
	阿巴拉契亚页岩气资产	资产，页岩气	美国	5.41 亿美元
	澳大利亚昆士兰柯蒂斯 LNG 通用设施	股权，LNG 设施	澳大利亚	30 亿美元
	两个油田和两条管道的股份	股权，油田及管道	挪威	/
	路易斯安那炼油厂	资产，炼油厂	美国	/
	挪威加斯诺公司	天然气供应公司	挪威	/
bp	北海资产中的股份	股权，海上油田及天然气气田	欧洲	Premier Oil
	阿曼哈赞天然气项目 10% 的股份	股权，天然气田	亚洲	/
	旗下全部化工业务	资产，石化	亚洲	英力士(INEOS)，50 亿美元
	阿拉斯加普拉德霍湾(Prudhoe Bay)油气生产资产	油气田资产及管道/股份	北美	Hilcorp 能源公司，56 亿美元
	美国陆上的 San Juan, Arkoma 和 Anadarko 油田	资产/陆上油田	北美	/
雪佛龙	阿塞拜疆的能源资产	油田及输油管线资产	亚洲	MOL 匈牙利油气公司，15.7 亿美元
	得州贝莱尔市 30 英亩相关资产	物业	北美	/
	阿巴拉契亚页岩资产	天然气，管道	北美	EQT，7.35 亿美元
	马来西亚 Malampaya 油田	股权，油田	亚洲	5 亿
道达尔	尼日利亚 OML 118 海上区块 12.5% 的股权	股权，海上区块	非洲	/
	英国北海非核心资产	/	欧洲	NEO 能源
	肯尼亚项目部分股权	股权，油气田	非洲	12.5 亿~20 亿美元
	尼日利亚 8 个区块(包括陆上和浅水区)的股权	股权，陆上/海上区块	非洲	/

续表

公司	资产名称	类型	所在区域	交易方及金额
道达尔	印度尼西亚深水天然气项目股权	股权，深水天然气	亚洲	/
	墨西哥坎佩切盆地三个区块30%的股份	股权，海上区块	北美	/
	科特迪瓦区块	资产，海上区块	非洲	卡塔尔石油公司
	FosCavaou LNG 码头运营商 Fosmax LNG 的27.5%的股权	股权，LNG码头	欧洲	2.6亿美元
	勘探生产（文莱深海婆罗洲BV海上区块）和市场营销与服务部的若干非核心资产（塞拉利昂和利比里亚）	海上区块及部分资产	亚洲	壳牌，4亿美元
	加蓬近海非经营性成熟资产组合	股权，油田	非洲	Perenco, 2.9亿~3.5亿美元

数据来源：各公司网站。

国际大石油公司还普遍下调对未来油价的预期，进行了不同程度的资产减值处理，2020年，5大国际石油公司累计资产减值760亿美元。其中，壳牌减记了280.6亿美元资产，主要包括澳大利亚天然气资产、北美非常规和巴西深海资产，是五家公司中最高的（图6-31）。

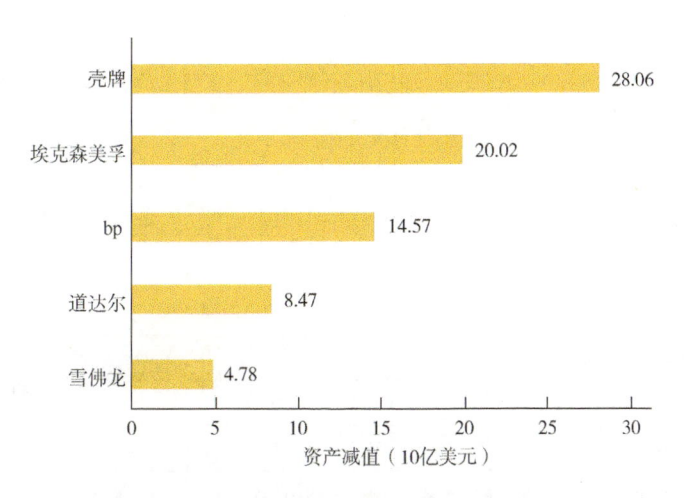

公司	资产减值（10亿美元）
壳牌	28.06
埃克森美孚	20.02
bp	14.57
道达尔	8.47
雪佛龙	4.78

图6-31 2020年国际大石油公司资产减值示意图
数据来源：EnergyIntelligence, EvaluateEnergy

2021年，壳牌继续剥离资产，对公司上游资产进行重新配置，9月底，壳牌宣布将公司在美国二叠纪盆地的所有资产以约95亿美元现金的价格出售给康菲公司（ConocoPhillips，COP）。壳牌在二叠纪盆地拥有22.5万英亩的页岩开发面积，目前每天的产量约为17.5万桶油当量，约占其2020年全球油气总产量的6%，出售的资产中还包括约600英里的石油、天然气和水务管道以及其他能源基础设施。壳牌表示，通过该交易所得的款项中，70亿美元将返还给股东，其余资金将用来加强资产负债表。

4. 调整股息

在经历了2020年4月的负油价后，疫苗尚未面世，业界对未来的预期一度非常悲观。壳牌在这种氛围影响下，经过董事会投票重新确定了股息基数，最终确定了调降67%股息的计划，这也是壳牌自1945年以来首次调降股息。不得不说，这对壳牌来说是历史性的，是公司应对特殊情境的求生战役。2020年10月，随着情况的好转，壳牌董事会批准了提高4%的股息、并在未来每年增加股息的计划。最终2020年壳牌全年派发红利74亿美元，较2019年的152亿美元减少了51%。壳牌并不是唯一一家采取这一措施的公司。其他国际石油公司也都调整了股利政策，前所未有地降低了股息派发。除了壳牌，bp宣布削减股息50%，这也是其10年来首次削减股息。此外，道达尔、壳牌和雪佛龙还宣布暂停原来的股票回购计划。

三、答卷对比

1. 生产全面下降

2020年，五大国际石油公司的储量和产量均有不同程度的下降。壳牌证实储量同比下降21.6%，仅好于降幅为22.3%的埃克森美孚，证实储量在五大国际石油公司中位列第四，被储量逆势增长的bp超越。油气产量方面，2020年壳牌的原油产量为180.3万桶/日，较2019年下降3.9%，在五大国际石油公司排位第四。天然气产量为91.81亿英尺³/日，较2019年减少了13.1%，占油气总产量的47%，仍居五大国际石油公司首位（表6-14）。

表6-14 2020年五大国际石油公司储量与生产数据表

公司	证实储量（百万桶油当量） 2019年	2020年	同比(%)	原油产量（万桶/日） 2019年	2020年	同比(%)	天然气产量（亿英尺³/日） 2019年	2020年	同比(%)
埃克森美孚	18596	15211	-22.3	238.6	234.9	-1.6	93.94	84.71	-10.9
壳牌	11096	9124	-21.6	187.4	180.3	-3.9	103.82	91.81	-13.1
bp	9965	10112	1.5	221.1	210.6	-5.0	91.02	79.29	-14.8
雪佛龙	6521	6147	-6.1	186.5	186.8	0.2	71.57	72.90	1.8
道达尔	12681	12328	-2.9	143.1	129.8	-10.2	73.09	72.46	-0.9

数据来源：各公司2020年报，壳牌数据按照每桶原油等于5800立方英尺天然气换算。

炼油能力和油品销售量方面，由于更接近消费端，这部分业务受疫情影响相较生产业务更大。五大国际石油公司均有大幅度的下降。壳牌2020年炼油能力为206.3万桶/日，较2019年同比下降24.3%，在五家公司中降幅仅次于道达尔；油品销售量降至471万桶/日，同比大降39.3%，是五家公司中下跌幅度最大的，将最大油品销售公司的头衔拱手让给了埃克森美孚（表6-15）。

2. 经营业绩

在经历了有史以来最糟糕的二季度后，2020年上半年五大国际公司合计亏损541.74亿美元；原油加工量、油品销售、营业收入、资本支出分别下降10%、16%、38.28%和

15.2%；油气产量下降1.4%；出现了罕见的全产业链同降的情况。三季度走势分化，壳牌和道达尔开始扭亏为盈，而埃克森美孚、bp、雪佛龙继续亏损。但就全年数据而言，五大公司的经营业绩都只能用"惨不忍睹"来形容，各家均是亏损，区别只在于亏损的多少（表6-16）。

表6-15　2020年五大国际石油炼油能力与油品销售量

公司	炼油能力（万桶/日） 2019年	2020年	同比（%）	油品销售量（万桶/日） 2019年	2020年	同比（%）
埃克森美孚	398.1	377.3	-5.5	545.2	489.5	-11.4
壳牌	256.4	206.3	-24.3	656.1	471.0	-39.3
bp	174.9	162.7	-7.5	272.7	227.5	-19.9
雪佛龙	156.4	137.7	-13.6	257.7	222.4	-15.9
道达尔	167.1	129.2	-29.3	184.5	147.7	-24.9

数据来源：各公司2020年报。

表6-16　2020年五大国际石油公司经营状况

公司	营业收入（亿美元） 2020年	2019年	同比（%）	利润（亿美元） 2020年	2019年	同比（%）
埃克森美孚	1815.02	2649.38	-31.5	-224.4	143.4	-256.5
壳牌	1805.43	3448.77	-47.7	-216.8	158.42	-236.9
bp	1835.00	2826.16	-35.1	-203.05	40.26	-604.3
雪佛龙	946.92	1465.16	-35.4	-55.43	28.45	-289.6
道达尔	1841.06	1762.49	4.5	-72.42	112.67	-164.1

数据来源：各公司2020年报。

壳牌利润从2019年的158.42亿美元下滑至亏损216.8亿美元，其中包括281亿美元的非现金减值，跌至20年来最低。壳牌并不是最惨的，老对手埃克森美孚连续4个季度亏损，为公司成立以来首次，与2019年盈利143.4亿美元相比，224.4亿美元的巨额亏损占据了亏损榜单的第一名。bp全年亏损203.05亿美元，较2019年利润40.26亿美元，出现业绩反转并大幅下滑。道达尔2020年亏损72.42亿美元，较2019年盈利112.67亿美元，也出现较大的下跌。雪佛龙是五大公司中亏损最少的，2020年亏损55.43亿美元，与2019年28.45亿美元的利润水平相比，也是相差甚远。

2020年的亏损和石油公司在低油价下主动资产减值有关，在剔除资产减值因素后，壳牌当年利润率2%，虽然较2019年下降了3个百分点，但依然保持了盈利。这说明，与bp的-2%、雪佛龙和埃克森美孚-1%的利润率相比，壳牌的业务链在低油价下保持了很强的弹性（图6-32）。

2020年，尽管国际石油巨头纷纷削减资本支出，但是其经营现金流依然不能满足当年资本投入。壳牌在削减股息后，成为五大石油公司中唯一一家保持了正现金流的公司。更重要的是，壳牌将净债务从2019年的791亿美元减少到2020年底的754亿美元，在没有扩大债务的基础上实现了自由现金流52.3亿美元，经营现金流341亿美元。与过去百亿美元以上的自由现金流相比，2020年壳牌现金流虽然只是略有盈余，但与埃克森美孚惨不忍睹的、高达190亿美元的赤字(图6-33)相比，壳牌也显得更加应对有方一些。

图 6-32 2018—2019 年五大国际石油公司剔除资产减记后的利润率
数据来源：Energy Intelligence，Evaluate Energy

图 6-33 2018—2019 年 5 大国际石油公司自由现金流变化

为了弥补资金赤字，五大国际石油公司必须增加长期债务。这就意味着债务比例将会提高，净债务水平将会增加。这种情况下，除了雪佛龙，其他各石油巨头的资产负债率都接近或超过40%，壳牌达到了32.2%，bp 的资产负债率更高，达到60%。穆迪和标普两家国际著名评级机构也都下调了国际石油巨头未来公司信用的评级，反映出这些企业在未来几年改善目前孱弱财务危机的能力有限，没有恢复到过去的企业评级水平。虽然整个行业遭遇挫折，但相比其他公司，壳牌因更具弹性和韧性的业务链、果断的决策，在应对新冠疫情这张残酷考卷中，壳牌在五大石油公司中做出了相对出色的答卷。

第三节 转　　型

2014年之后，人们对化石能源对环境的影响越来越关注，尤其随着技术进步、清洁能源经济性的提升，德国带领欧洲开始进入激进的清洁能源布局时代，整个石油市场大幅跌宕，化石能源似乎真正走向了没落之路。加上遭遇油价和新冠疫情的双重狙击，需求、政策与融资的多重外界挤压都在迫使各大石油公司调整战略，加快"转型"的步伐。

一、转型浪潮

1. 主要发达经济体清洁能源政策加速

新冠疫情席卷全球，重创全球经济，此后世界各国在恢复经济过程中相继公布的能源领域相关发展战略和政策措施，主要集中在4个方面：一是聚焦碳中和与碳交易；二是将清洁能源作为疫情后恢复经济的引擎；三是战略扶持新兴产业发展；四是加速化石燃料退出。

2019年末，欧盟委员会推出重大发展战略《欧洲绿色新政》，宣布欧盟将在2050年成为首个"碳中和"区域的目标。2020年3月，欧盟委员会正式公布《欧洲气候法》草案，决定以立法的形式明确到2050年实现碳中和目标。12月，欧盟就最新减排计划达成共识，同意2030年时欧盟温室气体排放要比1990年降低至少55%，此前欧盟设定的减排目标是到2030年较1990年水平减排40%。据英国能源与气候智库（Energy&Climate Intelligence Unit）机构统计，截至2021年1月，已有欧盟及27个国家实现或者承诺碳中和目标（表6-17）。欧盟金融投资机构欧洲投资银行（EIB）已宣布将在2021年底前停止为一切化石能源项目提供贷款。

表6-17　部分国家承诺碳中和时间表

国家/地区	碳中和目标年	进展情况
芬兰	2035年	政策宣示
冰岛、奥地利	2040年	政策宣示
瑞典、苏格兰	2045年	已立法
英国、法国、丹麦、新西兰、匈牙利	2050年	已经立法
欧盟、西班牙	2050年	立法中
德国、瑞士、挪威、葡萄牙、比利时、加拿大、日本、韩国	2050年	政策宣示
美国		拜登新政
中国、巴西	2060年	政策宣示
新加坡	21世纪后半叶	政策宣示

据世界银行和国际碳行动伙伴组织（ICAP）统计，截至2021年1月，全球已经实施或计划实施的碳定价机制共有61项，包括31个碳排放交易体系、30项碳税政策。其中，欧盟碳排放交易体系（EU-ETS）作为目前全球最具影响力的碳市场，自2020年下半年以来，在欧盟一再提高气候目标以及各国不断出台绿色复苏计划的影响之下，欧盟碳价持续上涨，并

多次突破 30 欧元/吨的关口。中国自 2021 年 2 月 1 日起施行的《碳排放权交易管理办法(试行)》适用范围扩展至全国,这意味着中国的碳市场建设已逐步从试点先行,过渡到全国统一市场。中国成为全球最大的碳交易市场。在北美地区,加拿大作为主要化石能源出口国,2020 年底宣布将对现行碳交易体系进行改革。墨西哥于 2020 年正式进入全国碳市场试点运行阶段,这标志着拉丁美洲第一个碳排放交易体系的诞生。2019—2020 年,加拿大的西北地区、爱德华王子岛和新不伦瑞克省,新加坡、南非等国和地区开始实行碳税,截至 2020 年 5 月,实行碳税(费)的国家有 24 个。2021 年 3 月,欧盟议会通过设立碳边境调节机制(Carbon Border Adjustment Mechanism,CBAM)的议案,决定自 2023 年起,与欧盟有贸易往来的国家若不遵守碳排放相关规定,其出口至欧盟的商品将面临碳关税。

2020 年,全球不少区域组织和国家提出后疫情时代的经济刺激计划,推出绿色增长战略,创造经济与环境的良性循环(表 6-18)。

表 6-18 2020 年部分国家出台的绿色经济复苏计划与政策

国家/地区	战略及政策
欧盟	7500 亿欧元"下一代欧盟"经济刺激方案,方案核心在于保证欧盟转型速度不减缓,能源技术上的全球优势不削弱,欧盟 2050 年实现碳中和的目标不因疫情而动摇。方案金额的 1/4 将明确用于欧盟的绿色复苏集合和公平过渡基金
德国	1300 亿欧元刺激方案,方案提出将在氢能领域投入 90 亿欧元,提高电动车购买补贴、扩大海上风电装机量等实施要点。将应对经济衰退与发展低碳经济紧密结合起来
法国	1000 亿欧元的经济刺激计划,三大复苏任务之一是"推动实现法国绿色经济的领先地位",计划拿出 300 亿欧元用于更环保的能源政策
日本	推出绿色增长计划,涉及能源和运输 14 个重点领域
韩国	160 万亿韩元(约 946 亿美元)的绿色新政,十大重点领域中有 4 个涉及能源转型
澳大利亚	发布清洁复苏计划,旨在通过增加可再生能源和储能领域投资,推动澳大利亚从新冠疫情带来的经济萧条中复苏
印度	设立 1000 亿卢比(约 13 亿美元)专项基金,用于支持可再生能源开发和相关制造业发展

在传统的清洁能源中,最受到重视的是核能,有多个国家将核电作为能源结构转型的重要力量。而在新兴的清洁能源中,氢能和储能占据了领先地位。2020 年,多个国家和地区加快布局氢能产业,相继出台具有实操性的氢能战略和氢能发展路线图(表 6-19)。在氢能战略布局上,欧洲将氢能作为能源转型和低碳发展的重要保障,美国重视氢能产业技术优势的建立和前瞻技术的研发,日韩致力于构建氢能社会和氢经济。

而对于传统的化石能源,疫情加速了全球能源结构调整的速度,在多国相继确立碳中和目标的大背景下,全球煤炭在一次能源中的地位急转直下,2020 年全球煤炭产量约为 74.38 亿吨,同比缩减 6.5%。德国、英国、奥地利等国加速关停煤电设施,明确煤电退出时间表。同时,2020 年的低油价促使产油国减少国家经济对化石能源的依赖。例如,2020 年 5 月,欧盟设立"公平过渡基金",作为"可持续欧洲投资计划"的一部分,用于支持高度依赖化石燃料行业的地区转型发展低碳产业。2020 年 11 月,英国公开表示,计划将原定的燃油车"禁售令"提前 10 年至 2030 年开始实施。在 2021 年 1 月 25 日公布的联合公报中，欧盟各成员国外交部部长计划在能源外交上采取激进的政策，阻止进一步投资所有基于化石燃料的能源基础设施项目，除非这些项目完全符合迈向气候中立的明确途径。

表 6-19 2020 年部分国家公布的氢能战略/路线图

国家/地区	战略/路线图	重点发展领域	发展目标
欧盟	欧盟氢能源战略	将绿氢作为欧盟未来发展的重点	2020—2024 年：在欧盟范围内建成 6 吉瓦绿氢产能，将绿氢产量提高至 100 万吨/年。 2025—2030 年：在欧盟范围内建成 40 吉瓦绿氢产能，将绿氢产量提高至 1000 万吨/年。 2030—2050 年：使氢能技术完成成熟，实现大规模应用
	欧洲 2×40 吉瓦绿氢行动计划	促进欧盟范围内氢能产业发展，支持绿氢生产	2030 年：安装超过 80 吉瓦的电解水制氢系统
德国	国家氢能战略	确立绿氢的优先地位	2030 年，将国内的绿氢产能提高至 5 吉瓦； 2040 年，将绿氢产能进一步提高到 10 吉瓦
俄罗斯	氢能发展路线图	规划氢能产业上下游，通过天然气管网掺氢，改造现有天然气管道以及建立氢气管网的方式，向欧盟出口氢气	2024 年，在俄罗斯境内建立一个全面涉及上下游的氢能产业链
法国	国家氢能源计划	在未来 10 年内投资 72 亿欧元推动氢能源生产与应用	2030 年：新建 6.5 吉瓦电解制氢装置，发展氢能交通，减少二氧化碳排放，通过发展氢能直接或间接创造 5 万~10 万个就业岗位
葡萄牙	国家氢战略	开发绿氢项目	2030 年：安装 2.1 吉瓦电解槽，投资约 70 亿欧元开发绿色制氢项目
意大利	国家氢能战略初步指南	助力经济脱碳，提高可再生能源产量，实现长期气候目标	2030 年：氢气将占意大利终端能源需求的 2%，并有助于消除多达 800 亿吨的二氧化碳； 2050 年：氢气占终端能源需求比例达到 20%

在全球经济体加速绿色清洁能源转型的大背景下，2020 年 1 月，国际能源署发表专题报告《石油和天然气工业需加大应对气候变化的力度》严正指出，世界油气工业迫切需要改变操作和商业运营的模式以适应日益增长的全球能源转型和气候效应；传统石油和天然气行业将是资本密集型清洁能源技术走向成熟的关键，国际石油公司需进一步平衡和协调公司短期收益和长期经营之间的关系。

2. 意外的审判

2021 年 5 月 26 日，荷兰海牙地区法院发布裁决，要求壳牌必须在 2030 年之前将碳排放量控制在 2019 年水平的 45%，该要求适用于壳牌所有旗下公司以及供应商和用户。这是全球首例法院强制要求油气公司遵守《巴黎协定》减少碳排放的判决。

2019年,壳牌旗下的温室气体排放总量约17亿吨二氧化碳当量(图6-34),如将其视为主权国家,这一排放量仅次于中国、美国、印度,与俄罗斯等国并驾齐驱;要实现法院要求的减排量,壳牌需要在2030年前减少排放9.36亿吨二氧化碳当量,相当于减少一个伊朗或日本的国家排放量。

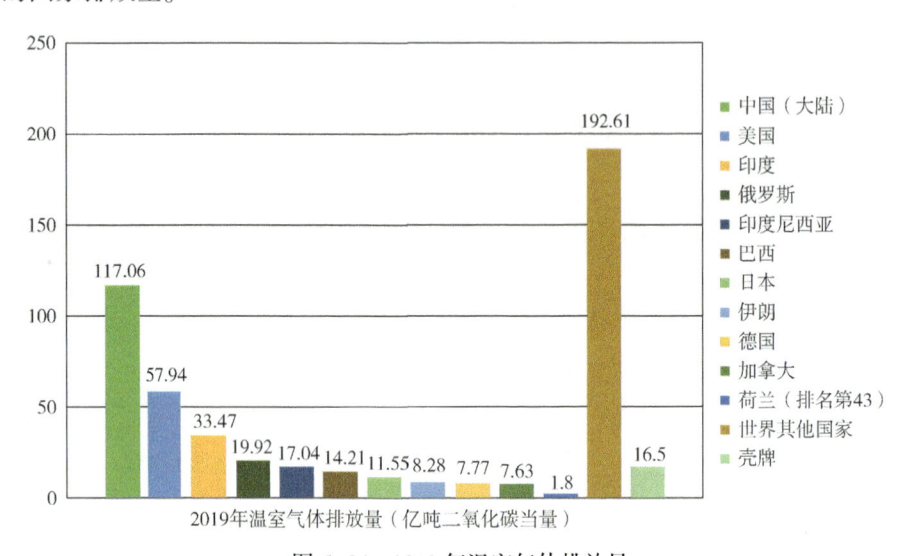

图6-34 2019年温室气体排放量
数据来源:世界资源研究所,Climate Analysis Indicators Tool(CAIT)

壳牌被裁判事件,看似意外,实则有迹可循。早在同时,2015年以来,石油石化行业招致了越来越多的气候诉讼案件,索赔高达数十亿美元。值得注意的是,此次法院并没有命令壳牌支付任何的赔偿金。虽然这一裁决只适用于壳牌在荷兰的业务,但是它毋庸置疑地对全球气候运动和石油公司产生了重大的影响,意味着"气候变化国际诉讼"的必然降临。国际环境法中心(Center for Internationale Environmental Law)首席执行官 Carroll Muffett 评价说:"壳牌的裁决是石油和天然气行业的分水岭。"

诚然,世界还离不开化石能源,壳牌也绝非唯一有罪之身。虽然有人质疑发达国家的能源转型与其制造业回流密不可分,认为能源转型是发达国家对发展中国家制造业的再一次狙击;但气候目标如此明确、壳牌的碳排放如此之大、所带来的气候变化对人权的损害肉眼可见,作为以盈利为目的的企业,壳牌自然要对其股东的利益负责,尽可能地规避风险;但在应对气候变化"共同但有区别的责任"之下,也应该具备百年老店的担当。

范伯登在2021年6月9日,也就是荷兰海牙地区法院发布裁决的两周后对此做出回应,他通过社交媒体发文称,虽然对裁决并不认可,公司仍将加速推进减排进程,"现在我们将以一种兼具效率和效益的方式寻求进一步减排的途径,这可能意味着在未来几年里公司将采取一些大胆的做法。"

3. 日渐成熟的新能源

除了气候问题带来的压力,新能源技术极速发展进步,成本不断下降,业务规模不断扩大,竞争力不断提升,也给传统能源行业带来了巨大的冲击和挑战。

2021年6月22日,国际可再生能源署(IRENA)发布的最新《2020年可再生能源发电成本》报告显示,大多数新建可再生能源的发电成本,已经比最便宜的化石燃料发电成本要低。越来越低的可再生能源发电成本,使得从现在开始用可再生能源大规模代替煤炭发电成为可能(图6-35)。2010—2020年间,太阳能和风能技术的竞争力大幅提升。此外,CSP(聚光太阳能,Concentrating Solar Power)、海上风能和太阳能光伏都紧跟陆上风能发展,不断降低成本,控制在新化石燃料装机容量的成本范围内,且越来越多地优于后者。这10年间,太阳能光伏电场发电成本下降了85%,CSP发电成本下降了68%,陆上风电场发电成本下降了56%,海上风能发电成本下降了48%。如今,拍卖价格不断创下新低,从每千瓦时1.1美元降到了3美分,在没有任何财务支持的情况下,太阳能光伏和陆上风能成本持续降低,甚至低于成本最低的新煤电方案,新能源竞争力逐渐显现。在运营成本上,新型可再生能源也优于现有燃煤电厂,进一步挑战煤电的经济性。仅2020年新增的可再生能源项目就将为新兴经济体在其生命周期内节省高达1560亿美元的资金。例如,在美国,61%的总煤电装机容量(即149GW)比新型可再生能源装机容量成本更高。

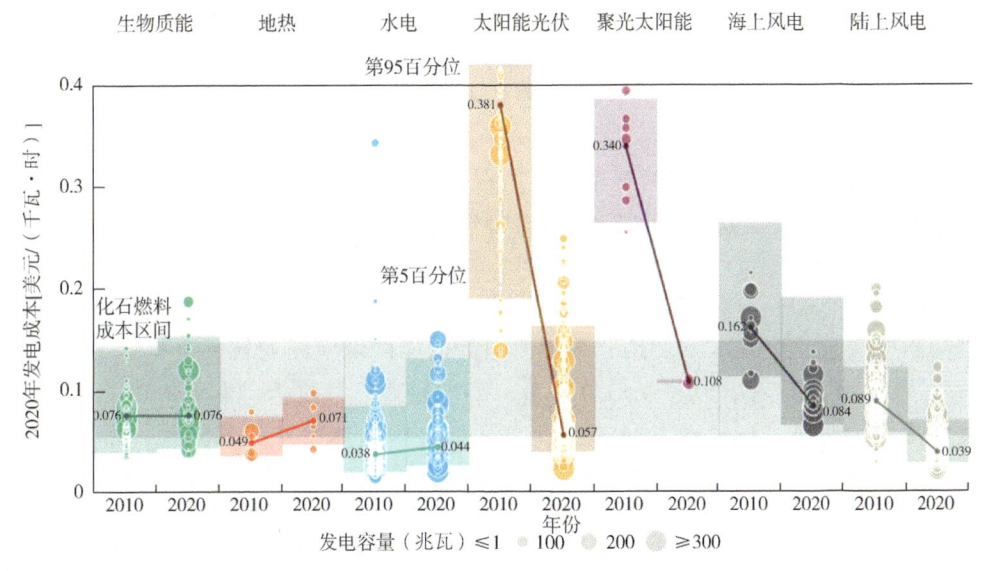

图6-35 2010—2020年新能源发电成本变化趋势
数据来源:国际可再生能源署(IRENA),《2020年可再生能源发电成本》

在2000年至2020年期间,全球可再生能源发电容量增加了3.7倍,从754吉瓦增加到2799吉瓦,在稳步改进的技术、规模经济、有竞争力的供应链和改善开发者体验等因素的推动下,可再生能源成本大幅下降。与此同时,当前石油市场基本面风险提升、资本回报平衡改变、低油价"常态化"等趋势增加了石油公司传统油气项目回收投资的难度。2017—2019年在油价相对较高的环境下,国际石油公司的平均资本回报率(ROACE)虽略有回升,但仍处于个位数区间。经风险评估调整后新能源与传统油气项目的投资成本及回报率差距逐步缩小。在此情景下,传统项目的回报率与风险较低的风电、光伏项目的平均回报率基本相当,油气项目相对新能源项目的竞争优势下降。另外,疫情蔓延促进了人类生活、生产方式的改变,从而引导能源消费方式发生变革,将加速化石能源消费峰值的提前来临。而可再生能源市场相比于石油市场更为稳定,波动更小,正在成为部分能源公司未来资源配置的重点方向。

二、赋能进步

实际上，壳牌早已经开始布局低碳业务。

2016年，壳牌成立了新能源事业部，主要致力于可再生能源和低碳能源投资，随后展开了一系列新能源大行动。

2019年，壳牌判断石油需求可能永远失去再次跨越台阶的机会，范伯登成为第一个提出全球石油需求在2019年到达顶峰的人："过去十分看好的油气项目，目前分析也没有什么优势了。"也许范伯登这一观点还是带有时代的局限性，但这传达出了壳牌在战略上的调整方向：减少石油，增加天然气，布局新能源。

2020年2月13日，bp公布2050年实现"净零"目标——到2050年或之前，bp集团运营的所有业务以绝对减排为基础实现净零排放。bp一石激起千层浪，国际石油公司纷纷跟进，"去油气化"一时成为趋势。2020年的新冠疫情、油气需求量的绝对下降、日渐汹涌的能源转型浪潮，让所有公司都被迫暂停或者放缓了发展的脚步，这已经不再是某一家公司经营能力好坏的问题，而是整个行业，甚至整个人类需要面对和思考的问题：未来，该何去何从？

2021年壳牌发布"赋能进步"(Powering Progress)战略，核心内容是加速转型成为净零排放的能源产品和服务提供商，又称之为"加速战略"。

1. 战略调整

"赋能进步(Powering Progress)"战略提出的目标有：创造股东价值、实现净零排放、赋能生活和尊重自然，其本质上是公司加速向清洁能源供应商的转型战略。范伯登表示："加速战略将减少碳排放，并为我们的股东、客户和更广泛的社会带来价值。我们必须为客户提供他们所想所需的产品和服务，即对环境影响最低的产品。同时，我们将凭借既有优势，在极具竞争力的投资组合的基础上再接再厉，与社会同步转型成为净零排放的企业。"

2019年，刚刚回升不久的国际油气价格受经济下行的影响，又开始新一轮的下跌，国际石油公司的经营业绩也由升转降。为了平稳实现从油气公司到综合性能源公司的过渡并占据竞争优势，壳牌将三个战略板块重新调整为"核心上游""引领转型"和"新兴力量"（图6-36b）。其中，核心上游包括深水油气、页岩油气和常规油气，壳牌认为"这些主题对于壳牌至关重要，我们将在未来几十年中保持强劲的现金流"；"引领转型"战略板块包括天然气一体化、油产品和化工综合业务，壳牌已经在这些业务中处于行业领先地位，且这些业务对利用能源向低碳未来的转型至关重要。"新兴力量"主题的重点是通过发展电力创建向低碳能源过渡的新业务模型，以满足客户的低碳发展需求。这次发布的战略从之前的围绕公司"绩效"目标向实现"转型"目标进行业务布局，但也表明，公司清醒认识到转型不会一蹴而就，上游业务依然是"核心"，天然气、炼油和化工业务也是转型中的引领。2019年和2020年，壳牌一方面加速上游资产的"核心化"，持续在资源优势区域和需求高增长区域优化产业链布局，提升全产业链价值创造能力；另一方面则加速向低碳化、清洁化、数字化综合能源公司转型，继续剥离非核心资产，和道达尔一起宣布将出售高成本低回报的卡沙甘项目。

同时，为增强公司应对能源转型发展的能力，壳牌定义了公司三大战略目标：**满足社会**

第六章 航向未来

核心上游	引领转型	新兴电力
深水油气	天然气一体化	电力
页岩油气	油品业务	
常规油气	化工业务	
聚焦产量和财务绩效，提供长期、稳定的增长机会	已经处于领先地位的市场导向型业务，进一步增强领先地位	重点关注商业模式的创建，将审慎规划，以实现到低碳未来的转变

（a）2019年战略布局

传统上游	转型支撑	未来增长
深水油气	天然气一体化	市场营销业务
页岩油气	油品业务	可再生能源和能源解决方案
常规油气	化工业务	
着力打造更加精简、更具弹性、更具竞争力的油气上游板块，为公司股东分红和转型发展提供资本支撑	大力发展天然气一体化业务以及化工和油品业务，确保公司具有健康可持续的现金流	提供符合差异化市场需求的产品和服务，打造匹配客户低碳能源需求的强大供应链

（b）2021年战略布局

图 6-36　壳牌战略调整布局示意图

对更多清洁能源的需求，在能源转型中蓬勃发展；推进世界一流的投资，获得高回报和现金流；始终负责任地运营，为社会做出积极贡献。范伯登在2020年投资者日的演讲《"净零"排放的能源业务》中，将这三大战略目标总结为：做世界级投资的典范、做低碳转型的典范和做履行社会责任的典范。这三个"典范性"支柱，属于"三位一体"的性质（图6-37）。

但是到了2021年，气候政策压力增大，新能源竞争力提升，传统油气行业的生存空间逐年缩小。与2019年相比，壳牌在"赋能进步"战略中提出公司的目标是创造股东价值、实现净零排放、赋能生活和尊重自然。该战略以"绝对净零"碳排放为远景方向，以目标为导向对三大业务布局进行修订，明确了每项战略布局在未来的投资水平。

在减少碳排放方面，壳牌提出到2050年成为净零排放能源企业。这一远景目标分4个阶段实现：以2016年为基准，2023年公司的碳排放总量减少6%~8%，2030年减少20%，到2035年减少45%，到2050年减少100%，实现零排放。壳牌旗帜鲜明地支持《巴黎协定》关于气候变化最雄心勃勃的目标——将全球气温上升限制在1.5摄氏度以内。值得一提的是，壳牌的净零排放目标涵盖了生产运营中产生的排放，以及客户使用壳牌销售的所有能源产品时产生的排放。也就是说，壳牌的净零排放目标中不仅包括壳牌自己的生产过程、生产

— 273 —

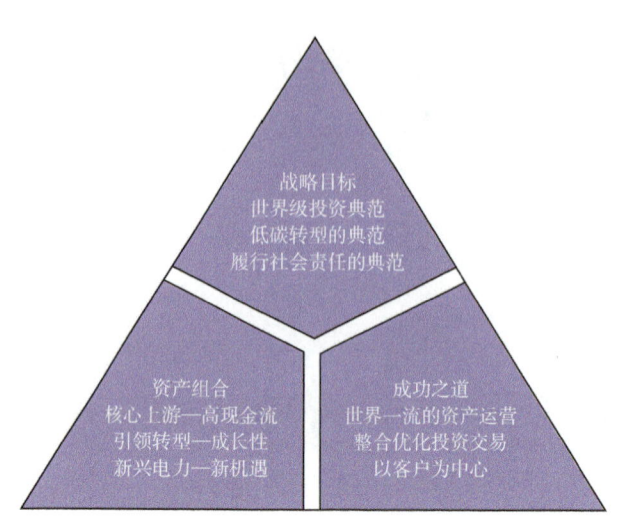

图 6-37 2019 年壳牌战略目标

出的产品在客户使用过程中产生的碳排放，还包括由其他人生产、而壳牌作为产品出售给客户的石油和天然气所产生的排放，可谓是对公司经营足迹的全覆盖。

"赋能进步"战略在业务布局上基本保留了"上游支柱"（2019 年"核心上游"）和"转型支柱"（2019 年"引领转型"）两个板块的设置，在已经占据了领先优势的领域继续发力，牢牢掌握话语权。与 2019 年战略业务布局相比，此次变化最大的是原先的"新兴力量"板块调整为"增长支柱"，旗下业务由单一的"电力"调整为"市场营销业务""可再生能源和能源解决方案"，作为未来增长业务，其目标是要提供符合差异化市场需求的产品和服务，打造匹配客户低碳能源需求的强大供应链。

与欧洲其他石油公司普遍把增加可再生电力装机作为重要转型抓手不同，壳牌的"赋能进步"战略更加专注于通过满足客户低碳化、多样化、个性化用能需求实现转型。长远来看，壳牌通过覆盖整个能源系统的业务分布，以开拓市场、降低成本的方式来优化、规模化和交易产品，不仅有助于加速能源转型，业务受石油和天然气价格的影响也将减少，而与宏观经济形势变化的联系将更紧密。按照这一战略规划，未来 30 年，壳牌资产结构将发生根本性转变，到 2050 年，公司的全部利润将来自为客户提供低碳、无碳能源产品和"净零"碳排放能源解决方案。

尽管壳牌的"赋能进步"转型战略能否成功还有待时间的考验，但其充分挖掘并发挥好自身比较优势，探索一条具有自身特色的差异化能源转型之路的大逻辑是正确的，是值得中国油气企业学习的。

2. 增长支柱业务

"增长支柱"战略模块包括两个业务：市场营销、可再生能源和能源解决方案，壳牌对两项业务分别提出了详细的规划（图 6-38）。

作为全球第一大成品油供应商，壳牌在全球拥有 4.6 万个加油站点，日服务零售客户达到 3000 万。公司营销业务收入自 2013 年以来一直以每年 7% 的速度保持增长，2020 年净利润超过 45 亿美元。

与几年前的优化收缩策略相比，壳牌判断油价将维持中低位水平，因此在"赋能进步"

第六章 航向未来

市场营销业务	润滑油	继续强化已处于市场领先地位的润滑油业务
	加油站	全球加油站数量从46000家增长至55000家，顾客数量从3000万增长至4000万
	电动汽车充电网络	全球电动汽车（EV）充电网络从现在的6万多个充电终端增长到2025年的50万个左右
	低碳燃料生产与销售	继续扩展领先的生物燃料生产和分销业务
可再生能源和能源解决方案	电力一体化	2030年年销售约560万亿瓦·时的电力，为全球超过1500万零售和商业客户提供服务。目标是成为清洁的"电力即服务"（Power-as-a-Service)的领先提供商
	低碳解决方案	预计每年将针对高质量、独立验证的项目投资约1亿美元，以打造一项极具规模及盈利能力的业务，帮助客户实现净零排放目标
	氢能	通过开发一体化的氢能中心，为工业和重型运输行业服务，巩固壳牌在氢能领域的领先地位，实现在全球清洁氢能销售中占据两位数市场份额的目标

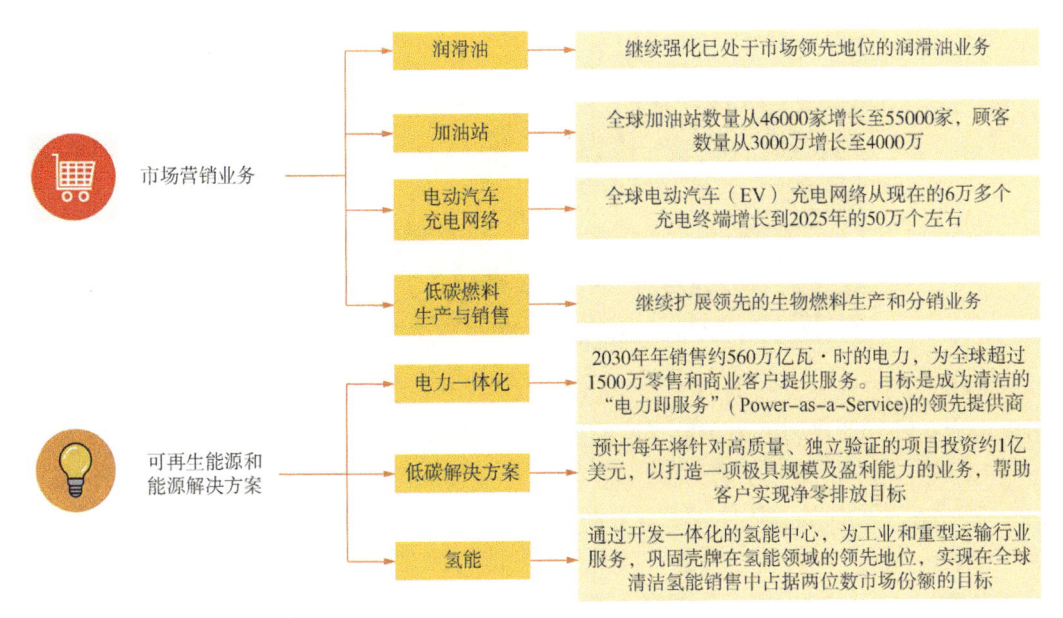

图 6-38　未来增长业务的细分与规划

战略中提出大举扩张销售业务。计划2025年将全球加油站点增加到5.5万个，零售客户群体增长到4000万，净利润超过60亿美元。除了要继续强化已处于市场领先地位的成品油、润滑油业务等石油产品外，壳牌还将在扩大零售网络的同时，通过遍布全球的加油站网络做强非油业务、加速布局电动车充电市场、继续扩展生物燃料生产和分销业务。

作为壳牌零售业务新的利润增长点，非油业务主要包括便利店销售、润滑油相关服务以及汽车服务等。壳牌与可口可乐、Costa 咖啡等多家知名品牌合作开展非油品业务，在某些市场，非油业务的交易量已经超过了成品油。同时，壳牌计划以其全球最大的加油站网络为依托，为客户提供"油、气、电、氢"四位一体的一站式综合能源服务，到2025年将电动汽车充电点由当前的6万个发展到约50万个。

在低碳燃料领域，壳牌运营了4家生物燃料公司，2020年共混合销售约95亿升生物燃料，是世界上最大的生物燃料混合和分销商之一。壳牌合资企业 Raízen 是巴西第三大生物燃料公司（图6-39），拥有24个工厂，每年可将6200万吨甘蔗加工成糖或乙醇，生产20多亿升生物乙醇和200多亿升其他工业和运输燃料。为了扩大产能，壳牌在2021年初宣布收购另一家生物燃料商 Biosev。这收购整合完成后，Raízen 的生物乙醇产能将提高50%，达到每年37.5亿升，约占全球产量的3%。同时，壳牌还着力于研发利用生物质废料生产燃油的二代生物燃料技术，未来有望实现规模化商业生产，主要研究的方向是生物乙醇、生物柴油以及 HVO。2017年，壳牌位于印度班加罗尔的技术研发中心推出了一种名为 IH^2 的生物燃料开发技术，并完成了一个示范性工厂的建设。

可再生能源和能源解决方案主要负责电力一体化、低碳解决方案和氢能业务。

电力一体化业务包括两个部分：发电和电力供应。电力供应细分为商业供电、家庭供电（Home Charging）、移动出行充电（Charging On the Go）。发电主要发展天然气发电和可再生能源发电。当然，对于一向擅长构建弹性业务链的壳牌来说，壳牌把进入电力领域的重点放在商业模式的构建上，公司的业务从直接向客户提供电力和相关服务，到购买、销售、交易

— 275 —

图 6-39　位于巴西圣保罗的 Raízen 纤维素乙醇工厂

和优化电力系统，即参与电力供应系统的全流程。电力一体化业务的目标是到 2030 年电力销售量翻一番，达到 560 万亿瓦·时的电力。这也是壳牌"电力即服务"（Power-as-a-Service）理念在业务中的具体体现。低碳解决方案业务部门每年将为高质量、独立验证的项目投资约 1 亿美元，以打造一项极具规模及盈利能力的业务，帮助客户实现净零排放目标。范伯登提到"希望到 2050 年，壳牌的全部利润将来自净零排放能源解决方案和可持续性材料。为消费者提供他们所想所需的低碳能源产品，其中包括航空生物燃料、重型运输使用的氢燃料、家用以及商用的可再生能源电力。同时，面对日益复杂的能源系统，我们将会为客户提供简单易行的解决方案。"

壳牌的氢能业务是通过建立开发一体化的氢能中心，为工业和重型运输行业服务，巩固壳牌在氢能领域的领先地位，最终实现在全球清洁氢能销售中占据两位数市场份额的目标。

氢能依据其来源在业界被分为"棕色氢""蓝色氢"和"绿色氢"。其中氢气可以由以焦炉煤气、氯碱尾气为代表的工业副产气制取，一直被用来为城市提供能源支撑，虽然原材料和工艺流程成熟简单，但环境污染比较严重。"绿色氢"通过可再生资源获得，不产生任何污染。据能源市场分析师表示，其规模应用依赖于可再生能源发电成本能否大幅下降。蓝色氢气可以由煤或天然气等化石燃料制得，并将二氧化碳副产品捕获、利用和封存（CCUS），从而实现碳中和。

壳牌在氢能领域的最终目标是利用风能和太阳能等可再生能源通过电解生产绿色氢。但是，从天然气中产生的蓝氢通过碳捕获和存储进行脱碳不仅可以满足不断增长的氢气需求，同时降低排放，也成为壳牌发展氢能业务的重要内容（图 6-40）。

从投资规模看，壳牌计划未来一段时期，每年在"未来增长"战略模块投资 50 亿~60 亿美元，在公司总资本支出中的占比为 20%~25%。

3. 转型支柱业务

转型支柱业务包括天然气一体化、化工和炼化产品两项业务。

无论作为发电燃料还是制氢原料，天然气在未来的发展空间都十分巨大。在石油业务即将走下坡路的前提下，可再生能源未来供应可能低于预期，世界仍然需要天然气的大发展。基于这一认识，壳牌将天然气产业链视为其向综合能源公司转型的关键，是公司第一大投资目标。相比其他国际大石油公司，壳牌的天然气业务比重一直是最高的（图 6-41），随着全球对气候变化问题、减少排放的日益重视，天然气成为壳牌应对环境挑战的王牌。

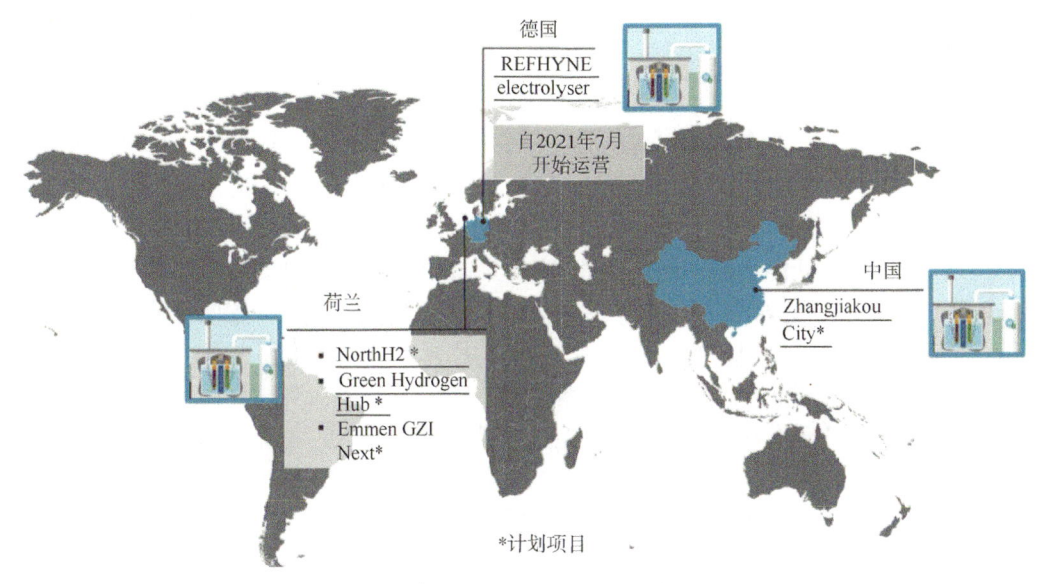

图 6-40　壳牌氢能(电解槽)投资计划地图

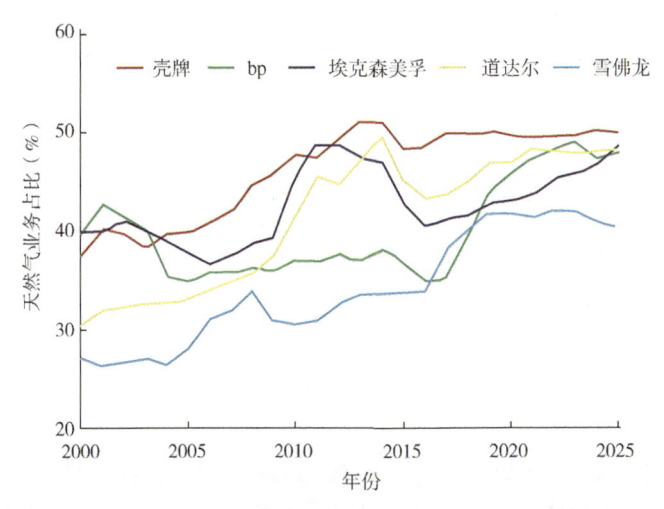

图 6-41　五大国际石油公司天然气业务占比变化趋势
数据来源：伍德麦肯兹

收购 BG 让壳牌巩固了全球第一大 LNG 生产商的位置，扩大了与埃克森美孚、道达尔等对手的领先优势。壳牌的目标是要继续保持世界第一大 LNG 供应商地位。2020 年，壳牌 LNG 销售量超过 7000 万吨，该项业务与气制油(GTL)在 2020 年行业"寒冬"中创造了约 110 亿美元的收入。行业普遍预计未来 20 年全球 LNG 需求仍将继续保持增长(预计年均增长 4%)，壳牌的"赋能进步"战略进一步加大了天然气一体化业务领域投资，2025 年前实现年均新增产能超过 700 万吨，并将新增项目的平均内部收益率控制在 14%~18%，以天然气一体化业务支持净零排放目标的实现。

"转型支柱"战略模块的另一个重要业务线是化工和炼油产品。近年来壳牌对炼油和化工业务实行优化收缩策略：重塑炼油业务，朝着更聚焦、更智能的炼化业务组合方向发展，炼油业务进一步与贸易、市场营销和化工业务进行整合，化工业务则向性能更好的功能型产品和可回收原料转型。过去15年，壳牌的炼厂数量从51个大幅降至13个，炼油能力从2.2亿吨/年降至1.1亿吨/年；全球化工厂从133个降至10个。下一步壳牌还将继续对炼化业务进行剥离和重组，炼厂布局将从现在的13个改造成为6个高价值化工和能源园区，并与生物燃料、氢燃料、合成燃料等实现更加紧密的结合。壳牌计划到2030年增加化工产品组合的产量，化工品业务实现每年10亿~20亿美元的现金增长。化工业务向低排放的功能产品转型。壳牌预计，未来石化产品需求增速将高于GDP的增长水平，功能性化工产品的资源密集度较低，抗周期能力强，创效水平稳定，有望在降低碳强度、应对能源转型方面发挥重要作用。因此未来壳牌化工的投资布局将集中在有原料优势的美国墨西哥湾沿岸和中东地区，以及有市场优势的中国。2020年5月17日，惠州市人民政府、中海炼化、壳牌宣布就进一步扩展中海壳牌石化基地达成战略合作协议，投资建设中海壳牌惠州三期乙烯项目。

壳牌还计划在低碳燃料和高性能化工品生产方面加大投入，精简炼油业务并与贸易零售业务实现深度协同，2030年传统燃料产量将减少55%，剥离和重组其炼油与化工业务，打造竞争型能源化工一体化园区。公司计划通过制造"循环化工品"——利用回收废物生产化工产品，在2025年之前实现年均处理塑料废物100万吨的目标。

壳牌希望通过转型支柱业务，使公司油气板块生产经营情况与大宗商品价格周期脱钩，预计2030年，公司的风险敞口将减少70%。壳牌计划未来一段时间，每年在"转型支撑"战略模块投资80亿~90亿美元，在总资本支出中的占比为35%~40%，其中天然气一体化业务约为40亿美元，化工和炼化产品业务为40亿~50亿美元。

4. 上游支柱

上游业务依然是壳牌转型升级三大支柱之一，也是为公司进入2030年代提供重要现金流的业务支柱之一。对于传统的上游业务，壳牌提出"相比产量，更关注价值"，未来传统上游业务将成为更简单、更具弹性的业务。过去4年，壳牌油气产量一直稳定在360万桶油当量/日的水平，2019年为367万桶油当量/日，其中石油产量为182万桶油当量/日。根据壳牌当时的判断，这已经是石油产量的顶峰，公司计划的石油产量在未来10年以年均1%~2%的速度递减，到2030年降至146万~163万桶油当量/日，天然气产量占比将达到55%以上。

虽然传统上游业务在战略规划中占据的篇幅较少，但是我们可以看到，壳牌认为直到2030年代，传统上游都会是公司最重要的现金流支撑，即现金引擎。在此背景下，公司在中短期之内不会大规模收缩油气勘探开发业务，将保持2021—2025年的年均15亿美元的水平，通过稳定的投入产生稳定的现金流。油气投资目标将会逐步转向低成本、碳足迹相对较少的项目。尤其是有较大增长潜力、能够与其他业务板块产生协同效应的九大核心产区（巴西、文莱、墨西哥湾、哈萨克斯坦、马来西亚、尼日利亚、阿曼、二叠纪盆地和英国北海）将成为壳牌上游业务的关注重点。而壳牌计划在这些区域的上游投资约占整个上游业务的80%左右，并且未来80%以上的现金流也从这些区域产出。

壳牌计划未来一段时间，每年在"传统上游"投资约80亿美元，在总资本支出中的占比为35%。

三、净零之路

壳牌的"净零"排放包括5个方面的具体目标：

一是以 2016 年公司碳排放量为基准，到 2023 年减少 6%~8%，到 2030 年降低 20%，到 2035 年降低 45%，到 2050 年降低 100%（图 6-42）。同时，制定碳排放短期目标，并将目标的实现程度与 16500 多名员工的薪酬挂钩。

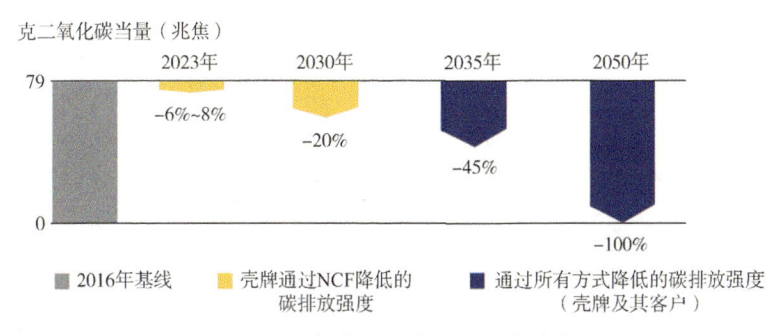

图 6-42 壳牌 2050 年净零排放路线

二是到 2035 年前，力争每年增加 2500 万吨的碳捕获和储存（CCUS）能力。

三是应用"基于自然的解决方案"（nature-based solutions，NBS），按照不产生—减少产生—抵消碳排放的理念，到 2030 年每年抵消约 1.2 亿吨的排放量，并保证壳牌的这一解决方案能够得到独立机构的质量认证。

四是与科学减碳倡议组织（Science Based Targets Initiative）、转型路径倡议组织（Transition Pathway Initiative）和其他组织合作，制定并遵循行业标准。

五是从 2021 年度股东大会开始，向股东提交能源转型计划并进行意见征询投票，成为行业内首家进行如此操作的公司。除此外，每三年更新一次计划，对每年取得的进展进行意见征询投票。

2020 年壳牌排放量下降为 13.76 亿吨。按照世界资源研究所发布的《温室气体核算体系》（GHG Protocol），企业的碳排放可划分为三类：一类碳排放又称直接温室气体排放（Direct GHG Emission），指企业生产经营过程中所产生的直接温室气体排放；二类碳排放称间接温室气体排放（Indirect GHG Emission），指的是企业自用的外购电力、蒸汽、供暖和供冷等产生的间接排放；三类碳排放称其他间接温室气体排放（Other Indirect Emission），是指企业出售的产品在终端使用过程中产生的排放。壳牌 2020 年碳排放量中，一类排放量为 0.63 亿吨二氧化碳当量，二类排放量为 0.09 亿吨二氧化碳当量，三类排放量为 13.04 亿吨二氧化碳当量（包含其他公司生产壳牌销售的能源产品的排放）（图 6-43）。

按照业务板块分（范围 1 与范围 2 合计），壳牌上游业务（石油勘探生产）2020 年排放量为 0.13 亿吨二氧化碳当量，占比为 18.6%；天然气一体化业务（天然气和 LNG）排放量为 0.16 亿吨二氧化碳当量，占比为 21.7%，下游业务（炼油）排放量为 0.43 亿吨二氧化碳当量，占比为 59.7%。其中下游业务一类排放量为 0.357 亿吨二氧化碳当量，约占公司一类排放量的 56.8%，二类排放量为 0.007 亿吨二氧化碳当量，约占公司二类排放量的 76.09%。炼油业务排放强度为 1.05 吨二氧化碳当量/当量蒸馏能力，化工业务排放强度为 0.98 吨二氧化碳当量/吨高价值化学品。

为了达到 2050 年绝对净零的排放目标，壳牌的"净零之路"主要措施包括发展可再生能源、增效减排、发展 CCS 项目、储备前沿技术等。

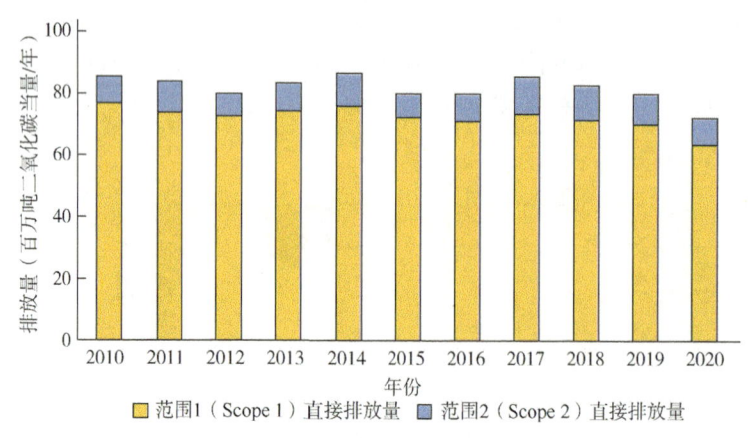

图 6-43　2010—2020 年壳牌温室气体排放量

1. 减少第三类排放：产品替代

壳牌的碳排放占比最重的是三类碳排放，即公司出售的产品在终端使用过程中产生的排放。对于壳牌这样的石油公司来说，迈向碳中和最重要的途径就是产品转型：减少化石能源生产，增加可再生清洁能源产品。

壳牌宣布将逐步降低石油与天然气产量，在资产剥离和自然递减规律作用下，公司的石油产量每年将递减 1%~2%，天然气在油气生产总量中的比例将逐步提升，到 2030 年占比提高到 55% 以上，到 2050 年达到 75%。

减少化石能源产量的同时，壳牌自 2016 年成立新能源业务部门之后，积极布局替代能源业务，投资包括风能、太阳能和生物质能等可再生能源、电动汽车充电和氢能等新型交通能源，以及互通互联的电力业务，并大力推进低碳燃料的生产和销售业务。截至 2020 年底，壳牌在全球拥有 65 个新能源项目或工厂，其中包括 12 个风力场，5 个太阳能电场，15 个风投项目，8 个移动出行项目，5 个加氢站等等，项目主要集中在北美(23 个)和欧洲(24 个)(图 6-44)。

图 6-44　壳牌主要新能源业务分布

2020年"赋能进步"战略将公司的清洁能源进一步聚焦到电力业务上。2017—2019年是壳牌电力业务持续发力的时期，不仅成立了壳牌能源零售部门(Shell Energy Retail)，公司还完成了一系列收购，在欧洲、澳大利亚和东南亚强势进入电力领域(表6-20)。当时壳牌将电力一体化业务的发力点集中在太阳能、智能充电桩和海上风电项目上。然而，与其他公司相比，壳牌在欧洲石油公司梯队中可再生能源的发电量排名第三，远远落后于第一名bp和第二名道达尔(图6-45)。

表6-20　2017—2019年壳牌新兴电力业务收购项目统计

公司名称	所在国家	业务领域	备注
First Utility	英国	家庭能源	收购后更名为Shell Energy
Limejump	英国	数字能源技术	
Hudson Energy Supply	英国	电力供应	
NewMotion	英国	电动汽车充电桩	
EOLFI	法国	海上风电	
Sonnen	德国	储能电池制造	
Silicon Ranch Corporation	美国	太阳能开发商	壳牌收购43.83%股权
GI Energy	美国	分布式能源	
Greenlots	美国	电动车充电桩	
EDF Renewables	美国	海上风电	壳牌持股50%
EDPR	美国	海上风电	壳牌持股50%
Cleantech Solar	新加坡	太阳能发电	壳牌收购49%股权
ERM Power	澳大利亚	电力零售	
ESCO Pacific	澳大利亚	太阳能开发商	壳牌收购49%股权

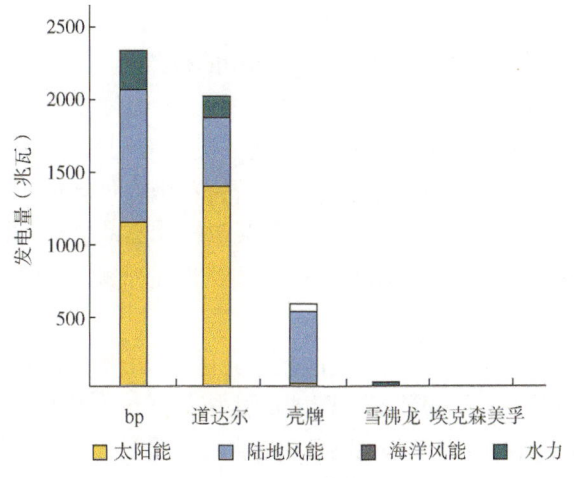

图6-45　五大国际石油公司清洁能源发电量(2020年)
数据来源：Andrian Mason

为了实现2050净零排放愿景,壳牌宣布在未来几年内平均每年投资20亿~30亿美元打造电力供应业务,海上风电是公司发力重点之一。壳牌认为,海上风电业务的拓展与公司现有的海上油气勘探业务具有协同效应,也与发展绿色氢能等其他新兴低碳能源技术的实践相匹配。在这一业务领域,壳牌可以在运营和营销协同、地理范围、项目合作经验、雄厚的财力以及领先的技术发展(浮式风场与氢能)等方面挖潜竞争优势。显然,拥有海上勘探开发作业实力的石油大佬们也都认识到了这一点,2020年全球通过最终投资决定的8.7吉瓦海上风电项目容量中,30%的容量掌控在石油公司的手中,而壳牌在其中占据了7%(图6-46)。壳牌这7%海上风电包括了两个项目,都分布在荷兰。

图6-46 2020年最终获得投资决定8.7吉瓦海上风电容量占比

数据来源:伍德麦肯兹

第一个项目是2020年2月壳牌通过最终投资决定的一个绿色氢项目——NortH2项目的一部分。NortH2项目由壳牌和Gasunie(荷兰能源气体联合公司)联合在荷兰建设,是欧洲最大的绿色氢项目。项目由位于北海的10吉瓦海上风力发电场为陆上的大型电解厂提供燃料,预计2030年可达4吉瓦的发电量,之后10年内提升至10吉瓦或更多。第二个项目是壳牌和荷兰电力企业Eneco组成的联合体Cross Wind负责Hollandse Kust Noord海上风电项目的开发,这个项目将兴建759兆瓦的风电场,项目计划结合浮式光伏、风电制氢等多种低碳新兴技术,被业界称为"超级混合体",壳牌占有79.9%的权益。

2. 减少一、二类排放:优化用能

虽然不产生和减少产生碳排放的措施是长期解决排放的最佳方法,但转型无法一步到位,在形成最佳解决方案之前,通过降低生产运营过程中的二氧化碳排放量,也是壳牌的重要措施之一。这些措施主要集中在一、二类碳排放量占比高的炼油、化工业务线,包括在炼化装置运行过程采用低碳电力、实施温室气体和能源管理计划、投资热电联产设施、数字化运营等。

增加装置运行所需电力中低碳电力的占比。壳牌2019年分别在中国、印度、意大利、新加坡和瑞士的7家润滑油工厂安装了太阳能电池板,每年可减少约4500吨二氧化碳当量排放;并在荷兰Moerdijk化工厂建成并投用一座装机容量为20兆瓦的太阳能发电站。2021年3月壳牌再次推出多条碳中和润滑油的产品线,预期每年能够补偿70万吨的二氧化碳当量排放。经过一系列努力,壳牌润滑油调配厂中超过50%的电力现已来自可再生能源,润滑油制造的碳强度自2016年以来降低了30%以上。壳牌还通过增加对再生材料的使用,探索整个供应链的包装解决方案，大规模减少润滑油产品的包装浪费。壳牌的碳中和润滑油在欧洲、亚太、中东和北美的主要市场上市。

实施温室气体和能源管理计划。针对温室气体排放超过 5 万吨/年以上的项目和装置，壳牌分析装置温室气体排放源头、预测至少 10 年的排放量，在此基础上制定设备维护、更高能效设备更换、增加 CCUS 设备等减排措施计划，分批对现有炼化项目进行有针对性的改造及升级。2018—2020 年，壳牌对多个项目进行了改造升级，如卡塔尔珍珠 GTL 工厂，改造后使用重烷烃合成尾气作为燃料为工厂提供动力，每年可减少约 70 万吨二氧化碳当量温室气体排放，并将过剩能源通过改造转化为电力出口到公共电网；荷兰穆尔代克石化项目，在不降低产能的情况下用 8 台高效能的新裂解炉置换了原有的 16 台旧设备；中国南海项目通过优化空气压缩机和锅炉的运营，每年节约能源相当于 4.54 万吨标准煤；新加坡 Bukom 工厂，完成乙烯裂化装置升级，最大限度减少蒸汽的能量损失。

增加热电联产装置。热电联产装置可为炼厂就地供电和回收热能，同时产出蒸汽，满足炼油过程中对蒸汽的需求，壳牌 50% 的炼厂均投资了该装置。荷兰鹿特丹 Pernis 炼厂通过该装置回收热能并为 1.6 万户家庭供暖，每年可减少 3.5 万吨碳排放。美国墨西哥湾的阿波马托克斯工厂通过循环发电减少 40% 的燃料消耗，降低 20%~25% 空气排放。新加坡 Bukom 炼厂的热电联产装置每年可减少 20 万吨碳排放。另外，壳牌还计划在美国宾夕法尼亚州化工厂新增一套热电联产装置，在德国 Rhineland 炼厂建现代化发电厂，预计每年减少 10 万吨碳排放。

通过数字化提高其运营效率，并更科学地向用户推荐和提供更多更清洁的能源解决方案。如在南港和乍浦使用推广智能监测系统，实时识别产生浪费和可提高能效的区域，壳牌天津润滑油工厂试用期间有效降低电力消耗 8.5%。2020 年，壳牌又在运输车队中应用远程信息服务，通过整合燃油数据和车载远程信息，提高发动机效率和降低燃料消耗。

3. 实现碳排放平衡：发展 CCS 项目

碳捕获与封存（carbon capture and storage，CCS）是指将二氧化碳从工业或相关排放源中分离出来，输送到封存地点，并长期与大气隔绝的过程。壳牌拥有全球最大、最灵活的二氧化碳捕集技术测试中心——蒙斯塔技术中心 8.7% 的权益，在全球最大的 51 个大型 CCS 项目中，壳牌参与了其中 7 个。2021 年壳牌宣布进一步增加 CCS 项目投资，到 2035 年公司 CCS 能力达到 2500 万吨/年。

壳牌参与的 3 个重要 CCS 项目分别是：全球最大 CCS 项目澳大利亚高更项目、加拿大奎斯特 CCS 项目和挪威北极光 CCS 项目。壳牌在高更项目中拥有 25% 权益，该项目自 2019 年 8 月投用以来已捕集逾 400 万吨二氧化碳。壳牌拥有加拿大 QuestCCS 项目 10% 的权益，该项目 2015 年运营以来，从加拿大阿尔伯塔省 Scotford 炼厂的制氢装置中捕集二氧化碳，到 2020 年捕集和封存了超过 500 万吨二氧化碳（图 6-47）。

图 6-47　阿尔伯塔省省长杰森·肯尼先生在壳牌奎斯特 CCS 设施表彰其安全捕集和封存 500 万吨排放量的成就（2020 年 7 月）

而由挪威国油、壳牌和道达尔合作的北极光项目(图6-48)是目前全球最先进的处于开发阶段的 CCUS 枢纽之一。项目地点在挪威北海地区，枢纽所汇集的二氧化碳流主要来自垃圾发电厂和水泥厂(两者所提供的二氧化碳总量为 80 万吨/年)。二氧化碳流汇集到碳源厂进行压缩和液化，然后通过专用的二氧化碳运输船将其运至封存点——Oseberg 油田，第一阶段设计每年储存 150 万吨二氧化碳。北极光项目计划于 2024 年进行调试投运。

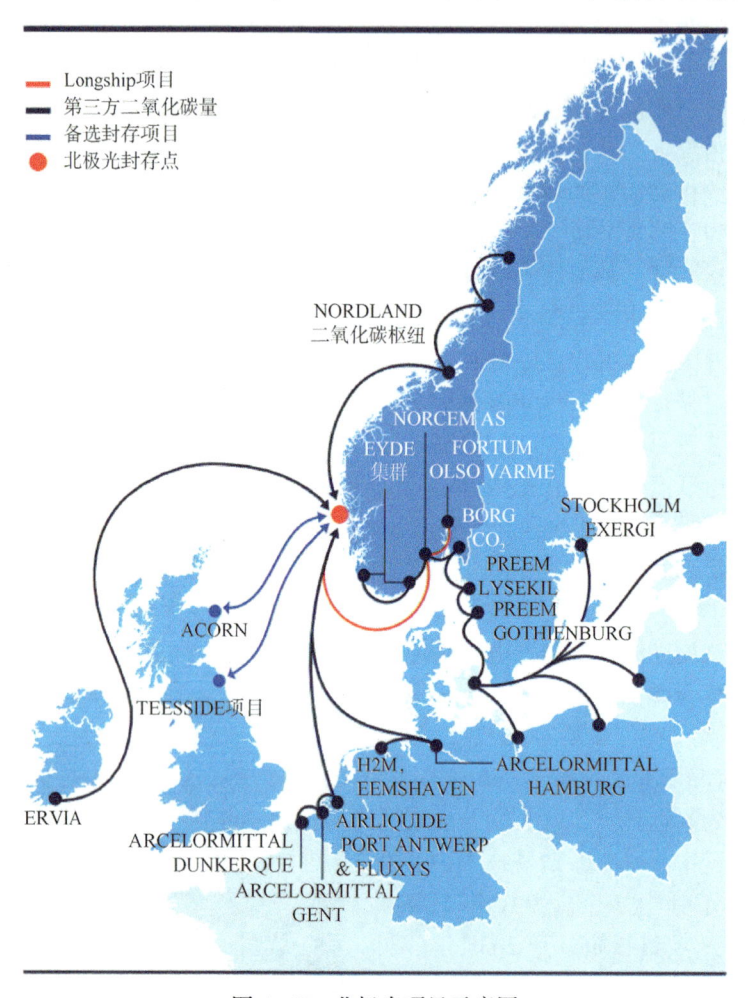

图 6-48　北极光项目示意图

碳汇(carbon sink)，是指通过植树造林、植被恢复等措施，吸收大气中的二氧化碳，从而减少温室气体在大气中浓度的过程、活动或机制。在低碳替代品大规模部署前，除了 CCUS 技术，自然碳汇项目也是壳牌减少碳足迹的重要措施之一。在公司近 10 年的减排措施中，自然碳汇项目贡献的减排量在公司总减排量中的占比仅次于低碳电力。

2019 年以来壳牌开展基于自然的解决方案项目，主要包括两部分：一是开展碳信用合作项目，二是直接投资保护或恢复自然的项目。

在碳信用合作项目方面，壳牌已经成为全球最大的碳信用经销商之一，在布里斯班、卡尔加里、圣地亚哥等地设有交易枢纽。2019 年起壳牌向荷兰和英国客户提供"碳中和驾驶"，即出售基于自然的碳信用额，抵消他们购买的壳牌燃料产生的全生命周期的碳排放。2020

年底，荷兰18%的壳牌零售客户和英国15%的服务站客户采用该方案，此外来自12个国家的200多家运输车队客户也享受了类似的商业优惠。

投资保护或恢复自然的项目方面，2020年壳牌收购了澳大利亚选择碳公司，该公司运营70多个自然碳汇项目，覆盖了澳大利亚国土约10万平方米的面积。壳牌还计划每年投资1亿美元在以自然为基础的解决方案项目上，计划2030年前抵消每年1.2亿吨碳排放。

4. 储备前沿技术

减少碳排放一方面依赖业务转型，另一方面则依靠技术的突破。

壳牌充分利用公司现有研发机构，加大自主研发，在低碳领域目前拥有其IH^2、GTL、Can-solvCCS、蓝氢等核心先进技术。2020年，壳牌宣布采用二氧化碳、水和可再生能源合成500升航空煤油，可取代传统航空煤油。该技术原料可利用任何来源的二氧化碳，如来自炼厂或沼气设施的废气二氧化碳。壳牌计划开展更大规模工业试验，并扩展到采用该技术生产化工原料。

另一方面，壳牌配合其低碳发展措施，与国内外知名研究机构、大学等开展广泛的合作，有针对性地开展研发。如配合大力发展碳信用这一措施，壳牌投资区块链系统，可以实现对低碳能源和低碳证书从原产地到交易的全过程跟踪，改变企业合作和互动方式，加速低碳能源开发。同时，壳牌与科学减碳倡议组织（Science Based Targets Initiative）、转型路径倡议组织（Transition Pathway Initiative）和其他组织合作制定行业标准，并遵循这些标准。

总之，壳牌正与世界同步改变，而这些变化预示着未来。

第四节 小 结

一、讨论1：壳牌的核心竞争力

当进行到这一章节的时候，这本书即将要完结，但壳牌的故事仍在继续。

回顾壳牌的历史，可以看到从诞生到现在，在100多年的发展进程中，这家起源于泰晤士河畔贝壳店和苏门答腊岛丛林中的能源巨头，经历过重重波折屹立不倒且对未来依然保持着勃勃野心。我们不禁想要问，让"贝壳"如此坚固的原因究竟是什么？它的核心竞争力究竟在何处？

没有人能比壳牌对自身的认识更深刻，壳牌在回答这个问题时，提出了3条公司最为认可的能力：驾驭大项目、综合价值链管理、技术开发与应用。正是这3项能力让壳牌区别于其他大的一体化石油公司，屹立行业潮头百年。

那么，壳牌将这3项能力作为公司的核心竞争力，这种能力无疑是公司极为仰仗的，它们每一项是一系列的在长久的建设和发展中形成的综合能力，是企业赖以生存的主要保障，是企业可持续发展的必要条件，是一种比较独特且难以模仿的无形力量，更是可以让壳牌在某些领域内可以领先行业或者区别于其他公司的能力。

1. 驾驭大型项目的能力

自20世纪70年代以来，壳牌成功开发了很多里程碑式的大项目（major projects），这些

壳牌发展启示录 | Lessons from Shell's Rise to Prominence

大项目因其利润高、项目寿命期长，为壳牌提供了丰厚、稳定的回报。所谓"大项目"，相较于普通的项目，具有投资大、规模大、技术难度大、质量要求高、风险大、涉及因素多、安全难度大等一系列特点，是一家公司在某个阶段需要集中力量进行的工程难点或者投资重点。油气行业本身就是重资产牵引行业，大项目投资金额更是巨大，项目自身技术往往极其复杂，综合风险极高，一旦失败影响极大。

大型项目具有综合性强、建设内容复杂、参与单位多、项目周期长等特点，需要不同领域和不同专业的团队共同完成，对项目组织实施能力是一种严格考验。壳牌在2009年的公司组织结构调整中，专门成立了项目与技术（Projects &Technology，P&T）部门负责大项目的组织、设计、部署、技术开发和交付。P&T部门独立于上、下游业务单元（图6-49），目标主要包括有效地部署公司的资本，确保项目每投资一美元就能获得最大的价值；通过数字技术和有竞争力的供应链提高资产的运营绩效；通过内部和外部研发计划部署有价值的技术开发。P&T负责整合公司的资源和能力，为壳牌提供资产的最佳管理（包括数字化）、技术的商业化以及以具有竞争力的价格采购商品和服务。

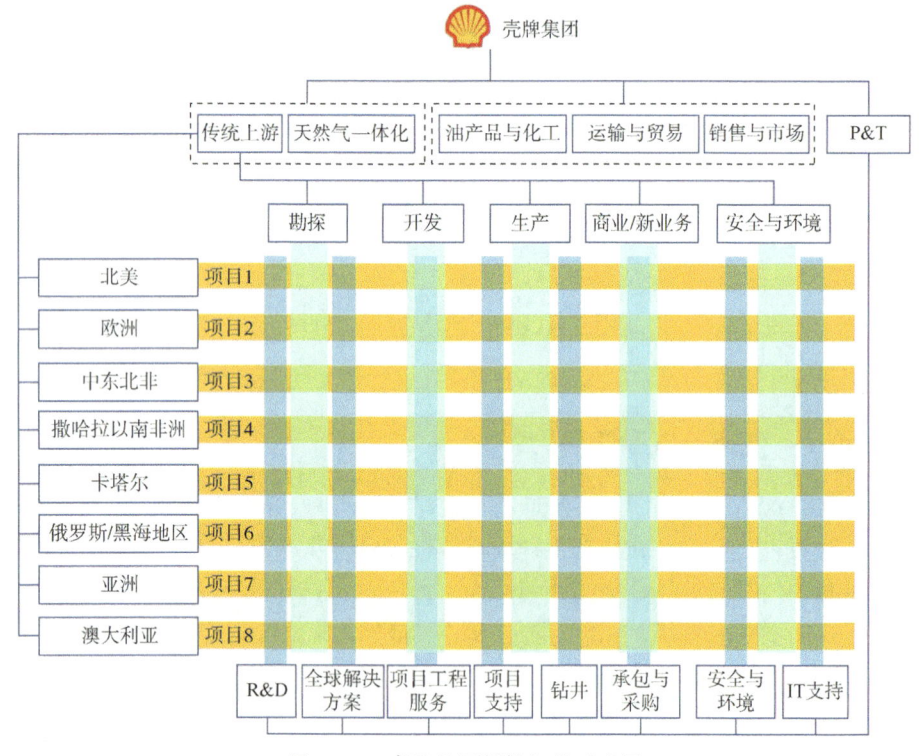

图6-49 壳牌集团管控架构示意图

在P&T部门的推动下，自2014年底以来，壳牌所有大型上游和集成天然气项目的单位开发成本（UDC）降低了一半以上，项目的平均收支平衡油价已从2014年的每桶40美元跌至2019年的每桶不到30美元。截止到2019年，P&T部门组织了约150个运营或非运营项目，这些项目处于不同国家不同业务领域的不同发展阶段，涉及油气田、管道、炼油厂、LNG火车和化工厂的建设。有些需要建造全新的设施，有些则是对现有设施的改扩建。虽然由于疫情和低油价取消了一部分项目，但是壳牌仍然保持着每年一定数量的大项目投产，2016

年到 2020 年期间，壳牌完成了 Appomattox 等 6 个代表性的大项目（表 6-21）并启动了加拿大 LNG 等 4 个大项目。

表 6-21　壳牌 2016—2020 年间完工/开工的标志性大项目

项目名称	所在地	壳牌股份	完工时间
Appomattox	墨西哥湾	79%，任作业者	2019 年
Kaikias	墨西哥湾	80%，任作业者	2018 年
Parque dasConchas（BC-10）	巴西	50%，任作业者	2016 年
Prelude FLNG	澳大利亚	67.5%	2019 年
Geismar Chemical Plant	美国	100%，任作业者	2018 年
Stones	墨西哥湾	100%，任作业者	2016 年
项目名称	所在地	壳牌股份	开工时间
加拿大 LNG	加拿大	40%	2018 年
Penguins	英国北海	50%	2018 年
PennsylvaniaPetrochemicals Complex	美国	100%，任作业者	2017 年
Vito	墨西哥湾	63%，担任作业者	2018 年

除了专业的项目管理执行团队，壳牌还有着专业而完善的项目管理流程。壳牌的项目管理流程分为识别和评估（identify & Assess）、选择（select）、确认（define）、执行（execute）和运营（on stream）5 个阶段（图 6-50）。其中识别和评估、选择和确认阶段属于项目前期投资决策阶段。

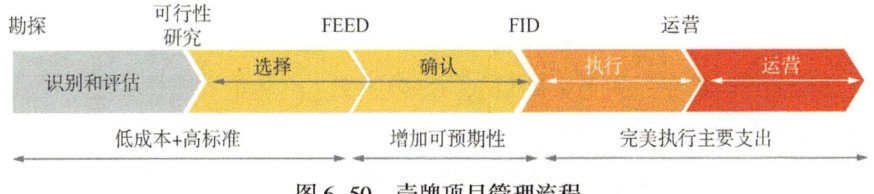

图 6-50　壳牌项目管理流程

识别是对项目的最初概念性和框架性认识，确定项目实施任务和可能的商业情景。评估是对项目的可行性研究，确定项目是否符合壳牌的商业战略。壳牌的项目管理有明确的准则和指南规范，可以实现项目评估的标准化。选择是对单个项目的各个商业情景进行排序，对比筛选，选择最优的过程、技术和决策。在此基础上，完成整体项目周期的设计基础（BOD），然后进行第二阶段的评估。在这一阶段，项目的实施计划、承包策略以及经理信息系统应当准备完毕。确认是确定项目范围、承包商以及资金等工作的安排。项目范围是指生产项目产品所包括的所有工作以及生产这些产品所有的过程。在项目范围确定后，相关实施流程、技术选择、承包商招标计划，以及项目现金流安排等工作均已到位，公司在此基础上进行最终投资决策，最终投资决策位于确认阶段末尾，这样就完成了项目的前期投资决策。

除了完善的流程，壳牌也有相应的组织机构保障流程落地。公司的项目投资决策机构主要由全球解决方案（GSI）、审批委员会、经理信息系统（EIS）、决策支持系统以及情景分析 5

壳牌发展启示录 | Lessons from Shell's Rise to Prominence

部分构成。其中，全球解决方案是壳牌的一个服务机构，为企业或项目提供专业的咨询和服务，协助能源和加工行业的高层管理人员解决策略性和运作性问题，包括管理咨询服务、技术指导和咨询、融资服务等。审批委员会是由管理层组成的一个团队，主要负责审批和选择各个阶段的决策。经理信息系统是专门服务于高层经理的组织状况报道系统和人际沟通系统，既能迅速、方便、直观（用图形）地提供综合信息，也能协助高层经理沟通工作。高层经理通常在项目初期通过这个系统提交公司治理报告，为项目提供大方向上的准则和行为标准。决策支持系统包括费用/成本回收计算体系、总成本招标（EPC tender）以及最终投资决策支持准备。情景分析是壳牌最常用的项目估值方法，它将投资项目分为"好项目"和"坏项目"，进而将每一个项目分为"执行得好"和"执行得差"两种情况，对4种情景进行分析评估。

纵观整个大项目的管理流程，可以看到，前期投资阶段、确认后的设计阶段在整个项目中占据了非常重要的位置，其所耗用的时间甚至会超过项目真正的执行和建设时间。以奥门兰格（Ormen Lange）项目为例，Ormen Lange气田是北海海域第二大气田，是世界上回接距离第5长的气田，也是世界上水深最深的全水下上岸气田项目，自供气量占英国消费量的20%。1999年，挪威石油和能源部授予壳牌作业者身份，2000年12月，壳牌组织进行了开发工程模式筛选；2001年1月，开展可行性研究；2002年12月，确定"水下生产系统+外输管线+陆地终端"开发方案；2003年12月，提交气田开发方案及Langeled销售管道施工方案；2004年1月，完成陆地终端FEED设计；2004年4月，项目开发方案及销售管道施工方案获批；2005年3月，销售管道开始铺设；2005年6月，外输管道开始铺设；2006年10月，完成水下基盘及管缆连接；2007年6月，销售管道建成通气；2007年7月，完成4口生产井；2007年10月，项目投产。可以看到，整个项目建设过程将近8年，其中，设计和论证阶段占了超过一半的项目周期。

在项目进行到执行阶段后，壳牌有配套的规范化管理流程保障项目的完美执行。规范化管理从项目最初的设计开始，设计上的精细与规范，工艺上的精益求精，过程的管理和控制是保证项目质量的基础。在之后的执行各阶段，则主要涉及费用控制、质量控制和安全控制等方面。其中，费用控制是成功驾驭大项目的重要环节，主要分为计划、执行、控制和程序4个步骤。项目开始之初，相关负责人根据合同价格，按照计划中所涉及的人力、设备和物资需求及进度安排，做出预算交给采办部审核，审核无误后，发给承包商签字确认，在这个过程中承包商有机会对其中偏少的预算进行建议和讨论。在施工时，承包商负责人与甲方现场监督及时签认工作量，由于是现场监督签认，能够最大限度地避免结算过程中没有根据的虚假信息，防止承包商错误结算。承包商按照现场的签认工作量，做好结算单，由相关负责人、采办部门签字确认，承包商就按照签认后的结算单开具税务发票。这个程序显得比较复杂，但在实际操作过程中由于是按照程序分步进行，其实执行起来效率非常高。而这样科学合理的项目成本管理有力地保证了项目实施。

追求零瑕疵的质量管理理念，坚持"第一次把事情做对"的质量观念和全方位质量过程控制也是壳牌大项目成功的一个重要保障。项目开工前，壳牌会编制全面质量检测计划（ITP, Inspection and Test Plan），提审核批准。壳牌要求实施过程中出现的关键工序和关键步骤必须编制检查申请（RFI, Request for Inspection），于作业活动前24小时提交，检查合格后方可进行下一道工序。工程开工前组织质量外审，内容涵盖管理体系、程序文件、人员资质、设备检验、材料证书、测量器具等方面，进行全面审核，逐项达到要求方可进行下一步工作。项目质量管理团队在项目实施过程中还要制定内审计划，按照计划开展质量内审活动，保证项目质量。此外，质量关键业绩数据指标也是壳牌进一步跟踪项目的关键环节，在检查过程中，如果同一个指标数据呈现明显波动，就要找出具体原因，分析情况，采取有效措施加以解决。

除了全方位的过程控制，壳牌的经验教训学习（Lessons Learned）是质量管理环节中一大亮点。质量管理部门从项目开始让项目员工注意整理、搜集，总结在施工和管理等方面出现的问题，定期召集各参建单位质量人员参加经验教训学习交流会。项目实施期间，进一步通过各单位经验教训的信息收集、案例分析、成果应用和效果评估4个步骤，将经验教训管理程序化，通过程序化管理持续有效地促进项目质量管理提升，最终实现经验教训的积累和传承。

作为HSE管理体系的发起者和先行者，早在1985年，壳牌就提出了强化安全管理（Enhanced Safety Management）的初步构想，随后几年在此基础上形成了安全管理体系。1991年，壳牌正式提出HSE概念，1994年9月正式颁发了"健康、安全和环境管理体系导则"，即HSE管理体系。截止到目前，壳牌已形成了适合多层次跨国经营的HSSE&SP控制框架，分别从健康、个人安全、工艺安全、公共安全、环境保护、承包商HSE管理、项目HSE、交通、社会绩效、产品管理等方面提出了全球统一的HSE管理内容、管理要求、管理责任人，壳牌的所有企业及合资公司，都必须遵守HSSE&SP的要求。壳牌有一个著名的"停止工作规则"：作为公司的规则，在员工的安全、健康或环境受到直接威胁时，所有员工，包括承包商员工都有权利停止工作，停止工作的个人权利得到管理层的权利支持。员工，包括承包商员工，在对是否应该停止工作存在疑问时，应该停止工作，并使自己安全，然后尽快向直接主管报告危险状况。

除了专业的管理执行团队和成熟完善的项目管理流程之外，壳牌还有整个集团全产业链的整合和保障能力，以确保每一个大项目能够顺利、完美地执行。综上所述，驾驭大项目的能力是企业各种能力的集合，是经过长时间的淬炼，在实践中慢慢积累，并通过严格而可推广的规则制度进行约束的。

独立项目分析（Independent Project Analysis，IPA）的研究报告表明，壳牌在2018年和2019年批准的主要上游项目中有70%以上UDC即使不是同类中最好的，也位于前25%，而壳牌已完成的下游项目的成本和进度绩效是同类中最好的。同时，在2015—2019年的5年间，壳牌80%的重大项目均按时或提前交付，而最重要的是，尽管这一时期油价下跌，壳牌在其项目组合中的平均内部收益率却有所提高。

2. 综合价值链管理能力

"价值链"（Value Chain）这一概念最早是美国哈佛大学商学院教授迈克尔·波特（Michael E. Porter）在《竞争优势》一书中提出的："每一个企业都是在设计、生产、销售、发送和辅导其产品的过程中进行各种活动的集合体。所有这些活动可以用一个价值链来表明。"价值链涵盖着产业、企业业务运转过程中的各个环节，而价值链管理就是将这些活动、环节进行有机的整合，促使其共同作用，为产业、企业创造利润。

石油产业链具有典型的上、中、下游业务分段特征，上游涵盖原油和天然气获取，包括勘探、开发，中游体现在油气的储运等环节，而下游则是从炼化开始，包括原油提炼、石油天然气化工、成品油/天然气终端销售等诸多环节（图6-51）。

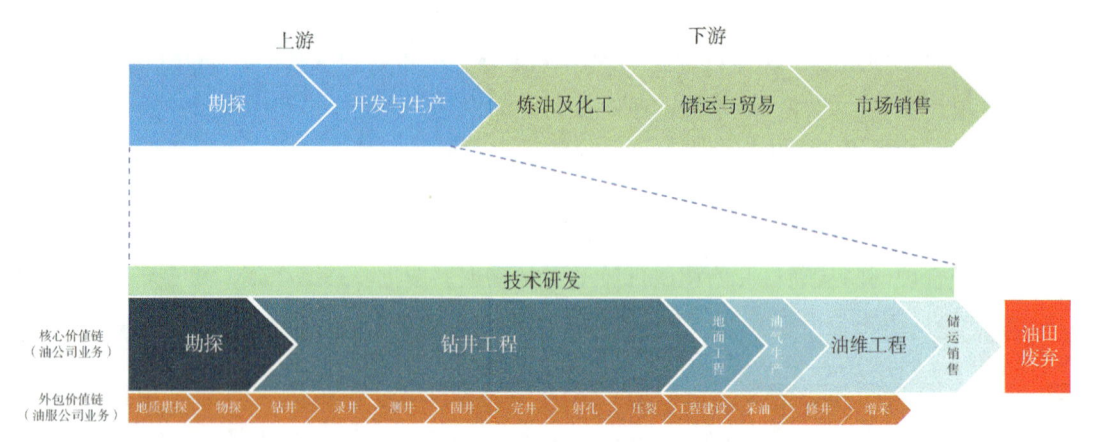

壳牌发展启示录 | Lessons from Shell's Rise to Prominence

图 6-51　油气行业完整价值链构成示意图

壳牌在全球范围内开采、销售油气和其他能源产品，是从上游到下游的典型纵向一体化公司，集成了产业链上包括勘探、生产、储运、炼化、贸易、销售的所有环节（图 6-52）。将不同的业务环节进行整合，实现价值增值，这是壳牌引以为傲的第二个核心竞争力。

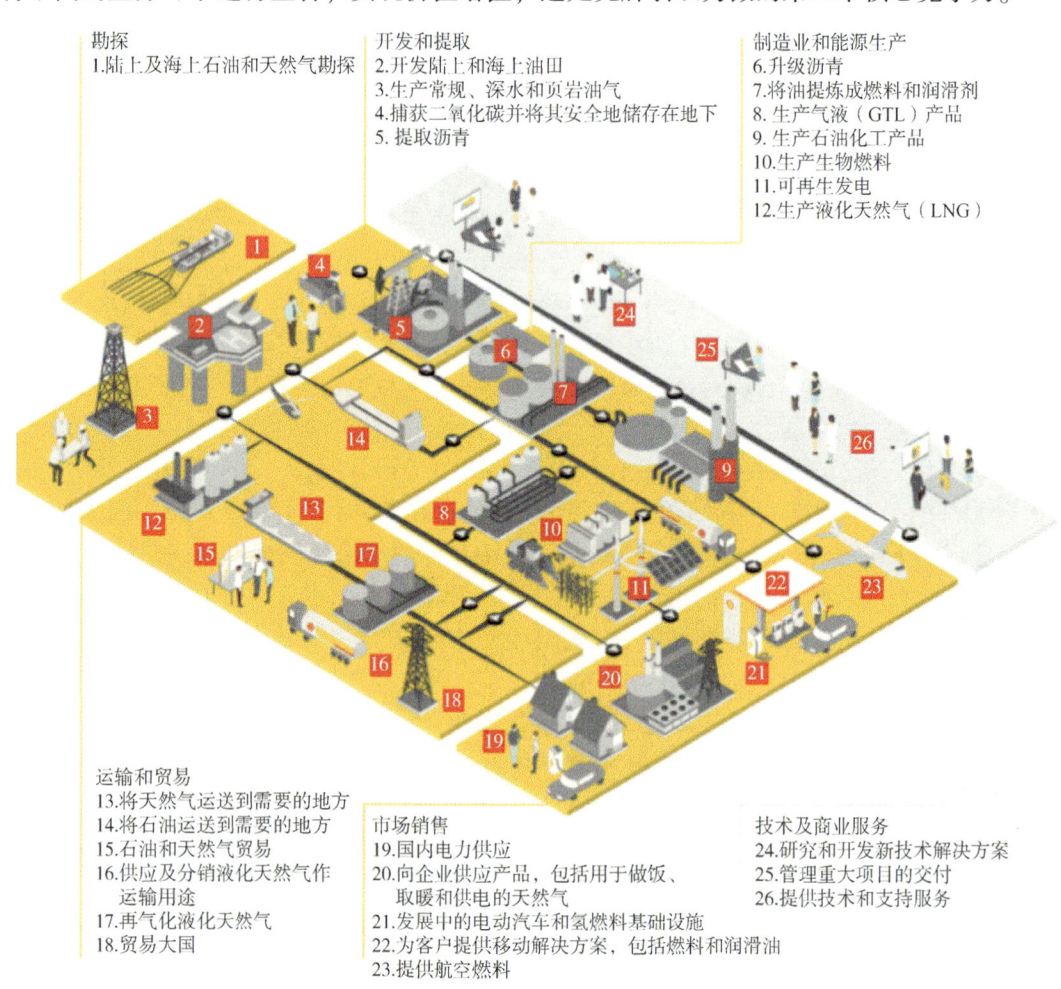

勘探
1. 陆上及海上石油和天然气勘探

开发和提取
2. 开发陆上和海上油田
3. 生产常规、深水和页岩油气
4. 捕获二氧化碳并将其安全地储存在地下
5. 提取沥青

制造业和能源生产
6. 升级沥青
7. 将油提炼成燃料和润滑剂
8. 生产气液（GTL）产品
9. 生产石油化工产品
10. 生产生物燃料
11. 可再生发电
12. 生产液化天然气（LNG）

运输和贸易
13. 将天然气运送到需要的地方
14. 将石油运送到需要的地方
15. 石油和天然气贸易
16. 供应及分销液化天然气作运输用途
17. 再气化液化天然气
18. 贸易大国

市场销售
19. 国内电力供应
20. 向企业供应产品，包括用于做饭、取暖和供电的天然气
21. 发展中的电动汽车和氢燃料基础设施
22. 为客户提供移动解决方案，包括燃料和润滑油
23. 提供航空燃料

技术及商业服务
24. 研究和开发新技术解决方案
25. 管理重大项目的交付
26. 提供技术和支持服务

图 6-52　壳牌油气全产业价值链示意图（2019）

— 290 —

横向业务链去一体化，通过整合资源实现价值增值。处于各环节的企业或经营单位的竞争优势，不仅取决于其自身的价值创造，还取决于其在整个价值链中的地位和多发挥的作用。壳牌业务遍及油气行业全产业链，对全球市场具有深度的认知。对于产业链的管理，本质上是在扮演行业核心整合人角色，通过组织、整合行业价值链，实现股东回报最大化。在这一方面，壳牌成功的关键在于：**为每项工作找到提供最高服务水平的公司，将每个领域最好的技术服务整合起来运用在项目中**。例如，壳牌一般不会连续进行钻井活动，只有在打井阶段才需要钻井员工和设备，所以壳牌自身并不具备钻井能力，而是通过外包的方式获取钻井资源，并通过资源共享来降低成本。除了钻井业务外，对诸如施工建造、油井服务等非核心业务，壳牌也会通过整合业内各种资源来实施具体工作，同时，多家供应商的竞争使得国际石油公司的成本进一步降低。通过专业化、社会化分工，以"油"为核心，兼顾新能源等新兴业务，聚焦于油业务，围绕油气生产过程，实现资源合理配置和高效运作，实现公司核心业务价值最大化，这种建立在市场化机制上的现代化的公司运营管理体系正是产业横向价值整合能力的体现。

同样以奥门·兰格（Ormen Lange）项目为例，项目整体建设可以划分为钻井、陆地终端、海上设施、销售管道四大部分。其中，钻井业务是由 Seadrill 公司负责。陆地终端部分，Aker Kvaerner 负责陆地终端的 FEED 设计和详细设计；Skansha 负责陆地终端施工；Aibel 负责凝析油外输码头及 MEG 设施施工采办。海上设施部分，Eueopipe 和 Mitsui 负责管线采办；Acergy 和 Allseas 负责海管铺设；FMC 负责水下生产系统采办；Bredero Shaw 负责管线涂覆；Saipem 负责注剂管、脐带缆及水下设施安装；Heerema 负责树下基盘、Plet 安装。销售管道部分，Allseas 负责海管铺设；Bredero Shaw 负责管线涂覆。而壳牌作为作业者，做的就是将每个领域最好的技术服务整合起来运用在项目中，并通过管理驾驭好整个项目的费用、进度、质量和风险控制等。

纵向业务链加强一体化，实现价值增值。石油产业链价值分布不均，石油公司多实施一体化发展战略，并由此形成了独特的投资、盈利结构。以 LNG 业务为例，壳牌对 LNG 业务就是通过延伸业务链条实现价值增值，属于非常典型的纵向一体化、从开发到终端销售的全产业链模式。

壳牌 2012 年将天然气一体化业务独立，2015 年成立天然气一体化板块，板块 LNG 业务上中下游全产业链环环相扣、紧密衔接，包括勘探开发、液化、运输、贸易、气化和销售等业务。在上游，壳牌通过自有产量为公司一体化的天然气产业链稳定供应原料气，在壳牌已投产和规划的 LNG 项目中，原料气供应几乎全部来自自有的上游气田产量。在液化加工环节，截至 2020 年底，壳牌在 10 个国家共运营或参与运营了 18 座 LNG 液化工厂，其中 4 座液化工厂由壳牌担任作业者，另在 2 座接收站中拥有不低于 50% 的权益，总液化能力为 4312 万吨/年。在贸易领域，壳牌向全球 26 个国家销售 LNG，其中部分为公司自产，部分通过第三方采购。2020 年在市场不佳的情况下，壳牌 LNG 销售量超过了 7000 万吨，其中一半以上的贡献来自第三方贸易（图 6-53）。壳牌通过第三方采购实现贸易量 3647 万吨，超过其 3320 万吨的权益产量。2012 年以来，壳牌 LNG 业务投资回报率高于 18%，同期天然气一体化板块投资回报率 14%，公司投资回报率 8%。运营费用仅占公司总运营费用的 13%，员工数占总人数 11%，而利润占比达到 55%，更为突出的是，在 2014—2016 年低油价时期，天然气一体化板块利润平均占比达到 70% 以上，为公司提供了高额回报。

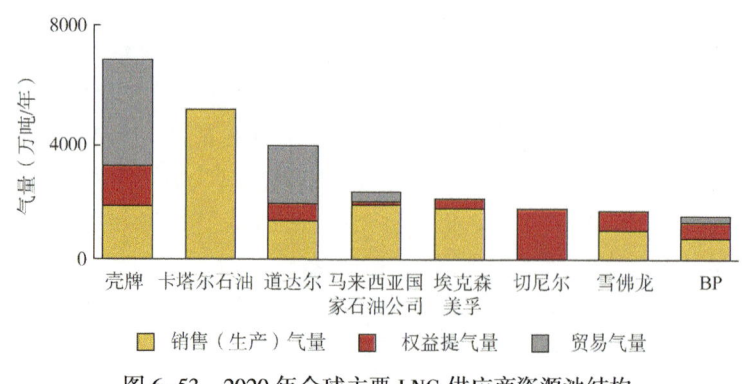

图 6-53 2020 年全球主要 LNG 供应商资源池结构
数据来源：Shell. Integrated Gas Strategy Deep Dive. 2021（2）

在 LNG 价值链形成过程中，有一个很容易被忽视的环节——壳牌 LNG 贸易用船队和 LNG 燃料船队。随着价值链的向下移动，LNG 业务需要大量运输船只，壳牌的前身是贸易运输公司，拥有全球首屈一指的运输船队，拥有和运营 40 多艘 LNG 运输船（LNG carriers），另外管理着 50 艘定期租船，这支约 90 艘 LNG 运输船的船队约占全球 LNG 运输船运载能力的 20%。庞大的 LNG 运输船队有效地支撑了壳牌日益扩张的 LNG 市场，有船队保障既使 LNG 价格竞争力更强，也更容易在贸易中占据主动，促成长约合同。壳牌将船队效用最大化，除了自用运输之外，还从事租赁以及为 LNG 动力船加装 LNG 业务。从 2005 年起壳牌制定的 LNG 定期租船合同，一直是 LNG 定期租船交易中应用最广、影响最大、行业最具有国际权威的标准范本。壳牌 2016 年修正该合同，继续被业界沿用，可以预计在未来较长时间内，定期租船仍将是 LNG 租船业务的主流模式。另外，壳牌抓住 LNG 动力船、双燃料船将在 2020 年前后进入市场的机会，布局 LNG 船用燃料供应体系。积极与国际航运公司及海事集团合作，为其量身定制 LNG 供应方案，提供专属服务，包括使用 LNG 燃料加注船加注、与港口合作建设加注站等。壳牌和道达尔与世界级航运公司开展战略合作，为重要港口和船舶提供 LNG 燃料加注服务。

通过一系列的布局，壳牌形成了原料气供应—LNG 承购—贸易与运输—再气化—销售的一体化 LNG 全产业链。壳牌的 LNG 资产组合在大型国际石油公司中规模最大，地理分布最广，覆盖上、中、下游整个价值链。十几年时间的布局以及不断构建和完善价值链网络，壳牌获得了天然气尤其是 LNG 业务的竞争优势，同时，随着转型浪潮的汹涌而至，不断将下游业务链延伸至天然气发电和零售行业（图 6-54）。

图 6-54 壳牌 LNG 产业链及其业务拓展方向

3. 技术开发与应用的能力

尽管壳牌在整合价值链过程中，会将某些业务外包给油服公司，但其核心的专业能力仍被保留在企业内部。以油气田勘探开发为例，壳牌着重开发的技术主要包括：地震资料处理与解释，集成所有输入、构建地质模型；油气富集规律和储量的认知；钻井方式及井身结构设计；油田设计、开发与整体的项目管理；油气处理技术。壳牌非常重视这些与主营业务密切相关的核心技术和工艺的研究、开发，也正是凭借这些领先的专有核心技术保持了业内的领导地位。

为了占据智力资本优势，保持公司的创新动力和活力，壳牌每年投入技术研发的费用都超过10亿美元，是国际油气公司中研发投入最多的公司之一。即使在2013年盈利预警之后，随着壳牌总体投资控制，资本支出减少，相应的研发投资额度依然保持在9亿~10亿美元/年之间，虽然规模整体呈现下降趋势，但研发投入强度（研发投入占资本支出的比例）不降反升（图6-55）。

图6-55 最近10年壳牌研发投资额及占比

20世纪90年代中后期，世界石油工业的发展面临着一系列严峻挑战，国际大石油公司在对经营业务实施"回归核心业务战略"的同时，更加关注未来的发展。在这样的背景下，壳牌提出科技研发体系必须跳出今天，面向未来，寻求突破性创新。之后，随着油气行业的不断发展，壳牌进一步突出了技术的选择性，不再一味强调技术的"全面领先"，而是根据实际需要确定技术战略定位，选择那些能够给公司带来效益的技术领域并成为领先者。2009年，P&T部门成立之后，开始统筹管理公司上下游的研发，在上游，致力于成为世界勘探开发领域的最具创新技术的最快应用者和世界领导者；在下游领域，则着眼于通过技术市场化检验其技术水平并提高其研发投资的效果。上、下游统筹组织研发，可以共享资源、实现学科互补。P&T下设创新与研发中心、信息技术与管理、上下游全球解决方案、项目和工程服务、重大项目、以及外部技术协同等部门。其中，"全球解决方案"（Shell Global Solutions）是壳牌的主要研发部门，独立核算，自负盈亏，下游技术可以向第三方提供。壳牌拥有印度班加罗尔（上下游及清洁能源）、荷兰阿姆斯特丹（以下游业务、新能源研究与技术支持为主）和美国休斯敦（以上游业务研发与技术支持为主）3个全球技术中心，并在加拿大、中国、德国、挪威、阿曼和卡塔尔也拥有研究方向不同的各类技术中心。重点发展"提升效率"和"降低成本"技术，重视技术的标准化，提高技术和产品的可重复性和应用范围。2010年以来，壳牌技术创新产出量总体呈现稳定态势，基本专利申请量约340件/年（图6-56）。从专利技术的领域来看，自2007年之后，壳牌开始重视节能减排技术、数字化技术和新能源相关技术，例如对碳捕集与封存技术，年均专利申请量达到约 10 件，仅少于埃克森美孚。2015 年之后，可再生能源技术专利超过全部申请专利数的 10%，并在燃料电池、储能及氢能领域也进行了一定的技术储备。

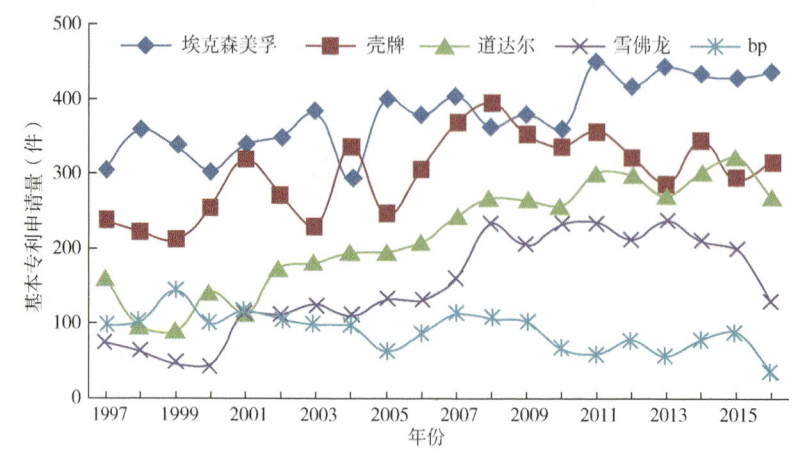

图 6-56　五大国际石油公司申请的基本专利数量（1997—2016 年）

除了公司内部常规的研发，近年来壳牌还引入了风险投资、跨界合作等新模式，借助数字化和能源转型的大潮，希望快速切入新能源核心技术领域，促进新能源和新技术的融合。1996 年，壳牌参照硅谷风险投资的生态模式，创立壳牌创投（Shell Ventures）。壳牌创投是壳牌利用外部科技资源，实现公司技术的跨越式发展的有益尝试，也是全球油气行业成立最早的一家企业创业投资机构。目前壳牌创投的项目集中于电力、资源、移动出行和投资等方面（图 6-57），力求通过壳牌的全球资源协同创业公司实现创意创新、商业化健康持续发展。

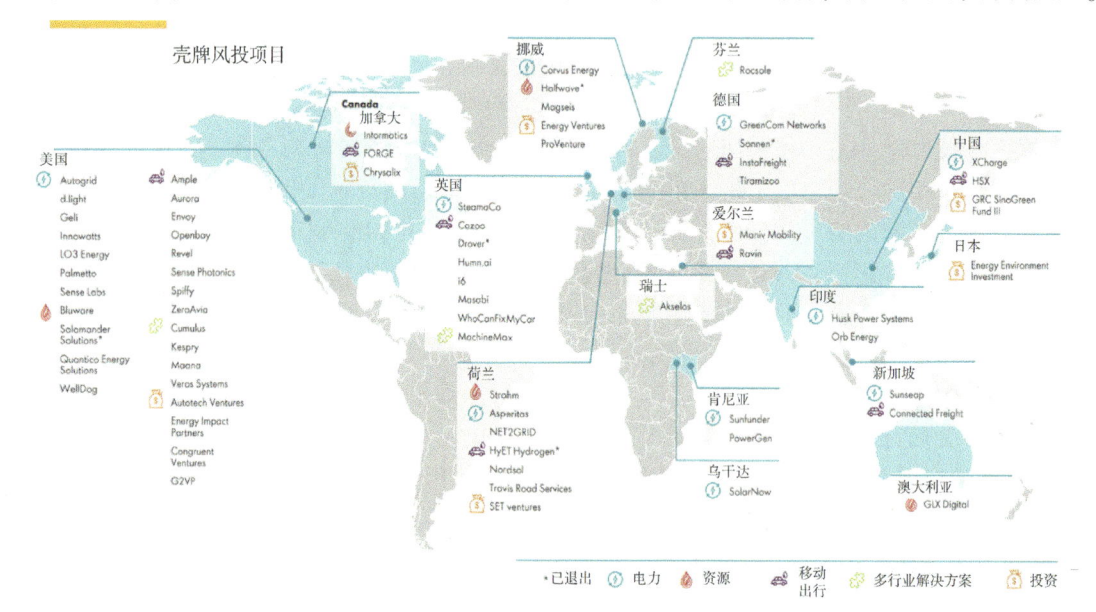

图 6-57　壳牌风投在全球各地的投资项目分布

同样是 1996 年，壳牌启动了"游戏变革者计划（Game Changer，简称 GC）"，这项计划曾被美国生产力与质量中心（APQC）授予"卓越创新奖"。GC 独立于传统的研发计划之外，是一种"计划外创新"的机制,具有突破、开放及灵活的特点,旨在打破常规、超越现有组织或体制障碍,为创新提供合适的土壤和自由空间,使优秀创意脱颖而出,成为新的发展增长点。公司通过广泛征集"奇思妙想",并为好的创意提供必要的经费资助,促进向核心技术转化。GC 适用于技术创新的早期阶段,由团队成员采取既定的模式和标准评估筛选创意。创意成功转为商业项目最为著名的就是浮式液化天然气船(FLNG)。2011 年 5 月,壳牌决定建设世界首个 FLNG 设施,这也是公司在澳大利亚担任作业者的首个上游项目。该设施可以在海上进行天然气液化,开发原来成本过高的海上气田,从而成为新的天然气开发方式。2017 年,这座全球最大的 FLNG——Prelude 号,从韩国航行了 5800 千米,到达了西澳大利亚州的新家(图 6-58)。Prelude 日产量约为 11 万桶油当量,每年至少可支持 530 万吨液体产出,其中包括 3.6 万吨/年 LNG,1.3 万吨/年冷凝水和 0.4 万吨/年 LPG。按照计划,FLNG 设施将在 Prelude 气田停泊 25 年,之后也可以用于支持从壳牌有权益的区块的其他气田生产。Prelude 设施建成之后,壳牌可通过该设施在海上生产 LNG 并直接交付给货船,这意味着壳牌在海上天然气的开发和交付能力方面将具有更多的灵活性。

图 6-58 壳牌的 Prelude 是世界上最大的浮式 LNG 工厂

截止到今天,壳牌 GC 计划已与全球 5000 多个创新组织合作,帮助 150 多个创意和想法变为现实。GC 计划在中国也推出了一系列的创意征集和创意比赛等活动,如在 2019 年,壳牌 GC 在中国推出了氢能关键技术挑战赛。由于氢气的体积能量密度相对较低,使得储存和最终配送至终端应用场所成为氢能价值链中经济效率极低的一个环节。当前市场中采用的各种输运方案往往会涉及对特定的基础设施的高额资本投入,或者会需要承担因能耗等因素带来高运营成本。而氢能关键技术挑战赛正是通过集思广益来探索挑战氢能产业关键技术的解决方案。

除了 GC 之外,壳牌还有各种鼓励技术创新的项目和团队,以克服大石油公司创新活力不足的问题。如壳牌创之道(Shell Live WIRE),是壳牌的社会投资项目,由壳牌提供专业的创业辅导,支持业务所在地的中小企业良性和可持续发展。于 2013 年创立的创新中心(Tech Works),是一个具有能源行业以外背景的创新团队,团队成员来自航空航天、消费电子、机器人和汽车等不同行业,与壳牌所有业务的团队合作,以提高壳牌的短期产品开发能力为目标,从战略上为壳牌提供新价值。

当今世界,没有哪个公司可以完全依靠自己的力量实现战略转型或者技术跨越,壳牌也一样。因此，公司实施开放式的技术创新模式，积极将大学、研究院所以及用户、供应商，甚至竞争者都引入创新战略中来，协同寻找日益增加的能源需求的解决方案。协作的内容多种多样，从开发先进的燃料，到改进 IT 行业的数据处理等。这些跨领域的协同工作由壳牌研究联盟主要负责，它整合学术、政府和其他研究结构等非传统合作伙伴的知识和资源来解决世界上的关键技术挑战，推动各种创新。研究联盟将非油气领域的研究成果和技术应用到壳牌，2019 年在壳牌全球业务中开发了 223 个研发项目。

壳牌在 2011 年被汤姆森路透集团评为世界上 100 家创新公司之一，2012 年被麻省理工学院（MIT）的《技术评论》（Technology Review）杂志评为最具创新性的 50 家企业之一，也是唯一上榜的石油公司，这些与其支持风险创新的努力是分不开的。

二、讨论 2：向左转，向右转

日益严峻的全球气候变化形势和减排压力是催生国际石油公司相继提出转型策略的外部推动力。节能减排、控制温室气体排放、生产和供应清洁低碳能源是世界能源转型对能源生产商提出的商业转型要求。因此，国际石油公司向国际能源公司转型、从油气生产商向综合能源生产商转型是必然的选择。

1. 两种转型方式

"转型"的本质是能源结构的优化。对此，世界范围内出现了不同观点，大型石油公司也制定了不同的发展战略。

以壳牌和 bp 为代表的欧洲大型石油公司认为，世界石油生产的峰值将提前出现，总体上石油的供应能力将大于消费能力，长期的低油价、趋高的勘探开发成本，将使油气公司赢利更为困难。国际石油公司要主动适应这一变化，一方面缩减化石能源投资和生产，另一方面要逐步加大非化石能源发展力度，以实现从油气公司向综合性能源公司的转变。2020 年 2 月，壳牌、道达尔和 bp 均提出了战略性的"净零计划"，即到 2050 年实现公司净零排放和由国际石油公司向国际能源公司转型的目标。2021 年壳牌推出了"赋能进步"的转型提速战略。

从壳牌的战略可以看出，这类国际油公司转型战略以清洁化、低碳化能源生产和能源综合服务为目标，主要包括 3 个方面：一是加大公司天然气业务，提升天然气产业的盈利能力；二是加大电气化、新能源领域投资比例，大力发展新能源业务；三是转变商业运营模式，从聚焦能源生产到为客户提供能源解决方案。壳牌将天然气等低碳业务从传统油气业务中分离出来，成立了天然气与新能源板块，寻求天然气与可再生能源在发电业务上的协同效应；同时，通过直接投资或收购在氢能、生物燃料、光伏、充电设施和储能等新能源业务领域战略布局。

以埃克森美孚和雪佛龙为代表的北美石油公司则坚持油气业务为主体，适度涉及新能源，认为油气产量即使到 21 世纪中期的某个时间点达到峰值，在其后的产量平台期内，仍需采出相当多的油气资源。包括中国在内的许多重要的产油国目前保有的剩余经济可采储量远不能满足需要，仍需大力开拓新区新领域，探明更多的油气储量。因此，近中期油气仍有丰厚的资源基础和现实的赢利能力，油气业务作为公司生存发展的基础，不但不能削弱，还要针对不同对象进一步加强。埃克森美孚和雪佛龙公司也明确表示，不会大量投资新能源，宁可更加注重与新能源有关的基础研究。例如，埃克森美孚在 2021 年 2 月设立了新的业务部门——低碳解决方案，旨在将低碳排放技术商业化，初期将侧重于 CCUS 技术研发与应用。

以壳牌和 bp、埃克森美孚和雪佛龙为代表的两种公司的转型做法，具有一定的代表性，还有许多公司都处在这两种类型之间。例如挪威国家石油公司、意大利埃尼公司和西班牙雷普索尔，这类石油公司在保持油气作为主营业务的基础上，结合自身产业特点及优势，向互补型综合能源公司发力。

可以说，虽然能源转型是必然的趋势，但是油气和能源行业的未来在许多方面存在巨大的不确定性，而且处于不同发展阶段的国家和公司的生存状况也不相同。特别是掌握的新能源技术和综合成本有巨大差异，迫使这些国家和公司对能源转型持有不同态度。有的要实现向新型综合能源公司的根本性转变，有的仍坚持以油气业务为主体，适度涉及新能源，更有相当数量的油气公司尚处于犹豫观望中，制定了带有折中性的转型对策。

向左转，还是向右转，对于我国的石油公司来说也是一个重要选择。

2. 我国能源转型红绿灯

石油公司能源转型的积极性和目标设置有很大程度是由外部环境决定的，包括国家能源安全、石油工业在本国的地位、国家的"碳中和"目标等等。以美国和法国为例，美国石油工业占总就业的 5.6% 和 GDP 的 7.6%，而法国的油气主要依赖进口，本国石油工业对 GDP 的贡献率仅为 0.01%。两国国内石油行业地位的不同，促成了不同的减排政策。法国政府 2017 年即宣布，不再颁布新的油气勘探许可，也不会办理现有勘探许可延期，并计划 2030 年一次能源消费较 1990 年减少 40%。而美国虽出台了减排政策，但其对于石油行业始终难以割舍，多在油气产品本身的低碳化方面做文章，例如结合碳捕集和封存技术开展低碳生产、降低开采环节能耗等。这些外因决定了石油公司"是否转型、减排多少"，也就造成了来自法国的道达尔成为能源转型最为积极的国际石油公司之一，而美国的埃克森美孚和雪佛龙在能源转型上更为保守和缓慢。

再来看看我国的情况。

中国是世界第一大能源消费国、生产国和碳排放国，能源体系呈现"总量大、不清洁、不安全"的结构特点。2019 年度消费量达 31.59 亿吨油当量，占世界总量的 24%。能源消费以化石能源为主，煤炭仍是第一大能源品种，消费量达 18.21 亿吨油当量，占比为 57.7%，石油和天然气消费量持续上升，油气消费量为 8.97 亿吨油当量。中国能源进口总量占比为 18.3%，但油气对外依存度高，国内油气产量为 3.34 亿吨油当量，进口量为 5.63 亿吨油当量，油气对外依存度达 62.8%。同时，中国资源禀赋具有煤炭资源丰富、油气资源相对不足的先天条件。当前，中国能源体系处于能源需求体量大、油气资源相对缺少、新能源技术尚未规模突破的发展阶段，这就为中国的石油公司的能源转型设置了先天的障碍，比国际石油公司转型的难度更大、掣肘更多。

而另一方面，作为世界最大的碳排放国家，2019 年中国二氧化碳排放量为 103 亿吨，占世界碳排放总量的 23.9%。中国政府已经明确了"中国二氧化碳排放力争 2030 年前达到峰值，努力争取 2060 年前实现碳中和"的发展目标，到 2030 年，中国单位 GDP 的二氧化碳排放量将比 2005 年下降 65% 以上，非化石能源占一次能源消费比重将达到 25% 左右，森林蓄积量将比 2005 年增加 60 亿立方米，风电、太阳能发电总装机容量将达到 12 亿千瓦。中国积极的碳中和政策，也在逼迫国内石油行业做出积极应对，目前，三大石油国企都宣布了各自的净零目标将与中国国家碳中和目标相协调。

国家油气安全形势不乐观、油气资源禀赋不好，国家实现"碳中和"目标要求迫切等等，都说明我国能源总体形势对石油公司的转型提出了更为严格的要求。而一旦在能源领域摆脱对化石能源的依赖，也意味着我国经济彻底摆脱了石油美元体系的控制。

所以，我国能源转型的绿灯显然设置在急速跨越的道路上。

2021年1月15日，"三桶油"在内的17家石油化工企共同发布《碳达峰与碳中和宣言》时称："推进能源结构清洁低碳化，大力发展低碳天然气产业，实现从传统油气能源向洁净综合能源的融合发展。"2021年3月1日，宁德时代每股344.6元，市值8027亿元。同日，中国石油（600857.SH）每股4.37元，市值为7988亿元。宁德时代市值超过中国石油，被认为是新能源公司在与传统能源公司的较量中取得了阶段性的胜利。这两家公司都因汽车而兴：前者为新能源汽车提供电池，是中国最大的锂电池制造商；后者为燃油汽车提供汽油，是中国最大的油气生产商和供应商。

毋庸置疑的是，能源转型的大潮已经汹涌而至，我们正在走向一个低碳和数字化的新世界。在这条路上，我国石油公司面临的挑战是既要保障能源供给安全可及、又要维持公司的盈利水平、还要加快转型升级以适应竞争更加严酷的能源新世界。储备哪些核心技术，如何转变经营模式，构建什么样的业务链条都是我国石油公司需要深入思考的问题。

百年前T型车的横空出世，将石油工业推上了一往无前的高速路。此后，以壳牌为代表的国内外石油巨头们在资本市场攻城略地，斩获了巨额财富。如今，变化已来，将来已至，壳牌和其他那些曾经辉煌过、后来却逐渐被超越、被新兴产业不断挑战的大石油公司，是否可以根据变化了的情况及时调整战略，促成业务模式和企业文化之转型，进而焕发出第二春？

"这不是大象是否能够战胜蚂蚁的问题，这是一只大象是否能够跳舞的问题，如果大象能够跳舞，那么蚂蚁就必须离开舞台。"

参考文献

蔡丰. 2010. 亲历壳牌：企业帝国的经营细节[M]. 北京：机械工业出版社.

刘朝全，姜学峰，戴家权，等. 2021. 疫情促变局转型谋发展——2020年国内外油气行业发展概述及2021年展望[J]. 国际石油经济，29(1)，28-37.

吕建中. 2021. 重塑油气产业生态系统和商业模式研究[J]. 国际石油经济，28(2)，1-8.

[美]迈克尔·波特. 2008. 竞争优势[M]. 陈小悦译. 北京：华夏出版社.

[美]郭士纳. 2010. 谁说大象不能跳舞[M]. 北京：中信出版社.

齐铁健. 2013. 壳牌黑马范伯登[J]. 中国石油石化，23(15)：71-73.

司进，张运东，刘朝辉，等. 2021. 国外大石油公司碳中和战略路径与行动方案[J]. 国际石油经济，29(7)，28-35.

王烁，黄凯茜，鲁晓曦. 壳牌CEO范伯登："不要毁掉能力"（财新周刊系列专访）[EB/OL]（2016-04-14）[2021-04-29]. https://www.sohu.com/a/69206469_354760.

雅琴. 浅析世界各国相继公布的能源低碳发展战略和政策措施[EB/OL]. (2021-04-16)[2021-11-15]. https：//www. xianjichina. com/news/details_ 261938. html.

杨虹，毕研涛. 2018. 国外石油企业技术与创新管理特点及趋势[J]. 石油科技论坛，37(6)：40-47.

Burch J G. 2011. Cost and management accounting[M]. St. Paul, MN：WestPublishing.

McKinsey&Company. 2021. LNG portfolio optimization：Putting the business model to the test[R]. 9.

Royal Dutch Shell plc. 2015. Annual Report：Royal Dutch Shell plc Annual Report and Form 20-F for the year ended December 31, 2014 [Z]. London：200.

Royal Dutch Shellplc. 2016. Annual Report：Royal Dutch Shell plc. Annual Report and Form 20-F for the year ended December 31, 2015 [Z]. London：228.

Royal Dutch Shell plc. 2017. Annual Report：Royal Dutch Shell plc. Annual Report and Form 20-F for the year ended December 31, 2016 [Z]. London：228.

Royal Dutch Shell plc. 2018. Annual Report：Royal Dutch Shell plc Annual Report and Form 20-F for the year ended December 31, 2017 [Z]. London：228.

Royal Dutch Shell plc. 2019. Annual Report and Form 20-F for the year ended December 31, 2018 [Z]. London：300.

Royal Dutch Shell plc. 2020. Annual Report and Accounts for The Year Ended December 31, 2019 [Z]. London：316.

Royal Dutch Shell plc. 2021. IntegratedGas：Strategydeepdive[R]. London：16.

Royal Dutch Shell plc. 2021. Powering Progress：Annual Report and Accounts for The Year Ended December 31, 2020 [Z]. London：336.

The International Renewable Energy Agency. 2021. International Oil Companies and The Energy Transition [Z]. 54.

The Oxford Institute for Energy Studies. July 2019. The Energy Transition and Oil Companies' Hard Choices [Z]. London：123.